U0618325

　　能源技术合作对资源型经济转型的作用机制研究，山西省回国留学人员科研资助项目（2024-102）

　　"双碳"政策的能源产业创新效应研究——以煤炭产业为例，山西财经大学双碳产业研究院2024年度项目

光明社科文库
GUANGMING DAILY PRESS:
A SOCIAL SCIENCE SERIES

·经济与管理书系·

能源合作作用研究

基于资源型经济转型

康旭华 ｜ 著

光明日报出版社

图书在版编目（CIP）数据

能源合作作用研究：基于资源型经济转型 / 康旭华
著 . -- 北京：光明日报出版社，2025. 1. -- ISBN 978 -
7 - 5194 - 8481 - 1

Ⅰ . F426. 2

中国国家版本馆 CIP 数据核字第 202539TC21 号

能源合作作用研究：基于资源型经济转型

**NENGYUAN HEZUO ZUOYONG YANJIU：JIYU ZIYUANXING JINGJI
ZHUANXING**

著　　者：康旭华

责任编辑：史　宁　　　　　　　责任校对：许　怡　李海慧

封面设计：中联华文　　　　　　责任印制：曹　净

出版发行：光明日报出版社

地　　址：北京市西城区永安路 106 号，100050

电　　话：010-63169890（咨询），010-63131930（邮购）

传　　真：010-63131930

网　　址：http：//book. gmw. cn

E - mail：gmrbcbs@ gmw. cn

法律顾问：北京市兰台律师事务所龚柳方律师

印　　刷：三河市华东印刷有限公司

装　　订：三河市华东印刷有限公司

本书如有破损、缺页、装订错误，请与本社联系调换，电话：010-63131930

开　　本：170mm×240mm

字　　数：413 千字　　　　　　　印　　张：23

版　　次：2025 年 1 月第 1 版　　　印　　次：2025 年 1 月第 1 次印刷

书　　号：ISBN 978 - 7 - 5194 - 8481 - 1

定　　价：99. 00 元

版权所有　　翻印必究

前　言

当今世界正面临着能源需求快速提高与全球能源供给不足并存和能源（Energy）—经济（Economy）—环境（Environment）"3E"系统协调发展的双重难题，各国和地区纷纷选择通过能源领域合作以促进自身能源利用效率与经济发展质量的双重提升。许多具有能源禀赋优势的资源型地区依赖能源及相关产业取得了显著的发展成效，但同时也付出了环境被破坏和长期发展动力缺乏的沉重代价。自身非能源要素的缺乏和过分依赖能源要素，将阻碍资源型经济转型的顺利实现，外部资源的利用将会大大提升其转型效率。在经济全球化背景下，资源型地区也亟待通过自身优势，加强与外界联系，从而获得更多的发展机遇。在能源要素上的比较优势和辐射作用使资源型地区具备了开展能源合作的有利条件。而能源合作对资源型经济转型存在怎样的影响作用？存在哪些具体形式？其中又蕴含着怎样的作用机理？能源要素与其他要素有哪些合作形式？本书将从理论和实际出发深度探究并系统剖析以上问题。

能源因其在经济、政治等方面的深刻影响，已成为关系到每个国家和地区未来发展的关键性因素。为了获得更大的发展空间，各国和地区均对能源领域相关问题给予极大的关注。与此同时，全球也正在发展成为休戚与共的人类命运共同体①。目前，以"一带一路"倡议为代表的战略协作区和发展合作区建设已经得到了全球范围的认同。其中，能源合作成为重要的物质支撑，并引领着其他各方面合作与交往等活动的开展。能源合作无论是对全球化还是对我国对外开放，抑或是对地区经济发展都有着极其重要的意义和作用。资源型经济正是能源合作的重要阵地，掌握和了解能源合作对资源型经济转型的作用机理，对资源型地区和我国整体经济运行来说均会起到积极作用。需要特别指出的是，本书是在山西省哲学社会科学规划课题"能源治理

---

① 中国首次提出"人类命运共同体"概念是在2011年《中国的和平发展》白皮书中"经济全球化成为影响国际关系的重要趋势。不同制度、不同类型、不同发展阶段的国家相互依存、利益交融，形成'你中有我、我中有你'的命运共同体"。

合作对资源型经济转型作用研究"（课题编号 2021YJO72）的资助下出版的。

　　本书内容为作者的博士学位论文，共计七个篇章。第一篇对全书研究思路、内容与方法进行介绍；第二篇就能源合作对资源型经济转型的作用进行总体性理论分析；第三篇分别就不同类型的能源合作在水平和垂直方向上对资源型经济转型的作用机理进行具体分析；第四篇选取我国十个资源型省（区）对其能源合作对资源型经济转型效果进行实证检验；第五篇对资源型经济代表性省份山西省能源合作进行阶段性梳理，并就其对当地转型作用进行案例研究；第六篇在前文研究基础上针对资源型经济在各类能源合作中的问题提出政策建议；第七篇作为结论，对全书内容进行总结。

　　本书关注了学界鲜少研究的能源合作在资源型经济转型中的作用机理研究，涉猎的能源合作和资源型经济转型问题均是涉及多个领域的复杂问题。由于时间、精力以及学力所限，作者的研究范围也有所局限。在此诚挚期待业内同仁共同投入研究，以丰富关于资源型经济转型和能源合作相关问题研究的理论体系，将更多有效经验分享给国内其他资源型区域，使其少走弯路。在本书的写作过程中，作者参考了众多学者的研究成果，受益匪浅。在此表示诚挚感谢，书中所述仅为作者一家之言，或有偏颇缺漏之处，望诸位同仁不吝赐教，自当虚心接受。

康旭华

2023 年 7 月

目　录
CONTENTS

第三篇　能源合作对资源型经济转型的作用机理分析

第四篇　能源合作对资源型经济转型作用的实证检验

第五篇　案例分析和政策建议

第六篇　结论

图表索引

第一篇

01

导 论

第一章

选题依据及研究意义

第一节　选题依据

一、能源合作是资源型地区解决能源问题的历史选择

20 世纪发生的 3 次石油危机确立了能源作为"先进工业国血液"的地位，令国际社会充分意识到能源安全的重要性。对能源资源的需求和争夺促使能源合作成为经济领域的一种主要合作方式。随着经济全球化的深入，能源合作已经不再仅仅是一项保障能源安全的合作机制，还涉及资本利用、技术升级、产业优化甚至是全球治理等合作内容。

资源型地区自身资源较为单一，产业结构失衡。在 20 世纪 90 年代，随着全国各地外向型经济战略的兴起，资源型地区也纷纷加入了大力引进外资的队伍，以期"借船出海"，利用外部资本获得自身发展。但是，由于合作项目大部分以粗放地开发资源型地区能源资源为主要目的，而且资源型地区在少部分合作项目所处的领域内又不具备发展优势，因此，彼时的外向型发展试验最终导致资源型地区更加依赖能源产业，产业结构趋于单一，有些甚至随着能源资源的枯竭，陷入了发展困境。近几年，特别是随着"一带一路"倡议的发出，资源型地区越来越多地参与到以能源资源深度开发和综合利用为主要内容的能源合作中来，也逐渐显现出能源产业升级，能源资源清洁、利用效率提高，工业产业生产效率提高等发展趋势。可见，在能源短缺背景下，参与能源合作，有效利用能源资源是资源型地区适应历史发展趋势，同时兼顾能源供给与自身转型发展的理想选择。

二、能源合作是资源型地区对内和对外开放的主要途径

中国已成为全球最大的能源消费国和对外贸易国，2020 年原油对外依存度达到 72.3%。受限于自身的资源禀赋，中国一方面需要积极寻求多元化的

能源供应，另一方面要将清洁、高效利用煤炭提升到与国家能源安全同等重要的地位。① 随着"一带一路"倡议的提出和能源革命的开展，能源合作在能源战略中的重要作用日渐显现，同时也是深化习近平新时代中国特色社会主义思想，坚持新发展理念和全面深化改革的题中之义。2020 年 5 月 14 日，习近平总书记提出"构建国内国际双循环相互促进的新发展格局"，并强调以国内循环为主，同时提升国际循环质量和水平。

在以往的开放发展中，资源型地区较为重视对外开放合作，着力加强对外资的引进。但由于自身开放程度较低，引资条件有限，对外开放合作并没有实现预期的效果。另外，受过去行政性能源调拨体制的影响，资源型地区与国内其他地区的合作始终局限于能源产品的调出，合作形式和内容比较单一，未能利用好能源领域的合作条件，吸收更多有利于自身转型发展的要素，这也在一定程度上造成国内地区间非均衡发展格局。可见，围绕处在产业链上游的能源产业开展国际国内合作，有助于在保证资源型经济发展动力的基础上实现地区间协调发展。因此，在当前推进高质量发展的过程中，资源型地区应提升对能源合作在国内国际双循环中作用的认识，立足自身优势，加强对能源合作中有利因素的吸收和利用，努力缩小地区差异，尽快实现自身转型，促进国内地区间协调发展。

三、能源合作是资源型地区实现转型的一个主要突破口

目前，中国处于经济转型阶段，能源需求量快速增加，在石油和天然气领域对外依存度较高。资源型地区同时肩负着能源供给和自身转型发展的双重任务。同时，资源型经济的禀赋特征，导致其缺乏在其他领域获得初始发展的先天条件。相反，能源禀赋优势决定了资源型地区天然具备开展能源合作的优势。因此，能源合作可以成为也应当成为资源型经济转型的突破口。

但是，在过去的发展历程中，部分资源型经济却出现了"兴于能源、困于能源"的发展难题。究其原因，是较为封闭地依赖自然资源和相关产业的粗放发展模式，导致资源型地区具有优势的开发条件没有被充分利用，能源合作的内容与形式单一、水平不高，低端能源产业挤占了高端制造业和新兴产业等部门的发展空间，是限制此类地区综合竞争力提升的重要原因。因此，

---

① 《煤炭深加工产业示范"十三五"规划》提出，"十三五"期间，我国要重点开展煤制油、煤制天然气、低阶煤分质利用、煤制化学品、煤炭和石油综合利用等工作，推进煤炭清洁高效利用和保障国家能源安全。

如何能在继续支持国家经济发展的基础上，充分融入经济开放的大潮中，通过广泛开展国际国内能源合作，吸收外界优质要素，补齐自身发展短板，进而在资源型经济的转型发展中实现突破是一个值得深入研究的课题。

第二节 研究意义

一、学术价值

任何经济现象的出现都是由要素及其组合变化导致的。在能源类资源型经济中，占比较大的能源产业处于产业链上游；其主要构成要素——能源是最为重要的物质要素，对其他要素具有较强的吸引力。以往较为封闭的资源型经济内部已经形成了对能源要素的依赖，容易被锁定在以能源要素为主导的发展路径之上。而能源合作能够在发挥资源型经济优势的同时，加快要素流动，促进资源型地区吸收多元要素以推动资源型经济转型发展。现有的学术研究，在资源型经济转型路径与效果评价、能源合作模式与效应和要素对经济发展作用等方面均获得了较为丰硕的成果。但是，将具备天然联系的能源合作与资源型经济转型相结合开展的研究尚不多见。

本书在综合运用马克思主义政治经济学、系统论、空间经济学和国际经济学等理论观点基础上，从地区发展实际出发，试图从能源要素为核心的不同要素组合作用机理角度，分析能源合作在要素组合内部产生的影响资源型经济转型的内在作用机制，以及不同要素组合在此过程中相互转化的原理，并尝试构建要素组合视角下能源合作对资源型经济转型作用的理论研究框架，从而在理论上为中观视角研究能源合作相关问题奠定了微观基础，为资源型经济相关学术研究开辟了新的视角。同时，本书力求为地区层面能源合作作用的发挥和探寻新的资源型经济转型路径提供思路借鉴，为完善能源合作和资源型经济转型理论研究体系做出应有的贡献。

二、实践价值

资源型经济天然是能源合作的重要参与者，在资源型地区自身缺乏转型所需的多种高质量要素的现实基础上，能源合作可以为解决资源型经济产品和产业单一化、初级化，以及与之伴生的自然资源浪费等内生性缺陷提供重要的解决思路和途径。资源型地区充分利用自身要素优势，通过与不同经济形式深入交流、取长补短，在一定程度上，能够加快其转型的步伐、提升经济和社会发展质量，促进地区间协调发展。①

　　本书将结合资源型经济特点，从影响其发展最深层的要素层面，研究能源合作对其转型发展的作用，以便发现促进资源型经济实现由外生禀赋优势向内生竞争优势转变的关键因素。本书通过检验现实中资源型地区开展能源合作对其转型的作用机制和效果，以期为资源型地区通过构建多形式、多层次的能源合作体系，促进自身顺利转型，提供坚实的理论依据。同时，本书还将对资源型经济代表性地区参与能源合作的实践及其对自身转型的影响进行阶段性梳理，以便为此类地区提供可借鉴的参照和有效的政策建议，从而为促进资源型经济转型发展寻找到新的可行路径。

---

　　① 齐晓悦. "一带一路" 下我国能源产业发展现状分析 [J]. 中国商论，2018（14）：161-163.

第二章

国内外相关研究述评

近年来，由于能源合作实践日益频繁、发展迅速，学界对能源合作相关问题的关注与日俱增。本书旨在探寻不同形式能源合作背后的要素组合效应及其对资源型经济转型的作用及其内在机理。因此，本书从能源合作及其效应、资源型经济转型、分工合作中要素变动对经济发展的影响和能源合作对资源型经济转型的影响几方面梳理了国内外学者的研究成果，以期在前人丰富研究成果的基础上梳理出本书研究需要着力的方向和重点关注的问题。

第一节　能源合作模式、机制与效应研究述评

自 20 世纪 50 年代欧洲煤钢共同体、原子能共同体成立开始，能源合作问题逐渐成为学界关注的对象，国内外学者多从合作模式、合作机制与合作效应等方面对能源合作进行研究。

一、能源合作模式研究综述

国内学者对于能源合作模式的研究鲜见于报纸、政府政策研究及相关调研报告等，较为深入的学术研究也相对较少。为了借鉴国际先进经验，中国学者徐建华[①]、许勤华[②]等都对欧盟能源一体化的模式进行了较为深入的研究。崔守军按照合作主体在能源领域的属性总结了当前能源消费国通常采取的三种能源合作模式，即"横向模式""纵向模式"和"复合模式"。[③] 宫倩从系统分析理论角度将国际区域合作看作是一个包含诸多要素的系统，国际制度、共有观念、政治领袖和国际体系结构四方面要素共同推进了国际区域合作。[④] 陈晓、车治辂更为具体地提出以政府高层推动、产业链分工协作、资

① 徐建华. 欧盟能源一体化战略探析 [J]. 特区经济, 2008 (7): 25-27.
② 许勤华. 欧盟能源一体化进程及前景 [J]. 现代国际关系, 2012 (5): 41-45, 51.
③ 崔守军. 中国能源国际合作模式的选择 [J]. 现代国际关系, 2010 (11): 33-38.
④ 宫倩. 国际区域合作动力机制研究 [D]. 长春: 东北师范大学, 2016.

本融通、企业联通的合作模式推进中国与"一带一路"沿线国家间的新能源合作。① 罗霞等基于能源产业资金密集型产业及现实融资条件差等特点建议中国在"一带一路"能源国家合作中采用的 PPP 合作模式，包含中国社会资本+外包类能源 PPP 和中国社会资本+特许经营类能源 PPP 两种合作模式。② 上述文献大多从单一角度对能源合作模式进行了总结，而余晓钟等则较为全面、系统地对"一带一路"倡议下的国际能源合作模式进行了梳理，分别根据法律契约和石油合作交易对象划分出租让合同制、产品分成合同制和石油换贷款、石油换石油工程项目、石油换融资等模式。③

国外学者的研究兴趣更多地集中在能源合作具体项目和案例研究中，而对能源合作模式的总结并不多见。Ivanov 和 Webster 研究了俄罗斯与世界各国石油能源合作的主要内容，其中包括俄中石油合作的主要模式和目标。④ Huda 和 Mcdonald 认为东南亚地区的能源合作模式还有待发展和提高。⑤ Zhou 等认为"一带一路"当前的合作方式暂未能把"绿色发展"纳入合作模式中，特别是能源和交通基础设施投资属于碳排放密集型合作。⑥

二、能源合作机制研究综述

Zhao 等在分析中国的国际可再生能源合作机制时主张建立一个容易操作的合作机构。⑦ 苏华、王磊从一般性的能源合作机制角度总结了能源合作需要建立能源统一价格机制、能源贸易结算机制、能源通道网络合作机制、能源

① 陈晓，车治辂."一带一路"倡议下中国与沿线国家新能源合作的基础、模式与机制 [J]. 新疆大学学报（哲学·人文社会科学版），2018，46（5）：9-15.
② 罗霞，余雨航，余晓钟."一带一路"国际能源项目 PPP 合作模式探究 [J]. 石油科技论坛，2019，38（2）：17-27.
③ 余晓钟，焦健，高庆欣."一带一路"倡议下国际能源合作模式创新研究 [J]. 科学管理研究，2018，36（4）：112-115.
④ IVANOV S H，WEBSTER C. Globalisation as a Driver of Destination Competitiveness [J]. Annals of Tourism Research，2013，43（1）：628-633.
⑤ HUDA M S，MCDONALD M. Regional cooperation on energy in South Asia：Unraveling the political challenges in implementing transnational pipelines and electricity grids [J]. Energy Policy，2016（98）：73-83.
⑥ ZHOU L，GILBERT S，WANG Y E，et al. Moving the Green Belt and Road Initiative：From Words to Actions [R]. Washington：World Resources Institute，2018：977-1003.
⑦ ZHAO X G，FENG T T，LIU L，et al. International Cooperation Mechanism on Renewable Energy Development in China-A Critical Analysis [J]. Renewable Energy，2011，36（12）：3229-3237.

联合储备机制、区域税收协调机制等五个机制。①

在区域能源合作机制方面，温柔以东北亚地区能源合作为研究对象提出在能源合作中需要建立组织协调机制、对话协商机制、信息和数据共享机制、资金运作机制和风险应对机制等。② Annevan 通过研究欧盟内部能源合作发现，欧盟统一决策机构和机制的设立对其自身能源合作的达成非常重要，但花费了大量的时间成本，但在国家间协调方面效果并不明显。③ 国内学者许勤华通过研究 APEC 各成员国之间的能源合作，认为该组织内部已经形成了比较完善的能源合作机制。④ 朴光姬等认为东北亚区域因供给相对不足、需求方恶意竞争、各国缺乏互信而无法制定区域性制度以保证稳定性，导致区域能源合作进展缓慢。⑤ 黄丽通过比较中俄和中澳两种典型的国家能矿合作机制，分析得出中俄合作机制相对单一，受政治因素影响较大，产业链合作水平较低；而中澳合作机制丰富且产业链合作水平较高。中国应根据不同机制的优劣更新合作路径。⑥

三、能源合作效应研究述评

目前，国内外学者在能源合作效应方面的研究大多集中于对双方共同利益的研究，部分研究通过构建合作指数对目标国家和地区能源合作的经济效应进行了实证分析。

① 苏华，王磊．"丝绸之路经济带"建设背景下的我国与中亚能源合作新模式探析［J］．经济纵横，2015（8）：22-26.
② 温柔．国际政治视角下的东北亚能源合作：模式与机制的构建［D］．沈阳：辽宁大学，2007.
③ VEENSTRA A V. Establishing energy cooperation in Northeast Asia：Implications from experiences of the European Union［J］. The Institute of Energy Economics, Japan, 2008（4）：59.
④ 许勤华，王红军．亚太经合组织多边能源合作与中国［J］．现代国际关系，2009（12）：34-39.
⑤ 朴光姬，郭霞，李芳．政治互疑条件下的东北亚区域能源合作路径——兼论"一带一路"倡议与东北亚区域能源合作［J］．当代亚太，2018（2）：68-91，157-158．
⑥ 黄丽．中国能矿国际合作模式的两种类型及战略选择［J］．南通大学学报（社会科学版），2019，35（3）：74-80.

　　在能源合作主体间效应方面，Saneev①、Duckjoon②、徐向梅③、朱显平和李天籽④分别论证了东北亚能源合作对俄罗斯、韩国、日本和中国的国家利益的贡献。Gavin 和 Lee 还认为在东北亚能源合作中仍蕴含着巨大的国家利益。⑤ 刘萍和陈闻君通过建立自回归模型探求中国和中亚国家新能源合作对多边经济与环境的效应，他们发现虽然新能源合作尚不成熟，但是对各国经济都有正向的影响，且能在一定程度上降低其二氧化碳的排放量。⑥

　　而能源合作给合作双方带来的效应并不是均衡的，顾欣通过进出口两方面效应反映了能源贸易合作对中国和俄罗斯两国经济的作用，其中对中国经济增长的作用大于俄罗斯⑦。甚至，在欧盟各国的天然气利用合作中，还出现了对各国的能源市场发展的反向效应⑧。Nikonorov 和 Yoon 的研究表明目前东北亚在传统能源领域的合作中给合作主体带来的效应非常有限，应加强可再生能源的合作。⑨ Elaheh 和 Mandana 通过研究发现国家间的利益分歧与合作中的互利平等程度等将影响其能源合作效应的获得。⑩ 刘建国等通过对比研究西南省份参与"一带一路"能源合作的条件与问题，也提出了加强合作，实

① SANEEV B G. Russian–Northeast–Asian energy cooperation [J]. Economics and Sociology, 2004, 1 (1)：97–121.
② CHANG D. Northeast Asian Energy Cooperation and the Russian Far East [J]. Korea Focus, 2004, 12 (3).
③ 徐向梅. 东北亚能源安全形势与多边能源合作 [J]. 国际石油经济, 2004 (10)：25–29, 71–72.
④ 朱显平，李天籽. 东北亚区域能源合作研究 [J]. 吉林大学社会科学学报, 2006 (2)：33–38.
⑤ GAVIN B, LEE S. Regional energy cooperation in North East Asia：Lessons from the European Experience [J]. Asia Europe Journal, 2007, 5 (3)：401–415.
⑥ 刘萍，陈闻君. 上合组织框架下中国与中亚国家新能源合作实证研究 [J]. 河南科技学院学报, 2018, 38 (7)：77–83.
⑦ 顾欣. 中俄能源合作对两国经济增长影响的实证研究 [D]. 湖北大学, 2014.
⑧ RUSZEL M. Types of Barriers to the Integration of the EU Gas Market [J]. European Integration Studies, 2015 (9).
PELLINI E. Essays on European Electricity Market Integration [D]. Guildford：University of Surrey, 2014：1157–1164.
⑨ NIKONOROV S, YOON Y. The Energy Partnership between Russia and the Countries of Northeast Asia [J]. European Researcher, 2016, 103 (2)：106–123.
⑩ KOOLAEE E, TISHEHYAR M. An Outlook on Energy Cooperation Approaches in the Shanghai Cooperation Organization (SCO) Region [J]. Geopolitics Quarterly, 2013, 25 (1)：107–129.

现优势互补，增强资金、技术、市场等方面的优势可以增强能源合作带来的效应。①

在能源合作效应评价方面，刘明辉在借鉴尹勇晚等②建立的指标体系基础上，基于中哈能源合作的成就，建立能源合作指数 $ECIi = IIT \times RECGi$，模拟了能源合作对两国经济的长期助推效应③。张恒龙、秦鹏亮采用博弈复制动态方程描述主体模仿、选择合作策略的学习速度和方向，求出局部均衡点，来衡量能源合作稳定性问题。④ 包健参考前人构建的能源产业合作指数，结合实际予以改进并对中国和土库曼斯坦的能源合作经济效应进行了实证研究。⑤

以上研究成果表明目前学界对能源合作效应的研究尚处于发展阶段，在能源合作对主体效应的方向性和衡量标准与方法上都没有达成共识。同时，借鉴现有文献对能源合作在合作主体间产生效应的研究，本书将着力研究资源型地区通过能源合作获得转型红利的机理及作用效果。能源合作效应指数的质变选取方法也在一定程度上为本书中介效应指标的选取提供参考。此外，在以上能源合作效应的研究中已经可以看到部分具体合作形式和类型，这也为本书能源合作类型的划分提供了经验。

第二节　资源型经济转型研究述评

一、资源型经济发展阶段研究综述

学界对资源型经济的学术研究始于 1921 年 Auronssean 提出的"矿业城镇"概念。在此基础上，Locus 提出了资源型城市发展会经历建设期、发展

---

① 刘建国，朱跃中，张思遥. 西南省份参与"一带一路"能源合作的思考 [J]. 中国能源，2017，39（1）：29-31，43.

② 尹勇晚，龚驰，李天国. 中韩新能源产业合作的经济效应实证研究 [J]. 经济理论与经济管理，2011（4）：85-94.

③ 刘明辉."丝绸之路经济带"背景下中哈能源合作效应实证研究 [J]. 新疆农垦经济，2015（1）：23-29.

④ 张恒龙，秦鹏亮. 中俄能源合作博弈及其地缘政治经济影响 [J]. 上海大学学报，2015，32（1）：32-44.

⑤ 包健. 一带一路背景下中土能源产业合作的经济效应实证研究 [J]. 当代经济，2018（4）：4-5.

期、转型期、成熟期的"四阶段论"。① Bradbury 在此基础上增加了衰退阶段、关闭阶段，进一步发展和完善了资源型城市发展历程的研究。② Auty 提出了自然资源丰富的地区受到资源限制，阻碍经济发展的"资源诅咒"的现象，掀起了对资源型经济转型的研究的高潮。③ 从 90 年代开始国外众多关于资源型经济问题的理论被国内学者陆续引进，并结合国内的实际情况做出了进一步的论述。张复明综合考虑了经济、资源、环境等因素构建转型指数，将资源型经济转型划分为资源型经济、转型起步、转型攻坚、临界转型等四个阶段。④ 典型的资源型地区——山西省的经济发展与其转型历程高度吻合，武敏敏将其分为经济结构调整初期、能源重化工基地建设迅猛发展时期、基础设施与能源基地建设并重时期、经济结构战略性调整时期四个发展时期。⑤ 卢硕等利用城市灯光影像数据将资源型城市的发展分为兴起、成长、成熟、衰退、再生五个阶段，与前人的研究结论基本一致。⑥

二、资源型经济转型模式研究综述

李平将资源型经济转型分为市场主导、政府主导和自由放任式三种模式。⑦ 而孙晓华和郑辉总结国外资源型经济转型模式，并将其总结为美国模式（产业多样化+轨道跃迁）、挪威模式（产业规制+绿色经济）、印尼模式（供需调节+出口升级+引资多元）等。⑧ 杨怀佳和张波则基于克鲁格曼 C—P 模型研究得出开放市场促进转型的模式能够有效促进资源型地区各种要素的转型效率。⑨

---

① LUCAS R A, TERRERMAN L. Minetown, Milltown, Railtown：Life in Canadian Communities of Single Industry［M］. Toronto：University of Toronto Press, 1971：286-287.
② BRADBURY J H, ST-MARTIN I. Winding Down in a Quebee Mining Town：A Case Study of Schefferville［J］. The Canadian Geographer, 1983, 27（2）：128-144.
③ AUTY R. Sustaining Development in Mineral Economies：The Resource Curse Thesis［M］. Routledge：London, 1993：62-69.
④ 张复明. 资源型经济：理论解释、内在机制与应用研究［D］. 太原：山西大学, 2007.
⑤ 武敏敏. 山西经济发展模式转型研究［D］. 南京：南京师范大学, 2011.
⑥ 卢硕, 张文忠, 余建辉, 等. 资源型城市演化阶段识别及其发展特征［J］. 地理学报, 2020, 75（10）：2180-2191.
⑦ 李平. 从国外模式看我国资源型城市产业转型问题［J］. 山东科技大学学报（社会科学版）, 2007（2）：46-49.
⑧ 孙晓华, 郑辉. 资源型地区经济转型模式：国际比较及借鉴［J］. 经济学家, 2019（11）：104-112.
⑨ 杨怀佳, 张波. 开放条件下资源型地区经济转型能力影响因素研究［J］. 经济问题, 2019（10）：103-112.

三、资源型经济转型路径研究综述

Altman 在传统大宗商品理论的基础上构建了一个简洁的资源型经济增长模型，以解释资源型城市经济的增长和资源型经济转型路径研究综述发展机制。① 但由于制度文化等因素，国外资源型城市的研究不可能直接应用于中国资源型城市的转型问题。20 世纪 80 年代之后，关于资源型经济转型路径的研究逐渐深入。由于研究对象的不同，国内外学者在资源型经济转型路径的研究中体现了不同的侧重倾向，主要有以下六个方面：

在制度推动转型方面，Hoek 以荷兰的资源型经济转型为研究对象，总结出适度工资、缩减公共支出、减轻税负和降低福利水平是其摆脱发展困境的重要制度措施。② Djanlov 等发现制度有效性的不同会导致明显的转型效果差异，因此，政府应慎重选择政策。③ Cappelen 和 Mjset④、Frankel⑤ 以及 Dyrstad⑥ 均较为系统地对挪威在资源型经济转型中实施的税收和社会福利制度及其对经济、社会和自然资源和谐发展所起到的作用进行了研究。针对山西省等资源型地区经济转型实践，张复明总结出其在资源收益分配、资本转化、生态保护与修复、矿业开发管理和专用性资产处置等几方面进行的制度创新。⑦ 杨建慧则提出"一带一路"顶层设计是推动山西省资源型经济转型的重要动力。⑧

在创新推动转型路径方面，Papyrakis 和 Gerlagh 总结出缺乏创新不足是造

① ALTMAN M. Staple theory and export - led growth：Constructing differential growth ［J］. Australian Economic History Review，2003，43（3）：230-255.

② VAN DER HOEK M P. Does the Dutch Model Really Exist ［J］. International Advances in Economic Research，2000，6（5909）：327-357.

③ DJANKOV S，GLAESER E，LAPORTA R，et al. The New Comparative Economics ［J］. Journal of Comparative Economics，2003，31（4）：595-619.

④ CAPPELEN A，MJØSET L. Can Norway be a Role Model for Natural Resource abundant Countries ［J］. UNU World Institute for Development Economics Research Paper，2009（23）：44-72.

⑤ FRANKEL J A. The Natural Resource Curse：A Survey ［R］. Cambridge：NBER Working Paper，National Bureau of Economic Research Cambridge MA，2010：123-134.

⑥ DYRSTAD J M. Resource Curse Avoidance：Governmental Intervention and Wage Formation in the Norwegian Petroleum Setor ［J］. Oxford Economic Papers，2016，69（3）：809-833.

⑦ 张复明. 破解制度瓶颈，找准发展路径，加快推进资源型经济转型发展 ［J］. 前进，2011（11）：47-49.

⑧ 杨建慧. "一带一路"建设是推动山西资源型经济转型的重要抓手 ［J］. 前进，2019（7）：22-25.

成资源型经济发展缓慢，甚至使其陷入困境的重要原因。① 仁锦鸾等②和张宏、任海军③分别指出资源型经济转型要在科技、土地经营等方面不断创新，才能有力推动其经济、社会发展。王洪章重点强调了鼓励产业自主创新和加强机制建设的重要性。④ Evren Tok 针对卡塔尔资源型经济转型中的微观创新实践进行了研究，发现单一的资源结构、独特的人口结构和缺乏创新经验，会导致该国企业创新更加依赖政府提供的机会。⑤

在政府推动转型方面，Bradbury⑥、姚睿和胡兆量等⑦认为政府在资源型城市转型过程中起到了引导和推动作用。Mahon 和 Remy 通过一项世界银行资助的课题研究得出资源型经济的可持续发展必须要有社区的全面参与，政府的任务是建立健全多方协调机制，搭建一个充分交流的平台。⑧ 王玉珍指出政府通过制定政策干预转型，提高了资源型经济转型过程的可控性。⑨ 王晓琦将政府在资源型经济转型中的角色定义为："资源诅咒"的规避者、矿产收益初次分配的利润分成者、资本积累的市场参与者等。⑩ 学界在政府推动转型方面的研究文献较为丰富且观点一致，可以说政府在有效引导资源型经济转型和把握转型重点领域等方面发挥着不可替代的作用，本书也吸收了上述观点，将其在资源型地区参与能源合作的分析加以运用。

在综合因素推动转型方面，王伟凯提出在新常态下资源型经济转型要发

---

① PAPYRAKISAND E, GERLAGH R. Natural Resources, Innovation, and Growth [J]. FEEM Working Paper, 2004, 129 (4): 544-552.

② 仁锦鸾，郭雯，陈锐. 资源型城市创新战略研究：以唐山市为例 [J]. 中国软科学，2006 (12): 142-145.

③ 张宏，任海军. 论城市土地经营与资源型城市产业结构的调整 [J]. 西北师大学报（社会科学版），2007 (1): 115-118.

④ 王洪章. 加快向资本集约化经营转型 [J]. 中国金融，2012 (14): 23-24.

⑤ TOK E. The Incentives and Efforts for Innovation and Entrepreneurship in a Resource-Based Economy: A Survey on Perspective of Qatari Residents [J]. Sustainability, 2020, 12 (2): 626.

⑥ BRADBURY J H. The Impact of Industrial Cycles in the Mining Sector: The Case of the Quebec-Labrador Region in Canada [J]. International Journal of Urban and Regional Research, 1984, 8 (3): 311-331.

⑦ 姚睿，胡兆量. 北美澳洲工矿城镇发展研究 [J]. 城市发展研究，1997 (1): 43-46.

⑧ MCMAHON G, REMY F. Large Mines and the Community: Socioeconomic and Environmental Effects in Latin America, Canada, and Spain [M]. Washington DC: IDRC and World Bank, 2001.

⑨ 王玉珍. 政府干预与资源型经济演进分析：基于山西省的实证研究 [J]. 当代经济研究，2013 (4): 29-34.

⑩ 王晓琦. 资源型地区经济转型中的政府职能研究 [D]. 太原：山西大学，2020.

挥大企业主体作用、借助资本运作、通过产学研结合、发展替代产业、完善公共服务体系和加快基础设施建设等实现。① 杨建慧则认为山西省资源型经济转型要从经济结构、优势产业、民营经济和转型环境等方面采取措施。②

在文化与思维推动转型方面，冯子标、焦斌龙认为发展文化创意产业在资源型经济转型过程中具有非常重要的意义和作用。③ 张复明认为资源型地区在潜意识里存在较重的依赖资源的思维习惯，导致其缺乏创新意识。④ 刘宇、周雅琴认为资源型城市的矿业产业链和遗址可以通过与创意产业结合，实现资源型产业的转型升级，成为资源型经济新的增长点。⑤

在其他转型路径方面，胡碧玉等指出西部地区要按照经济发展水平分别选取高新技术产业、现代农业、新兴服务业等产业作为转型的接替产业。⑥ 崔敏认为绿色发展水平不同的资源型经济应注重不同的产业绿色转型路径。⑦

四、资源型经济转型评价研究述评

在转型目标方面，Ross⑧等和 Barns⑨等均认为资源经济转型要保持产业间的平衡发展。周德群则提出要按照"系统性、功能性、操作性"三原则选择资源型经济转型目标。⑩ 光文亮则认为资源型经济转型要按照对采掘业主导产业的替代、经济结构的调整、体制机制改革、创新能力的获得和经济社会

---

① 王伟凯. 新常态新机遇：资源型城市产业转型路径 [EB/OL]. 赛迪顾问，2015-07-22.
② 杨建慧. 关于山西资源型经济转型路径的思考 [J]. 前进，2017（2）：46-48.
③ 冯子标，焦斌龙. 分工、比较优势与文化产业发展 [M]. 北京：商务印书馆，2005：4.
④ 张复明. 资源型经济：理论解释、内在机制与应用研究 [M]. 北京：中国社会科学出版社，2007.
⑤ 刘宇，周雅琴. 文化产业促进资源型城市矿业遗产转型利用的模式研究 [J]. 河南社会科学，2018，26（6）：92-96.
⑥ 胡碧玉，刘诗白，宋小军. 西部资源型城市产业结构调整与潜导产业的培育 [J]. 四川师范大学学报（社会科学版），2005（5）：16-19.
⑦ 崔敏. 西部地区资源型经济绿色发展水平测评及转型路径研究 [D]. 西安：西北大学，2019.
⑧ ROSS D，USHER P. From the Roots up：Economic Development as if Community Mattered [M]. Toronto：James Lorimer & Company，1986.
⑨ BARNS T J，BRITTON J N H，COFFER W J，et al. Canadian Economic Geography at the Millennium [J]. The Canadian Geographer，2000，44（1）：4-24.
⑩ 周德群，汤建影. 能源工业可持续发展的概念、指标体系与测度 [J]. 煤炭学报，2001（5）：449-454.

的全面变革等几个目标任务的排序依次推进。①

　　针对山西省资源型经济转型，景普秋提出资源型经济转型包括经济增长方式转变、产业结构优化升级和区域空间结构转变。② 张复明更加全面地指出要加快推进发展方式、产业、发展动力、社会、城市和生态转型。③ 李劲民、冯林平在研究中提到山西省的阶段性目标是 2030 年基本完成资源型经济转型任务。④

　　在转型效果的评价方面，程嘉怡⑤、陈云萍⑥和孔微巍⑦均通过建立评价体系测度政策对资源型城市转型的影响，但各有侧重，前者关注政策对居民生活水平和社会经济转型方面的影响研究，后两者更注重政策对资源型城市经济的影响。谭玲玲、肖双通过测算资源型城市在一定时期内的全要素生产率并建立模型，评价其低碳转型效果。⑧ 傅佳莎等选取 2006 年至 2015 年中国资源型城市的面板数据，利用 PSM-DID 评估资源型城市的可持续发展规划对其经济增长产生的影响。⑨

　　不同于以上从单一方面对资源型经济转型效果进行评价，尚有大量研究

---

① 光文亮. 山西资源型经济转型发展的路径研究 ［D］. 沈阳：辽宁大学，2015.
② 景普秋，孙毅，张丽华. 资源型经济的区域效应与转型政策研究：以山西为例 ［J］. 兰州商学院学报，2011，27（6）：40-47.
③ 张复明. 破解制度瓶颈，找准发展路径，加快推进资源型经济转型发展 ［J］. 前进，2011（11）：47-49.
④ 李劲民，冯林平. 改革开放 40 年山西经济发展 ［J］. 前进，2018（6）：18-21.
⑤ 程嘉怡. 资源枯竭型城市转型政策的实证研究：基于面板数据的分析 ［J］. 东北财经大学学报，2009（3）：56-59.
⑥ 陈云萍. 基于层次分析法的公共政策效果评估：以阜新市经济转型试点政策为例 ［J］. 云南财经大学学报，2009，25（1）：133-140.
⑦ 孔微巍，王铁坤. 资源型城市经济转型中公共政策评价问题及对策 ［J］. 商业经济，2012（1）：1-3.
⑧ 谭玲玲，肖双. 基于全要素生产率视角资源型城市低碳转型效果评价模型 ［J］. 中国矿业，2018，27（2）：58-64.
⑨ 傅佳莎，浦正宁，蔡轩. 资源型城市转型政策实施效果评价：基于 PSM-DID 方法 ［J］. 环境经济研究，2019，4（1）：108-122.

是从多方面、多角度进行的。李琰和李红霞①、车晓翠②、高峰等③、陈妍和梅林④、杜春丽和洪诗佳⑤及王如琦和高红贵均从经济、社会、资源和环境等多方面建立了资源型城市转型评价体系，他们采用了层次分析、因子分析、熵权法等不同评价方法对不同资源型城市进行了转型绩效的评价研究。⑥ 国外学者 Stewart 等从公共服务、人口变化、基础设施、就业、政府规划等方面对澳大利亚昆士兰州中部 Coppabella 煤矿的转型影响进行了评价。⑦

以上研究一方面体现了资源型经济转型的必要性，另一方面也显现出资源型经济转型研究始于国外、兴于国内的发展特点，特别是对转型路径和效果的研究为本书研究能源合作对资源型经济转型的作用机制及效果评价提供了丰富的参考与借鉴。本书在能源合作对资源型经济转型的作用机理研究中，将吸收前人在转型路径研究方面的部分结论；同时，以往对资源型经济转型效果的部分评价指标，也将作为成熟的研究结论在本书中加以应用，在测度不同的能源合作方式对资源型经济转型的影响中予以参考和借鉴。但是本书对资源型经济转型的机理和效果分析是基于能源合作产生的作用进行研究的，针对性更强，基于要素组合的作用机理的分析更加深入经济运行的微观层面，这也是对前人研究的进一步发展和完善。

---

① 李琰，李红霞. 陕北煤炭资源型城市产业转型的评价：榆林经济转型评价分析 [J]. 特区经济，2009（1）：218-219.

② 车晓翠，张平宇. 资源型城市经济转型绩效及其评价指标体系 [J]. 学术交流，2011（1）：94-96.

③ 高峰，范宪伟，王学定，等. 资源型城市经济转型绩效评价分析 [J]. 商业研究，2012（8）：70-75.

④ 陈妍，梅林. 东北地区资源型城市转型过程中社会——经济——环境协调演化特征 [J]. 地理研究，2018，37（2）：307-318.

⑤ 杜春丽，洪诗佳. 资源枯竭型城市转型政策的绩效评价 [J]. 统计与决策，2018，34（18）：70-73.

⑥ 王如琦，高红贵. 煤炭资源枯竭型城市转型效果研究 [J]. 湖北师范大学学报（哲学社会科学版），2019，39（1）：77-85.

⑦ LOCKIE S, FRANETTOVICH M, PETKOVA - TIMMER V, et al. Coal Mining and the Resource Community Cycle：A Longitudinal Assessment of the Social Impacts of the Coppabella Coal Mine [J]. Environmental Impact Assessment Review，2009，29（5）：330-339.

第三节 分工合作中要素变动对资源型经济转型影响研究述评

一、要素分工与区域协调发展的马克思主义政治经济学研究综述

马克思认为民族分工的发展水平决定了这个民族的生产力水平①，并阐述了这一民族分工是包含地域分工在内的。"这既包括部门、企业间和企业内部的分工，也包括把一定生产部门固定在国家一定地区的地域分工。"② 在马克思这一理论基础上，发展出了强调因地域间资源禀赋差异产生分工交换行为的劳动地域分工理论。劳动地域分工主要指在部分分工协作过程中，会使生产资料集中而导致一地区专门从事某种产品的生产。苏联经济地理学家巴朗斯基称这一分工为社会分工的空间形式。③ 萨乌什金则认为劳动地域分工是经济社会发展过程的必然结果。④ 而 Newton 则认为在要素分工基础上，资源型城市处于边缘地位，大都市处于核心区域，后者对前者存在"剥削"关系，前者在经济上依赖后者，同时也存在经济结构不合理、产品附加值低、就业规模小等一系列问题。⑤ 这需要政府在分工合作中重视自身优势的提升和发挥，避免上述问题的出现。由此，在马克思的分工理论基础上，苏联学者创立了生产力布局理论，认为区域协调发展应以政府为主导。

以上理论研究是中国政治经济学界区域协调发展理论的重要基础。从毛泽东开始，中国的历届领导人已经注意到地区协调和合作共进的问题，并在理论和实践两方面不断创新，党的十九大更是提出"五位一体"的新发展理念。同时，学界从 20 世纪 80 年代开始出现了主张发挥各区域优势的"梯度"

---

① 中共中央马克思恩格斯斯大林著作编译局. 马克思恩格斯选集：第 1 卷 [M]. 北京：人民出版社，1995.
② 中共中央马克思恩格斯斯大林著作编译局. 资本论：第一卷 [M]. 北京：人民出版社，2004.
③ 巴朗斯基. 经济地理学本书集 [M]. 邓静中，等译. 北京：科学出版社，1958.
④ 萨乌什金. 经济地理学：历史、理论、方法和实践 [M]. 毛汉英，等译. 北京：商务印书馆，1987.
⑤ NEWTON P, ROBINSON I. Settlement Options：Avoiding Local Government with fly-in fly-out [A]. Canberra：AGPS Press, 1987.

发展①和注重区域间协调发展②的两种观点。覃成林认为区域协调发展要加强区域合作，现有的空间组合方式需要整合和创新。③ 孙久文界定了新时代区域协调发展要以要素自由流动、资源环境可承载的区域发展新格局等为特征。④

　　资源型经济正是具有典型地域分工特征的经济类型，其基本发展规律符合以上理论和学术研究得出的规律和结论。资源型地区在与其他经济主体形成的交往关系中也存在一定的"被剥削"现象，如何在能源合作中避免陷入上述研究提及的被动状况，是本书需要进一步思考的问题。上述部分研究，已经在要素流动与资源环境相关的经济发展问题中获得了重要的研究突破，为本书研究在政府引导下，发挥中国特色社会主义市场经济作用，促进资源型地区通过能源合作实现自身转型问题提供了强有力的理论支撑，也为资源型地区立足自身要素优势发展经济奠定了理论基石。

二、要素比较优势理论对资源型经济转型影响研究综述

　　能源合作作为当今世界最为主要的合作形式之一，遵循了合作的一般规律。合作体现的是合作主体建立在分工基础上的协作关系，不同领域合作采取的方式和途径不尽相同。亚当·斯密（Adam Smith）在其经典巨著《国富论》中开篇就提到了分工使劳动者工作的熟练程度和判断力都有所提高，不同国家生产技术水平的差异又催生了国际分工，进而给各国带来了利益。⑤ 这一理论被称为绝对优势理论，后被大卫·李嘉图（David Ricardo）完善并发展为比较优势理论。⑥

　　此后，比较优势理论沿着外生比较优势和内生比较优势两条路径发展。外生比较优势学说关注区际禀赋差异等先天因素引起的生产效率的差别，衍

---

① 吴传钧. 国土开发整治区划和生产布局 [J]. 经济地理，1984（4）：243-246.
　　刘再兴. 区域联合的理论基础 [J]. 经济理论与经济管理，1987（1）：58-63.
② 陈栋生. 工业布局理论与方法的探讨 [J]. 经济问题探索，1980（5）：7-19.
　　王至元，曾新群. 论中国工业布局的区位开发战略：兼评梯度理论 [J]. 经济研究，1988（1）：66-74.
　　郑英隆. 我国经济区域协调发展理论研讨述要 [J]. 经济学动态，1992（5）：23-26.
③ 覃成林. 区域协调发展机制体系研究 [J]. 经济学家，2011（4）：63-70.
④ 孙久文. 论新时代区域协调发展战略的发展与创新 [J]. 国家行政学院学报，2018（4）：109-114，151.
⑤ 斯密. 国民财富的性质和原因的研究：上卷 [M]. 郭大力，王亚南，译. 北京：商务印书馆，2017：22.
⑥ 李嘉图. 政治经济学及赋税原理 [M]. 北京：商务印书馆，1962：33-37.

生出了赫克歇尔–俄林要素禀赋理论①及后续学说。内生比较优势学说更加关注区域内部选择不同的专业化方向等后天因素造成的生产率差别，包括了汉密尔顿（Hamilton）②、李斯特（Liszt）③ 的贸易保护理论，杨格（Young）④、施蒂格勒（Stigler）⑤ 等发展的斯密定理，直至 Krugman⑥ 的新贸易理论和后来的新兴古典贸易理论⑦等。在此基础上，内生比较优势理论与外生比较优势理论又融合发展出动态比较优势理论。Krugman、Grossman 和 Helpman⑧ 等都使用过动态比较优势的概念，但没有给出系统的分析。林毅夫通过对发展中国家经济赶超战略的观察和思考，以外生比较优势为起点吸收了内生比较优势学说思想认为要素禀赋结构可以提升，解释了比较优势的动态变化，从而描述出区域经济发展的动态轨迹，产业结构演进一般要经历由劳动密集型产业向资本密集型产业，乃至技术密集型产业转变的过程。他认为要素禀赋升级会沿着资源禀赋优势—生产成本优势—经济活动绩效—经济剩余—储蓄倾向—资本存量—要素丰裕度变化的路径循环进行。⑨ Sean 等通过分析加拿大不列颠哥伦比亚省北部地区的发展轨迹和措施，指出资源型经济转型的有效途径是从比较优势逐渐转变为竞争优势。⑩

① 奥林. 地区间贸易和国际贸易 ［M］. 王继祖，等译. 北京：首都经济贸易大学出版社，2001：52–55.

② 汉密尔顿 1791 年 12 月向美国国会提交的《制造业报告》中阐述。

③ 李斯特. 政治经济学的国民体系 ［M］. 陈万煦，译. 北京：商务印书馆，1961：193–195.

④ YOUNG A A. Increasing Returns and Economic Progress ［J］. The Economic Journal, 1928, 38（152）：227–243.

⑤ 施蒂格勒. 产业组织和政府管制 ［M］. 上海：上海人民出版社，上海三联书店，1996：45–52.

⑥ KRUGMAN P. The Narrow Moving Band, the Dutch Disease, and the Competitive Consequences of Mrs Thatcher：Notes on Trade in the Presence of Dynamic Scale Economies ［J］. Journal of Development Economics, 1987, 27（1–2）：41–55.

⑦ 杨小凯，张永生. 新贸易理论、比较利益理论及其经验研究的新成果：文献综述 ［J］. 经济学（季刊），2001（1）：19–44.
CHENG W L, SACHS J, YANG X K. A General Equilibrium Reappraisal of the Stolper–Samuelson Theorem ［J］. Journal of Economics, 2000, 72（1）：1–18.

⑧ GROSSMAN G, HELPMAN E. Comparative Advantage and Long–Run Growth ［J］. American Economic Review, 1990, 80（4）：796–815.

⑨ 林毅夫. 中国的奇迹：发展战略与经济改革 ［M］. 上海：上海三联书店，上海人民出版社，2012：26–29.

⑩ 林毅夫. 发展战略与经济发展 ［M］. 北京：北京大学出版社，2004：29–32.

三、要素流动对经济发展的效应研究综述

在经济学理论中，要素流动通常作为经济活动和经济发展的内生条件或前置条件而存在，一旦要素处于流动状态，其经济模型则会处于开放状态，因而经济学家在构筑经济分析模型时，通常会把要素流动作为假设条件引入。如罗伯特·蒙代尔（Robert Mundell）则对 H-O 模型进行发展，假定两国之间存在技术差异，得出两国之间的要素流动将成为改变两国技术结构的必要条件。①

王光龙②认为经济要素流动是经济要素权属、功能、空间的转移行为。产业化、效益改善、权属转移、功能转移、空间转移五大方面的有机组合构成了经济要素流动的基本内容。经济要素流动在空间形态上表现为聚集效应、扩散效应、极化效应、均衡效应和固化效应。经济要素流动在工业化初期阶段、工业化起飞阶段、工业化中后期阶段有不同的演进规律。中国学者周琢教授认为生产要素的全球性流动使生产要素集聚到个别"最佳"配置区域，在全球形成程度不同的要素布局。③ 白俊红等针对研发要素，发现其区际流动具有明显的空间溢出效应，对中国经济增长呈现出显著的正向影响，可以为政府提供政策启示。④ 黄先海等研究国有部门的要素流动对制造业全要素生产率的影响，发现部门内要素流动提高了资源配置效率，最终提升了国有部门和制造业整体的生产率水平，对制造业全要素生产率的提高贡献显著。⑤

四、要素组合及演进对资源型经济转型影响研究述评

一国经济增长主要依靠能源、水资源、土地资源、人力资源、资本、技术等多种要素组合实现。

---

① 朱延珺．外国直接投资的贸易效应研究［M］．北京：人民出版社，2006：45.

② 王光龙．论经济要素流动：结构、原则、效应与演进［J］．江海学刊，2011（4）：102-107.

③ 周琢．生产要素国际流动下的要素稀缺性与要素收益：兼论外资企业出口下的国际贸易收益［M］//上海市社会科学界联合会．中国梦：道路·精神·力量：上海市社会科学界第十一届学术年会文集（2013 年度）．上海市社会科学界联合会：上海市社会科学界联合会，2013：14.

④ 白俊红，王钺，蒋伏心，等．研发要素流动、空间知识溢出与经济增长［J］．经济研究，2017，52（7）：109-123.

⑤ 黄先海，金泽成，余林徽．要素流动与全要素生产率增长：来自国有部门改革的经验证据［J］．经济研究，2017，52（12）：62-75.

　　空间经济学对要素组合的影响研究，最早始于 Thünen，在构建空间经济雏形时他就提出，要素的空间距离会影响组合的形成（即集聚），进而影响经济运行。① Krugman② 和韦伯③ 从空间成本的角度分析了要素组合的影响。Fujita 和 Krugman 最终将规模经济和运输成本发展成为空间经济研究要素组合与集聚关系的重要桥梁。④ Henderson 通过分析总结出运输成本和要素组合及其集聚水平存在反向关系的结论。⑤

　　国内学者邹全胜在要素质量的基础上，对要素组合优势和要素结构的动态发展进行了较为系统的研究。⑥ 陈钧浩在理论梳理中认为对比较优势的研究必须深入到要素层面，他在要素质量、要素数量和要素组合结合的基础上，研究发现"金砖国家"外资流入与显性比较优势指数存在正相关关系，得到了要素流动、要素组合与经济发展的基本关系。⑦ 这些结论对本书从要素组合角度研究能源合作对地区经济转型的作用影响较大。

　　在要素组合演进规律方面，岳佐华和李录堂对经济发展阶段的主导要素演进进行了梳理，总结了人类发展的不同阶段占支配地位的要素发展规律：土地—劳动—资本—知识。⑧ 赵春明在研究国际竞争优势培育中的生产要素演进时着重提出要充分借鉴世界主要国家要素内涵式演进的有益经验，加快中国经济发展中动态比较优势的转换速度。⑨

　　在资源要素在要素组合中的作用方面，刘耀彬认为由于能源等物质资源

---

① 杜能．孤立国同农业和国民经济的关系［M］．吴衡康，译．北京：商务印书馆，1986：73.

② KRUGMAN P. Increasing Returns and Economic Geography［J］. Journal of Political Economy，1991，99（3）：483-499.

③ 韦伯．工业区位论［M］．李刚剑，译．北京：商务印书馆，1997：81-86.

④ FUJITA M, KRUGMAN P. The New Economic Geography：Past, Present and the Future［J］. Regional Science, 2004, 83（1）：139-164.

⑤ J. Vernon Henderson. Urbanization and Economic Development［J］. Annals of Economics and Finance 4, 2003：275-341

⑥ 邹全胜．要素演进与开放收益［D］．上海：上海社会科学院，2007.

⑦ 陈钧浩．要素跨国流动与比较优势变形：实证与理论拓展［J］．宁波大学学报（人文科学版），2014，27（3）：75-80.

⑧ 岳佐华，李录堂．生产要素演进规律及其对我国农村经济发展的启示［J］．中国农史，2007（3）：88-95.

⑨ 赵春明．生产要素内涵式演进与国际经济竞争新优势的培育［J］．新视野，2014（1）：60-61，86.

稀缺，经济发展的速度、质量和整体水平将受到负向影响。① Romer 将这种影响称为"growthdrag"②。国内的学者薛俊波③、崔云④、刘耀彬和杨新梅⑤则将这个词组翻译为"增长尾效"或"增长阻尼"，进而分析了物质资源要素对经济增长的阻尼作用。此外，大量研究已经分别从土地资源⑥和能源资源⑦角度证实了资源要素的不足对一国或地区经济发展存在着抑制效应。

从前人就要素组合及其对经济发展产生的影响研究中可以看出，要素始终是经济发展的基础，要素需要联合才能产生作用，而要素禀赋的差异导致地区在要素占有方面具有明显的不均衡特征，这也使得分工合作形成要素组

---

① 刘耀彬，刘莹，胡观敏. 资源环境约束下的城市化水平的一般均衡分析模型与实证检验 [J]. 财贸研究，2011，22 (5)：10-17.

② ROMER D. Advanced Macroeconomics [M]. Second edition. New York：The Mc Graw-Hill Companies, Inc., 2001：37-41.

③ 薛俊波，王铮，朱建武，等. 中国经济增长的"尾效"分析 [J]. 财经研究，2004 (9)：5-14.

④ 崔云. 中国经济增长中土地资源的"尾效"分析 [J]. 经济理论与经济管理，2007 (11)：32-37.

⑤ 刘耀彬，杨新梅. 基于内生经济增长理论的城市化进程中资源环境"尾效"分析 [J]. 中国人口·资源与环境，2011，21 (2)：24-30.

⑥ 谢书玲，王铮，薛俊波. 中国经济发展中水土资源的"增长尾效"分析 [J]. 管理世界，2005 (7)：22-25，54.
李刚. 资源环境约束对我国经济"增长阻滞"效应分析：兼论设立"双型社会"综改区的意义 [J]. 中国经济问题，2008 (4)：28-33.
葛扬，何婷婷. 长三角经济发展中土地资源的增长阻力分析 [J]. 学海，2010 (4)：90-95.
曹冲，陈俭，夏咏. 中国主要农产品贸易中隐含的虚拟耕地资源"尾效"研究 [J]. 中国人口·资源与环境，2019，29 (2)：72-78.

⑦ 许冬兰，李琰. 能源约束对经济增长和城市化影响的实证研究：以山东省为例 [J]. 北京理工大学学报 (社会科学版)，2012，14 (4)：74-79，88.
王伟同，褚志明. 辽宁省城市化进程的能源约束"尾效"研究 [J]. 东北财经大学学报，2012 (2)：30-35.
张士杰. 区域经济增长的能源尾效分析：以皖江城市带为例 [J]. 华东经济管理，2013，27 (7)：58-61.
高赢，冯宗宪. 城镇化进程中能源环境约束"尾效"研究 [J]. 西安交通大学学报 (社会科学版)，2018，38 (3)：44-50.
师博，姚峰. 中国经济增长的能源尾效测算与分析：基于拥挤效应的实证研究 [J]. 南京财经大学学报，2018 (3)：23-31.
谢品杰，穆卓文，王绵斌. 中国省际能源尾效：测度、时空格局及影响因素 [J]. 北京理工大学学报 (社会科学版)，2019，21 (6)：51-62.
刘耀彬，肖小东. 煤炭城市"资源尾效"与"资源诅咒"的转换机制研究：基于 PSTR 模型的实证检验 [J]. 中国地质大学学报 (社会科学版)，2019，19 (2)：56-70.

合变化成为必然。包括能源在内的物质要素对经济发展的作用非常重要，这也使得物质要素在要素组合中具备了天然地与其他要素结合的条件。前人的研究已经涉及在要素流动的前提下，要素组合内部会产生正向影响经济发展的作用，但对其内部作用机理的研究并不够深入和具体。个别研究已经为本书的研究打开了思路和视野，本书将沿着前人的研究脚步，立足能源要素，系统研究其与其他非能源要素组合后产生的作用机理，厘清资源型经济优势要素通过合作方式吸收其他要素产生作用的经济学原理。

第四节　能源合作对资源型经济转型发展影响研究述评

现有就能源合作对地区经济发展作用问题展开的研究尚不丰富，本书试图将文献资料的整理扩展至开放合作对地区经济发展与贸易、投资、技术和制度等经济要素或经济交往对地区经济发展的影响研究，以期发现进一步深入研究的方向，并汲取可借鉴的经验。

一、开放合作对经济转型发展影响研究综述

在开放合作优化产业结构和升级方面，金京等认为，经济全球化能够促进要素分工通过产生"比较优势创造效应"和"比较优势激发效应"优化产业结构。[1] 陈利莹认为中西部资源型地区参与"一带一路"可以消耗过剩产能，进而推动产业升级。[2] 汪孙达从微观角度，分析了以能源企业为主的 137 家参与"一带一路"的上市公司数据，发现合作对企业劳动生产率有显著正向作用，从而可以带动产业结构的升级。[3] 石薛桥等从宏观角度，运用断点回归模型实证检验发现"一带一路"倡议促进了中国产业升级，并且对产业合理化的影响大于对产业高级化的影响。[4] 国外学者的研究主要有 Hausmann 等认为开放会改变出口结构，进而直接对经济结构造成影响，进而影响长期经

---

① 金京，戴翔，张二震. 全球要素分工背景下的中国产业转型升级 [J]. 中国工业经济，2013（11）：57-69.

② 裴蕾. 浅析"一带一路"倡议对我国经济发展的影响 [J]. 内蒙古科技与经济，2017（16）：17.

③ 汪孙达."一带一路"下 OFDI 的产业升级效应研究 [D]. 杭州：浙江大学，2017：47-57.

④ 石薛桥，段宇洁，郭瑞洁."一带一路"倡议对中国产业结构优化升级影响的实证研究 [J]. 商业经济研究，2019（3）：172-174.

济发展方向。① Uy Yi、Zhang② 和 Betts③ 等在 Matsuyama④ 分析的两国模型基础上，针对韩国对外开放对制造业和产业结构产生的优化作用展开研究，认为开放会促进生产率提升和贸易成本下降，进而影响产业结构调整，促进转型。

在开放合作对经济的其他影响方面，Kawai 则认为开放可使地区在贸易、投资和应对风险能力等方面得到全面提升。⑤ Murphy 从构建共同市场和降低交易成本的角度分析了合作带来的益处。⑥ 而开放合作还可以模糊原有的经济行为界限，加速劳动要素的区域间流动⑦，促进区域整体发展⑧。

但是，并非所有研究都认为开放合作始终会有利于经济发展，相反还可能出现经济发展的滞后，如 Henrekson⑨ 和 Venables⑩。具体原因有低水平的

① HAUSMANN R, HWANG J, RODRIK D. What you export matters [J]. Journal of Economic Growth, 2007, 12 (1): 1-25.
② UY T, YI K-M, ZHANG J. Structural Change in an Open Economy [J]. Journal of Monetary Economics, 2013, 60 (6): 667-682.
③ BETTS C, GIRI R, VERMA R. Trade, Reform and Structural Transformation in South Korea [J]. IMF Economics Review, 2017, 65 (4): 745-791.
④ MATSUYAMA K. Structural Change in an Interdependent World: A Global View of Manufacturing Decline [J]. Journal of the European Economic Association, 2009, 7 (2/3).
⑤ KAWAI M. East Asian Economic Regionalism: Progress and Challenges [J]. Journal of Asian Economics, 2005, 16 (1): 29-55.
⑥ MURPHY A. The May 2004 Enlargement of the European Union: View from Two Years Out [J]. Eurasian Geography and Economics, 2006, 47 (6): 635-646.
⑦ BRAAKMANN N, VOGEL A. How does Economic Inter-gration Influence Employment and Wages in Border Regions? The Case of the EU Enlargement 2004 and Germany's Eastern Border [J]. Review of World Economics, 2011, 147 (2): 303-323.
⑧ DAHLMAN C. Turkey's Accession to the European Union: The Geopolitics of Enlargement [J]. Eurasian Geography and Economics, 2004, 45 (8): 553-574.
⑨ HENREKSON M. Growth Effects of European Integration [J]. European Economic Review, 1997, 41 (8): 1537-1557.
⑩ VENABLES A J. Regional Integration Agreements: A Force for Convergence or Divergence [J]. Social Science Electronic Publishing, 1999 (113): 201-214.

外部需求①、低级的国际分工②和低端的市场价格③。此外，Hausmann 还认为贸易对经济发展的影响是阶段性的，外向型经济并不会在资源型经济转型初期产生明显的效果。④ 陈飞翔等也认为开放之初存在的资源锁定效应是产业结构固化的原因所在。⑤

二、对外贸易对经济增长和转型升级影响研究述评

随着经济全球化的不断深入，对外贸易对一国经济转型和升级的重要性在全球价值链分工体系中日益凸显。

在相关理论研究方面，主流经济学认为国际贸易是刺激经济增长的重要原因，其中的中间作用主要有规模经济效应⑥、资源配置效率提高⑦、资本增长⑧和技术进步⑨等。此后，Gopinath 和 Upadhyay⑩、Eckhard 发现贸易开放

① KRUGMAN P. The Narrow Moving Band, the Dutch Disease, and the Competitive Consequences of Mrs Thatcher: Notes on Trade in the Presence of Dynamic Scale Economies [J]. Journal of Development Economics, 1987, 27 (1-2): 41-55.

GROSSMAN G M, HELPMAN E. Innovation and Growth in the Global Economy [M]. Cambridge: MIT Press, 1991: 232-276.

② REDDING S. Specialization Dynamics [J]. Journal of International Economics, 2002, 58 (2): 229-334.

③ PREBISH R. The Economics Development of Latin America and its Principle Problems [J]. Economic Bullet for Latin America, 1962, 7 (1).

④ HAUSMANN R, HWANG J, RODRIK D. What You Export Matters [J]. Journal of Economic Growth, 2007, 12 (1): 1-25.

⑤ 陈飞翔，居励，林善波. 开放模式转型与产业结构升级 [J]. 经济学家，2011 (4): 47-52.

⑥ HELPMAN E, KRUGMAN P R. Market Structure and Foreign Trade [M]. Cambridge: MIT Press, 1985: 166-216.

⑦ KRUEGER A O. Export-oriented Development Strategies: The Success of Five Newly Industrializing Countries [M]. Boulder, Colorado: Westview Press, 1986: 73-81.

⑧ ROORIK D. The Economics of Export-Performance Requirements [J]. The Quarterly Journal of Economics, 1987, 102 (3): 633-650.

LEVINE R, RENELT D. A Sensitivity Analysis of Cross-Country Growth Regressions [J]. American Economic Review, 1992, 82 (4): 942-963.

⑨ ROMER P M. Increasing Returns and Long-Run Growth [J]. Journal of Political Economy, 1986, 94 (5): 1002-1037.

BARRO R, SALA-I-MARTIN X. Convergence across States and Region [J]. Brookings Papers on Economic Activity, 1991, 22 (1): 107-182.

⑩ GOPINATH M, UPADHYAY M P. Human Capital, Technology, and Specialization: A Comparison of Developed and Developing Countries [J]. Journal of Economics, 2002, 75 (2): 161-179.

会促进产业专业程度提高进而促进经济发展①。

中国学者在贸易对经济转型升级影响的实证研究上，一直依托对不同的贸易结构和产业结构进行划分，如蓝庆新和田海峰实证分析了对外贸易结构所产生的变化对地区产业升级和经济转型的带动效果。② 范爱军和李菲菲则从中国对外贸易所采用的方式方面对比分析了一般贸易和加工贸易分别在中国经济结构升级转型过程中的促进作用。③

三、投资合作对经济转型发展影响研究综述

现有文献中鲜有直接就能源投资合作对资源型经济转型作用展开的研究，但仍能查询到一些就投资合作对经济转型升级和资源型地区进行相关产业投资进而影响其经济发展的文献。

在投资合作对经济转型升级影响方面，国外的研究大多集中于微观视角，如 Berthelelmy 等④、Liu 和 Wang 等⑤均发现，外商直接投资一方面给中国带来了资金，另一方面还带来了技术和管理经验，能够促进经济转型发展。Hall 则从投资合作解决中小企业融资难角度提出，投资合作会间接产生调整经济结构的作用。⑥ 但是，Jimmy Ran 等通过对中国 19 个产业 30 个省份面板数据的分析，发现 FDI 对产出的增长的作用不显著。⑦ Helpman 则认为投资方向影响着新兴企业的市场占有率，进而影响经济结构。⑧

相对而言，由于中国经济发展起步较晚，关于投资对经济转型影响的研究要晚于西方发达国家，并且有关这方面的实证文献也相对较少，但其研究

---

① ECKHARD H, VOGEL L. Distribution and growth reconsidered：Empirical results for six OECD countries ［J］. Cambridge Journal of Economics, 2008, 32 (3)：479-511.

② 蓝庆新，田海峰. 我国贸易结构变化与经济增长转型的实证分析及现状研究 ［J］. 株洲工学院学报, 2002 (2)：39-44.

③ 范爱军，李菲菲. 产品内贸易和一般贸易的差异性研究：基于对我国产业结构升级影响的视角 ［J］. 国际经贸探索, 2011, 27 (4)：4-8.

④ BERTHELEMY J, DEMURGER S. Foreign Direct Investmentand Economic Growth：Theoretical Issues and Empirical Application to China ［J］. Review of Development Economics, 2000, 4 (2)：140-155.

⑤ LIU X H, WANG C G. Does Foreign Direct Investment Facilitate Technological Progress Evidence from Chinese Industries ［J］. Research Policy, 2003, 32 (6)：945-953.

⑥ HALL P. Growing the European Urban System ［R］. ICS Working Paper WP3, 2003.

⑦ RAN J, VOON J P, LI G Z. How does FDI affect China? Evidence from Industries and Provinces ［J］. Journal of Comparative Economics, 2007, 35 (4)：774-799.

⑧ HELPMAN E. Foreign Trade and Investment：Firm‐level Perspectives ［J］. Economica, 2014, 81 (321)：1-14.

基本一致认为投资行为对经济结构转型存在促进作用，如于春晖研究发现通过投资合作能够极大地提高受资行业的就业水平，带动地区经济的增长①。赵云鹏、叶娇②和栾申洲③都发现 FDI 和 OFDI 均显著促进了中国的产业升级。其中资本和劳动密集型行业 FDI 对产业升级均有着显著的先加速后减速的非线性促进作用。贾妮莎、雷宏振认为中国对"一带一路"沿线国家的直接投资通过技术溢出、要素供给及生产率效应推动了沿线国家的产业升级。④

在资源型地区产业投资促进经济发展方面，张秀杰通过对中蒙能源产业投资合作的研究发现，资金的投入能够使蒙古国不断发展新产业，优化本国产业结构。⑤ 焦斌龙在对国内典型资源型省份——山西省进行研究后提出投资结构将决定山西省的产业结构，提高投资合作的有效性和质量对山西省资源型经济转型具有重要意义。⑥ 李俊朋从外商直接投资依存度和实际利用外资依存度等七个层面，对吉林省对外开放度进行评价，并利用 VAR 模型证明了包括投资合作在内的对外开放度对经济增长既有长期又有短期的促进作用。⑦

四、技术合作对资源型经济转型影响研究综述

在技术合作对经济发展及转型的影响方面，国外学者认为技术合作可以通过提高技术创新能力⑧、企业创新能力⑨、地区技术竞争力⑩以及行业的知

① 于春晖. 中等收入者的优势和作用 [N]. 人民日报，2011-12-22 (7).

② 赵云鹏，叶娇. 对外直接投资对中国产业结构影响研究 [J]. 数量经济技术经济研究，2018，35 (3)：78-95.

③ 栾申洲. 对外贸易、外商直接投资与产业结构优化 [J]. 工业技术经济，2018，37 (1)：86-92.

④ 贾妮莎，雷宏振. 中国 OFDI 与"一带一路"沿线国家产业升级：影响机制与实证检验 [J]. 经济科学，2019 (1)：44-56.

⑤ 张秀杰. 蒙古国经济发展放缓与中蒙经贸合作新思路 [J]. 内蒙古社会科学（汉文版），2015，36 (2)：191-196.

⑥ 焦斌龙. 有效发挥投资的关键作用 [J]. 前进，2016 (9)：17-20.

⑦ 李俊朋. 吉林省对外开放对经济增长影响的实证研究 [D]. 长春：吉林大学，2019.

⑧ LEE S, BOZEMAN B. The Impact of Research Collaboration on Scientific Productivity [J]. Social Studies of Science, 2005, 35 (5)：673-702.

⑨ GILDING M. The Tyranny of Distance：Biotechnology Networks and Clusters in the Antipodes [J]. Research Policy, 2008, 37 (6)：1132-1144.

MARIANI M. What Determines Technological Hits [J]. Research Policy, 2004, 33 (10)：1563-1582.

⑩ FLEMING L, KING C, JUDA A. Small Worlds and Regional Innovation [J]. Organization Science, 2007, 18 (6)：885-1027.

识创造能力①等具体作用推动经济发展及转型。Fleming 等研究发现技术合作对合作后的信息流动具有显著的促进作用，大部分技术合作者在合作后还会继续保持技术方面的联系，从而对地区技术能力的提高产生积极作用。

国内学者则更多地从中国经济发展实际展开研究。霍忻对"一带一路"沿线节点城市研究，发现积极开展高新技术产业合作，可以加大各种生产要素在"一带一路"沿线区域内流动，以点带面影响该范围内的资源配置，从而带动地区产业发展，促进产业结构调整和升级。② 周亚娟则通过研究发现"一带一路"倡议以来中国省级行政单位间开展的科技合作对地区经济发展产生了十分明显的促进作用。③

在能源技术合作对资源经济转型影响方面，Slocombe 认为技术创新合作促进了资源型产业的规模化和资本化运作，产业发展呈现出技术密集型和资本密集型特征。④ 梁立明等通过研究发现中国跨省区能源技术合作的频度因省区科技能力的降低而提高。⑤ 以此推知，鉴于较低的技术研发水平，资源型地区开展的能源领域技术合作较为频繁。Gao 的研究表明中国的资源型省份参与的跨区域技术合作比区域内技术合作更频繁、意愿更强烈。⑥ 这一结论，为本书研究资源型地区开展能源技术合作提供了可行性和重要的现实基础。卢子宸等通过 PSM-DID 实证检验发现西部资源型城市大力推进了能源领域先进技术和设备的双向转移，提升了与"一带一路"沿线国家的技术合作水平，使得自身产业结构趋于高级化和合理化。⑦

现有文献中，有为数不多的几篇集中研究了中蒙能源技术合作对资源型

---

① LIM H, PARK Y. Identification of Technological Knowledge Intermediaries [J]. Scientometrics, 2010, 84 (3): 543-561.

② 霍忻. 中国对外直接投资逆向技术溢出的产业结构升级效应研究 [D]. 北京: 首都经济贸易大学, 2016.

③ 周亚娟. "一带一路"沿线国家科技文化合作发展研究 [J]. 科技管理研究, 2019, 39 (3): 252-258.

④ SLOCOMBE D S. Resources, People and Places: Resource and Environmental Geography in Canada 1996—2000 [J]. The Canadian Geographer, 2000, 44 (1): 56-66.

⑤ 梁立明, 朱凌, 侯长红. 我国跨省区科学合作中的马太效应与地域倾向 [J]. 自然辩证法通讯, 2002 (2): 42-50.

⑥ GAO X, GUAN J C, ROUSSEAU R. Mapping collaborative knowledge production in China using patent co-inventorships [J]. Scientometrics, 2011, 88 (2): 343-362.

⑦ 卢子宸, 高汉. "一带一路"科技创新合作促进城市产业升级: 基于 PSM-DID 方法的实证研究 [J]. 科技管理研究, 2020, 40 (5): 130-138.

经济转型的影响，如崔健①，红兰②和安可玛③均提出了能源技术合作在中蒙能源合作中的重要性，同时指出中蒙在能源领域的技术合作应将重点放在减少资源开发过程中不必要的损耗和促进合作可持续发展上。而 Munkhbat 指出在研究期内中蒙能源技术合作存在政府主导性较强，企业参与度低的问题。④在本书研究中，将对此类问题予以关注。

五、治理合作对资源型经济的影响研究述评

现有的涉及制度要素或治理合作对经济发展及转型影响的文献并非单独研究制度或治理合作的影响，而是将制度或治理合作与其他方面的合作结合进行研究。这也符合制度要素需要通过其他要素起作用的基本原理。如 Alchian 和 Demsetz 深入研究了生产、信息成本和经济组织之间的关系，得出专业化的合作能够提升生产效率，而合作中形成经济组织能够降低合作障碍，即降低合作中的交易成本，提高经济效率。⑤ Whitley 就制度对区域间技术合作作用的研究也支持了以上结论。⑥ Levchenko 在研究中发现，开放经济中制度变化对于产业产生的影响要超过其他内生和外生因素的影响。⑦ Nunn 和 Trefler 的研究表明制度不仅影响合作中总禀赋及其分配，还通过影响地区要素积累和技术创新，进而影响比较优势的发挥。⑧ 国内学者孙睿发现制度的合作不仅通过市场扩大获得了规模经济、促进了技术创新，还通过区域产业协同实现产业升级。⑨ 韩增林等通过研究发现一国的增长绩效与在开放中制度质

---

① 崔健. 中蒙能源合作开发研究［D］. 长春：吉林大学，2010.
② 红兰. 中蒙在煤炭贸易领域合作问题研究［D］. 呼和浩特：内蒙古大学，2014.
③ 安可玛. 蒙古国矿产资源开发利用与中蒙矿产资源合作研究［D］. 长春：吉林大学，2013.
④ MUNKHBAT G. 中蒙矿产资源合作开发研究［D］. 哈尔滨：哈尔滨工程大学，2012.
⑤ ALCHIAN A A, DEMSETZ H. Production, Information Costs, and Economic Organization［J］. IEEE Engineering Management Review, 1972, 62（2）：21-41.
⑥ WHITLEY R. The Institutional Structuring of Innovation Strategies：Business Systems, Firm Types and Patterns of Technical Change in Different Market Economies［J］. Organization Studies, 2000, 21（5）：855-886.
⑦ LEVCHENKO A A. Institutional Quality and International Trade［J］. Review of Economic Studies, 2007, 74（3）：1-12.
⑧ NUNN N, TREFLER D. Domestic Institutions as a Source of Comparative Advantage［R］. NBER Working Papers, 2013（4）：263-315.
⑨ 孙睿. "一带一路"背景下中国产业升级策略研究［J］. 山西农经，2019（6）：50.

量的提升存在复杂的内生联系。①

在吸收制度要素对资源型经济的作用方面，王伟凯认为资源型地区需要加大跨区域合作力度，以引进国内外先进技术、投资和管理经验。② 王秀娟分析得出宁夏等西部内陆省区市被纳入"一带一路"重点省份后，治理合作降低了与外界的交易成本，提高了区域合作的效率。③ 卢子宸等则认为政府在构建资源型地区与外界的科技合作对话机制、产能合作协议签署等方面起到不可或缺的作用。④

通过前人的研究可以看出，能源合作可以为资源型经济发展带来更多的人才、资金、技术等。但是，不同的合作内容带来的不同要素也会影响资源型经济的转型效果。总体而言，本书研究的能源合作对资源型经济转型作用问题，前人涉猎较少，现在研究还不够深入与系统。这给本书在研究经验和资料的获取方面形成了一定障碍。现有有限的可借鉴成果主要关注了国际能源合作，特别是"一带一路"以来中国与其他国家和西部部分地区与国外开展的能源合作，而对资源型省份在国内开展的跨省能源合作关注得不够，这正是本书需要着力研究的内容。从一个较具体的视角出发，研究合作给资源型经济转型带来的影响，本身就是一种突破。

第五节　研究文献总体评价

综上所述，现有文献资料相对丰富的有对能源合作模式与效应、资源型经济转型路径与评价、要素比较优势与要素组合效应、开放合作对经济发展的影响等问题的研究，而最突出的特点是缺乏将目前经济实践中越来越广泛出现的能源合作与现阶段资源型地区经济发展重要的任务——资源型经济转型相联系的研究。

国外学者在国际能源合作组织的作用与发展等方面展开了深入研究，而

① 韩增林，王唯一，赵维良. 制度质量、经济发展与贸易结构优化：基于门槛模型的实证分析［J］. 资源开发与市场，2021，37（5）：513-519，538.
② 王伟凯. 新常态新机遇：资源型城市产业转型路径［EB/OL］. 赛迪顾问，2015-07-22.
③ 王秀娟. "一带一路"对我国中西部出口贸易影响初探［J］. 中国集体经济，2019（20）：9-10.
④ 卢子宸，高汉. "一带一路"科技创新合作促进城市产业升级：基于PSM-DID方法的实证研究［J］. 科技管理研究，2020，40（5）：130-138.

国内学者更多的是对能源合作模式和机制进行了研究，为能源合作基本问题的研究提供了丰富的研究成果，厘清了国际能源合作的概貌。特别是在能源合作效应的研究方面提供了创新性的研究成果。其中，部分学者提到能源贸易合作、能源投资合作和能源技术合作，但并没有将这些合作形式置于同一个研究体系内作为系统研究的范例。本书将借鉴前人关于能源合作模式的研究成果，结合资源型地区参与能源合作实践行为，从能源合作在要素层面的作用入手，按照能源合作的内容将能源合作进行类型划分。而现有文献在能源合作效应和能源合作行为影响方面的研究尚处于初步尝试阶段，大多是以某一地区为样本展开研究的，鲜有针对某一类经济形式参与能源合作效果展开的研究。而本书将在资源型经济转型这一目标约束下围绕能源合作对资源型经济转型的作用发挥进行深入探索。

国内外学者对资源型经济转型的相关问题进行了丰富的研究，特别是在资源型经济转型的路径和效果评价等方面，有着十分翔实的研究资料。从前人的研究中可以看出，无论是中国国内还是国际社会资源型经济发展过程中出现的困难都主要是由于资源没有得到合理配置，经过最初的快速积累，逐渐走上了过度依赖资源要素的发展路径。本书将借鉴前人在资源型经济转型目标、约束和绩效等方面的研究成果，将其运用于以往学者关注较少的能源合作领域，将二者结合，重点研究能源合作在推动资源型经济转型中发挥的作用，力图丰富和完善相关问题的研究。

分工理论是研究地区经济发展与经济往来的重要理论基础。国内外学者在分工理论方面的研究成果已经十分丰硕和成熟了。现有的文献资料不仅为本书的研究提供了深厚的理论支撑，也提供了充分的针对现实问题的研究资料。尤其是分工在比较优势转化中的作用和劳动地域分工对地区协调发展中的作用两方面研究，将为本书研究资源型地区通过与其他地区经济交往获得转型效应提供较为丰富的参考资料和理论支撑，本书将在具体内容的论述中加以借鉴。同时，本书还将借鉴前人对要素流动引起的要素组合变化进而影响经济发展的这一要素作用机制方面的研究成果，将其应用于以往较少关注的能源要素与非资源要素组合，对不同能源合作类型背后蕴含的要素组合作用效果及其演进规律进行研究，以期得到能源合作在资源型经济转型中作用的内在机理，在理论层面为资源型经济转型提供一些思路借鉴。

在能源合作对资源型经济转型影响等方面，可供参考的研究成果较为有限。因此，本书从相关的开放合作对整体经济发展和地方经济发展两个方面对相关研究成果进行了梳理。尽管现有研究成果无法直接为本书提供能源合作对资源型经济转型作用方面的成果借鉴，但本书仍然可以从前人关于贸易、投资、技术和组织治理等对经济发展和转型影响的研究中汲取养分，应用于本书的研究。

资源型经济转型本身是一个现实经济运行中的难题之一，同时能源合作已经越来越多地出现于经济实践，本书选取资源型经济转型与能源合作为研究对象深入研究其中的作用关系，既能够发展和完善相关理论研究，也能够指导和应用于地方经济发展的实际需要，兼具理论意义和现实意义。现有研究的特点及对本书的借鉴作用主要体现在：第一，能源合作相关文献大多是从现象介绍与分析角度对国际能源合作状况及发展角度入手展开的，很少从省份角度研究能源合作对经济发展及转型升级的作用，更鲜有涉及其作用机理的研究。本书认为能源合作是当前国际交往的主要形式之一，资源型地区又是能源合作的重要参与主体。对此类地区通过参与能源合作而获得的作用及机理进行系统性梳理有较强的理论意义和实践意义。第二，现实经济中资源型地区参与能源合作活动越来越多见，但现有的资源型经济及其转型问题的相关文献却很少涉及此类地区参与能源合作的问题研究，部分文献仅关注了资源型地区对外开放问题的研究。这些研究在资源型地区参与能源合作历程梳理等方面能够为本书研究提供有效的借鉴。第三，生产要素对能源合作在资源型经济转型作用机理的研究既有必要性也有创新性。但从要素组合效应层面对不同能源合作类型作用机理展开的研究十分匮乏，而资源型地区的开放及经济转型发展与能源合作的发展是紧密相关的，甚至是同频发展的。

总体上，能源合作对资源型经济转型也一定存在促进作用，对其背后蕴含的作用机理的系统研究有助于理论研究的发展与对中国经济发展现实需求的满足。但是，本书受限于资源型地区参与能源合作研究资料的短缺，需要拓宽思路，参考一些相近或相关问题的研究，广泛综合关联主体的研究成果，以期实现对本主题研究的一些突破。可见，本书从要素组合作用机理视角就能源合作对资源型经济转型的作用展开研究，因研究空间较大，工作任务也较为艰巨，但其研究意义和价值也同样可观。

第三章

研究内容与研究方法

第一节 研究内容

针对现有学术研究的不足，结合资源型经济转型和能源合作中存在的现实问题，本书将从以下五个方面进行论述。

第一，能源合作对资源型经济转型作用的理论分析。首先，对"能源合作""资源型经济""资源型经济转型""要素流动"和"要素组合"五个概念的内涵和外延进行界定。其次，针对资源型经济的转型目标和其所面临的约束，运用马克思主义政治经济学、分工理论、区域合作理论、中国特色社会主义经济理论、比较优势理论和系统论分别分析资源型地区参与能源合作的必要性和可行性。再次，基于要素流动引发要素间作用变化进而改变要素组合并推动经济发展这一基本逻辑，详细阐述在要素流动影响下，要素组合在水平和垂直层面产生的不同作用，分析和总结其间存在的关系，给出能源合作对资源型经济转型作用的理论内核。最后，综合区域合作理论、公共选择理论和新制度经济学的理论观点和资源型地区的实践，将能源合作划分为能源贸易合作、能源投资合作、能源技术合作和能源治理合作四种类型，并运用系统论超循环理论，分析得出不同类型能源合作间的演进规律，为后续研究建立理论基础。

第二，能源合作对资源型经济转型作用的机理分析。首先，在理论分析基础上，运用国际经济学、空间经济学和发展经济学理论，通过比较静态分析、数理模型分析和逻辑分析水平层面和垂直层面两个维度，建立能源合作对资源型经济转型的一般机理分析框架。其次，综合运用国际经济学、政治经济学、空间经济学、发展经济学和系统论，遵循一般机理分析框架的分析范式，分别将其应用于能源贸易合作、能源投资合作、能源技术合作和能源治理合作对资源型经济转型作用机理的具体分析中，为后续实证研究奠定基础。

第三，能源合作对资源型经济转型作用的实证检验。首先，在构建资源型经济转型效果的评价体系基础上，运用熵权法对 2005 年至 2019 年山西、陕西、新疆、内蒙古、黑龙江、甘肃、宁夏、青海、贵州、云南十个省（区）的资源型经济转型效果进行评价，并将其作为实证检验的被解释变量。其次，分别选取代表四种能源合作活动的指标作为解释变量、代表不同水平作用和垂直作用的经济指标作为中介变量和控制变量，并建立基准回归模型、水平层面作用中介效应模型和垂直层面作用中介效应模型。再次，分别进行变量相关性检验、解释变量与被解释变量间的基准回归和 2005 年至 2019 年十省（区）能源合作对资源型经济转型作用效果的中介效应检验。最后，分析检验结果并得出结论，为现实情况的梳理和政策建议的提出奠定了更加坚实的基础。

第四，能源合作对资源型经济作用的案例分析。首先，在借鉴中国能源合作的发展进程，对典型的资源型省份——山西省能源合作进行阶段性划分的基础上，运用描述性统计分析法，对山西省能源合作对资源型经济转型作用的发展进行阶段性梳理。其次，比较分析各阶段山西省能源合作及其对资源型经济转型作用的变化特点。最后，总结制约山西省能源合作对资源型经济转型作用存在的问题，并对照问题提出制定政策的方向。

第五，加强能源合作，促进资源型经济转型的政策建议。在理论分析和实证研究基础上，分别针对能源合作、能源贸易合作、能源投资合作、能源技术合作和能源治理合作，就加强能源合作以促进其对资源型经济转型作用的发挥，提出调整思路和措施建议，如扩大开放合作，加强收入分配机制和基金管理机制方面的合作，引导加强在新兴产业和能源产业劳动力素质等领域的投资合作，规避投机行为，推动创新合作与产—学—研一体化的形成，积极为促进能源投资合作向能源技术合作和能源治理合作转化提供有利的基础条件等。

第二节　研究方法

本书主要运用马克思主义政治经济学、系统论、空间经济学和国际经济学等理论，采用归纳演绎法、比较静态分析法、数理模型分析法、熵权法和中介效应检验等方法，就能源合作对资源型经济转型的作用展开研究，具体方法如下：

第一，归纳演绎法。首先，归纳法。本书综合理论观点和前人研究成果，归纳出能源合作、资源型经济和资源型经济转型概念；综合区域合作理论、公共选择理论、新制度经济学和系统论超循环理论的理论观点，结合不同非能源要素的特性和资源型经济转型实践，归纳出资源型经济能源合作不同类型的演进规律和要素流动、要素组合与经济发展的关系。其次，演绎法。本书将系统论耗散结构理论演绎至资源型经济；将要素流动、要素组合对经济发展的作用演绎至能源合作要素组合对资源型经济转型的作用；将空间经济学、技术创新理论对要素间水平和垂直联系演绎至能源合作对资源型经济转型的水平和垂直层面作用；借鉴空间经济学、发展经济学中的"增长极"理论，将其演绎至要素组合垂直层面的极化效应。最后，归纳与演绎结合的方法。书稿在综合借鉴国际经济学、政治经济学、空间经济学、发展经济学和系统论观点的基础上，归纳出能源合作对资源型经济转型作用的一般机理；进而将这一机理运用于各种不同类型的能源合作中，分别演绎出各种类型能源合作对资源型经济转型在水平和垂直层面上的作用机理。

第二，比较静态分析法与数理模型分析法。本书在理论分析基础上，分别就各类能源合作中要素组合对资源型经济产生的水平层面作用进行比较静态分析和数理模型分析。

第三，案例研究法。书稿对照中国能源合作的发展阶段，选择资源型经济的典型代表——山西省，就其能源合作对资源型转型作用的发展历程进行系统研究，详细梳理各阶段山西省能源合作开展情况及其对自身转型产生的影响，为进一步进行实证检验并提出政策建议提供充分的现实资料。

第四，描述性统计分析法与计量分析法。本书运用描述性统计分析法对山西省能源合作及其资源型经济转型效果的具体表现进行分析；通过构建资源型经济转型效果评价体系，运用熵权法，对 2005 年至 2019 年山西、陕西、新疆、内蒙古、黑龙江、甘肃、宁夏、青海、贵州、云南十个省（区）资源型经济转型效果进行评价；分别运用 OLS 回归法和中介效应检验法对检验期内十省（区）各类能源合作与资源型经济转型效果进行基准检验和中介效应检验。

第四章

研究思路及结构安排

本书的研究是沿着"提出问题—文献梳理—理论分析—机理分析—实证检验—案例分析—政策建议"的思路,循序渐进,逐步深入展开的。

具体来说,本书以马克思的"世界市场"理论为起点,结合"人类命运共同体"理念和习近平新时代中国特色社会主义共享合作思想,为能源合作对资源型经济转型研究奠定理论基础。在此基础上,从资源型经济转型的目标入手,针对其转型存在的约束,分别分析资源型地区参与能源合作的必要性和可行性。进而在要素流动—要素组合—经济发展的基本规律基础上,运用相关理论,详细阐释能源合作中要素组合在水平和垂直层面对资源型经济转型发挥作用及要素组合演进的基本原理,从而构建起要素组合作用的理论分析框架。

本书基于已构建的理论分析框架,进一步将其运用于资源型经济能源合作,按照从一般到特殊的逻辑顺序,分别研究能源合作对资源型经济转型的一般机理和四种具体能源合作类型对资源型经济转型的作用机理,从而从理论层面勾勒出能源合作对资源型经济转型作用的全貌。

为印证理论分析和机理分析的结论,本书选取十个资源型经济省(区)就其开展能源合作活动对自身资源型经济转型的作用效果及中介效应进行实证检验,分析检验结果,得到经济运行中能源合作对资源型经济转型的作用规律。

为使理论分析更加"落地",本书选取典型资源型省份——山西省,对其能源合作及在资源型经济转型过程中发挥的作用进行案例分析,总结特点、发现问题,进而提出切实可行的对策建议,指导资源型经济转型实践。

本书的技术路线如图 1-1 所示:

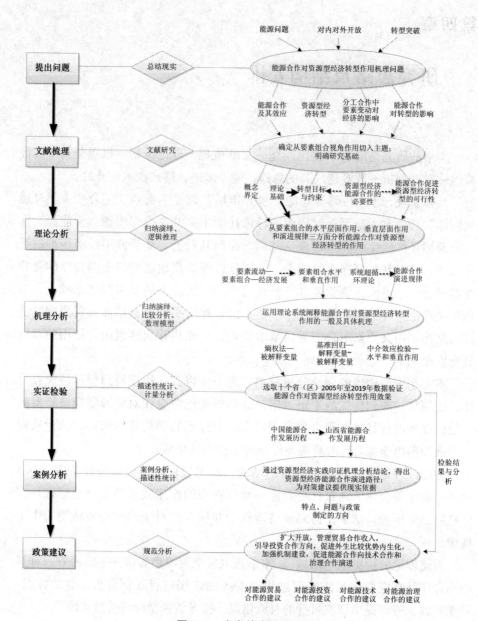

图1-1　本书技术路线图

第五章

本书的创新之处

本书的创新之处主要体现在以下三个方面：

第一，从要素组合的水平和垂直层面作用角度构建能源合作对资源型经济转型作用机理的分析框架。

本书在借鉴空间经济学生产要素水平与垂直联系的观点和相关学者对水平化要素组合与垂直化要素组合划分方法的基础上，进一步将要素间"引力"作用具体化为水平和垂直层面作用，并围绕能源资源型经济的优势要素——能源要素，分析了能源合作中不同要素组合在水平和垂直方向对资源型经济转型产生的作用机理。其中，本书借鉴前人将空间经济学的极化效应运用于要素组合的方法，进一步将要素在空间上的扩散效应转化为在经济体内要素构成上的均衡效应，并将这一改进应用于能源合作中要素组合垂直层面作用的机理研究，从而搭建了能源合作对资源型经济转型作用机理的分析框架，在一定程度上充实了能源合作对地区经济发展作用研究的微观基础。

第二，本书将四类能源合作纳入一个分析框架进行研究，探寻不同能源合作间的纵向演进关系。

目前，学界有少部分文献是对能源贸易合作、能源投资合作、能源技术合作和能源治理合作的其中一种进行单一性研究，其中部分属于现象性描述，对能源合作对整体经济的作用描述得不够充分。本书将这四类能源合作纳入一个研究框架，旨在勾勒能源合作体系的全貌，分析各类能源合作对资源型经济转型的不同作用以及相互间的纵向演进，以综合反映能源合作在地区经济发展中的作用，并服务于资源型经济转型这一现实需求。

第三，对典型资源型省份——山西省开展能源合作及其对自身转型作用进行阶段性梳理。

目前，对山西省等资源型经济转型实践进行梳理的文献资料较为丰富，但是对此类地区能源合作及对自身转型作用的研究尚不多见，且呈碎片化分布。通过对山西省能源合作情况开展调研，本书发现该省能源合作的实际数据分散在不同主管部门，学界尚未对其发展的历史脉络展开全面梳理，相关研究所需的实证资料缺乏系统性。本书对资源型经济的典型代表省份——山西省参与能源合作的发展历程及其对自身转型发挥的作用进行阶段性梳理，有助于进一步总结此类地区能源合作作用发挥中的经验与问题，为理论研究找寻现实依据，同时也为相关学术研究提供可参考的研究资料。

第二篇 02

能源合作对资源型经济
转型作用的理论分析

第一章

相关概念界定

本书主要涉及能源合作和资源型经济转型两大主题，并且从要素流动和要素组合角度分析能源合作对资源型经济转型的作用。因此，本书需要对能源合作、资源型经济及其转型以及要素流动与要素组合进行概念界定。

第一节　能源合作

目前，学界未就能源合作给出统一的概念界定。现有的对能源合作问题的研究大多是从国际能源合作层面来定义的。葛艾继等从石油领域合作的契约角度进行了界定。① 管清友、何帆则从国际能源合作中国家主体行为和利益分配角度给出了定义。② 在国外学者给出的定义中，最具代表性的是 Smith 将定义的重点放在阐释能源合作的目标和过程方面。③

以上概念的界定均站在国家和国际的角度来定义能源合作，本书则立足地区经济发展角度探寻能源合作对其影响，因此本书将能源合作的内涵定义为一地区与其他国家、地区或组织在能源开发及利用方面进行的协调和联合行动。这一概念的外延可以从合作主体、合作类型和合作层次几方面进一步加以阐释。

首先，合作主体。本书涉及国内外合作主体，包括政府及相关部门、企业和组织等。具体来讲，既包含对外（即一地区与其他国家及其地区的政府、企业及国际组织间的）能源合作，又包含对内（即一地区与本地区以外的本国或其他地区政府、企业及国内组织间的）能源合作。由于本书侧重研究能

---

① 葛艾继，郭鹏，许红. 国际油气合作理论与实务 ［M］. 北京：石油工业出版社，2004：51.

② 管清友，何帆. 中国的能源安全与国际能源合作 ［J］. 世界经济与政治，2007（11）：45-53，4-5.

③ SMITH A. Imagining Geographies of The "New Europe"：Geo-economic Power and The New European Architecture of Integration ［J］. Political Geography，2002，21（5）：647-670.

源合作中外界要素流入对资源型经济产生的影响，因此本书内容暂不涉及资源型地区自身不同部门、组织或微观个体间的合作。

　　其次，合作类型。根据前文对能源合作类型和模式划分的文献梳理，本书主要根据能源合作内容对能源合作类型进行划分。习近平总书记在 2014 年 6 月召开的中央财经委员会第六次会议上提出的能源安全新战略，即"四个革命、一个合作"① 和 2017 年 5 月国家发展改革委、国家能源局联合下发的《推动丝绸之路经济带和 21 世纪海上丝绸之路能源合作愿景与行动》中重点加强的七个合作领域②中均对能源合作的内容有所涉及。孟婵将能源合作划分为能源贸易合作、能源投资合作、能源基础设施互联互通合作和能源技术合作。③ 由于本书是在资源型省份视角下研究能源合作问题，而能源基础设施互联互通合作大多出现于国际合作，资源型经济涉及能源基础设施的合作，往往包含在能源投资合作中。因此，本书将能源基础设施合作并入能源投资合作中。随着"一带一路"倡议的实施和实践的不断推进，能源经济协调与组织治理合作越来越受到关注，④ 结合当前能源经济实践和发展趋势，本书将其作为一种类型纳入能源合作的研究体系。最终，本书将能源合作划分为以下四种类型：能源产品贸易合作（包括一次和二次能源商品的贸易合作）、能源投资合作（包括能源企业和项目直接投资、间接投资及能源相关的基础设施的联合开发和建设等）、能源技术合作（包括能源技术与装备贸易，能源技术开发、利用、援助及能源科技交流活动等）、能源经济协调与组织治理合作（包括能源资源治理、信息交流、能源产能规划、能源政策协调、参与区域性及国际性能源组织治理等）。其中，下文将能源经济协调与组织治理合作简称为能源治理合作。

　　最后，合作层次。本书研究的能源合作包括两个层次。第一个层次，国

---

① 内容包括：要推动能源消费革命、能源供给革命、能源技术革命、能源体制革命，并全方位加强国际合作，实现开放条件下的能源安全。

② 一是加强政策沟通，各国政府部门就能源政策和规划进行充分沟通，协商解决合作问题。二是加强贸易畅通，降低交易成本，形成开放、稳定的全球能源市场。三是加强能源投资合作，企业以多种方式深化能源投资合作。四是加强能源产能合作，深入开展装备、技术、标准和工程服务合作。五是加强能源基础设施互联互通，提升区域发展和能源服务水平。六是推动人人享有、负担得起、可靠和可持续的现代能源服务。七是完善全球能源治理结构，共同构建绿色、低碳的全球能源治理格局，推动全球能源绿色发展合作。

③ 孟婵. 中国与东盟能源合作研究 [D]. 南宁：广西大学，2019.

④ 许勤华. 改革开放 40 年能源国际合作踏上新征程 [J]. 中国电力企业管理，2018 (25)：87-92.

内能源合作，即资源型省（区）政府、企业、高校与科研机构等主体与中央机关、其他省（区、市）政府、企业、高校与科研机构等产生的能源合作，参与者同为次国家主体①。第二层次，国际能源合作，合作对象包括资源型省（区）与主权国家各级政府、跨国能源企业、国际组织等。两个层次相互作用，为资源型经济转型提供了两个渠道、两个空间、两种资源。

第二节 资源型经济转型

一、资源型经济

所谓资源型经济，是众多经济类型中的一种，或者说是众多经济形式中的一种。一般情况下，资源型产业所属的第二产业在资源型城市的三大产业中占比较高。从定性角度的代表性定义主要有：张复明提出资源型经济主要是指以能源资源（煤、石油、天然气等）和矿产资源（铁、铜等）为主导的经济体系，也就是以资源型产业为主导的经济体系②。定量角度的定义相对更加丰富，很多学者都倾向于从资源型产业增加值（或产值）占比③、资源型产业就业人数比例④及固定资产投资状况⑤等方面进行划分界定，但没有形成一致的观点。

本书侧重定性角度的定义，认为资源型经济是指以自然资源开发与利用为主导，与资源相关的加工、贸易、服务等产业在工业产值中所占有的主要份额的经济体系。由于本书主要研究资源型地区参与能源合作对自身转型的影响，加之中国现有的资源型经济中很大一部分是能源类资源型经济，其转

---

① 次国家行为体主要指各级地方政府和各类非政府行为体，其中不包括资源型省（区）自身内部发生的合作行为。

② 张复明. 资源型经济：理论解释、内在机制与应用研究 [D]. 太原：山西大学，2007.

③ 柳云翠. 我国资源型城市投融资体系完善与创新研究 [D]. 大庆：大庆石油学院，2005.

吴春莺. 我国资源型城市产业转型研究 [D]. 哈尔滨：哈尔滨工程大学，2006.

④ 邓小乐，孙慧. 中国区域碳排放、经济增长与福利关系比较研究 [J]. 生态经济，2016，32（7）：34-39，55.

邓小乐，孙慧. 中国区域碳生产率与能源消耗、经济增长关系比较研究 [J]. 工业技术经济，2016，35（9）：3-11.

⑤ 王文道. 云南资源型经济转型问题研究 [D]. 昆明：云南财经大学，2010.

型发展受到学界和政府相关部门的广泛关注，因此本书主要针对能源资源型经济展开研究。在此类资源型经济中，能源及相关产业经济活动在整个地区经济活动中占到相当大的比重。资源型经济是经济发展中的一种形式，也是区域经济发展的一个阶段。按照资源禀赋优势来说一个国家或地区应当按照其资源优势来发展其经济。然而，这种资源禀赋并不能为一国的经济提供长久可持续的保障。长期依赖资源型经济，会使得地区经济结构向资源型产业靠拢，占有大量的经济资源，从而挤压其他产业的生存空间。而且，资源是稀缺的，无论是何种资源都是有存量上限的。随着地区经济的发展，资源的消耗量逐渐增大，直到耗尽。随着资源的耗竭，地区经济发展也难以维系。此时，在没有其他产业经济支撑的前提下，地区经济会迅速衰落，人民生活水平降低，政府税收减少，失业率提高，种种问题随之而来。因此，资源型经济发展到一定阶段，必然要进行转型，重新调整产业结构，发展新的产业，寻求新的经济增长点。大多数资源型经济国家或者地区就是因为未能对国内或区域内的经济结构进行及时调整才使得经济迅速走向衰落。如蒙古、委内瑞拉等国，中国的东北地区等都是如此。

二、资源型经济转型

单纯研究经济转型，最早见诸苏联理论家尼·伊·布哈林（Н. И. Бухарин）。① 雅诺什·科尔奈（János Kornai）后将转型拓展到文化、政治、制度等方面。② 国内对资源型经济转型的研究工作始于 21 世纪初，李成军③、刘剑平④、邱松⑤、曾万平⑥等均认为资源型经济转型是一项涉及经济、社会、生态、资源开发等多方面的系统工程，并以此给出了资源型经济转型的定义。本书部分借鉴郭泽光对资源型经济转型的定义是从资源依赖的经济形态向创新驱动的经济形态的转变，推动经济增长方式转变、产业转型、资源利用方式的转变。⑦

---

① 布哈林. 过渡时期经济学 [M]. 列宁，批注. 郑异凡，余大章，译. 重庆：重庆出版社，2015：16-24.
② 吴敬琏. 比较：第 17 辑 [C]. 北京：中信出版社，2005（17）：2.
③ 李成军. 中国煤矿城市经济转型研究 [M]. 北京：中国市场出版社，2005：35-39.
④ 刘剑平. 我国资源型城市转型与可持续发展研究 [D]. 武汉：中南大学，2007.
⑤ 邱松. 东北地区资源枯竭型城市经济转型效果研究 [D]. 长春：吉林大学，2011.
⑥ 曾万平. 我国资源型城市转型政策研究 [D]. 北京：财政部财政科学研究所，2013.
⑦ 郭泽光. 山西资源型经济转型国家综合配套改革试验区发展报告 [M]. 北京：中国时政经济出版社，2016：8.

本书定义资源型经济转型就是改变资源型地区以能源产业为主导的经济发展模式，摒弃能源产业比重过大和粗放低效的发展方式，转变对能源资源的过度依赖，从单一能源基地转向多元发展，从资源依赖转向创新驱动。从资源型经济转型的内容和目标来看就是要在发展方式、发展定位、发展方向和发展动力上实现转变；消除资源型经济的挤出效应、虹吸效应和锁定效应，在转变经济增长方式、产业结构优化、资源利用效率全面提升等方面得到促进，将经济发展的动力来源由外生性资源禀赋内化为持续、有效利用和创造各种资源的能力。

第三节　要素流动与要素组合

物质资料生产构成人类生存发展的前提和基础，其实质是要素生产能力的发挥。要素又称生产要素或经济要素，是指经济运行或生产活动所必需的各种资源和条件。威廉·配第（William Petty）在其著作选集中写道"土地为财富之母，而劳动则为财富之父和能动的要素"[1]，由此提出了"生产要素二元论"。此后，亚当·斯密（Adam Smith）又将资本列于其中，"无论在什么社会，商品的价格归根结底都分解成为这三个部分（即劳动、资本和土地）"[2]，要素理论发展为三要素论。之后，随着理论研究的不断丰富，马歇尔（Alfred Marshall）等人又先后将组织、技术纳入生产函数，将生产要素论发展为四元论、五元论等，直至现在人们普遍认同的土地、资本、劳动、组织、技术和信息的六要素论。可见，经济要素和经济资源本质上是相同的。因此从广泛的意义上讲，以研究资源配置为内容的所有经济学理论同时也是关于经济要素的理论。[3] 本书所讨论的经济要素主要以六要素论为基础，以土地、资本、技术、制度要素为主要研究对象，其中以能源要素代替土地要素。

一、要素流动

在以往的研究中，要素流动常常被定义为要素的位移或空间移动。但这

---

[1]　配第经济著作选集［M］．陈东野，马清槐，周锦如，译．北京：商务印书馆，2009：63.

[2]　斯密．国民财务的性质和原因的研究：上卷［M］．郭大力，王亚南，译．北京：商务印书馆，2014：32-44.

[3]　于刃刚，戴宏伟．生产要素论［M］．北京：中国物价出版社，1999：2.

一简单定义却忽视了土地要素无法转移的特点。以能源为代表的资源要素属于土地要素，而未开采的资源很难发生空间移动，但是通过产权归属的转移依然能够实现要素的流动。本书将要素流动定义为在要素投入生产过程中发生的要素所属空间、应用功能和产权归属等方面的转移和变化。要素流动定义有几点需要说明：第一，要素流动以经济效益的变化为标志，既包括经济效益的增加又包括经济效益的减少。但是，经济效益不受要素所属空间、应用功能和产权归属变化影响的情况不在本书考察范围内，如开采权在集团内部的转移、不动产的赠予等。第二，要素所属空间、应用功能和产权归属等方面的转移和变化三者具备其一即为要素流动，而不以空间移动为必要条件。第三，要素流动衡量的是要素投入端的经济活动，不包含在消费端发生的要素流动。

二、要素组合

要素组合是两种或两种以上要素为了产品的生产而产生的联合。通过要素组合形成了一个经济体的生产能力。现代经济学者认为经济的增长主要取决于资本、土地、劳动、技术、制度、信息等要素的水平及其组合效果。资本要素带动其他生产要素的流动，劳动力要素是其他生产要素的载体，而土地要素是生产要素实现配置和产出的根本，其他技术、制度、信息等要素能够提升其他要素的生产效率。学界普遍认为，从根本而言，制度、技术、信息等要素需要以资本、土地、劳动要素作为载体来实现产出。因此，可以说经济增长很大程度上取决于要素组合。

第二章

能源合作对资源型经济转型作用的理论基础

第一节 马克思世界市场理论在能源合作中的应用

一、马克思的"世界市场"理论

在分工的基础上，马克思逐渐形成了自己对民族分工和世界市场的认识。早期，马克思将世界市场作为流通的要素，是服务于人对商品交换的需求而存在的要素，这一性质的"世界市场"要早于资本主义的出现。而随着资本主义生产关系的出现和发展，马克思的"世界市场"思想逐渐形成了更为丰富的理论观点，最终在资本主义发展到高级阶段后形成了"世界市场"理论。可以说，马克思的"世界市场"理论是在世界经济发展基础上形成的唯物史观综合体系。马克思认为，资本主义工业生产创造出巨大的生产力，人们的交往逐渐突破了民族和国家范围。由于资本对剩余价值的不断追求以及超越国家范围的扩张，资本主义国家在世界市场范围内发展生产力的同时，也形成了与落后国家发展不平等的生产关系。[①] 可以说，世界市场既是资本主义在时间和空间上扩展的产物，也是生产力发展到国际分工的结果。

世界市场的形成对资本主义国家具有双重作用。一方面，资本主义国家通过世界市场中各国的联系吸收更多元的要素，以满足资本进一步扩张和生产力持续提升的需求。在世界市场中，资本主义对外扩张和吸收要素范围和选择空间都大大扩大了。"各民族之间的相互关系取决于每一个民族的生产力、分工和内部交往的发展程度。这个原理是公认的。然而不仅一个民族与其他民族的关系，而且这个民族本身的整个内部结构也取决于自己的生产以

---

① 中共中央马克思恩格斯斯大林著作编译局．马克思恩格斯选集：第 1 卷［M］．北京：人民出版社，2013：170.

及自己内部和外部交往的发展程度。"① 马克思认为分工本身就是一定范围内的合作。分工突破地域范围，竞争也突破地域范围，合作也就更为广泛。② 可见，资本主义国家自身生产发展越快，生产力水平提升的需求就越旺盛，在世界市场中的交往也就越频繁、规模越大，在此过程中，稳定的国际合作关系逐渐建立起来。资本主义国家进而凭借自己相对较高的生产力水平在与其他国家的合作中不断满足着自身利益。这一建立在世界市场中的竞争和合作关系实质上是不平等的"剥削"关系。另一方面，由于世界市场中的交往日益频繁和深入，资本主义国家的内部和外部的矛盾叠加，逐渐暴露出来。在其内部，资本主义生产关系导致的固有危机促使其寻求外部扩张以转嫁危机，但在外部扩张过程中，又在世界市场合作交往中形成新的危机。

相应地，作为合作对象的落后国家在此过程中也承受着双重影响，一方面遭受着资本主义国家的"剥削"，容易发生要素和市场的双向流失；另一方面，在世界市场中的交往也给落后国家带来难得的发展机遇，特别是在科学技术的快速学习、吸收方面，资本主义国家在世界市场的扩张也为落后国家发挥后发优势提供了条件。

二、马克思的"世界市场"理论的应用

全球化正是在资本主义工业生产迅速发展，生产要素全球配置，进而引发全球分工基础上发展起来的。由于能源要素的重要地位和全球能源供求矛盾，能源合作受到了世界各国和各地区的高度关注。现阶段，在中国特色社会主义市场经济中开展能源合作，与前文资本主义国家在世界市场进行合作具有不同的特点。

首先，中国参与能源合作以满足自身发展和生产力提高为目的，因而主动参与到全球分工体系中，不再处于被动的受"剥削"地位，并为消除国际经济合作中的二元性做出努力。

其次，中国参与能源合作的角色发生了明显变化。以往中国大多以成员国或非成员国的身份参与能源领域的全球治理活动，需要主动适应国际能源合作的规则。而当前中国已经通过"一带一路"等制度创新成为全球能源治理的推

---

① 中共中央马克思恩格斯斯大林著作编译局．马克思恩格斯选集：第 1 卷［M］．北京：人民出版社，2013：170.

② 庾虎．全球竞争中的马克思合作思想及意义［J］．黑龙江教育学院学报，2011，30（12）：1-3.

动者，甚至是引领者，国际能源合作领域更多地听到了中国声音，体现了马克思主义国际经济合作思想的变革性，是变革全球资本主义治理体系的重要尝试。

再次，不同于资本主义国家仅着眼于自身发展目标，将合作风险与成本转嫁于他国的做法，中国开展能源合作本着合理利用和开发全球公共资源的原则，以实现"人类命运共同体"的发展需要为目的。在此过程中，中国率先提出 2030 年前后二氧化碳排放量达到峰值并争取尽早达峰①，努力争取 2060 年前实现碳中和②，体现了中国的"大国担当"和马克思主义国际合作思想的和平性。

最后，中国开展能源合作是将全球资源有效配置与国内经济均衡发展相统一的重要实践。能源资源的不平衡性不仅体现在全球范围内，同时也是国内能源要素分布的典型特征。中国开展能源合作不仅要努力实现全球能源资源的优化配置，更要保障国内经济的高质量和均衡发展，构建国内国际双循环相互促进的新发展格局。③

在中国特色社会主义市场经济中开展国际国内能源合作是在有利于自身经济发展的前提下，使消极的合作转变为积极的合作，主动从外部环境中寻求能够进一步促进内部发展的因素，并发挥转型发展的溢出效应，带动相关经济主体共同分享合作利益。

第二节　习近平新时代中国特色社会主义"共享合作"理论在能源合作中的应用

一、习近平新时代中国特色社会主义"共享合作"理论

2015 年，习近平总书记在中国共产党第十八届中央委员会第五次全体会议上提出了五大发展理念，后来发展为新发展理念。"共享"理念是其重要的

① 参见《能源发展战略行动计划（2014—2020 年）》和《能源生产和消费革命战略（2016—2030）》。

② 2020 年 9 月 22 日，中国国家主席习近平在第七十五届联合国大会一般性辩论上发表重要讲话时提出。

③ 2020 年 5 月 14 日，中共中央政治局常委会会议提出"构建国内国际双循环相互促进的新发展格局"。党的十九届五中全会《中共中央关于制定国民经济和社会发展第十四个五年规划和二○三五年远景目标的建议》再次提出。

组成部分。"共享"属于社会公平范畴，是在马克思主义发展观的基础上形成的重要理论成果，也是习近平新时代中国特色社会主义理论在发展目标方面的理论创新之一。"合作"与"共享"本身就是一个过程中的不同环节，"合作"强调发展的手段，而"共享"强调发展成果的分配。增长和发展既是"共享"的前提，也是"共享"的结果。只有取得显著的发展成效，才能为"共享"提供对象；而以"共享"为发展目标，才是高质量的发展，其成果的价值才能够真正体现。因此，要将新发展观中的"共享"理念与当前经济领域常见的行为方式"合作"结合，置于宏观视域下加以理解和应用。

在十八大报告中习近平总书记首次提出了"人类命运共同体"理念，认为"人类命运共同体"就是"共享"的共同体，即共享尊严、共享发展成果、共享安全保障、共掌世界命运。习近平新时代中国特色社会主义思想一再强调要建立"相互尊重、公平正义、合作共赢"的新型国际关系。在此基础上，习近平总书记主张推动形成全面开放新格局的实质是以"一带一路"建设为重点，丰富对外开放内涵，提高对外开放水平，打造国际合作新平台，协同推进战略互信、投资经贸合作，努力形成深度融合的互利合作格局，开创对外开放新局面。他提出要适应新形势、把握新特点，推动由商品和要素流动型开放向规则等制度型开放转变。① 中国将上述理论成果积极运用至"四个革命，一个合作"的能源革命实践中，极大地丰富了能源合作及其相关发展实践的理论基础。

二、习近平新时代中国特色社会主义"共享合作"理论的应用

根据习近平新时代中国特色社会主义"共享合作"理论，一切自身和环境中的有利因素都应该被经济主体充分利用，而不是成为阻碍经济发展的因素。各国和地区的发展实践也证明了，尽管个别弱势国家和地区出于自我保护的需要会采取消极合作的态度；但是，积极地通过对外合作来寻求更加丰富的发展资源成为越来越多国家和地区的必然选择。按照"共享合作"理论的观点，资源型地区参与能源合作不仅是生产力和生产关系相统一的社会经济活动，更是地区经济与全球经济协调发展的需要，其发展成果不仅属于资源型地区，还属于全国各个地区；各地区均可以从资源型经济转型中分享发展成果。从这个意义来讲，资源型经济转型并不仅仅是资源型地区的发展任

---

① 中共中央宣传部. 习近平新时代中国特色社会主义思想学习纲要 [M]. 北京：学习出版社，人民出版社，2019：86-89.

务，其他地区均有责任为这一任务的完成积极与之合作，甚至可以将这一理念扩展至世界范围。而实现这一"共享"理念下的"合作"，最为直接的途径就是能源合作。在与资源型地区开展能源合作的过程中，各经济主体应以"共享"转型成果的理念积极支持并分享自身优势要素，以促进其转型目标的实现。

根据习近平新时代中国特色社会主义思想中的"人类命运共同体"观点，能源合作微观上可以促进资源型经济合作剩余的取得，宏观上促进其宏观生产力的提升。在经济全球化背景下，作为经济发展血液的能源资源具有极强的战略重要性。但是，从人类社会的整体发展需求来看，能源资源的稀缺性及其在产业链中的基础性地位，决定了在此特定阶段合作的收益大于对抗的收益。在能源合作过程中，主体通过部分权力的相互让渡和共享，能够达到一种均衡状态。对于微观主体来讲，合作均衡实现的关键是取得合理的合作剩余①。合作剩余的分配既取决于各方力量的对比，又取决于最终权力交换并达成合作的程度。可以说，合作剩余既是合作的条件又是合作的结果。在宏观上，通过能源合作能够使有限的能源资源在生产方式转变过程中提高利用效率，在更广泛的范围内实现人类社会生产力水平的提高，并在全球化背景下构建出与之相适应的生产关系。因此，可以说能源合作既符合中国经济发展的现实需求，又符合经济发展乃至人类社会发展的客观规律要求。

根据习近平新时代中国特色社会主义思想中推动由商品和要素流动型开放向规则等制度型开放转变的观点，可以看出，不同合作内容和类型间存在承接、递进关系。在现代合作中，制度要素的作用高于普通商品贸易合作和单纯的要素流动合作，是较为高级的类型。以上理论可以作为地区间合作和地区高质量发展的重要指引。

---

① 合作剩余是指合作者通过合作所得到的纯收益即扣除合作成本后的收益（包括减少损失额）与如果不合作或竞争所能得到的纯收益即扣除竞争成本后的收益（也包括减少损失额）之间的差额。

第三章

资源型经济能源合作的动因

资源型经济的最基本特征是一国或者一个地区的经济系统对资源的过度依赖。在这种过度依赖资源产出的经济系统下，粗放型、高耗能型采掘业成为推动经济发展的主导产业，国家或地区的大部分劳动就业人口被吸附到了低端的资源型产业经济上。国家和地区的国民收入主要依赖于这些占经济主导地位的低端资源型产业，国家或地区经济受到资源型经济的钳制，难以壮大。但是，资源型经济对于国家或地区的重要性日益突出，这也成为形成资源型经济转型困难的一大阻力。

第一节　资源型经济转型的目标与约束

资源型经济转型的实质是传统资源型产业结构的优化升级，是地区支柱产业摆脱资源型经济束缚的过程。在这个转型的过程中，可以选择多种途径，既可以是转变产业结构，发展以服务业、金融业、制造业、信息产业等产业为主的多元化产业，使支柱性产业不再受缚于资源型经济，也可以在原有的资源型产业基础上引进先进且深厚的技术，资本围绕资源型产业建立配套的产业链条，发展资源深加工产业。

一、资源型经济转型的目标

张复明认为，对于资源型经济而言，其转型发展就要在保证一定的经济增长速度基础上，一方面实现经济结构的优化，另一方面实现体制转换，即资源配置方式和相关行为规范的改进。经济结构优化主要体现在产业结构的协调化和高度化、产业链延伸、传统产业实现升级、主导产业转换等方面，总体实现产业结构的多元化、灵活化和高级化。而体制转换则涉及资源型地区包括经济在内的多个方面。① 本书吸收借鉴前人研究成果②，结合本书研究目标和研究内容，总结资源型经济转型的目标包括以下四种：

第一，地区协调目标，主要包括实现地区内部协调发展、城乡协调发展、人口与劳动力和收入结构相适宜；实现地区之间协调发展，改变资源型经济在分工格局中的基础材料"供应者"地位，逐步参与水平分工格局，提升技术层次和利益层次，积极促进与外部经济的要素流动，分享发展红利。

第二，产业发展目标，主要包括实现产业结构优化，传统产业的升级改造，延伸产业链，培育和发展新兴产业，实现产业发展层次和质量的跃升。

第三，资源利用效率目标，主要包括提升资源配置和利用能力，提高资源利用效率，加强对科技资源、教育资源、管理与决策资源等要素的综合利用，完善市场体制机制，以保证资源型经济转型长期效益的实现。

第四，生态与环境目标，主要包括减少资源型经济环境污染，提高资源型经济的生态承载能力和修复能力，实现资源型地区环境的绿色化、清洁化，促进其可持续发展。

二、资源型经济转型存在的约束

第一，增长目标约束。受区域分工和贸易条件的不利影响，资源型区域经济发展能力欠缺显著，而地区经济发展的首要目标是经济增长。因此，资源型经济通常长期停滞在经济增长的低级目标之上，单纯追求资源开发的数量扩张。同时，在短期利益和行政目标的压力下，产业结构优化、产业升级、环境目标等被迫居于从属地位。

第二，垂直分工约束。资源型经济以往的区域分工是由其资源禀赋所决定的，自然资源、资本、技术、劳动力等要素的丰裕程度和利用水平决定着自身比较优势的发挥效果和整体经济的发展方向。一般而言，区域分工分为垂直分工、水平分工、混合分工等形式。从充分发挥区域优势的目的出发，最为合理的是以水平分工为主、以垂直分工为辅的动态分工格局。这种分工有利于区域间相互配合协调，共享合作收益。然而，资源型经济的分工定位具有鲜明的垂直分工特点，与其他经济呈现上下游关系。资源型经济为其他经济提供原始材料，掌握低端技术，市场和高端技术两头在外，受到市场需

---

① 张复明. 资源型经济转型：难点、目标和动力 [J]. 科技导报，2000（11）：56-60.
② 袁纯清. 率先走出资源型地区转型跨越发展新路 为加快实现全面建设小康社会目标努力奋斗：在中国共产党山西省第十次代表大会上的报告 [J]. 前进，2011（11）：4-15.

求的高度制约。在分工和收益上与其他经济差距明显。资源型经济转型的首要任务就是改变参与分工的方式及自身地位。

第三，结构单一约束。资源型经济普遍存在着产业结构单一、产业关联性和发展不平衡等特征。在市场需求和早期发展战略的影响下，资源型经济在资源相关产业的发展中积累了大量经验和发展成果，这不仅包括初级的资源开采，还包括产业基础设施建设、相关产品的初级加工、相关产业的装备制造及产业配套的相关产业方面，形成了典型的专业化分工，从而也导致了社会资源向此类产业聚集和对其他非资源产业的挤出。区域经济综合发展水平较低，形成了单一和刚性的产业结构。

第四，经济体制约束。中国的资源型经济大多涉及传统能源产业，并且以煤炭型资源型经济最为多见。能源是中国的战略性资源，能源产业是中国计划经济最后的堡垒。在市场经济体制不断成熟的今天，资源型经济的转型不仅要为适应制度变迁支付高昂的成本，而且也要为自身转型升级付出沉重的代价。这种代价包括暂时性的经济发展迟缓、结构不合理、效率低下和盲目转型以及调整不及时出现的混乱等等。旧的经济体制带来的影响是具有惯性的，转型突破是一个漫长的过程，需要十足的耐心和信心，更需要强有力的手段，才能取得最终成功。

第五，路径依赖约束。发展观念和思维属于非正式制度，而非正式制度通常比正式制度的转变更为漫长和艰难。思维和观念的落后是资源型经济转型的主要非正式制度障碍。路径依赖就是资源型经济长期形成的发展思维。不少资源型地区在早期资源扩张型开发中获益丰厚，因此微观层面的企业、居民和宏观层面的政府都逐渐形成了依赖传统产业、依赖市场的思维惯性。资源型经济突破这一约束还要靠微观、宏观层面共同转变，而宏观层面的引导十分重要。

第二节　资源型经济能源合作的必要性

长期以来资源型经济因其显著的禀赋特征为地区和一国整体经济发展输送着重要的物质要素，而成为宏观经济的重要组成部分。同时，资源型经济又因其典型的要素聚集特征而逐渐形成了自身的发展规律。在工业经济发展初期，资源型地区从自身要素构成和发展动力等方面获取了"发展红利"。但是，随着时代的发展，仅从自身的静态资源中却难以获得持续的推动力。通过合作寻求新的发展动力来源和发展空间已经成为现代经济的必要选择。而资源型地区无论出于主动还是被动原因，都不能漠视这一发展规律，必须积极参与其中，才能适应当前的经济发展的变化，满足自身转型的需要。

一、能源合作促进资源型地区立足禀赋实现经济增长

首先，要素禀赋是社会分工的基础。马克思将分工分为自然分工和社会分工。马克思认为分工最初是由天赋（例如体力）、需要等自发或"自然形成"的。① 生产力的提高推动分工进一步细化。在自然分工的基础上形成了社会范围内的分工。马克思后来将分工延伸至民族分工，认为各民族的分工、生产力水平和内部交往的发展程度都表征了一个民族生产力的发展水平。继承了古典经济学思想的马克思极大地拓展了分工与交换在科学技术迅猛发展时代对资本主义经济增长的重要作用。马克思在《资本论》第 1 卷中，高度重视分工对提高劳动生产力的作用，并把分工视为相对剩余价值生产的重要方式。马克思认为，物质资料的生产是人类社会存在和发展的基础，而分工的发展史就是生产力的发展史，甚至可以说，分工是生产力发展或劳动生产率提高的必要前提。② 也就是说，分工是在以自然禀赋或后天有利的生产条件形成的绝对优势基础上进行生产，有利于劳动生产率的提高。按照马克思的判断，分工最初是自然赋予的，即由自然禀赋决定，之后在广泛的社会交往中才有了社会分工。

其次，协作促进生产力与生产关系的发展。随着生产力的发展，包括分工在内的生产关系将会随之变化，以适应和促进新的生产力的发展，个人之间、地区之间、国家之间的分工皆是如此。不同阶段的分工会产生新的经济行为，资源型地区在自身禀赋形成的自然分工中逐渐形成了与外界的经济关系。在分工的基础上，协作是自然而然产生的，这也是顺应生产力发展的必然结果。随着经济的不断发展，人类的需求变得更为复杂和多样，对要素生产能力的要求越来越高，专业化程度不断加深。而这在一定程度上将促进经济主体的协作和市场规模的扩大。协作被视作分工的衍生行为，是由专业化分工产生的竞争发展的高级阶段。同时，马克思又常常将协作视作一种生产力，认为"这里的问题不仅是通过协作提高了个人生产力，而且是创造了一

---

① 余源培，吴晓明 . 马克思主义哲学经典文本导读：上卷 ［M］. 北京：高等教育出版社，2005：161.

② 中共中央马克思恩格斯斯大林著作编译局 . 资本论：第 1 卷 ［M］. 北京：人民出版社，2004.

种生产力，这种生产力本身必然是集体力"。这种与个人生产力不同的"一种生产力"是通过协作来实现的，也就是说，协作可以作为生产力提升的源泉。这正是协作越来越频繁地出现甚至成为全球化主题的原因。

协作推动生产关系发展。在马克思的论述中，多次将分工作为一种生产关系提出，如在《哲学的贫困》中批驳蒲鲁东（Pierre-Joseph Proudhon）"为什么货币所表现的关系也像任何其他经济关系如分工等一样，是一种生产关系呢？"，还有常用的表达"分工与协作所产生的生产力""分工作为一切特殊的生产活动方式的总体"等观念。由此可见，协作本身是一种生产关系，是在生产中的共同活动，人们在协作中不断推进生产关系的发展变化。

从以上理论的分析可知，资源禀赋对一国或地区的发展是基础性和至关重要的。本书的研究对象资源型经济正是要素禀赋特征极为突出的一类经济形式，在工业体系分工中具有较为明显和独特的地位和角色。而在现代分工体系中，这种分工角色反而制约资源型经济的良性发展。另一方面，资源型地区天然具备重要的物质要素，经过长期发展，无论在发展基础还是经济实践方面，已经积累了大量先进经验和发展优势。轻易否定和放弃都是不经济、不理性的选择行为，作为经济欠发达地区需要在如何整合资源以快速获得后发优势上下功夫，而不是武断地另起炉灶。因此，资源型地区需要进一步挖掘能源资源相关产业中的发展潜力，促进产业升级，打造全面、协调的产业体系。在当前全球经济高度融合的趋势下，如何利用好这种自然禀赋带来的要素优势，补己之短正是本书深入关注的问题。

二、能源合作促进资源型地区参与水平分工

首先，国际贸易理论中将分工划分为垂直分工和水平分工两种。垂直分工是在经济发展水平差距明显的国家和地区间的分工，在垂直分工中，生产力水平高的国家或地区主要生产具有较高技术水平的工业制成品，而水平较低的国家或地区则主要生产技术水平较低的农矿业初级产品。双方以此交换，在各自具有比较优势的产品贸易中获取收益。但这一过程容易导致经济水平落后的国家或地区陷入单一经济的困境。纵向分工主要是指发达国家与发展中国家之间制造业与农业、矿业之间的分工。而水平分工主要指经济水平发展相当的国家或地区间在工业制成品生产上进行国际分工。这种分工便于双方共享利益。

其次，双向、平等合作有助于资源型地区参与水平分工。前文分析指出，从充分发挥区域优势的目的出发，以水平分工为主、以垂直分工为辅的动态

分工格局最具合理性。然而，资源型地区与其他经济区域之间却是鲜明的垂直分工，两者在产业层次、技术水平、开发效益上存在着巨大的差异。这种分工体系，既不利于资源区域的产业升级和经济转型，也不利于加工区域的深度发展和后续开发，同时还拉大了区域之间的发展差距。

能源合作是立足资源型地区相对具有优势的产业开展的合作，有利于资源型地区与合作对象形成相对平等的双向合作。从这个角度看，能源合作较其他领域更加有助于资源型地区参与水平分工。需要注意的是，水平分工的实现需要摆脱对发达地区的依赖。在能源合作中，只要选择合适的能源合作类型和方式，实现双向平等合作关系，摆脱以往低级加工者的角色，将资源型经济与外部经济真正融为一体，就能够有效促进资源型经济转型。因此，通过能源合作向产业链下游寻求产业升级是资源型地区的必然选择。

三、能源合作促进资源型经济均衡发展

亚当·斯密在《国富论》中明确提出了财富的增长取决于两个条件，一是人口和资本的增加，二是专业化和分工促进了劳动生产率的提高，从而将经济增长的原因归于自由市场、劳动分工和技术进步三个方面。[①] 对照主流经济学对生产要素的区分，可将这三方面因素理解为劳动、资本、技术、制度和自身发展依赖的优势资源。

区域经济良性发展的典型特征是多元性，而经济发展多元性的前提是需要与之匹配的适宜要素。也就是说，地区经济发展需要多元的产业结构，而多元产业结构的基础是多元的要素组合结构，更为基础的是多元要素的获得。资源型经济显然缺乏这样的要素基础，只能通过与外界合作吸纳多元要素。然而，市场秩序指引下的竞争，对外界要素的吸纳往往是无意识的，这一过程会使优势要素得以强化，吸引其他要素与之结合进行生产。但是，一些为了吸纳外界某种要素而有意识的合作过程则可以很好地起到调节要素结构，乃至调节产业结构、协调经济发展的作用。这一过程，反而会抑制原有优势要素的吸引力，产生多元要素均衡发展的效应。

在现代经济学的研究中，许多学者认为，分工合作既可以推进经济增长、增加能源的消耗，又可能提升能源资源配置效率，降低能源消耗。这一经济学分析路线的重要环节就是技术水平。李臻通过建立计量模型考察了山东省

[①]　斯密. 国民财务的性质和原因的研究：上卷 [M]. 郭大力，王亚南，译. 北京：商务印书馆，2014：56-60.

的能源消耗与经济增长、产业结构、城市发展、开放程度及教育水平等方面的关系，发现当地的开放程度和城市化率与能源消耗之间存在负向关系。他认为当一个地区的开放程度较高时，与外界的经济联系比较紧密，专业化分工的不同所导致的规模效应，使得在同样的经济增长率水平下耗费的能源更少。① 根据这一研究结论，一方面分工合作使得劳动生产力水平不断提高，使得人们利用能源的技术水平整体不断提升，因而提高了能源的生产和利用效率；另一方面分工可以促进资源的重新配置和劳动力水平的提高，也有利于优化资源在不同技术水平间的配置比例，使得高能源消耗与低能源消耗的产业进行区分，更有利于政策的制定与实施。所以，通过提高技术水平、重新配置资源、提升经济发展的质量和开放性，可以有效地解决能源消耗高的问题。可以说，技术水平是分工合作有利于劳动生产力水平的提高，进而有利于能源效率提高的关键性因素。

　　大部分资源型经济本身以能源产业为主，能源效率较低，高能源、高污染始终是困扰资源型经济转型发展的突出难题。通过分析可知，既要与外界开展多元的能源合作，又要保证资源型经济结构优化、效率提高，技术要素的吸收和技术水平的提升是资源型地区参与能源合作的双重任务。因此，在资源型地区参与能源合作的过程中，有意识地侧重对能源技术合作的参与，提高技术要素与能源要素的结合效率有利于促进资源型经济转型效果的获得，也是资源型经济均衡发展的先决条件。

四、能源合作促进资源型经济适应市场经济体制

　　首先，区域合作的驱动力来自既定条件下经济主体对最大化目标的内在追求。任何行为都是在主体权衡收益和成本下发生的。当合作收益大于合作成本，并且合作收益大于对抗收益时，合作就是最佳选择；反之则反是。由于规模经济和范围经济的存在，现代社会中的区域合作十分普遍，通过合作可以实现物质价值链和虚拟价值链的共享。因此，合作被视为现代社会的一种生产关系和生产方式。

　　合作的基础是分工，分工有助于生产效率的提高，这种提高既可以通过竞争实现，也可以通过合作实现。竞争与合作相伴而生，难以完全区分开。竞争是市场经济体制的本质属性。随着分工的加剧，生产力在不断发展，各

---

① 李臻. 分工、经济增长与能源可替代性：基于山东省数据的分析 [J]. 商业研究，2015（7）：20-24.

要素、各部门、各主体之间的竞争与合作功不可没。合作扩展了经济交往的范围，同时合作中的竞争也使得要素报酬率不断提升，各经济体不断采用更有效率、更为节约的要素替代生产能力落后的生产要素，这种要素可能是广域范围内获得的，并非自有要素。经济发展速度越快，经济主体的合作动力就越强，从而更加带动经济发展，形成一个循环，不断促进生产力的发展。

其次，资源型经济在分工中的地位及与其他经济形式的差异，提供了合作的客观物质条件。而能源合作是资源型地区参与全球经济竞争的最有力手段，在其他领域中其差距可能更大。能源合作是当前受到各国广泛关注的重要的经济交往方式，能源合作一方面使资源型地区利用经济主体对能源要素的依赖，在开放的经济空间内，寻找到尽可能多的合作主体，与不同经济体制和不同发展水平主体合作并进行资源配置；另一方面对削弱资源型经济相关产业的垄断势力，激发经济主体的活力起到了正向推动作用。此外，能源领域是资源型地区与外界接触最广的经济领域，开展能源合作便于资源型地区最大限度地打开市场，参与市场竞争。因此，资源型地区要想实现多元、良性转变，参与不断变化和竞争激烈的现代分工体系，就需要积极参与能源合作，进而获得更大的发展空间。

五、能源合作促进资源型经济外生比较优势内生化

比较优势理论包括外生比较优势和内生比较优势理论。前者是指由于禀赋条件的差别产生的贸易好处，其条件来自既定的禀赋因素；后者是指经济主体经过后天学习和努力能够获得或变化的技术、经验、方法等好处，可以由主观因素改变，并在经济活动中加以控制和利用。杨小凯认为专业化分工导致人力资本与知识的积累，从而产生内生比较优势。

内生比较优势理论认为对发展中国家和地区，特别是具有明显外生比较优势的国家或地区而言，实现外生比较优势向内生比较优势的转变，也要以现有禀赋条件为基础，充分发挥既有比较优势，积极参与分工经济，从而使比较优势内生化。这一过程的关键是制定经济发展战略。一般认为，外生比较优势决定分工结构，而内生比较优势决定主体在分工体系中的发展潜力。因此，资源型地区既要注重短期区域经济增长，更要积极培育内在自生能力和发展潜力。

杨小凯等人认为，如果我们仅满足于先天生产率差异①为基础的分工，就

---

① 也就是基于要素禀赋的外生比较优势。

会导致贸易产品、经济发展方向和分工格局的静态化，极容易陷入比较优势陷阱，难以获得持续的增长动力。① 与之相对，在分工和专业化基础上获得的内生比较优势演进会加速知识和技术的积累导致生产率内向提升，进而产生促使贸易发展和经济持续增长的动力。杨小凯用这种后天的比较优势来解释国际贸易、经济发展、落后国的产业升级等现象。根据杨小凯的观点，技术在两种比较优势的转化中非常重要。

大部分资源型经济都具有明显的能源要素外生比较优势。丰裕的资源禀赋在发展中最应当被合理开发和利用，以便快速追赶先进。但是，这些地区却又受困于此，主要原因是对外生比较优势的利用和开发水平较低、较为粗放，没有实现要素禀赋的溢出效应，外生比较优势没有及时转化为内生比较优势。

根据前文分析可知，资源型经济比较优势转化的关键性因素是技术，而技术获取一方面依赖于对外界先进技术的转化吸收，另一方面还依赖于自身的学习能力和创新能力。资源型经济整体的技术和产出水平有限，但在能源领域却具有较为丰富的经验和较高的生产水平，能够较快地吸收外来先进技术和经验，并实现自身的转化利用，甚至获得自主创新能力。同时，占比较高的能源产业开展广泛合作，便于资源型经济较为直接地实现外生比较优势内生化，并且快速在全社会形成技术溢出效应，加快资源型经济整体转型的步伐。

综合以上分析，不难发现，能源合作是能够同时满足资源型经济以上需求的重要选择。通过政府引导，立足自身要素优势，有意识地发展以吸收多种要素，形成平等的双向合作关系，参与水平式分工，能够帮助资源型经济改变以往单一的要素结构和产业结构成为多元的经济结构，促进其转型发展。

第三节　能源合作促进资源型经济"有序"运行

一、资源型经济的一般系统属性与系统特性
系统论属于哲学范畴，用于研究宇宙、自然、人类社会系统的一般模式。

---

① 杨小凯，张永生. 新贸易理论及内生与外生比较利益理论的新发展：回应 [J]. 经济学（季刊），2002（4）：251-256.

因此，其一般性原理可以运用于社会科学研究的各个领域。马克思在《资本论》中对资本主义生产方式的分析和研究，就是在社会系统这一思想基础上展开的。区域经济系统论也是运用系统论及方法研究区域经济一体化、区域竞争与合作的重要理论。

首先，系统的一般性质。系统论认为，系统具有整体性、关联性、等级结构性、动态平衡性、时序性等特征，具体包括：①系统论认为一个整体是由各个要素组成的，各个要素与系统相互联系并且各个要素之间是相互影响、相互制约的关系。②系统作为一个整体，具有各个要素所不同的功能，并且系统的功能大于各个要素之和。③当外力作用于系统时，系统能够作为一个整体对外力做出反应。④系统不是固定的、僵化不变的，系统也总是处于运动、变化、发展中，只有在不断的变化发展中，系统内部的各个要素才能实现优化组合，整个系统也才能在运动变化中实现发展。⑤系统作为一个整体要正常地运行，内在的各个要素必须遵守一定的法则，即"有序"运行，否则系统内部就会出现混乱，不仅影响系统的正常运转，而且会损坏系统正常功能的发挥。

其次，资源型经济的一般系统属性。资源型经济相对于整体经济而言，是系统中的一部分，其自身也是一个复杂的系统。因此，对整体经济和自身发展而言它必然具有系统的基本特征。对照资源型经济实际，具体包括：①资源型经济内部由若干空间区域、各个产业和部门及经济、社会、生态等各功能结构组成，各个组成部分相互关联，形成各种关系。②资源型经济系统内部的各种要素相互影响、相互制约，内部形成有机的联系，如在能源开采和输出获得大量收益影响下，资源型经济往往会出现劳动力素质投入的下降和科技研发持续增长的乏力，即能源要素对高质量劳动和技术要素的"挤出效应"。③如同一般经济系统，任何外部冲击做出反应，如原油价格的变化，资源型经济自身产品价格的波动，进而对外部环境产生一系列连环反应。④资源型经济始终在运动、变化，只是与其他经济类型相比，资源型经济的变化速度略慢，且正处于实现内部要素间的优化配置的过程中。⑤资源型经济现有的转型压力和困难，正是其内部要素"无序"的表现，资源型经济系统如何实现由"无序"到"有序"的过程，正是本书需要研究的。

最后，资源型经济的系统特性。除了上述与一般经济系统相似的系统性特征，还具有有别于其他系统的独特规定性即"系统功能"或"系统质"，如资源型经济发展多依赖的资源要素就是资源型经济的"系统质"。这也是资源型经济之所以获得该名称的原因。其"系统质"除了给资源型经济带来了工业经济早期快速的资本积累和在整体经济中的重要地位，也造成了资源型经济产业结构单一，经济发展波动受资源价格影响大，经济增长较为缓慢，经济、社会发展受环境约束明显等问题。在资源型经济的发展中，这种"系统质"的变化通常是缓慢的，资源型经济转型并不能很快地抛弃这一"系统质"，而是要转变使用这一本质特性的方式，变"阻力"为"动力"。

　　总体而言，资源型经济系统完全符合系统论"要素—结构—功能—环境"的逻辑联系，其内部要素和产业结构特点决定了与外界交换的途径和手段会从其优势资源性行业逐渐向其他行业延伸。

二、要素流动促进资源型经济"有序"运行

　　首先，"负熵流"对耗散结构的作用。系统论布鲁塞尔学派代表伊利亚·普里高津（Llya Prigogine）[1] 将系统维持并持续发展的状态解释为"一种非平衡状态下的稳定"[2]，造成"非平衡"状态的正是系统内部不断产生的系统熵[3]，而使之实现"稳定"现象的就是外界环境的物质和能量。系统熵的增加源于时间的推移，而熵的增加将直接导致系统处于混乱和无序状态，此时作为平衡力量的外界要素[4]将通过参与系统运行，激发系统内部子系统之间的非线性相互作用，从而抵消内部的混乱和无序，实现新的"平稳"，这种"非平衡状态下的稳定"结构就是耗散结构。耗散结构是一种开放的、与外界相互依存的、接受对外界要素融入的系统。耗散结构在阐述"非平衡状态稳定维持时"解释了内外系统作用的非线性特征。普里高津认为，线性定律不适用于复杂性系统，即复杂性系统无法自我实现空间和时间结构上的有序。[5]

　　系统论认为仅有耗散结构是不能抵消混乱和无序的，必须引入"负熵流"，也就是外界要素。其公式为：

$$D_s = D_{si} + D_{se} \qquad (2-1)$$

　　其中，D_s 表示系统总熵，D_{si} 表示系统内部熵，D_{se} 表示系统外部熵，即负熵流。

　　D_s 的大小直接决定系统的运行状态，若 D_s 数值增大则表示系统内部的熵

---

[1]　又译作"格利高津"，下同。

[2]　苗东升. 复杂性研究的成就与困惑 [J]. 系统科学学报，2009，17（1）：1–5，23.

[3]　熵的概念是由德国物理学家克劳修斯（Clausius）于 1865 年所提出。熵原被用作测量在动力学方面不能做功的能量总数，后亦被用于计算一个系统中的失序现象。

[4]　系统论原意为"外界媒质"，本书将其运用为"外界要素"。

[5]　罗勇. 区域经济可持续发展 [M]. 北京：化学工业出版社，2005：28.

在逐渐增多，系统出现无序和混乱的风险增大，甚至已经呈现无序状态；相反，D_s 不断减小，则表明影响系统有序运行的熵在减少，或者系统的有序性在逐渐提高。根据公式（2-1），系统总熵 D_s 受内部熵 D_{si} 和外部熵 D_{se} 共同影响。D_{si} 来自系统内部，随着系统的复杂程度、运行时间等逐渐增大，表明系统会逐渐出现无序、混乱的现象。D_{se} 表示的负熵来自外部的稳定力量，D_{se} 逐渐增大表明负熵会逐渐修正内部熵造成的不良影响，甚至使总熵 D_s 逐渐减小。否则，D_s 将不断增大，系统则变得不稳定和无序。因此，在系统论中，外部熵被视为纠正系统运行的"好的作用力"，是系统获得平衡机制的关键，可以通过控制 D_{se} 来控制 D_s，这个结构被称为耗散结构。

综上，系统论认为系统内部相互关联，构成了有等级差异的结构。在与系统所处环境的"耗散"过程中，系统逐渐形成了有序发展的状态。系统熵导致了平衡状态不断被更新。这种更新的实现前提是系统具有开放性，在引入外界要素的过程中，外部要素产生的负熵流会抵消内部熵的作用力，产生平衡机制，形成耗散结构，即非平衡状态下的新的有序结构。

其次，资源型经济引入"负熵流"的条件和作用。经济学对耗散结构进行了借鉴，认为只有耗散结构的经济系统才是有未来、有发展的经济结构。① 耗散结构的经济系统要实现有序运行，就要引入负熵流，因此要满足以下条件：第一，保持系统开放性。开放系统才有引入外界因素的机会与可能，才会在开放交流中产生发展的加速度。第二，非均衡发展有利于经济系统。因此，经济发展要避免处于一般均衡状态。内部有差异、非均衡的经济系统更具有发展的余地。第三，多样性经济结构有利于发展，单一结构会损失发展机会。

对资源型经济系统而言，"负熵流"主要指系统以外的可用的相关生产要素，如资本、技术、市场、制度、无形资产、信息资源等。这些来自资源型经济之外的要素参与其生产或经济运行，其存量会随着使用而发生变化。资源型经济的发展困境表现为其日趋严重依赖资源要素而导致的生产效率低下，偏离了良性发展轨道，即系统论中所谓"混乱"和"无序"。资源型经济转型就是使这一耗散结构与外界进行交流与合作，将系统打开、融合，使经济运行系统在空间上扩大，更加具备开放性。通过合作、吸收，加强对外部资源的利用，弥补系统内部的低效运行状态，使其处于非平衡状态，并逐渐接近一种稳定有序的状态。耗散结构强调与外界非均衡发展。那么，资源型经济转型就是要将整体经济运行的效率摆在首位，通过合作建设、共同参与、

---

① 龙智燊. 耗散结构理论在经济学中的应用 [J]. 黑龙江对外经贸，2009（4）：16-18，64.

重点发展等方式，实现要素的自由流动，在遵循市场规律的前提下，通过开放式的交流实现对"无序"状态的改变。

三、能源合作引入要素对资源型经济转型的作用

首先，能源合作的系统属性。在借鉴系统论的基础上，一些学者如李雪松①、郭倩倩②、郭晓立③、王玉辰和王琦④等将能源合作视为一种系统进行研究，个别学者将其称为能源合作系统论，但作者认为这种判断有待商榷，将其视为系统论在能源合作系统问题中的应用更为合适。与将资源型经济视为整体经济系统的子系统相类似，能源合作也可以视为一个经济运行中的子系统，它同样具有系统要求的整体性、相关性、时序性和动态性等特征，其本身就是一个复杂开放的系统。与一般系统类似，能源合作系统也具有在系统内部要素间的"关系"，即"序"。从宏观层面，能源合作系统由经济系统、政治系统、环境系统、外交系统等子系统构成；从微观层面看，由资源、技术、资本、劳动等要素构成。对于能源系统而言，各子系统是部分，对于各子系统而言，组成系统的微观元素则是部分。各部分有机地连接在一起，为了同一目标而实现某种功能。基于能源资源的共同利益使能源合作系统与外部环境进行物质能量交换的驱动力，而该动力的实施效果则要通过能源合作系统的功能，即能源合作的效果表现出来。

其次，能源合作与资源型经济转型的关系。前文已经运用分工理论、合作理论和政治经济学相关理论进行了分析，明确了资源型地区需要参与能源合作推动转型，能源合作在资源型经济转型过程中具有重要作用，而在系统论观点下，同为系统的二者间上述关系同样成立。

通过前文分析已经明确，资源型地区需要立足自身要素禀赋谋求生产力和生产关系的良性发展，但是又缺乏高级生产要素，需要从外界获得"负熵流"以实现"有序"发展。在众多外来要素中，技术和制度要素至关重要。能源合作与资源型经济并不是两个孤立的系统，它们分别是经济系统不同领域中的组成部分，资源型经济是在经济系统中根据空间属性和功能属性划分的子系统，而能源合作隶属的能源系统是经济系统中产业系统的组成部分。

---

①　李雪松. 国际能源资源互利合作机制研究［D］. 长春：长春工业大学，2010.

②　郭倩倩. 国际能源合作风险防范对策研究［D］. 长春：长春工业大学，2011.

③　郭晓立. 国际能源合作的稳定性研究［D］. 长春：吉林大学，2012.

④　王玉辰，王琦. 基于系统理论对国际区域能源合作的分析［J］. 管理观察，2013（22）：118-119.

能源合作是能源产业对外联系形成的子系统，具有功能系统的性质，另一方面资源型经济系统本身包含产业系统，能源是其中重要的组成部分，在中国的资源型经济系统中占据重要地位。因此，可以看出，能源合作系统是产业系统和功能系统融合而成的新型系统，更侧重功能属性，并基于能源这一"系统质"的一致性，为资源型经济提供其所需的"负熵流"。可以说，能源合作系统是一个通过外部要素的引入，促进和帮助资源型经济系统实现复杂系统协调化的系统。在系统论思想下资源型经济与能源合作根本上是一致的，能源合作是资源型经济转型的内在需求。

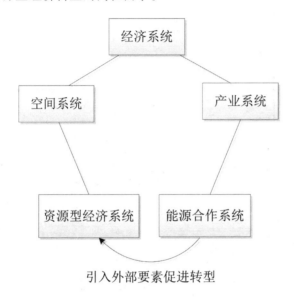

图 2-1　能源合作与资源型经济转型关系示意图

资料来源：作者根据本书内容绘制。

再次，引入要素对资源型经济系统稳态的作用。根据系统论，在经济系统内部，由于构成系统要素的多样性，且要素间的非线性作用，导致任何要素的细微变动都可能通过其他要素的互动作用而被放大，破坏系统的整体平衡性。如果经济系统处于封闭状态，一旦变化发生而没有新的要素作用于该变化效应使系统重新回到平衡状态，则经济系统的非平衡性将加剧这种变化，最终导致整个系统出现混乱和无序。如果在开放的经济系统下则可以通过外界要素的加入将系统内要素变化的效应抵消，使整体回到平衡状态，只是此时的平衡是新的平衡状态（如图2-2）。必须强调的是，外界要素作用不一定总会使经济系统恢复平衡，如图2-2所示，经济系统已经出现波动，偏离稳态，在曲线 CD 段引入要素 M 不但没有使系统恢复稳态，反而使其更加远离稳态，但在 DE 段引入要素 N 可以使系统重新恢复稳态。而我们也看到，在BC 段系统曾经向稳态回归，但是最终没有实现，这主要是因为外界的冲击力度或者"负熵流"不够充足，也就是引入的要素数量有限，无法使其完全回到稳态。因此，引入的外界要素的性质和作用大小直接关系到经济系统不稳定的抵消效果，即能否推动经济系统整体回归平衡。

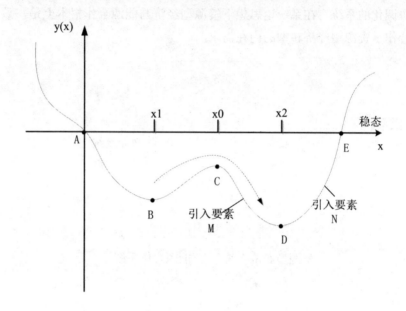

图 2-2　经济系统动态变化示意图

资料来源：作者根据本书内容绘制。

最后，资源型经济新稳态的产生。根据上述理论，存在能源合作的资源型经济是一个开放系统，能源合作为资源型经济引入外部要素形成"负熵流"，可以使资源型经济系统内要素变化的效应抵消，即使"熵"减小，使资源型经济整体回到平衡状态。系统论强调了一个细节，就是在外界影响下，系统不仅回归了稳态，还产生了新的稳态。如图 2-2 所示，A 和 E 是两个不同的稳态。E 的稳态质量好于 A，或者说更为高级。马克思在对人与自然的关系阐述中也提到，人与自然不是相互作用，相互依赖的关系，而是一个相互作用且互相螺旋上升的关系。① 而这里能源合作对资源型经济的作用更多地体

---

① 中共中央马克思恩格斯列宁斯大林著作编译局．马克思恩格斯选集：第 1 卷［M］．北京：人民出版社，2013：256.

现为能源合作对资源型经济的单向作用，但资源型经济在吸收外界要素作用时也呈现一种螺旋上升的发展趋势。

可见，能源合作引入的不同要素对资源型经济稳态会产生不同影响，资源型经济系统也是在这种涨落变化中不断发展的。资源型经济的经济系统、社会系统、生态系统等各个子系统总是处于动态变化中，但是远离稳态的变化会对资源型经济系统造成严重破坏。因此，选择具有良好属性的要素并且注意引入力度的控制才能不断促进资源型经济系统回归稳态，向前发展。

第四章

能源合作中要素组合的作用分析

第一节　要素流动下要素组合对经济发展的作用分析

一、要素流动的分类

空间经济学认为，生产要素的流动既受到流动性差异的影响，又受到一国经济要素与全球经济要素配置关系的影响。在经济全球化中，生产要素为了追求报酬的最大化而在全球范围内寻求最佳的配置位置。然而，由于要素流动往往会追求最佳配置，而集中到各个最优地区或者最优国家，造成生产要素任何时期在各个国家或者地区的分布都不尽相同。从分布特性来看，其分布程度有高有低，要素分布的不平衡性是要素流动的显著特征。可以从不同视角对要素流动进行划分：

首先，区域要素流动视角。在区域经济发展的过程中，始终伴随着从极化、扩散、回流，再到涓滴的作用，形成一个从聚合到扩散的过程，当生产要素为了寻找最优的资源配置时，会主动流向某个区域并在该区域产生极化作用，然后在达到一定程度后向周边扩散形成扩散效应，最后是回流、涓滴作用。当区域处于一种开放系统环境下，只要各个区域之间存在不平衡性，那么就会产生要素的流动。

其次，产业经济视角。生产要素主要是在产业内和产业间进行流动。当某个产业集聚了过多的生产要素时，就会产生扩散效应，多余生产要素会向其他产业流动。如当中国的农业劳动力过剩时，剩余的劳动会向着城市工业流动。而在产业内，可能会由于报酬、区位环境等因素促使要素从一个企业流入另外一个企业。

再次，生产要素视角。要素流动可以划分为劳动、资本、土地、技术、制度等。流动产生的条件是高流动性要素流向低流动性要素。在经济全球化的背景下，生产要素根据条件选择在全球范围内寻求最佳的位置并向其流动。

这种流动表现在经济上，便是某类资源禀赋稀缺的国家会和某类资源禀赋丰裕的国家以要素流动的形式形成合作关系以获取这类稀缺资源要素。以东南亚地区为例，东南亚的劳动力要素和土地要素较为丰裕。因此，全球对劳动力和土地较为依赖的企业纷纷聚集到此，它们通过技术要素、知识要素换取低廉的劳动力要素、土地要素等等，东南亚地区正是通过这一过程，逐渐获得了更多的技术要素。

最后，能源合作中要素流动的分类。本书主要对能源合作过程中产生的要素流动进行分析，侧重借鉴空间经济学从产业和生产要素角度对要素流动的分类。外部要素通过能源合作引入资源型经济，未与当地要素结合前侧重生产要素视角的要素流动分类，即使用劳动、能源①、资本、技术、制度等；与当地要素结合后，实质上形成了要素组合。要素流动不会终止，而要素组合相对稳定，此过程中的要素流动侧重区域要素流动视角的划分。同时，由于本书的研究对象也具有产业属性，因此本书主要侧重对极化和扩散两种类型的借鉴。此时的要素流动作用更多的是对要素组合变化产生作用。

二、要素组合及其与经济发展的关系

首先，要素组合内部结构。较早使用"要素组合"分析生产过程的熊彼特（Schumpeter）认为"从技术上以及从经济上考虑，生产意味着在我们力所能及的范围内把东西和力量组合起来。每一种生产方法都意味着某种这样的特定组合"②。按照熊彼特的定义，每一种生产方法的实质就是一种要素组合，创新就是新的要素组合的诞生。由一种要素组合到新要素组合的变化过程不仅反映了要素质量的提高，而且也反映了在此过程中实现的要素结构提升，即新的生产方法需要新的要素结构支撑与实现。

一般来讲，特定的要素组合代表了一国或一地区在生产活动中所表现出的特定生产能力。要素组合体现出的生产效率会超越单一要素的简单叠加，出现整体大于个体之和的经济最优生产能力。如果将某区域内的经济视为各要素共存而形成的空间，那么某一时点处异质要素在相互作用下所形成的截面所呈现的形状就是该时点处的要素组合。这一截面可以是任意角度下截取的，如图2-3所示。

---

① 本书将土地要素具体化为能源要素。
② 熊彼特. 经济发展理论［M］. 何畏，易家详，张军扩，等译. 北京：商务印书馆，2020：18.

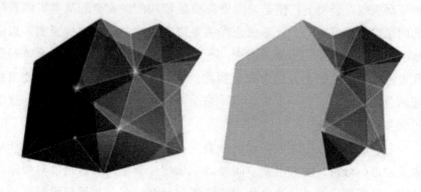

图 2-3　要素组合示意图

资料来源：作者根据上述内容绘制。

要素组合由于要素组合内部各要素间的作用差异，使得截面在空间内的密度和作用力不同。密度大、作用力强的截面对应的要素组合发挥的作用较为积极，而密度小、作用力弱的截面对应的要素组合的作用较为消极。如何选择要素组合的最优形式，以实现对经济的促进和可持续发展，即通过合理配置各种要素投入实现最优化产出，是现实中产业经济和区域经济面临的诸多问题的实质。可以说不同的要素组合是差异性地区经济和产业经济形成的基础。

其次，要素组合与经济发展的关系。Reilly 将"引力"概念应用于经济学，认为在要素组合中，要素间以一种抽象的"引力"机制作用形成特定的联系。① 在要素自身质量变化、区域竞争、权属变更等作用下，受边际产出和边际报酬差异的影响，要素组合会发生动态调整，体现出对自身原有存量的一种突破，表现出一种新的要素组合。人类物质需求的不可逆特征，使得物质生产也在不断提高对要素质量的需求，因此要素组合的水平也在不断提升。熊彼特定义的创新就是在要素间实现新的组合，从而实现经济发展质量的不断提高。

最后，在能源合作中要素组合与资源型经济转型的关系。正是生产要素组合的变化推动整个经济系统不断向前发展。因而，资源型地区要实现经济的增长和转型就必须合理地配置要素，组合出具有先进生产力的综合要素结构，也就是通常意义上的优化要素结构、产业结构和经济结构，并通过要素

---

① MIRCHANDANI P B, REILLY J M. Spatial distribution design for fire fighting units ［M］// GHOSH A, RUSHTON G. Spatial Analysis and Location-Allocation Models. New York：Van Nostrand Reinhold, 1987：121-136.

流动及新的要素组合实现经济结构的升级和要素生产效率的提高。要做到这些，首先需要要素流动，能源合作就是一种非常重要和行之有效的方式；其次是创造出良好的经济环境以聚合经济要素，正如前文分析，这就需要政府的统筹及引导，以对各类生产要素进行优化组合。

三、能源合作中要素流动、要素组合对经济发展的作用

首先，技术创新理论中的要素流动与要素组合关系。在上述理论观点的基础上，技术创新理论进一步认为要素流动和要素组合是要素的两种主要运动方式。如图2-4所示，要素间的质量差别导致了要素流动，要素流动又为要素组合及其变化提供了条件。要素组合侧重多要素的联合，不同的组合间，有相对优劣之分，要素组合较优的生产效率较高。要素流动是要素组合的前提；而要素组合的改变可以弥补要素质量的缺陷，影响要素在商品生产率形成中的作用，间接改变要素质量。生产的动态发展，就是要素的流动和要素组合的不断演进带来的。① 要素流动的顺畅和要素组合变化的顺利完成能够带动要素质量正向变化。因此，要素流动和要素组合是相互联系、相互影响的。在规模经济的形成及由此带来的地区经济优势演变过程中，要素组合体现的要素质量决定着要素的生产率，从而决定着商品生产的比较优势，其中要素流动是重要的中间环节。任何要素都不能单独参与生产活动，要素流动的结果就是与其他要素进行组合，联合进行生产。特别是在分工愈加细致和专业的现代经济社会中，每一个竞争参与主体均希望在价值链分工体系中占有一席之地。因此，要素也被动地被精细化拆分至各个主体，通过产品需求引致发生要素的组合生产，而这一过程的前提是要素具有流动的动力和能力。

对要素组合的研究是基于联合生产中多要素共存的特点而展开的，特别是在经济开放条件下，要素流动的范围和速度空前扩大和提高，使得要素在生产过程中具有了规模化组合优势，从而对经济发展起着重要影响。如上文所分析，要素组合与要素质量共同决定了生产效率。要素组合是要素流动和要素配置的结果，是在生产过程中要素结合的状态。要素组合是动态变化的，可以是由政府引导或施加影响而形成的指向性要素组合，也可以是由市场自发形成的自由要素组合。

---

① 邹全胜. 要素结构扭曲对开放收益影响的理论分析 [J]. 经济研究导刊, 2018 (31): 112-114, 118.

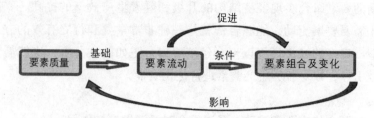

图2-4 要素质量、要素流动和要素组合关系示意图

资料来源：作者根据上述内容绘制。

其次，能源合作中的要素组合变化与经济发展。根据以上分析，可总结能源合作中要素流动形成要素组合进而促进经济发展的作用机理。如图2-5所示，由于要素质量差异和引力作用，要素A向能源要素B流动，形成要素组合1；当要素组合1的边际生产力发生变化，就会有新的要素，如要素C被吸引向要素组合1流动，形成新的要素组合2，如此循环往复……旧的要素组合和新的生产要素组合所含的生产要素不同，这种差异也体现在产品结构和产业结构中。要素流动导致的要素组合变化，也导致了产业结构的变化。同时，要素组合间的生产力也因要素组合各异而存在差异。如果新的要素组合形成了更适合经济发展的产业结构就会促进结构优化，就能激发更高的生产效率进而提升经济发展质量，实现发展方式的转换。

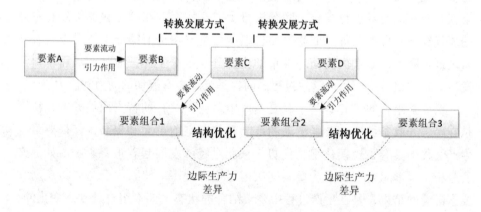

图2-5 要素流动—要素组合—经济发展作用机理示意图

资料来源：作者根据上述内容绘制。

四、资源型经济能源合作中的要素组合

根据上文分析，能源合作是以能源为核心和基准要素而进行的要素间的联合生产活动，通过其他流动性强、质量相对较高的要素，共同完成能源的开发和利用等经济活动，从而提升能源要素和整体经济的生产能力和效率。在此过程中，资源型经济的"系统质"——能源的变化相对较慢，与其他高级要素组合产生了资源型经济在要素层面的发展与变化。

首先，资源型经济能源合作中的要素流动。参与能源合作的资源型经济大多有丰富的能源要素，作为能源要素和相关产品的供给者参与到经济活动中来。本书主要研究资源型经济能源合作中要素组合的作用。通过前文分析可知，要素质量的差异引起了要素流动，要素流动形成了要素组合。能源要素往往流动性较差，流动性较强的要素，如资本、技术、知识、信息等往往质量较高，需要与物质要素结合才能发挥作用并转化为产品；流动性较差的能源要素天然对流动性较强的高质量要素存在较强的吸引力。如果这些要素的权属来自经济体以外，则合作就不可避免地发生了。资源型经济越缺乏的要素，通过合作流动进入资源型经济的速度越快，与能源要素结合形成的要素组合会越容易。要素质量的高低具有相对性，质量高的要素相对于质量低的要素流动性更强。根据要素的自身特点，笔者认为相对于能源要素，资本、技术和制度要素可认定为高质量要素，其质量依次升高。

其次，资源型经济能源合作中的要素组合及其变化。在单纯将能源要素作为商品的贸易中，仅能源和劳动要素就可以完成能源商品的简单生产，对资本的需求也停留在加快能源要素初级产品的生产层面上，而非将资本的增值和扩大再生产作为主要目的，资本并没有实质性地进入生产组合中。当以扩大再生产和增值为目的大量资本进入资源型经济，则如同图 2-2-5 中的要素 A 流向能源要素 B 一样，形成以能源和资本为主要组成元素的要素组合，就产生了能源投资合作。受规模报酬递减规律的影响，能源和资本要素为主的要素组合的生产效率在一定范围内会受到限制。如果经济环境中存在质量更好、收益率更高、具有一定流动性的高级要素时，原有的能源要素组合同样会对这一类要素产生"引力"。通常，当资本生产效率受到限制时，能够对其产生突破并激发出更高的生产力的技术和制度要素就进入原有要素组合中。二者作用机理具有较强的相似性。技术要素往往需要大量资本的支持，因此技术往往会附着于资本和能源这一物质要素，而个别制度要素可以直接与能源要素结合。但是，大部分制度要素仍然需要资本要素做支撑，并且制度要素通常必须作用于其他要素才能发挥作用。这些作用往往体现为规制其他要素的运转秩序和要素间的相互关系。

最后，不同时期要素组合的优势差异。邹全胜在科斯对企业和市场关系的讨论和工业化发展历程讨论基础上，总结了不同历史时期要素组合与商品贸易组合的优势关系。经济发展早期，企业多以贸易为主要目的，生产的专业化水平较低，要素组合优势不及商品贸易的优势。但在工业发展阶段，要素组合的优势超过了贸易优势。① 这一结论在能源要素的组合中同样适用。本书认为单纯的能源贸易并没有形成真正的要素组合，其对资源型经济转型的作用明显较资本、技术和制度要素与能源要素结合后的要素组合低。因此，本书侧重能源与资本、技术与制度要素组合的研究。

第二节　能源合作中要素组合的水平和垂直层面作用

一、要素的水平和垂直层面作用

Krugman（1991）是较早关注空间要素组合中要素间作用的学者，② 波特（Porter）则认为竞争优势源于要素间在一个系统中产生作用，以此形成产业集聚。③ 此后空间经济学围绕要素间作用及产业集聚形成了大量研究成果。Ellison 和 Glaeser 提出了产业间的空间集聚现象和产业协同集聚。空间经济学认为差异化的空间协同依赖要素间的水平联系和垂直联系，通过这些联系产生了要素间的空间集聚效应。Krugman 认为具有投入产出关系的产业间可以形成空间集聚。Fujita 等强调了这种垂直方向上的关联作用，认为要素在这种垂直作用中不断循环强化，作用得到积累，产生主体间的相互吸引作用，形成了集聚。④ 可见，经典空间经济学更强调要素间的垂直关联，即纵向的投入产出关系，是一种具有因果关系的积累。而空间经济学后来也将其应用于产业之间，认为产业集聚中不仅存在前向、后向的垂直联系，还包括水平联系，即邻近产业链条上产业和企业间的具体交往，其实质是要素的共享，如知识

---

① 邹全胜. 要素结构扭曲对开放收益影响的理论分析 [J]. 经济研究导刊, 2018 (31)：112-114, 118.

② KRUGMAN P. Increasing Returns and Economic Geography [J]. Journal of Political Economy, 1991, 99 (3)：483-499.

③ MASKUS K, LEAMER E E. Sources of International Comparative Advantage [M]. Cambridge, MA, and London：The MIT Press, 1984：353.

④ FUJITA M, KRUGMAN P, VENABLES A J. The Spatial Economy：Cities, Regions and International Trade [M]. Cambridge：MIT Press, 1999：283-307.

溢出等。① 邹全胜在研究区域间要素流动和要素组合时，根据要素组合的方向，将要素组合分为了水平化要素组合和垂直化要素组合，水平化要素组合倾向于要素间的共同生产关系，而垂直化要素组合侧重要素间的供需关系，从而构建了要素组合的演进关系。② 苏树联也从水平和垂直方向就技术交易对经济增长的作用展开了研究。③ 本书借鉴以上空间经济学要素间联系的观点和相关学者对将该观点运用于要素组合作用的方法，结合前人对要素间 "引力" 作用的分析，将其在能源合作形成的要素组合中加以发展，认为在要素流动过程中，要素组合内部会产生水平和垂直两个层面的作用。

二、水平层面作用

通过要素流动形成了不同的要素组合，分别对经济系统产生不同的作用，它们相互之间呈现并列关系。水平层面的作用，是在要素组合内部产生的实质性变化，是要素组合发生实质性变化的 "黑箱"。在这个 "黑箱" 中，要素组合通过某种组合关系会产生该组合特定的作用效果，没有固定的类型。如劳动要素与能源要素组合，促进了能源要素的生产，直接体现为能源初级产品量的增长；而技术要素与能源和资本要素组合后，使得能源类产品发生了本质性的变化，改变了经济中的产品结构和生产效率，不仅改变产品结构，产生结构效应，还提升了生产效率，产生了内涵效应等。因要素组合的差异，水平层面作用的具体形式和效果也有差异。本书将分别在不同要素与能源资源产生的要素组合中具体分析不同能源合作中产生的水平层面作用。结合能源合作对资源型经济转型作用研究实际，本书研究的水平层面主要体现在能源合作对资源型经济的产业结构和生产效率方面的作用上。

三、垂直层面作用

由于要素组合在上述水平层面作用的影响下，获得报酬的能力存在差异，个别要素的数量和质量会因此发生变化，导致要素的相对地位也发生变化，从而可能引起要素组合发生动态调整，这就是垂直层面作用。垂直层面作用发生在要素组合形成后的发展阶段。空间经济学将其分为聚集效应、扩散效

---

① 梁琦. 空间经济学：过去、现在与未来：兼评《空间经济学：城市、区域与国际贸易》[J]. 经济学（季刊），2005（3）：1067-1086.

② 邹全胜. 要素演进与开放收益 [D]. 上海：上海社会科学院，2007.

③ 苏树联. 技术交易的经济增长效应研究 [D]. 福州：福州大学，2016.

应、极化效应、均衡效应和固化效应等，认为水平和垂直联系逐渐变化，形成了集聚，集聚过多，则会产生拥挤效应，对经济产生反向影响；反之，则会出现扩散效应，从而减弱这种影响。邹全胜将空间层面的极化效应运用于要素组合中要素的构成关系。本书将其研究进一步发展认为，要素组合在水平层面作用发展到一定程度后，在垂直层面会产生要素组合构成强化或弱化某种要素的主体地位的极化或均衡效应。

首先，极化效应。借鉴空间经济学的定义，本书将极化效应定义为要素组合中，由于不同要素质量和获取收益能力的差异等导致的某一种要素的主导地位被强化而减弱或排斥其他要素的趋势。这种效应是由要素流动形成的要素组合效应造成的。在极化效应的影响下，要素的相对产出和在经济中的比例发生变化，各种资源均会向处于经济发展"极"的要素流动，主导要素的地位愈加稳固，难以被替代，资源配置出现非均衡现象。

极化效应的作用，一是形成"极"点要素的自我发展能力，不断积累有利因素，为自己的进一步发展创造条件；二是产生巨大的规模经济效应，增强"极"点要素的经济收益和竞争能力；三是乘数效应强化了"极"点的极化作用。极化效应是要素增长极的重要标志。但是，极化效应并非长期存在，它有两个制约因素，一是由于规模经济，极点要素会不断投入，在边际报酬递减规律的影响下，极点要素带来的产出会下降，从而抑制其极化效应的扩大。二是极点要素的总量和再生能力是有限的，发展到一定程度，会产生一定的负外部性，如经济发展超过自然资源的再生能力和环境的承载能力就会导致经济发展停滞与环境污染等。当极化效应被削弱时，均衡效应就成为主要的作用。

其次，均衡效应。均衡效应是指在要素组合中产生的，主导要素弱化，要素数量和收益向其他非主导要素转化的趋势。它表现为原有组合的中心要素对其他要素的正向带动或对原有主导要素使用趋势的相对下降和非主导要素使用趋势的相对上升。均衡效应是经济要素流动中的发展效应，它是对经济中的流入要素对流出要素的带动作用的刻画，这种带动作用一方面可能由要素流动过程中的规模不经济、成本上升或由社会分配问题导致的政策变更所引发，即相对于其他要素，"极"点要素的优势减弱，发展受阻，与非"极"点要素的效率和收益逐渐接近。另一方面是处于发展"极"的要素对其他要素产生了拉力作用，即非"极"点要素，通过要素组合吸收了或被激发出更高的要素质量和效率，收益增长，缩小了与"极"点要素的原有差距，逐渐产生替代"极"点要素的作用。

最后，极化效应与均衡效应的关系。极化效应和均衡效应都发生在要素组合内部，都是要素间的相对作用，都将促使要素收益的重新分配，造成要素流动和要素替代的强化，二者存在此消彼长的关系。前者主要表现为"极"点要素对非"极"点要素的挤出，后者则表现为非极点要素对极点要素的拉力，进而促使新的"极"点要素和要素替代的产生。学界通常认为要素流动是工业革命以后才显著出现的，在工业化初期和中期以聚集效应和极化效应为主；而工业化后期在规模报酬递减和要素价格均等化①等作用下，以扩散效应和均衡效应为主。因此，总体上要素组合的垂直层面作用主要包含极化效应为主和均衡效应为主两个阶段。但是，本书认为极化效应和均衡效应是"极"点要素与非"极"点要素间的一组相对效应，二者同时存在，只是不同阶段占主导的效应不同。极化效应超过均衡效应，主导要素的地位就会更加稳固，均衡效应超过极化效应，要素组合就会逐渐向新"极"点占主导的组合方向变化。

如图 2-6 所示，在垂直作用的影响下，区域生产要素的结构将发生变化。要素间的均衡效应如果没有及时获得，极化效应就相对明显，经济就会沿着不断强化的"极"点要素的道路发展下去，资源就会不断向"极"点要素配置。相反，有时在规模报酬递减和边际成本上升以及其他因素作用下，极化效应会逐渐减弱，均衡效应会逐渐显现，直到完成主导要素的转换和替代。同时，在经济要素流动过程中，在规模报酬和边际成本上升的作用下，经济要素组合的极化效应会逐渐减弱，发展到一定程度也会向均衡方向转化，这时候在增长极的经济要素就会转而流向边缘极，极化效应的减弱导致均衡效应相对增大，经济结构逐渐转向新的要素，实现要素流动—要素替代—要素结构变化，中间的桥梁是极化效应和均衡效应。极化效应和均衡效应间的转化有时可以由经济体自发完成，但在极化效应较强或规模经济没有出现时，往往需要外力引导实现。

---

① SAMUELSON P. Price of Goods and Factor in General Equilibrium [J]. Review of Economic Studies, 1953, 21 (1): 1-20.

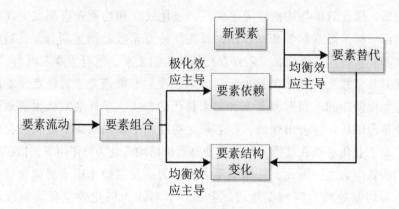

图 2-6　垂直层面作用示意图

资料来源：作者根据本书内容绘制。

四、水平层面作用与垂直层面作用的关系

首先，二者的共同点。水平层面作用和垂直层面作用均来源于要素流动，但二者存在于要素组合中，表现为要素组合的效应。要素流动是产生要素水平层面和垂直层面作用的前提和原因，要素组合则为要素流动的结果。不同要素组合间的变化来自要素流动产生的水平层面和垂直层面作用。

其次，二者的联系。水平层面作用是要素组合间发生的本质性变化，是垂直层面作用的基础，是垂直层面作用的准备阶段，发展到一定程度，垂直层面作用自然而然就会显现。因此，可以说水平层面作用积累到一定程度必然会出现垂直作用的显著变化。这种显著变化反映了要素组合的根本性变化。

资源型经济就是要素组合水平层面作用不断积累，极化效应超过均衡效应，逐渐走向单一要素发展通道。均衡效应在资源主导的要素结构中没有及时、足够地显现出来，要素的替代没有完成。因此，资源型经济转型需要"政策引导+市场机制"完成极化效应到均衡效应的转变。能源合作是实现上述转变过程的突破口，有利于利用优势资源加快经济发展，通过合作加快在能源要素与其他要素的紧密结合过程中均衡效应的发挥，即加强非"极"点要素的收益获得能力，实现极化效应向均衡效应的转化，缩小差距。在这一过程中，市场机制与政府政策会共同推动能源合作的深入发展。

表 2-1　要素组合效应及其关系

	水平层面作用	垂直层面作用	
种类	无特定种类	极化效应	均衡效应
作用	无特定作用、垂直层面作用的基础	强化主导要素	促进要素替代
性质	要素组合内部的本质性作用	对要素组合构成产生的作用	
相互关系	平行	此消彼长	
	水平层面作用是垂直层面作用的基础，垂直层面作用是水平层面作用的结果		
产生条件	要素流动		
产生空间	要素组合内		

资料来源：作者根据本书内容绘制。

　　实际上，一个地区成熟的要素组合集聚体，往往不是由一种经济联系凝聚在一起的，而是由多种纵横交错的经济联系凝聚到一起的，而且地区主导专业化要素组合部门的更替，会导致相关产业的更替，进而不断更新地区的要素组合形式与产业结构。要素更替的规律为：土地—劳动—资本—知识。本书以此为基础，加以改进，以自然资源、资本、技术和制度为要素流动的内容，应用于能源这一特定的自然资源要素，将就具体不同能源合作类型中要素组合对资源型经济的作用机理展开分析。

第五章

资源型经济能源合作的演进规律

第一节　资源型经济能源合作的类型划分

一、不同理论在合作类型方面的观点

首先，区域合作理论的多种合作形式。区域合作理论主要关注在实施区域经济合作过程中逐渐形成的合作形式，认为区域间会相互协调和处理，决定采用何种有效的合作模式或者形式。当今世界各国为了保证自身的能源安全会根据不同的问题，采取不同的能源合作模式。以石油能源为例，于万栋将现有的石油合作归纳为共同目标、共享信息、共同行动和双边相互依赖四种模式①。区域合作理论还归纳了当前区域经济合作呈现的特点，包括以下五种：区域经济合作加速发展；跨区合作逐渐增多；双边合作为主，多边合作影响力渐强；亚洲成为区域经济合作的热点；区内贸易和投资出现"内敛"趋势（即倾向于在区内进行）。② 从中，我们也能看到"跨区合作""双边合作""多边合作""贸易合作""投资合作"等概念和合作形式。这对本书在能源合作类型的划分上有较强的借鉴意义。

其次，公共选择强调治理合作。布鲁斯·拉西特（Bruce Russett）和哈维·斯塔尔（Harvey Starr）提出建立地方性和地区性组织以获得公共产品，在此基础上建立特定的组织结构，使合作的各个主体相互协调实现合作共赢。③ 樊勇明在分析中认为区域性国际公共产品补充全球范围公共产品供给不

---

① 于万栋. 金融危机对国际能源合作的影响及博弈论分析 [D]. 北京：华北电力大学，2011.

② 陈泽明. 区域合作通论：理论、战略、行为 [M]. 上海：复旦大学出版社，2005.

③ 布鲁斯·拉西特，哈维·斯塔尔. 世界政治 [M]. 王玉珍，等译. 北京：华夏出版社，2001.

足和由于霸权主义导致的国际公共产品"私有化"现象①。区域公共产品的需求分析、供给模式、资金来源等都需要域内国家和地区联合行动，通过公共选择的程序决定域内具体的公共产品种类及提供方式。

这种区域合作共商的公共产品供给，实际上已经解释了治理合作的内涵。治理合作是通过共商的方式在产品贸易、资金供求、技术研发与共享等方面进行对象化创新，产生新的制度，并将这一制度作为合作主体间的成果进行共享。当前，能源资源的稀缺程度日甚，区域内部甚至更大范围内围绕能源要素的共同行动和公共产品的提供日渐增多。跨国或者地区间的能源贸易合作已经远远不能满足经济发展对该种稀缺要素的需求，必须不断提高其利用效率。因此，能源投资合作、能源技术合作甚至各成员共同参与的能源市场与组织治理合作均是以能源公共产品的提供和资源有效配置为出发点和目标的。

最后，新制度经济学关注合作中的交易成本。从合作行为的经济性目标来看，新制度经济学所提出的交易成本的节约和适宜的组织治理作为合作动机能够给出很好的解释。开展区域合作，首先，要分析区域在合作中会产生哪些交易成本。为了降低经济行为可能产生的交易成本，需要一种组织模式与制度并减少其中的不确定性。而区域合作模式的创立与区域经济合作组织的创新无疑适应了这一要求，把原来的那种经济交往活动内部化，从而降低了经济交往中的交易成本。其次，区域合作规模的边界取决于区域合作组织内部管理成本与市场交易成本的大小，其标准借鉴了新制度经济学中关于企业规模边界的确定办法，为前者小于等于后者。

因此，按照新制度经济学的观点，随着合作的深入开展和对经济发展产生的推动，最终，组织治理合作成为降低交易成本的有效方式。

二、基于理论与实践的资源型经济能源合作类型划分

中国的资源型经济大多集中于能源要素富集区域。在全球化和经济发展中，其参与分工的方式会随着生产力的发展而逐渐发生变化，最终体现出不同的能源合作类型。在工业化发展初期和计划经济时期，以简单协作为主，对能源的需求并不十分突出。而到了工业化中期，大规模、有组织的机器生产对能源要素的需求急剧增加，资源型地区在分工体系中所占的地位也凸显

---

① 樊勇明，钱亚平，饶芸燕．区域国际公共产品与东亚合作［M］．上海：上海人民出版社，2014：38．

出来，能源开采和能源贸易合作发展迅速。但是经济环境的变化、生产力的发展和分工格局的改变，使得资源型经济需要提升自身的经济实力和发展全面的外部交往。能源贸易合作和能源投资合作也在逐渐从单一的"请进来"逐渐演变为"走出去"和二者均衡发展的格局。工业化中后期，物质产品日益丰富的同时也带来了能源资源的日益匮乏和环境破坏。尽管资源型经济在分工体系中仍不可或缺，但是也出现了产业结构明显偏向于优势产业，甚至过度依赖的困境。技术的发展促使其不得不调整经济发展定位和经济行为以改善其在分工中的地位。因此，能源技术合作和以提升能源效率为目的的能源投资合作大量出现。以信息化为特征的第三次工业革命已经开启，中国的部分地区已经进入后工业化时代，制度在能源合作中的出现及大规模应用，推动能源战略的实施成为现实。

因此，资源型经济应当一方面通过更为高级的能源合作，拓宽经济活动的范围，另一方面在各类能源合作中吸收大量自身匮乏的要素，用以优化自身产业结构，提升创新发展的能力。当前，世界已全面进入信息化时代，马克思所预言的脑体对立的分工正在逐步被消灭，甚至全部被消灭。但大量的资源型经济仍未转型成功。而这已不再是单个地区的任务，而是整体经济、世界各国必须正面解决的难题；与能源相关的投资合作、技术合作以及能源治理组织和制度不断涌现；全球能源互联网发展合作组织、国际能源组织（IEA）、上海合作组织能源俱乐部、能源宪章等国际合作组织和"一带一路"倡议等治理模式创新正在改变和深刻影响着区域和全球的能源合作。资源型经济应当尽快适应并积极参与进来。

综上，本书在能源合作的论述中依据合作内容将能源合作方式和路径划分为能源贸易合作、能源投资合作、能源技术合作和能源治理合作等。这一划分方法吸收和借鉴了前文提到的分工理论中多元要素的观点、习近平新时代中国特色社会主义思想中开放内容和阶段转变的观点、公共选择理论与新制度经济学中组织治理合作作用的观点和现代区域合作理论中多种合作形式的观点等，并结合中国资源型经济发展的实践和现实需要得出。

第二节 资源型经济不同能源合作类型的演进规律

一、系统超循环理论

系统论认为系统的进化总是呈现周而复始的循环形式，这种复杂系统"周而复始"的运动并非简单的重复，而是通过三个层次的循环来进行的：一是对单一物质、无创新、简单重复的反应循环，靠来自外部的催化剂驱动，以实现整体新陈代谢的过程；二是至少存在一种能够对反应本身进行催化的中间物的催化循环，既依靠外界催化物，又产生催化物，是一个自催化系统；三是催化反应循环或自我复制单元通过功能的循环耦合而形成的超循环①。三种循环渐呈高级化过程。从循环结果来看，超循环是前两种循环的有机构成，从某种意义上说它是前两种循环耦合而成，但作用大于其简单叠加的高级形态。只有超循环才能带来系统的不断完善和升级，才能摆脱对原有模式的简单复制和单一循环。这种助推的动力来自系统中各要素的引导性变化，使其保持动态提升。

在系统的进化过程中，有一个关键要素的变化较为缓慢，即"系统质"。"系统质"使得系统获得自身有别于其他系统的独特规定性②，也就是系统的本质属性。在一个复杂的超循环系统中，不同层级的循环，包括较低层次的反应循环、中等层次的催化循环都会对系统质产生作用，结合不同要素的系统质，在不同的循环中产生不同的物质。如图 2-7 所示，已有物质 A 通过不断吸收外界要素，形成一系列新物质 B、C③……，如果仅仅产生了反应循环，即简单重复，没有生成可以产生自我催化作用的新物质的循环，如图 2-7（a）所示。新物质 B、C……与 A 功能和数量可能不同，但是没有实质性差别，可能造成系统偏离稳态。相反，如果发生了催化循环，则后续产生的新物质 B、C……本身具有催化作用，可以产生系统的自催化过程，如图2-7（b）所示。

---

① 艾根，舒斯特尔．超循环论［M］．曾国群，沈小峰，译．上海：上海译文出版社，1990：61.

② KNAUER T, NIKIFOROW N, WAGENER S. Determinants of Information System Quality and Data Quality in Management Accounting［J］. Journal of Management Control, 2020, 31（3）：97-121.

③ C 可能是最终的结果，也可能重复 B 的路径进入更高层次的循环，这取决于系统结构。

反应循环与催化循环通过某些循环耦合形成整个超循环系统，如图 2-7 所示。

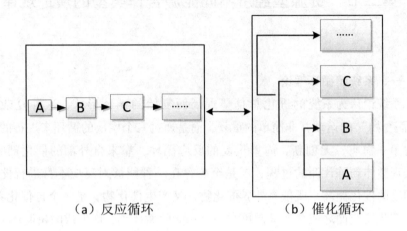

（a）反应循环　　　　　　　　（b）催化循环

图 2-7　超循环系统示意图

资料来源：作者根据本书内容绘制。

因此，系统如果要产生演进，形成超循环，不仅要选择恰当的要素进行吸收，还要使系统能够产生催化循环，产生自催化过程。系统演进的关键是催化循环的出现。

二、资源型经济能源合作的超循环系统

前文已经得出技术、制度在与能源要素形成的要素组合中既可能产生极化效应也可能产生均衡效应，但是偏向产生均衡效应，同时技术和制度要素是资源型经济转型的关键要素之一。

首先，能源贸易合作发生简单的反应循环。对照系统内部循环机理和能源合作类型不难发现，能源贸易合作在能源合作系统中仅仅是能源要素与资本要素、劳动要素的简单结合，资本尚未真正进入生产过程。此时，能源和资本要素组合仅在形式上产生，并未发生实质性结合，水平层面作用并不显著；而垂直层面作用主要体现为在资本这一催化剂的作用下，能源贸易合作仅仅使能源的形态、数量、属地等方面产生变化，并没有实质性的新产品产生，其产品仍然是要素的原有形态，仅能算作简单的反应循环。

其次，能源投资合作形成反应循环。在能源投资合作中，如果资本与能源结合后产生的产品不具有自我催化作用，仍是原有产品的简单重复，则同样无法实现催化循环，与能源贸易合作没有本质差别，甚至可能退化为能源贸易合作，其产品仍然是能源和资本。但是，能源投资合作与能源贸易合作不同的是，并不是所有能源投资合作都是以获取能源要素初级产品为目的，如果能源投资合作有与技术或制度等高级要素结合并实现催化循环的倾向，则能源投资合作就完成了能源—资本要素组合的本质性改变，即成为能源技术合作，但如果没有新技术加入，该要素组合的产品仍无法生产出具有自催化作用的新产品，因此，仍处于反应循环阶段。

再次，能源技术合作形成反应循环或催化循环。能源技术合作是能源—资本—技术构成的要素组合，是资源型经济能源合作中的一个关键类型，这一类型可能发生反应循环也可能发生催化循环。如果技术进入能源与资本的要素组合仅仅形成反应循环，没有产生自催化产品和过程，就无法进行自身的催化循环。那么这种要素组合实质上与能源投资合作的要素组合没有差别，技术是依附于能源和资本要素的，甚至会导致能源技术合作退化至能源投资合作。这就是前文中分析的一些技术要素在与能源和资本要素形成的要素组合中也会产生对能源要素的极化效应的原因，即没有形成催化循环。相反，如果有新的催化剂产生，可以形成自催化过程，就实现了催化循环，能源合作就进入了一个较为高级的阶段。这种自催化剂是技术、知识、信息等高级要素形成的产品或包含了大量高级要素的产品。结合前文结论，这一新的产品的自催化过程促进了资源型经济外生比较优势的内生化。这一过程也是能源合作产生能够本质飞跃的关键时期。

最后，能源治理合作形成反应循环或催化循环。能源技术合作是能源—资本—技术—制度或能源—资本—制度构成的要素组合，能源治理合作与能源技术合作类似。如果制度合作进入能源、资本，或者能源、资本和技术形成的要素组合不能产生具有自催化作用的新产品，则循环仅实现反应循环，要素组合主要产生对能源要素的极化效应；相反，催化循环的实现，需要能够作用于资源型经济自身的，产生自催化反应的新产品出现，促进要素组合均衡效应的产生。

不过，总体上能源技术合作和能源治理合作大多数会产生具有自催化作用的新物质。因为，外界吸收的技术和制度要素本身具有产生新的催化剂的作用，是较为高级的生产要素。从外界吸收这些高级要素要花费大量资金、时间或行政成本，吸收这些要素的目的通常是产生系统自我升级和循环的产品。因此，大多数能源技术合作和能源治理合作会形成催化循环，结果是使要素组合产生均衡效应这一促进资源型经济多元、均衡发展的垂直作用。能源技术合作和能源治理合作是能源合作的高级类型，政府需要引导资源型地区参与能源技术合作和能源治理合作。

三、资源型经济能源合作的演进规律

能源合作中资本、技术、制度等要素均需要围绕能源这一"系统质"完成各类循环，技术和制度的研发和创新都需要建筑在大量资本的基础上，有时还会经历较为漫长的发展过程。而制度要素是要通过其他几种要素才能发挥作用的，或者说制度要素的作用对象是其他几种要素。因此，在能源合作中，资源、技术、制度等要素与能源要素的结合是一个继起过程，几种要素并不是同时进入系统的。能源贸易合作以能源要素为主、资本要素为辅；能源投资合作呈现能源+资本的要素组合方式；能源技术合作呈现能源+资本+技术的要素组合方式；能源治理合作呈现能源+资本+技术+制度，或能源+资本+制度的要素组合方式。

根据以上分析，本书可以得到以下能源合作演进规律的系统超循环机理，如图2-8所示。

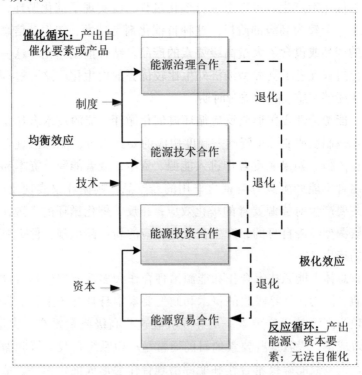

图2-8 能源合作演进规律的系统超循环示意图

资料来源：作者根据本书内容绘制。

前文分析得出，能源贸易合作和能源投资合作仅形成反应循环，要素组合对能源要素产生极化效应，而能源技术合作和能源治理合作是发生催化循环的关键阶段，对要素组合中的能源要素产生均衡效应，是能源合作的高级阶段，引入技术和制度要素又是资源型经济耗散结构的外生比较优势内生化的关键。

资源型经济耗散结构的调整过程具有渐进性，即从无序到有序、从低序到高序，调整的结果将呈现为系统的平稳发展。这种变化本身包括了序的演进。因此，在资源型经济系统的有序进化过程中，不仅要发挥政府的引导作用，还要注重序的演进，能源合作作用于资源型经济转型的过程就是资源型经济系统自我优化和外界要素引入助推回归平衡的过程，政府正确引导来自外部的冲击，要同时符合资源型经济发展变化的规律和能源合作的演进规律，进而选择合适的能源合作类型。

资源型地区参与能源合作并非要使能源要素更为集中，相反，是要通过内外部要素的自由流动，吸纳外部要素，扩展经济活动的范围，通过内外部要素的竞争与合作，实现内部各要素的制约和互动、整合和效率提升，最终达到有序状态。这个有序状态呈现的是不同要素在与能源资源要素的组合中产生不同的效率，进而形成较为稳定的演进过程及能源合作结构，在此过程中形成对能源要素的升级和替代作用。应该说能源合作是破解资源型经济系统出现的不均衡发展及熵值增加这一困局的重要思路，而转型最终实现的关键是选择合适的能源合作类型，充分吸收高质量要素实现自我完善。

综合以上结论，可以推知资源型经济能源合作呈现不断演进的过程，即沿着能源贸易合作—能源投资合作—能源技术合作—能源治理合作的规律发展，资源型经济应该注重能源技术合作和能源治理合作，积极促进其中的催化循环和均衡效应，是实现资源型经济成功转型的关键。

第六章

小 结

本章首先阐释了能源合作、资源型经济与资源型经济转型、要素流动与要素组合的基本概念和特征。

其次，基于马克思的"世界市场"理论，分析了资本主义和中国特色社会主义国际合作的差别，并结合习近平新时代中国特色社会主义思想中"人类命运共同体"观点阐述了中国参与能源合作是基于自身需要、共享发展的重要手段，为后文的理论分析寻找理论渊源并从政治经济学角度奠定了理论基础。

再次，在阐释资源型经济转型的目标与约束条件基础上，运用马克思主义政治经济学、分工理论、合作理论、比较优势理论和中国特色社会主义经济理论有针对性地分析了资源型地区参与能源合作的必要性；运用系统论分析了能源合作引入要素对资源型经济耗散结构"有序"运行的作用，阐释了能源合作促进资源型经济转型的可行性。

然后，本章在运用空间经济学和技术创新理论分析要素流动、要素组合与经济发展关系的基础上，借鉴空间经济学要素间水平和垂直联系的理论观点，系统阐释了能源合作中要素组合内部的水平和垂直层面作用，并综合区域合作理论、公共选择理论和新制度经济学有关理论观点，对照资源型经济实践中的主要要素组合形式，将能源合作分为能源贸易合作、能源投资合作、能源技术合作和能源治理合作四种类型。本书发现通过能源合作，要素组合内部会产生水平和垂直两个层面的作用，其中水平层面作用是要素组合内部的实质性变化，表现形式依要素组合各异，主要对资源型经济的产业结构和生产效率产生影响；垂直层面作用是要素组合在构成形态上发生的变化，主要表现为极化效应和均衡效应，影响着能源要素的主导地位，为不同能源合作要素组合的出现提供了条件。

最后，本章运用系统超循环理论阐释了不同能源合作中要素组合的演进规律，发现能源贸易合作仍单纯地以能源要素的生产为核心，发生简单的反应循环；能源投资合作形成反应循环；能源技术合作和能源治理合作既可能形成反应循环，退化为较低水平的能源合作类型，又可能形成催化循环，产生促进资源型经济转型和系统自催化的新产品,使资源型经济外生比较优势内生化,是能源合作的高级阶段。资源型地区参与的能源合作存在能源贸易合作—能源投资合作—能源技术合作—能源治理合作的演进规律,能源技术合作和能源治理合作是资源型经济能源合作的重要类型,需要积极促进其催化循环的形成和均衡效应的发挥,从而搭建了能源合作对资源型经济转型作用的理论分析框架。

通过本章分析,得到以下四个结论:

第一,在政府引导下,能源合作能够促进资源型地区立足自身要素禀赋,吸收多种要素,形成平等的双向合作关系;同时,参与水平式分工,变以往单一的要素结构和产业结构为多元的经济结构,促进其转型发展。

第二,能源合作通过水平和垂直层面作用促进资源型经济转型,水平层面作用是能源合作要素组合内部产生的实质性变化,作用机制因要素组合而有所差异;垂直层面作用是要素组合构成上的变化,主要表现为极化效应和均衡效应。

第三,能源贸易合作对应能源与劳动要素的简单结合,资本仅仅起到催化剂的作用,没有真正进入要素组合中,发生反应循环。能源投资合作对应能源+资本要素组合,发生反应循环,部分要素组合存在产生催化循环的倾向,部分要素组合退化为能源贸易合作组合形式。能源技术合作对应能源+资本+技术的要素组合,发生催化循环,部分退化为能源投资合作组合形式。能源治理合作对应能源+资本+技术+制度,或能源+资本+制度要素组合,大部分发生催化反应,部分退化为能源投资合作组合形式。

第四,能源合作存在能源贸易合作—能源投资合作—能源技术合作—能源治理合作的演进规律,能源技术合作是其中的高级阶段,也是促进资源型经济转型的关键阶段。

第三篇
03

能源合作对资源型经济
转型的作用机理分析

本章将在前文搭建的要素组合水平和垂直层面作用发挥及其过程中产生的要素组合演进规律的基础上，具体围绕资源型经济的优势要素——能源要素，从一般到特殊，分析能源合作中能源要素与资本、技术、制度等高质量要素在水平和垂直层面对资源型经济转型作用的一般机理。在分析得到一般机理作用机制的基础上，将其分析范式运用于能源贸易合作、能源及投资合作、能源技术合作和能源治理合作，分别具体分析不同能源合作类型中对应要素组合对资源型经济转型产生作用的内在机理，同时阐释不同能源合作类型间相互继起关系背后蕴含的作用机理，得到不同能源合作类型的演进规律。

第一章

能源合作中要素组合作用的一般机理分析

自然资源是生产要素中重要的物质要素，是经济发展和演进的物质基础。任何要素必须与自然资源要素结合才能进行生产，进而发挥不同的作用。能源要素是自然资源的典型代表。流动性差是能源要素不同于其他要素的主要特点。因此，其他要素与能源要素的组合更多的是通过要素流入能源要素所在地实现。而资源型经济更加需要通过能源要素的"引力"获得其他要素的流入，而非能源要素的流出。① 能源贸易合作主要基于能源要素的空间移动，以换得资源型经济初始发展需要的资本，进而获得技术、知识、制度等要素。

第一节　能源合作要素组合水平作用的基本假定

前文多次提到经济发展需要多元化要素，经济发展的趋势是要素质量的不断提高。各经济体对高级生产要素的需求趋势是接近或相同的。在开放经济中，与外界的要素流动时刻在发生，静态要素转变为动态要素。资源型经济的要素禀赋将会吸引高级要素流入，形成多元的要素组合。随着要素作用的积累，外生比较优势逐渐内生化，资源型经济的要素流动将从最初的高级要素流入和低级要素流出逐渐转变为高级要素提升低级要素质量，使之成为较为高级的要素，生产出的产品结构也随之高级化，而后输出。要素流动结构、要素结构、产品结构呈现出一种高级化、复杂化趋势。资源型经济这种由内而外的要素组合过程与其他经济类型双向或外向型的要素组合过程略有差异。本书阐述的能源要素与其他要素组合水平层面作用的基本模型建立在以下五个假设之上。

---

① 能源要素流出，更多的是给能源要素的流出地带来收益。因本书基于资源型经济转型为出发点，故而不过多讨论此种情况。

一、要素流动性

经济全球化背景下要素均可流动。这里要特别说明的是，能源作为产品流出，实际上是通过交易变更了物质资源的所有权。这种经济活动能够直接为资源型经济带来产品收益，但没有吸引高质量要素流入，更无法与本地区的其他要素完成组合。因此，不在本模型的研究范围内。

二、要素等级与产品质量

假设生产中仅使用两种要素：能源和某种流入要素。生产两种产品：E和N，E是密集使用能源要素的产品，N是密集使用流入要素的产品。迈克尔·波特（Micheal Poter）把生产要素分为初级要素与高级要素。初级生产要素是指天然资源、气候、地理位置、非技术工人、资金等；高级生产要素则是指现代通信、技术、信息、交通等基础设施，受过高等教育的人力、研究机构等。本模型所涉及的资本 K、技术 T、制度 I 等要素相对于能源要素为高级要素。而各种要素组合后所生产的不同产品也有质量之分。通常认为，高质量要素贡献率高的产品 N 的质量高于初级要素贡献率高的产品 E。

三、要素价格与产品价格

由于影响价格体系的因素较为复杂，本模型主要研究要素投入变化对生产的影响，进而分析对产业的影响，对价格的讨论不在本模型考虑范围内。因此，本模型假设要素的相对价格与产品的相对价格均不变。

四、技术水平

在一般效应模型中，我们假定不存在技术进步，地区经济将在最大的生产能力上运行。在此假设下，在要素投入量既定的情况下，生产可能性边界不变。但是，高级要素流入达到一定程度，将会产生推动能源要素生产效率提升的力量，技术水平可能变化。笔者会在后文中进行更为详细的阐释。

五、要素的质量收益

要素质量收益与要素的稀缺性正相关，高质量要素获取的要素质量收益要高于低质量要素。与高质量要素组合后，能源富集地的生产可能性边界发生改变，要素结构会随之改变，使得其经济逐渐走出粗放式、低收益增长"陷阱"成为可能。无论是技术、制度等高级要素，还是资本这种较为高级的要素。①

第二节　能源合作要素组合水平层面作用的一般机理分析

一、能源合作要素组合水平层面作用的比较静态分析

较高质量的要素流入资源型地区与能源要素结合，将会改变产品结构甚至影响产业结构。能源要素与其他较为高级的要素组合产生的一般效应如下：

一种生产要素的数量增加而另一种要素的数量保持不变，其结果是密集地使用前者进行生产的产品数量将增加，而密集使用后者进行生产的产品数量将绝对减少。因此，高级要素流入资源型地区与当地能源要素结合之前，资源型经济生产如图 3-1 所示，要素性质满足上述模型假定。根据雷布津斯基定理（Rybczynski Theorem）②，在要素和商品相对价格不变的情况下，密集使用能源要素生产的低质量产品 E 多于密集使用流入的高级要素生产的高质量产品 N。随着高质量要素的流入，当能源要素投入量一定时，要素组合会发生变化，资源型经济生产的高质量产品 N 的数量将会增加，低质量产品 E 的数量将会绝对减少。在要素平均收益和技术水平不变的条件下，生产可能性边界由 NDE 变为 N'D'E'。假设利润水平一定（以等利润曲线 I 表示），可以得出，在一定技术水平和相同的利润水平下，高级要素流入后的产品组合（E_2，N_2）要优于高级要素流入前的最优产品组合（E_1，N_1）。在质量构成上，随着高级要素的流入，资源型经济生产了更多数量的使用高级生产要素的产品，产品结构甚至是产业结构都得到正向推动。

根据以上分析，我们可以推知，在两要素、两产品的相对价格保持不变的情况下，如果同时、同比例增加两种要素，这种要素增长带来的产品数量的增长将是一致的。因此，同比例增加两种要素投入对资源型经济来说只会带来"中性"增长，并不会带来比较优势的改变。反之，如果增加的要素以其原有比较优势要素——能源要素为主，将会使较为低级的产品进一步增多，不利于其自身产品和产业结构的优化。因此，对于资源型经济来说，增加高

---

① 由于多要素生产原则，资本流入往往会间接带动对技术等高级要素的需求，改变生产可能性曲线。

② RYBCZYNSKI T N. Factor Endowments and Relative Commodity prices [J]. Economica, 1955 (22)：336-341.

级要素如资本、技术、知识、信息等更加有利于其产品结构的优化。

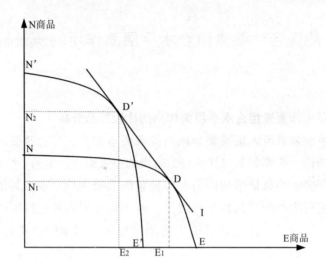

图 3-1 能源要素与其他要素组合的水平层面一般效应

资料来源：邹恒甫，总主编. 国际贸易理论［M］. 龚关，编著. 武汉：武汉大学出版社，2001：31-32. 作者结合本书内容绘制。

下面，本书将从要素组合产生的水平作用深入要素层面研究要素组合间的作用机理。如图 3-2 所示，在盒状图形中，横坐标表示能源要素的投入量，纵坐标表示高级要素的投入量。假设某地经济仅投入两种要素：能源要素 R 和某种流入的高级要素 X，并且仅生产 E 和 N 两种产品。其中，E 为密集使用能源要素的产品，N 为密集使用流入的高级要素的产品，C 为初始均衡点。

给定要素价格不变，初始的产品 E 的要素投入比 $\dfrac{X_E}{R_E} = \dfrac{CF}{O_E F}$，N 的要素投入比 $\dfrac{X_N}{R_N} = \dfrac{CD}{O_N D}$。现假设其他高级要素 X 流入，在生产中的投入数量由 $O_E A$ 增加到 $O_E A'$。在产品价格和要素价格不变的条件下，在原生产契约曲线上有新的均衡点 C'，且该点需要通过 $O_E C$ 和 $O'_N C'$ 的交点，其中，$O_N C$ 与 $O'_N C'$ 平行。比较高级要素 X 流入前后可知，在流入的高级要素 X 投入量增大的情况下，密集使用要素 X 的产品 N 的产量增大，相反，密集使用能源要素 R 的产品 E 的产量却减少了。对于图 3-2 反映出的这一现象的直观解释是：由于商品相对价格在要素 X 单独增加时保持不变，要充分利用增加的要素 X，就要降低产品 E 的产量以转移出足够的要素（包括 R 和 X）来吸收新增加的 X，因此产品 N 的产量将增加，而产品 E 的产量将减少。而商品 N 的增加比例大于要素 X 的增加比例，因为有部分生产商品 E 的要素 R 和要素 X 也转移到 N 的生产上来了，我们将其称为结构效应。另外，随着高级要素 X 的流入和产品 E 与 N 产量变化导致的产品结构变化，要素 R 的相对供给减少，即 R 的要素密集度相对降低。为保证 R 的相对要素价格不变，必然要求其要素生产效率也相应提高，我们称之为内涵效应。

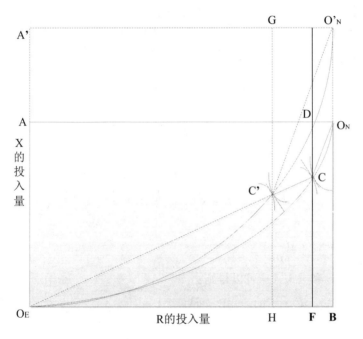

图 3-2 能源要素与其他要素组合一般效应的盒状图

资料来源：作者根据本书内容绘制。

二、能源合作要素组合水平层面作用的数理模型分析

借鉴龚关对新古典主义贸易理论的分析①，本书定义 $\rho_E = \dfrac{X_E}{R_E}$，$\rho_N = \dfrac{X_N}{R_N}$，为两个产业中的要素密度。假设资源型经济在与外界发生能源合作的过程中吸收了高级要素 X，资源型经济中的要素构成有：

---

① 龚关. 国际贸易理论 [M]. 武汉：武汉大学出版社，2001：31-32.

$$\frac{X_E}{\rho_E} + \frac{X_N}{\rho_N} = R$$

$$X_E + X_N = X \tag{3-1}$$

根据（3-1）中两式，得到：

$$X_E = \frac{X - \rho_N R}{\rho_E - \rho_N}\rho_E$$

$$X_N = \frac{\rho_E R - X}{\rho_E - \rho_N}\rho_N \tag{3-2}$$

有生产函数：

$$E = f(R_E, X_E)$$

$$E = f(\frac{X_E}{\rho_E}, X_E)$$

$$E = X_E \cdot f(\frac{1}{\rho_E}, 1)$$

$$E = X_E \cdot g(\frac{1}{\rho_E}) \tag{3-3}$$

同理，$N = X_N \cdot g(\frac{1}{\rho_N})$ \qquad (3-4)

由（3-3）和（3-4）可以得到：

$$\frac{\partial E}{\partial X} = \frac{\partial X_E}{\partial X}g(\frac{1}{\rho_E})$$

$$\frac{\partial N}{\partial X} = \frac{\partial X_N}{\partial X}g(\frac{1}{\rho_N}) \tag{3-5}$$

将（3-2）两式代入（3-5）两式得：

$$\frac{\partial E}{\partial X} = \frac{\rho_E}{\rho_E - \rho_N}g(\frac{1}{\rho_E})$$

$$\frac{\partial N}{\partial X} = \frac{-\rho_N}{\rho_E - \rho_N}g(\frac{1}{\rho_N}) \tag{3-6}$$

由前文定义的要素密度 $\rho_E = \frac{X_E}{R_E}$ 和 $\rho_N = \frac{X_N}{R_N}$ 可知，在产品 N 中的要素密度 $\frac{X_N}{R_N}$ 大于产品 E 中的要素密度 $\frac{X_E}{R_E}$，即 $\rho_E < \rho_N$。因此，$\frac{\partial E}{\partial X} < 0$，$\frac{\partial N}{\partial X} > 0$，也就是说资源型经济通过能源合作引入高级要素 X，随着要素 X 的增加，密集使

用 X 的产品 E 的产量减少，而密集使用能源要素 R 的产品 N 的产量增加，从而证明了能源合作对资源型经济一般效应的存在。

同时，由于 $\dfrac{dN}{N}=\dfrac{\partial N/\partial \mathrm{X}\cdot d\mathrm{X}}{N}=\dfrac{\partial N/\partial \mathrm{X}}{N/\mathrm{X}}\cdot\dfrac{d\mathrm{X}}{\mathrm{X}}$，将（3-4）与（3-6）代入，可得：

$$\frac{dN}{N}=\frac{-\rho_N}{\rho_E-\rho_N}\cdot\frac{d\mathrm{X}}{\mathrm{X}}$$

而 $\dfrac{-\rho_N}{\rho_E-\rho_N}>1$

因此，$\dfrac{dN}{N}>\dfrac{d\mathrm{X}}{\mathrm{X}}$，即密集使用高级要素 X 的产品 N 的产出增长率高于要素投入增长率，导致生产效率提升，存在内涵效应。

三、能源合作要素组合水平层面作用一般机理分析的结论

在开放经济条件下，当要素和商品的相对价格不变时，存量一定且具有低流动性特征的能源要素 R① 与流入的高级要素 X 结合进行生产，随着高级要素 X 的不断增加，能够生产出的高质量产品 N 的数量将增加，而低质量产品 E 的数量将减少，最优的产品组合将改变，产业结构优化条件随之形成。相应地，密集使用增加要素 X 的产品 N 的出口也会增加或者进口减少②。同时，X 的流入存在内涵效应，即产品 N 的增长率将超过要素 X 的增长率；能源要素 R 的生产效率会提高，能源要素将得到节约。

根据上文对要素流动导致的要素组合变动及其影响所做的基本模型推导可以总结能源合作中的能源要素与其他要素组合产生水平层面作用的一般机理的理论逻辑如图 3-3 所示。

图 3-3　能源合作中要素组合水平层面作用机理的逻辑

资料来源：作者根据本书内容绘制。

---

① 这里特指不可再生能源。

② 如这种增加要素的产品不属于这个国家的比较优势产品，则要素变化以后，产品输入减少。

第三节　能源合作要素组合垂直层面作用的一般机理分析

一、要素组合的极化效应与均衡效应

生产要素及其组合与经济活动存在联系，因此能源合作的不同形式间也不是完全割裂开的。生产要素在生产过程中会起到不同的作用，同时会对生产要素组合的改变产生推动力。这也是通过要素间的作用产生的必然结果。借鉴空间经济学要素在区域流动中产生的作用，本书将要素组合间的垂直作用分为极化效应和均衡效应。二者的作用强度导致了要素组合的变化和演进。

佩鲁（Perroux）在增长极概念中描述增长并非出现在所有地方，而是以不同强度首先出现在一些增长点或增长极上。增长极一般会围绕对经济起主导作用的工业部门组成一个关联性较强的产业组群，它不仅有着极高的经济增长速度，还能带动其他工业部门一起增长。这些增长点或增长极通过不同的渠道向外扩散，对整个经济产生不同的影响。生产要素间也有类似的作用。增长极一般不会同时出现在多个工业部门中，它会根据不同的强度首先出现在一些增长部门中，然后再以这些部门为核心通过不同的渠道向外扩散，最终对整个经济构成影响。

不同要素质量和获取收益能力的差异等导致某一种要素的主导地位被强化而减弱或排斥其他要素的趋势就是极化效应。相反在要素流动过程中，某些要素在经济中的作用增强导致主导要素的弱化，要素数量和收益向其他非主导要素扩散的趋势，称为均衡效应。由于生产要素的稀缺性和边际报酬递减规律等多种因素影响，经济要素流动的极化效应不可能一直延续下去，发展到一定程度就会表现为均衡效应。经济要素流动的均衡效应有利于克服经济发展的非均衡性，是实现经济平衡发展的重要路径。

二、资源型经济中要素垂直层面作用的差异

首先，能源要素易于成为要素增长极。增长极可以是空间内的、产业内的，也可以是要素层面的，成为增长极应具备以下条件：

1. 按照增长极理论，形成增长极必须具有规模经济效应，即发育成为增长极需具备相当规模的资本、技术和人才存量，通过不断投资扩大经济规模，提高技术水平和经济效率，形成规模经济。

2. 增长极还要具备创新要素，即创意与创新是经济发展的重要动力而非简单的投资或消费拉动。

3. 要有适宜经济与人才创新发展的外部环境，它包括良好的基础设施等"硬环境"与高效运转的"有效政府"① 健康合理的经济政策、保证市场公平竞争的法律制度以及人才引进与培养等"软环境"。

对照以上条件，能源要素因其较低的流动性和较强的吸附性，在与其他要素的组合过程中成为增长极的概率较高，在资源型经济中通常最先实现或天然成为要素的增长极，其他要素依附其产生极化效应。最初，能源要素增长极主导和推动资源型经济的发展，具有相对利益，使其对资本、技术等要素具有较强的吸引力。同时，根据形成增长极所具备的条件，资本、技术要素均需要与物质要素结合，在与能源要素组成要素组合过程中会产生促进和巩固能源要素主导地位的极化效应。过度的极化作用将导致经济系统的扭曲性发展，也会阻碍均衡效应的产生和发挥，不利于新的要素组合结构产生。具有能源要素优势的资源型经济通过能源合作的指向性要素组合将新的要素带入资源型经济系统中，如可再生能源技术、提高市场竞争性的信息和制度等，以促进要素替代，要素组合实现演进。

其次，其他要素在要素组合中发挥垂直作用的表现。根据前文分析，部分资本和技术、制度要素属于非物质要素，需要作用于物质要素，在资源型经济中即与能源要素结合产生作用。资本要素倾向于对能源要素产生极化效应。溢出效应是技术和制度要素的重要特点。也就是说，技术和制度要素在作用于能源要素的同时也会促进其他要素生产效率的提高，促进经济系统的均衡增长，产生均衡效应。但是，技术和制度要素也可能单纯产生提升能源要素初级产品的作用，从而提升能源要素的极化地位。也就是说，技术和制度要素对资源型经济能源要素增长极可能产生极化效应也可能产生均衡效应。

冈纳·缪尔达尔（Gurmar Myrdal）在分析极化效应和扩散效应时认为，如果不加强政策干预，极化效应总是大于均衡效应。现实经济也表明增长极理论是一种"自上而下"的区域发展政策，单纯依靠外来资本以及自然资源禀赋可能造成脆弱的经济体系，吸收知识、技术并辅之以制度要素进行引导发展战略越来越受到重视。从以上分析结论可以看出，制度因素在要素组合中更多地发挥了均衡效应，以纠正过度极化效应对经济的不利影响。

综上所述，在能源合作中要素组合的水平作用和垂直作用下，能源合作

---

① 借鉴新结构经济学的"有效政府"概念。

的各类要素组合不仅能以平行关系共存于资源型经济系统中，相互之间还存在一定的垂直作用关系。能源与资本要素组合容易产生极化效应，巩固了能源要素在资源型经济中的主导地位，能源和技术、制度要素组合兼具极化效应和均衡效应，可能促进能源要素的主导地位，也可能削弱其主导地位，促进经济的均衡发展。不同要素组合间的垂直作用将在后文分别进行具体分析。

表3-1　资源型经济不同要素组合的垂直层面作用

要素组合	能源+资本	能源+技术/制度
垂直作用种类	极化效应为主	极化效应/均衡效应偏向均衡效应
作用效果	加强能源要素主导地位	偏向削弱能源要素主导地位

资料来源：作者根据本书内容绘制。

第二章

能源贸易合作对资源型经济转型作用的
机理分析

第一节　贸易在能源合作中的作用

能源贸易合作是资源型经济初期发展的重要途径。能源既是经济生产中重要的物质要素，也能作为商品进行贸易。能源资源型地区之所以会形成正是因为其丰富的能源资源禀赋。任何一个经济体都离不开能源资源，特别是工业经济体系的建立更要依赖能源资源。一些自然资源丰裕的国家和地区，同时也是资本积累和技术水平相对落后的地区。它们通过开采和出让丰富的自然资源弥补了在高级生产要素方面的缺陷。资源型经济发展正是依靠丰富的能源要素的开采及与其他经济体进行贸易积累了初期发展所需的资本。Rostow 认为自然禀赋是发展中国家实现从发展不足阶段到工业起飞阶段的关键性因素。[1] 澳大利亚、美国和英国等发达国家的发展历程能够证实这一判断。Viner[2] 和 Spengler[3] 均认为发展中国家的经济发展一般是从资源开发起步的，通过自然资源的开采、开发和利用达到积累资本和换取外汇的目的，然后再进一步发展加工业和制造业以促进经济长期的发展。Habakkuk 用自然资源的增加来解释 19 世纪美国经济超越英国这一现象。[4] Innis 的研究则证明了加拿大的矿产

① ROSTOW W W. The Stages of Economic Growth [J]. The Economic History Review, 1959, 12 (1): 1-16.
② VINER J. International Trade and Economic Development [M]. Glencoe, IL: Free Press, 1952.
③ SPENGLER J J. Natural Resources and Growth [J]. Washington, D. C.: Resources for the Future, 1960: 312-321.
④ HABAKKUK H J. American and British Technology in the Nineteenth Century [M]. Cambridge: Cambridge University Press, 1962.

资源产业在其工业发展和经济增长初期起到了相当重要的作用。①

初始阶段资源型地区参与的能源合作大多是以能源开采和贸易为主的能源贸易合作，而这些能源合作行为大多属于互补性合作。② 合作双方是为了调剂余缺、互通有无。能源贸易合作既是能源商品的地区间交换，又是完成地区间要素流动和转移的过程。因市场对资源配置的作用，互补性能源合作在合作意愿和基础条件方面皆具有可行性。尽管后来大量学者针对资源型经济的现实数据进行研究，发现在一个较长的研究期内自然资源丰裕与地区经济增长之间反而会出现一种负向关系③，但是资源型经济通过能源贸易合作获得了大量财富并得以向其他产业延伸却是一个不争的事实。在能源贸易合作中，货币作为交易的媒介实现支付手段职能。同时，能源贸易合作也成为其他能源合作形式出现和发展的基础。正如前文提到的，当前无论是国家之间还是国内地区之间最为常见的都是互补型能源合作，正是大多数能源贸易的实质属性，被能源行业广泛采用。

第二节　能源贸易合作中要素的水平层面作用机理

能源贸易合作实质上是合作对象以资金向资源型地区购买能源产品的经济活动，以资金的流入带动了资源型经济能源要素能源产品的流出。在能源贸易合作中，主要以能源要素和产品的权属变化为结果，货币仅以资金形态存在，完成交易媒介的功能，能源+资本的要素组合尚未形成。因此，其水平

① INNIS A H. Essay in Canadian Economic History [M]. Toronto：University of Toronto Press，1956.

INNIS A H. The Fur Trade in Canada：An Introduction to Canadian Economic History [M]. Toronto：University of Toronto Press，1999.

② 陈荣. 互补型能源合作模式研究 [D]. 南京：南京大学，2014.

③ 邵帅，范美婷，杨莉莉. 资源产业依赖如何影响经济发展效率？——有条件资源诅咒假说的检验及解释 [J]. 管理世界，2013（2）：32-63.

KIM D G，HA J-K，HWANG C，et al. Is one-stage Posterior Corpectomy More Favorable Compared to Decompression with Fusion to Control Thoracic Cord Compression by Metastasis？ [J]. Clinical spine surgery，2017，30（8）：350-355.

COCKX L，FRANCKEN N. Natural resources：a curse on education spending？ [J]. Energy policy，2016（92）：394-408.

张攀，吴建南. 政府干预、资源诅咒与区域创新：基于中国大陆省级面板数据的实证研究 [J]. 科研管理，2017，38（1）：62-69.

层面作用相比其他三种能源合作，则较为简单，呈现为一种市场交易行为。

　　能源作为重要的物质生产要素，也是重要的工业基础性商品，为任何经济体所必需。资源型地区在能源贸易合作中作为供给方具有明显的贸易优势，但通过能源贸易合作获得的附加价值有限，通常为市场自发行为，合作关系较为松散，没有过多的限制和约束。能源贸易合作中的要素流动主要体现为能源要素跨地区转移，仅呈现能源要素与劳动和资本要素的简单结合，资本要素未真正进入生产过程。不同于其他合作方式，能源贸易合作基本上是单向合作。① 与能源要素流入地相比，资源型地区在能源要素价格方面具有明显的优势，能源要素从价格较低的区域向价格较高的区域流动，其收益率提高。通过能源贸易合作，资源型地区会获得较高的经济利益。而能源要素流入地从资源型地区获得能源要素能够支持本地区经济发展，从而获得一定的经济利益。随着合作的开展，与能源要素相关联的产品可以在合作双方间相互打开市场，扩大各自的市场空间。能源贸易合作在提升资源型地区收入方面发挥着重要的作用，如图3-4所示。

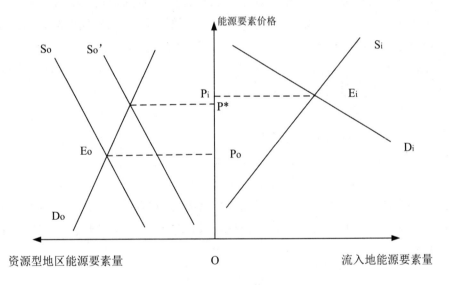

图3-4　能源要素贸易合作中的收入效应

资料来源：作者根据本书内容绘制。

① 吕江．"一带一路"能源合作伙伴关系：缘起、建构与挑战［J］．东北亚论坛，2020，29（4）：113-126，128.

SHEN W，POWER M. Africa and the Export of China's Clean Energy Revolution［J］. Third World Quarterly，2016，38（3）：1-20.

D_o 和 S_o 是资源型地区的能源需求曲线和供给曲线，D_i 和 S_i 是流入地的能源需求曲线和供给曲线，$S_o{}'$ 是资源型地区能源贸易合作发生后能源的供给曲线。在能源没有发生转移的情况下，资源型地区和流入地能源的供需均衡点分别为 E_o 和 E_i。当一部分能源从资源型地区流向流入地后，资源型地区的能源价格因存量减少而从 P_o 上升到 P^*。对于资源型地区而言，能源贸易合作使其获得了丰厚的收入，因此而带来了积极的经济效应，本书称之为收入效应。20 世纪后大量文献提出的"资源诅咒"现象主要是由于资源型地区将其发展重心放在能源要素之上，而忽视了在提升劳动生产率等方面起关键作用的资本、技术和制度等要素导致的。

第三节　能源贸易合作中要素的垂直层面作用机理

能源贸易合作在水平层面上给资源型经济带来了大量收入效应，但容易导致资源型经济过度依赖资源禀赋及相关产业而忽视资本积累、技术进步和制度创新等，使之陷入"资源诅咒"的风险不断提高。在垂直层面上，能源贸易合作以能源要素为核心，资本没有实质性地进入要素组合。在收入效应的带动下，能源要素的主体地位会不断加强。根据前文中的分析，资本要素易于与能源要素结合。在收入效应和资本的逐利性的影响下，资本将会流向资源型地区的能源产业，以加快生产发展，促进资本增值，这样能源贸易合作将快速演进为能源投资合作。同时，由于能源要素的稀缺性，单纯的能源初级产品贸易合作既无法长期支持资源型地区实现长期经济增长，更无法满足能源资源匮乏地区不断升级的能源需求。因此，需要更为多样的能源合作形式和更加高级的要素进入能源合作体系，提高能源要素在经济发展中的贡献效率。因此，其他形式的能源合作类型逐渐被催生出来。

第三章

能源投资合作对资源型经济转型的作用机理分析

第一节　资本要素的作用

一、资本要素的一般作用

资本是流动性极强的生产要素，被视为经济增长的发动机。资本有两种存在形式：实物形式的资本和货币形式的资本。实物资本是生产出来的生产资料，如厂房、机器设备等。货币资本是为转化为实物资本所准备的资金。对于特定经济区域而言，资本形成有两个途径，即区域储蓄转化为投资和区外资本净流入，资本地域空间分布是不均衡的，存在着资本相对密集区和资本相对不足区，资本剩余与资本不足都会损害资本的使用效率。区域资本的流动是生产要素区域流动的重要组成部分，与区域经济发展呈现出密切的关系。

二、资本在能源投资合作要素组合中的作用

众所周知，资本能够推动实体经济的发展，其中也包括资源型经济。Barro认为国际直接投资的核心是以资本为载体的生产要素的国际流动，而非货币的转移。也就是说，资本流动是其他生产要素流动的基础，资本最终也必须与其他生产要素结合才能够真正对经济发展产生作用。资本除了能调用新型设备、劳动力、土地等生产要素来实现资源的优化配置外，还能支撑起新技术的研发，甚至能够推动多种形式的资本合作，集聚更多的优质要素，以实现地区经济的飞跃发展。尽管大多数相关研究是围绕跨国资本流动展开的，但是资本在省份间要素组合中的作用也能够加以借鉴。

随着自然资源开发与贸易需求的增长，资本的流动性也不断增强。能源要素作为流动性较差同时也是经济发展最重要的基础性生产要素，天然地具

备了与资本形成要素组合的条件。特别是在资源型经济发展的初期，在粗放式经济增长方式下，资本为资源型经济的快速崛起，起到了重要作用。根据前文马克思关于自然资源作为经济价值的承担者的理论分析可知，使自然资源完成由潜在价值向使用价值的转化升级，使之被激活从而计入资产投入生产经营过程中，必然需要资本的支持。在自然资源与资本形成的要素组合中，资本促使自然资源的流动性增强，推动了其使用价值和价值的实现。同时，自然资源的典型代表——能源及其产业的发展本身就需要大量资本投入，或者说自然资源要素组合发挥作用的机理中能源要素是最为重要的自然资源要素，也是其他非能源要素作用的核心基础。

三、资本要素与能源要素的替代关系

长久以来，学界对资本与能源在要素层面究竟是互补还是替代关系这一问题始终存在争论。因国家、行业、时期的不同，其关系也不尽相同。各国学者使用交叉价格弹性、Allen-Uzawa 替代弹性和 Morishima 替代弹性等进行测度资本与能源要素间的替代弹性，结果都不尽相同。如表 3-2：

表 3-2　国内部分学者关于能源与资本关系的研究

作者	研究对象	时间段（年份）	函数形式	要素投入	技术中性	规模报酬不变	弹性指标	资本与能源的关系
郑照宁等[1]	全国	1978—2000	CES、C-D	KLE	否	是	—	不确定
郑照宁等[2]	全国	1978—2000	TPF	KLE	是	是	HES	替代
杨中东等[3]	制造业	1978—2005	TCF	KLE	是	是	CPE、MES	替代

---

[1]　郑照宁，刘德顺. 考虑资本—能源—劳动投入的中国超越对数生产函数 [J]. 系统工程理论与实践，2004（5）：51-54，115.

[2]　郑照宁，刘德顺. 中国能源资本替代的不确定性 [J]. 运筹与管理，2004（2）：74-78.

[3]　杨中东. 对我国制造业的能源替代关系研究 [J]. 当代经济科学，2007（3）：1-6，123.

续表

作者	研究对象	时间段（年份）	函数形式	要素投入	技术中性	规模报酬不变	弹性指标	资本与能源的关系
Ma 等①	全国	1994—2005	TCF	KLE	否	否	AES	替代
鲁成军等②	工业部门	1978—2005	TCF	KLE	是	是	CPE、MES	不确定
邵光黎等③	制造业10行业	1978—2005	TCF	KLE	是	是	CPE	互补
陶小马等④	工业部门	1980—2005	TCF	KLE	否	否	CPE、MES	不确定
张惠真⑤	制造业	1996—2007	TCF	KLE	是	是	CPE、MES	替代
史红亮等⑥	钢铁行业	1978—2007	TPF	KLE	是	是	HES	替代
国娟等⑦	工业部门	1978—2007	TCF	KLE	是	是	MES	替代
吴力波⑧	工业部门	1986—2006	TCF	KLE	是	是	AES、CPE、MES	替代

① MA H, OXLEY L, GIBSON J, et al. China's Energy Economy: Technical Change, Factor Demand and Inter-factor Inter-fuel Substitution [J]. Energy Economics, 2008, 30 (5): 2167-2183.
② 鲁成军, 周端明. 中国工业部门的能源替代研究: 基于对 Allen 替代弹性模型的修正 [J]. 数量经济技术经济研究, 2008 (5): 30-42.
③ 邵光黎, 鲁成军. 中国制造业的能源外部替代研究: 基于分行业面板数据的分析 [J]. 河北经贸大学学报, 2008 (4): 52-57.
④ 陶小马, 刑建武, 黄鑫, 等. 中国工业部门的能源价格扭曲与要素替代研究 [J]. 数量经济技术经济研究, 2009, 26 (11): 3-16.
⑤ 张惠真. 中国制造业生产要素的替代研究 [J]. 商业时代, 2010 (13): 110-113.
⑥ 史红亮, 陈凯, 闫波. 我国钢铁行业能源—资本—劳动的替代弹性分析: 基于超越对数生产函数 [J]. 工业技术经济, 2010, 29 (11): 110-116.
⑦ 国涓, 郭崇慧, 凌煜. 中国工业部门能源反弹效应研究 [J]. 数量经济技术经济研究, 2010, 27 (11): 114-126.
⑧ 吴力波. 中国工业生产的劳动、资本和能源的替代分析 [J]. 电力与能源, 2011, 32 (3): 173-176, 181.

续表

作者	研究对象	时间段（年份）	函数形式	要素投入	技术中性	规模报酬不变	弹性指标	资本与能源的关系
杨福霞等①	全国	1978—2008	TPF	KLE	否	是	HES	替代
张纪凤等②	制造业11 行业	1995—2008	TCF	KLEM	否	否	CPE、MES	替代
韩中合等③	北京12 行业	2010	TCF	KLE	是	是	CPE	替代
郑猛等④	制造业30 行业	2001—2010	TCF	KLEM	否	是	MES	替代
王班班等⑤	工业36 行业	1999—2010	TCF	KLEM	否	否	MES	替代
王腊芳等⑥	全国、省级制造业	2000—2011	TCF	KLE	是	是	CPE、AES	不确定
查冬兰等⑦	工业36 行业	1994—2011	TCF	KLE	否	是	CPE、AES、MES	替代
刘月⑧	工业35 行业	1995—2015	TCF	KLE	否	是	CPE、AES	替代

资料来源：中国知网，经作者整理绘制。

---

① 杨福霞，杨冕，聂华林．能源与非能源生产要素替代弹性研究：基于超越对数生产函数的实证分析 [J]．资源科学，2011，33（3）：460-467．

② 张纪凤，黄萍．中国制造业能源与非能源要素替代关系的实证研究 [J]．西安电子科技大学学报（社会科学版），2011，21（4）：37-44．

③ 韩中合，刘明浩，吴智泉．基于要素替代弹性的节能潜力测算研究 [J]．中国人口·资源与环境，2013，23（9）：42-47．

④ 郑猛，杨先明，李波．有偏技术进步、要素替代与中国制造业成本：基于 30 个行业面板数据的研究 [J]．当代财经，2015（2）：85-96．

⑤ 王班班，齐绍洲．有偏技术进步、要素替代与中国工业能源强度 [J]．经济研究，2014，49（2）：115-127．

⑥ 王腊芳，刘丽洁，肖明智．中国制造业能源替代的区域差异 [J]．经济地理，2015，35（2）：127-133．

⑦ 查冬兰，周德群．能源与非能源投入生产要素替代关系的研究述评 [J]．管理评论，2013，25（3）：74-81．

⑧ 刘月．中国工业行业能源替代弹性研究 [D]．大连：东北财经大学，2017．

一般地，如果能源和资本是互补关系，在能源消费逐渐减少的同时，经济对资本的需求也会相应地减少，对劳动的需求反而会增加①，社会生产效率降低，能源的市场价格将下降，对能源的市场需求反而会增加。在此状况下，节能减排的目标难以实现。如果能源和资本呈现替代关系，提高能源价格，微观主体将减少对能源的消费，企业也会积极增大资本投入，进行技术研发，关注于节能减排。② 尽管学界对资本与能源间的关系仍存在争论，但从表3-2可以看出，近年来的研究成果更支持资本与能源要素间存在替代关系这一结论。因此，本书也将在这一前提下展开分析。

第二节　能源投资合作水平层面作用机理的比较静态分析

由于资本要素的加入，能源合作的空间得以拓展，逐渐将新能源和可再生能源领域的投资和技术合作纳入"一带一路"能源合作之中。

根据前文对能源合作中要素组合所产生效应的基本模型分析可知，能源要素与较为高级的要素组合进行生产，通过能源合作引进高级要素，将会导致密集使用高级生产要素的产品增加，而减少密集使用能源要素的产品比例。根据波特对要素的划分，③ 土地、自然资源、一般性劳动力等属于一般性生产要素，流动性相对较低。而之后的一些学者，如张幼文根据流动性将货币资本、技术、高端人才、信息、知识、经营管理方式等划分为高级生产要素。④本书借鉴这种划分方法，在后续研究中加以使用。

随着合作的广泛开展，资本要素增加并与能源要素联合进行生产，主要会产生影响产品结构的结构效应和改变生产要素效率的内涵效应。

一、结构效应

能源—资本要素组合产生效应完全类似于一般效应。因此，我们可以使用一般效应的分析方法对能源—资本要素组合效应加以分析。资本要素满足

---

① 资本和劳动间存在替代关系。

② BERNDT E R. Energy Price Increases and the Productivity Slowdown in United States Manufacturing [M]. Boston: The Federal Reserve Bank of Boston, 1980.

③ 波特. 国家竞争优势 [M]. 北京: 华夏出版社, 2002: 42-44.

④ 张幼文. 生产要素的国际流动与全球化经济的运行机制 [J]. 国际经济评论, 2013 (5): 30-39, 4-5.

一般效应模型中的假设条件。首先，资本具有较强的流动性。资本是流动性最强的生产要素之一。不仅如此，资本还极易与其他要素结合。能源要素及其相关产业天然需要大量资本，因此，资本是最易也是较早与能源要素实现组合的要素。其次，资本 K 的要素质量高于能源 R，资本密集型产品 C 的产品质量高于能源密集型产品 E。再次，在能源合作过程中，能源 R 与资本 K 的要素价格和资本密集型产品 C 与能源密集型产品 E 的相对价格均不变。最后，在能源投资合作过程中，技术水平不发生变化，生产在最大的生产能力上进行。

根据能源要素与其他要素组合产生的一般效应模型结论，资源型地区通过能源投资合作将获得大量资本，资本供给增多势必增加资本密集型产品 C 的产量，而能源密集型产品 E 的产量将会减少。要素组合的作用机理如图 3-5 所示：假设资源型经济中仅投入能源、劳动和资本三种要素，且劳动的数量不变，我们只观测能源和资本要素所形成的要素组合情况。横坐标表示能源 R 的投入量，纵坐标表示资本 K 的投入量。相应地生产出能源密集型产品 E 和资本密集型产品 C，M 为初始均衡点。给定要素相对价格不变，在 M 点，产品 E 的要素投入比 $\dfrac{K_E}{R_E} = \dfrac{MF}{O_EF}$，产品 C 的要素投入比 $\dfrac{K_C}{R_C} = \dfrac{MD}{O_CD}$。现假设通过能源投资合作大量资本 K 流入资源型地区，在生产中的资本投入数量由 O_EK 增加到 O_EK'。在产品价格和要素价格不变的条件下，在原生产契约曲线上有新的均衡点 M'，且该点需要通过 O_EM 和 O'_CM' 的交点，其中，O_CM 与 O'_CM' 平行。比较资本投入增大前后可知，在资本投入量增大情况下，资本密集型产品 C 的产量增大，相反，能源密集型产品 E 的产量却减少了。要满足相对价格保持不变，资本大量增加，要充分利用增加的资本 K 就要减少 E 的生产以转移出足量的能源要素 R，甚至是部分用于生产能源密集型产品 E 的资本。因此，资本密集型产品 C 的产量会增加，相反能源密集型产品 E 的产量将会减少，存在结构效应。

二、内涵效应

根据上文分析，随着资本这一高级生产要素的流入和能源密集型产品 E 与资本密集型产品 C 的产品结构变化，C 的产量相对增加，E 的产量相对减少。在要素禀赋一定的情况下，生产活动对资本要素 K 的使用相对增加，而对能源要素 R 的使用相对减少。减少的商品 E 会释放出一部分能源要素来与增加的资本要素 K 结合进行生产，生产中的资本要素不仅要结合本部门的能源要素，还要结合被释放出的能源密集部门的能源要素。单位资本要素吸收能源要素的能力将增强，导致产品 C 的增加量大于资本要素 K 的增加量，使得经济内部生产效率提升，对资源型经济产生内涵效应，这正是资源型经济转型所需要的。可见，能源—资本要素组合产生的结构效应为内涵效应的实现提供了物质基础和条件。

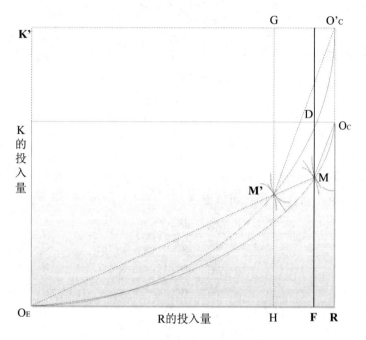

图 3-5　能源—资本要素组合水平作用示意图

资料来源：作者根据本书内容绘制。

第三节　能源投资合作水平层面作用机理的数理分析

能源投资合作中能源—资本要素组合产生效应的数理证明如下：

根据要素组合一般效应的梳理证明，这里定义能源密集型产品的要素密度为 $\rho_E = \dfrac{R_E}{K_E}$，资本密集型产品的要素密度为 $\rho_C = \dfrac{R_C}{K_C}$。假设资源型经济与外界发生能源投资合作，大量资本进入资源型地区与能源结合进行生产，则有：

$$\rho_E K_E + \rho_C K_C = R$$
$$K_E + K_C = K \tag{3-7}$$

根据（3-7）中两式，得到：

$$K_E = \frac{R - \rho_C K}{\rho_E - \rho_C}$$

$$K_C = \frac{\rho_E K - R}{\rho_E - \rho_C} \tag{3-8}$$

有生产函数：

$$E = f(R_E, K_E)$$
$$E = f(\rho_E K_E, K_E)$$
$$E = K_E f(\rho_E, 1)$$
$$E = K_E g(\rho_E) \tag{3-9}$$

同理，$C = K_C g(\rho_C)$ $\tag{3-10}$

由（3-9）和（3-10）可以得到：

$$\frac{\partial E}{\partial K} = \frac{\partial K_E}{\partial K} g(\rho_E)$$

$$\frac{\partial C}{\partial K} = \frac{\partial K_C}{\partial K} g(\rho_C) \tag{3-11}$$

将（3-8）两式代入（3-11）两式得：

$$\frac{\partial E}{\partial K} = \frac{-\rho_C}{\rho_E - \rho_C} g(\rho_E)$$

$$\frac{\partial C}{\partial K} = \frac{\rho_E}{\rho_E - \rho_C} g(\rho_C) \tag{3-12}$$

能源密集部门的能源要素密度大于资本密集部门，即 $\rho_E > \rho_C$。而 ρ_C，$\rho_E > 0$；$g(\rho_E)$，$g(\rho_C) > 0$，因此，$\frac{\partial E}{\partial K} < 0$，$\frac{\partial C}{\partial K} > 0$，也就是说资源型经济通过能源投资合作吸收了大量资本，随着资本 K 的增加，能源密集型部门 E 的产量减少，而资本密集型部门 C 的产量增加，能源投资合作使资源型经济的产品结构和产业结构向着有利于资源型经济的方向发生变化。

同时，由于 $\frac{dC}{C} = \frac{\partial C / \partial K \ dK}{C} = \frac{\partial C / \partial K}{C / K} \frac{dK}{K}$，将（3-10）与（3-12）代入，可得：

$$\frac{dC}{C} = \frac{\rho_E}{\rho_E - \rho_C} \cdot \frac{dK}{K}$$

而 $\dfrac{\rho_E}{\rho_E - \rho_C} > 1$

因此，$\dfrac{dC}{C} > \dfrac{dK}{K}$，即资本密集型产品 C 的产出增长率高于资本的增长率，能源投资合作中的能源—资本要素组合存在内涵效应，能源投资合作有助于资源型经济生产效率的提升。

综上所述，能源投资合作逐渐频繁、规模逐渐扩大，使得资本的成本相对降低，密集使用资本的能源产业产品成本降低幅度大于劳动密集型产品，利润的增加使得能源产业产品生产进一步扩张。同时，产业效率的变化使得劳动密集型产业的部分劳动转移到资本密集型产业，能源生产部门的资本有机构成提高，对劳动的替代加剧。在此过程中，能源产业产品，特别是资本要素贡献度高的产品输出将会增加，产品结构发生变化，资本贡献度高的产品产出增长率超过资本的增长率，有利于能源要素的节约和资源型经济增长。

第四节 能源投资合作垂直层面作用的机理分析

具有极强流动性的资本必须附着于其他实物要素才能够发挥作用，货币资本必须转化为生产资本才能实现价值飞跃，才能创造出剩余价值。资本也正是这样周而复始地完成着货币资本、生产资本和商品资本的循环，从而不断完成资本积累，最终推动经济的持续发展。根据前文分析资本要素通过能源投资合作与能源要素在要素组合演进的垂直方向上对能源要素增长极起到极化效应，也就是强化了能源要素及其相关产业的主导地位。

前文描述的能源—资本要素组合产生的结构效应和内涵效应最终会产生不同的作用效果，也就是在完成资本循环和周转过程中会呈现不同的形式。增长资本密集型产品最终可能转化为货币形式的资本，也可能转化为生产资料再次进入生产环节。从某种程度上说，前文分析的能源与资本要素组合产生的水平作用可以用剩余价值理论解释。而在要素组合的纵向联系上，能源与资本组合对能源要素的垂直作用大体上将通过三种途径来体现，以促进资本循环的完成并对资源型经济产生影响。这三种途径体现在三种资本运动上：一部分以货币资本形态流回到资本原流出地，即能源投资合作中的资本来源地（见下文垂直作用一）；另一部分则留在资源型地区，通过两种途径（见下文垂直作用二、垂直作用三）产生作用。

一、能源投资合作要素组合垂直作用一

本书将以货币资本形态流回资本流出地的这部分垂直作用定义为 K_1。K_1 可以单独以货币形态流回资本流出地，也可以携其他要素一同流回。但是，无论哪种方式都将对资源型经济的发展起到抑制作用，并引发"资源诅咒"现象。这部分能源投资合作，尽管资本与能源结合进入了能源生产体系，但是最终仍然转化为货币资本形式[①]流回。资本最终没有为资源型经济所利用，反而使得资源型经济更多地生产能源密集型产品用以出售。这与仅仅将能源作为商品购买使其离开资源型地区的能源贸易合作没有根本性差异。这部分垂直作用发挥的过程其实完成了货币资本的循环：G'，其公式是：$G—W\cdots P\cdots W'—G'$。K_1 部分的垂直作用经过一系列变化，得到了更多的货币。根据马克思的研究，货币资本循环具有如下特征：①循环的起点和终点都是货币形式的资本，它最鲜明地表现资本主义生产的目的或动机是取得剩余价值，或者说赚钱。因此，货币资本循环是产业资本循环的一般形式。②在这一循环中，生产阶段处于两个流通阶段之间，成为流通过程的媒介和中间环节，由此便产生了一种假象：似乎价值和剩余价值不是从生产过程产生的，而是从流通过程产生的，这就掩盖了剩余价值的真正来源。所以，马克思说："货币资本的循环，是产业资本循环的最片面、从而最明显的和最典型的表现形式。"这一循环过程为能源合作的发展和不断丰富提供了大量的货币，但如果 K_1 在整个垂直作用中的占比过大，能源投资合作对资源型经济产生的作用与能源贸易合作差别不大，甚至会退化为能源贸易合作，对资源型经济转型无益。这一途径的结果使能源要素在资源型经济中的作用更加强化，在能源与资本要素组合的垂直层面体现为极化效应。

二、能源投资合作要素组合垂直作用二

停留在资源型经济系统中的结构效应和内涵效应进入下一轮产业资本循环中。其中，一部分转化为资本仍然保持它原有的形态继续与能源要素结合进入能源及其相关产业中，或者进入其他生产领域。这部分资本会进入哪一个领域则依赖于不同生产领域利润率的高低。雷布津斯基定理对产品结构的

---

① 在数量上可能超过初始流入资源型地区的资本。

改变还有待进一步分析。在开放经济条件下，假设合作地区保持不变，如果一地要素增加，增加的商品的要素输入地具有绝对优势的商品，则该地贸易条件将会恶化。如果增加的商品是自身匮乏依赖外界输入的商品，则其贸易条件将会改善。也就是说，经济增长会给获得要素的资源型地区产生方向相反的两种影响。

如图 3-6 所示，随着资本要素 K 被更多地投入资源型经济与能源要素 R 组合，密集使用资本要素的产品 C 更多地被生产出来。生产可能性曲线由 E_1C_1 向外扩展到 E_2C_2，效应曲线也由 U 向外扩展到 U′。可以看出，输出当地的产品 C 的生产均衡点由 Q 变动到 Q′，消费的均衡点由 B 变化到 B′。C 的消费量的增量明显超过了生产增量，需要购买更多的 C，对外的依赖性加强，使得产品 C 的市场价格有所提高。原本依赖外界的商品被更多地输入，要素增长后的贸易条件 T′ 比增长前的贸易条件 T 更为陡峭，说明资源型地区的贸易条件恶化。①

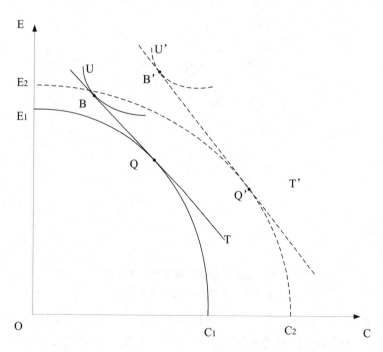

图 3-6　能源—资本组合使贸易条件恶化

资料来源：作者根据本书内容绘制。

如图 3-7，随着资本要素 K 被更多地投入资源型经济与能源要素 R 组合，

---

① 贸易条件是国际贸易中的重要指标，但对地区间贸易同样具有现实意义。

密集使用资本要素的产品 C 更多地被生产出来。生产可能性曲线由 E_1C_1 向外扩展到 E_2C_2，效应曲线也由 U 向外扩展到 U'。相对于密集使用能源要素的产品 E，产品 C 的产量增加更多。假设密集使用资本要素的 C 是资源型地区需要从外界输入的产品。随着资本要素的吸纳，生产和消费的均衡点变化情况同图 3-6。而原本需要依赖外界输入的产品 C 的产量的增量超过了消费的增量，导致资源型地区对外依赖性有所下降，甚至可以对外输出一部分产品 C，产品 C 的价格也相对下降。从图 3-7 可见，要素增长后的贸易条件 T' 比增长前的贸易条件 T 更为平坦，代表资源型地区的贸易条件有所改善。

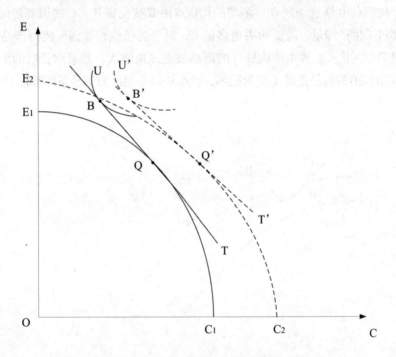

图 3-7　能源—资本组合使贸易条件改善

资料来源：作者根据本书内容绘制。

在资源型经济的实践中，产品 C 如果为密集使用资本且是资源型地区输出较多的、较低水平的资源型加工产品，则随着资本要素的增加，该类商品的产出将超过更为低级的密集使用能源要素的产品（如采掘业中的初级能源产品），这类产品本身对能源和资本以外的高级要素依赖性较小，且是资源型经济输出较多的产品。根据前文分析，增加这类产品的产量，会使资源型经济的贸易条件有所恶化。资本要素进入能源合作体系中产生了垂直作用，资本停留在能源及其相关产业中参与生产。我们把这部分垂直作用的影响定义

为 K_2。K_2 使资源型地区能源相关产业及其他产业的规模不断扩大，产品数量不断增长，产品结构发生变化，这部分增长效用主要体现了资本要素产生的外延的扩大再生产①过程。K_2 会导致要素向初级工业如采掘业、简单工业制成品等流动，没有起到提升能源产业和资源型经济的生产效率的作用，相反加剧了资源型经济对密集使用技术、信息等生产要素产品的依赖，这也是资源型经济产生"资源诅咒"现象的根本性原因之一，对资源型经济转型不利。这一途径使得能源要素在要素组合的演进过程中体现为资源型经济对能源要素的依赖，强化了能源要素的地位，即产生极化效应。资本要素对能源投资合作和资源型经济转型更为重要的效应体现在第三种途径上。

三、能源投资合作要素组合垂直作用三

垂直作用三实质为能源和资本要素组合产生的水平作用，最终通过转化为对技术、信息、知识等的需求并用以提升或改进资源型经济中能源及其他要素的质量，实现了内涵的扩大再生产②，我们将其定义为 K_3。K_3 的作用表现为：能源投资合作将资本引入资源型经济生产体系，如果这部分资本要素倾向于进一步吸收技术、信息、知识等高级生产要素，或是通过参与生产形成增值以后产生了对上述高级要素的需求，都会表现为原本从外界引进的产品 C 产量增加，从而有利于资源型经济系统要素质量和生产能力的提升，有利于资源型地区在与外界经济往来中的长期利益，是对能源投资合作水平作用，即结构效应和内涵效应真正有意义的延伸。而这一过程的实现周期相较于 K_1 和 K_2 来说更长，并需要借助技术、制度、信息等高级要素实现。这些要素可以在资源型经济内部不断积累。但是，当资源型经济自身获取这些高级要素的能力有限或者存在障碍时，就需要有意识地引导其通过合作的方式引入这些要素，也就是通过能源技术合作、能源治理合作等实现。这一途径在要素组合的演进过程中体现为能源要素更多地与技术、信息、制度等高级要素的结合，使得要素结构更加多元，即产生均衡效应。

通过初期的能源贸易合作，资源型经济快速积累了大量资本，使得经济、

---

① 外延式的扩大再生产是通过增加生产要素的数量而实现的扩大再生产。在生产技术、工艺水平、生产流程都不变的情况下，仅仅靠增加工具、设备、劳动力等生产要素而形成的扩大再生产，就是外延式的扩大再生产。

② 内涵式的扩大再生产是通过提高生产要素的使用效率而实现的扩大再生产。就是在厂房、机器设备和劳动力等生产要素数量不增加的情况下，主要是通过技术进步、加强管理、提高生产要素的质量等方法，使生产规模不断扩大的再生产。

社会实现了显著发展。但是，如果资本积累使得生产的高度社会化与生产资料及劳动产品的集中并存，生产资料和劳动产品越来越集中在资源型经济的局部，能源和资本要素组合产生的水平作用通过垂直作用 K_2 集中于初级能源产业等，未能使经济系统广泛获益，则发生"资源诅咒"的风险就会提高。而通过前文分析可知，资源型经济需要在资本循环和周转中，通过 K_3 不断提高资本有机构成，实现内涵式扩大再生产将会对资源型经济产生积极且深远的影响。

但遗憾的是，个别资源型经济的发展实际却未能实现这一飞跃。按照马克思主义政治经济学理论，资本有机构成提高会对劳动形成排斥和挤出。资源型经济本身需要大量资本，在资本积累的过程中，能源要素具有较强的资本依赖性。因此，资本要素与能源要素结合后将会形成怎样的影响？是倒退回能源贸易合作，使用更多的资本进行初级产品的开发和流转，制约资本完成内涵式扩大再生产的循环？还是促进资本循环与周转，通过自身积累、学习与外界引入更为高级的生产要素相结合，优化经济结构、提升经济效率，促进转型的顺利完成？这个选择对于资源型经济十分重要和关键。可以说在资源型经济转型过程中，积极利用比较优势，引导与外界经济由能源投资合作向能源技术合作和能源治理合作的转变关系到资源型经济转型的成败。

综上所述，能源投资合作要素组合垂直作用一是导致能源投资合作退化为能源贸易合作的主要原因，能源投资合作要素组合垂直作用二是能源投资合作对资源型经济作用的主要体现，对能源投资合作的水平作用起到巩固作用，能源投资合作要素组合垂直作用三是能源投资合作演进到能源技术合作和能源治理合作的过渡形式，起到关键作用。

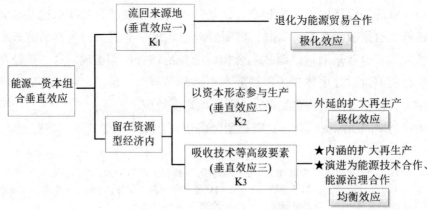

图 3-8　能源投资合作垂直层面作用机理

资料来源：作者根据本书内容绘制。

第四章

能源技术合作对资源型经济转型的
作用机理分析

与发达国家或地区不同，发展中国家或地区的收入水平和劳动力生产率水平低，所在的产业附加价值比较低、所运用的技术不是最好的，要进行技术创新和产业升级，除了自己发明新技术、开创新产业外，还有后发优势，即引进、消化、吸收发达国家成熟的技术和产业。因此，技术创新和产业升级的成本和风险不同，而且所需要的金融资本和劳动力的素质条件也不同。新结构经济学把中等发达国家的产业化分成五大产业，其中转进型产业的创新主要体现在少数有能力的企业升级到微笑曲线两端，其创新主要集中于品牌的开发、新产品的设计，对多数的生产企业则须使用自动化来降低工资成本或是转移到工资成本低的地方。① 这一类型与资源型经济的实际情况较为贴合，因此这一途径可以在资源型经济中予以应用和尝试。

能源贸易合作在较短时期内能为资源型经济带来明显的收入效应，而能源要素与资本要素进行组合是能源要素及其相关产业的天然要求，也是资源型经济发展的重要前提，这一作用过程较为复杂。在上述两类能源合作中，一方面更为高级的技术、信息等要素会融入和物化在贸易和投资标的及经济活动过程中，对资源型地区产生进一步影响，即产生溢出效应，如高技术能源产品贸易、新能源贸易和相关产品的研发投资等。另一方面能源贸易合作和能源投资合作的主体及参与要素自身将产生对高级要素的需求和持续依赖。② 因此，上述两种能源合作的作用之一就是丰富了能源合作形式。能源技术合作在此基础上应运而生。

---

① 林毅夫，王勇，鞠建东. 关于新结构经济学禀赋内涵的探讨［EB/OL］. 北京大学新结构经济学研究院官方网站，2019-11-01.
② BATHELT H，LI P F. Global Cluster Networks-Foreign Direct Investment Flows from Canada to China［J］. Journal of Economic Geography，2014，14（1）：45-71.

第一节　技术要素的作用

一、技术要素是经济发展必不可少的推动力

技术通常可以分为主观经验、技能形态的技术，客观地以生产工具为标志的实体形态的技术和以科学规律为基础的知识形态的技术。在学术研究中的技术通常指以科学规律为基础的能够创造出实体形态技术的知识形态的技术。技术在不同区域和产业间流动、传播，促进了产业的生产率，提升了经济发展水平。能源要素的稀缺性随着人类生产生活的发展而不断加剧，因此通过技术提升能源要素的利用效率和降低能源使用带来的外部性成为经济发展的必然要求。

二、技术要素与能源要素天然依存

学界将技术要素这一概念延伸为包括能源、材料、工艺和信息等四种基本构成的有机整体，并将能源视为其中的动力要素。[①] 也就是说，能源是整个生产过程的心脏和血液，支持着工业生产和工程技术的持续发展，与其他技术要素相互制约、相互促进，共同推动技术革命向纵深发展。前文提及的劳动、能源、资本（这里主要指实物资本和货币资本）等要素大多属于同质性要素，而技术、信息等基本为异质性要素。异质性要素多是由同质性要素培养、转换和生发出来回流反向提升同质性要素的质量。技术决定了经济发展的软实力，而能源决定了经济发展的硬实力，在经济发展的历史中，能源与技术二者缺一不可。

三、技术要素促进创新绩效的获得

能源技术合作既可以附着于能源贸易合作和能源投资合作发生，提升上述合作的绩效，也可以单独发生。如前文分析，能源投资合作需要发展出能源要素与技术、制度、信息等高级要素的组合形式，才能进一步对资源型经济系统产生持续有益的影响。这些要素可以由资源型经济在资本积累到一定程度由内部自发获得，也可以通过外部输入即通过单纯的能源技术合作获得。

---

① 萧浩辉. 决策科学辞典［M］. 北京：人民出版社，1995：29-34.

吕海萍在对中国省域要素空间流动对创新绩效影响的研究中发现经济相对落后的地区与创新绩效好的省份交往越频繁，越有利于自身创新绩效的提升。[①]这是由于通过创新合作关系的建立，流入地获得的高级要素可能在本区域产生新的技术发展轨迹。[②] Noni 等的解释为，技术落后地区与区域外组织建立创新合作关系后，获得了访问和探索嵌入多样化知识源以实现创新的机会。这需要创新知识源融入落后地区的知识库后真正实现与落后地区知识体系的对接。这样一方面可以促进落后地区的科技进步，另一方面能够有效避免合作双方陷入技术固化的发展陷阱。这一结论在其对欧洲的案例研究中得到了证实。[③] 可见，资源型经济不仅天然具备对技术要素的渴望，还更容易体现技术要素的创新绩效。

四、技术要素有助于其他要素的节约

技术要素与劳动和资本要素不同，其作用不会因再次利用使要素的存量减少而减弱。相反，技术或者知识在不同地区提升了生产效率，实现了规模经济。一方面，技术输出增加了输出地区的国民收入；另一方面吸收了技术的输入地区生产效率提升，对技术输出地提供了竞争压力反而可能促进技术输出地进一步进行技术研发。这一过程的最大受益者无疑是技术输入地区。这些地区将用更低的成本生产现有的产品。也就是说，对于吸收技术的地区，技术要素能够在一定程度上节约其劳动或资本要素的使用。

由于工业经济发展初期和中期，资源性行业回报率高、增长速度快，吸引了大量资本投入该行业。同时，由于存在挤出效应，资源型经济排斥增长相对缓慢的劳动力、技术和知识等，或者说资源型经济自身在积累和获得技

---

① 吕海萍. 创新要素空间流动及其对区域创新绩效的影响研究：基于我国省域数据 [D]. 杭州：浙江工业大学，2019.

② SUN Y. The Structure and Dynamics of Intra－and Inter－regional Research Collaborative Networks：The case of China（1985—2008）[J]. Technological Forecasting & Social Change, 2016（108）.
ZHAO S L, CACCIOLATTI L, LEE S H, et al. Regional collaborations and indigenous innovation capabilities in China：a multivariate method for the analysis of regional innovation systems [J]. Technological Forecasting and Social Change, 2015, 94（May）：202-220.

③ NONI I D, ORSI L, BELUSSI F. The role of collaborative networks in supporting the innovation performances of lagging-behind European regions [J]. Research Policy, 2018, 47（1）：1-13.

术、知识、制度等要素方面存在一定障碍。① 也有一些研究表明资源型地区经济快速发展获得了财富增加以后引发的非理性消费而忽视了对技术、制度的提升，内生增长较为迟缓。② 还有研究表明，目前中国创新资本的贡献大于科研人员，制造业创新技术进步整体偏向资本。③ 除此之外，在转型初期，资源型经济还存在观念落后、创新意识不强等方面的问题，对自身高级要素的获得都产生了阻碍作用。

因此，当经济、社会发展需要信息、知识、技术、制度等高级要素而自身供给不足时，就需要政府、企业及相关机构给予足够的重视，主动从外界引入上述要素以获得经济转型发展的持续动力。这种有意识地引入高级生产要素的合作行为既能够极大地满足资源型经济对技术要素的需要，提升能源要素的效能，又能够成为资源型地区由快速获得创新资本带动技术要素融合到吸收技术溢出效应，从而内生出高水平劳动力、知识、制度等高级要素的重要桥梁。随着能源资本合作的扩大和深入，能源技术合作和能源治理合作也将不断出现，逐渐发挥其良性推动作用，要素组合形式也将向着更高级、更具有持久效应的能源—资本—技术要素组合和能源—资本—技术—制度要素组合。技术要素的输入可以通过技术贸易、技术交流和技术援助等三种方式实现。随着能源与高级要素组合效应的不断释放和获得，这些合作方式也会逐渐由有意识地开展转变为自发产生。那么，能源要素与资本要素、技术、知识、信息、制度等高级生产要素组合是如何在资源型经济转型过程中起作用的？本书需要对能源—资本—技术要素组合的作用机理进行分析。

第二节　能源技术合作水平层面作用机理的比较静态分析

传统的资源型经济微观主体（主要指能源资源型企业）对能源贸易合作和能源投资合作较为熟悉。资源型经济系统内部的经济增长方式较稳定地固化于简单的能源开发，继而发生贸易合作和能够实现结构效应和内涵效应的

① 赵康杰，景普秋. 人力资本与资源型经济关系：理论阐释与个案分析 [J]. 劳动经济评论，2009，2（0）：107-129.
② 邢利民. 资源型地区经济转型的内生增长研究 [D]. 太原：山西财经大学，2012.
③ 杨振兵. 中国制造业创新技术进步要素偏向及其影响因素研究 [J]. 统计研究，2016，33（1）：26-34.

能源投资合作。但是，在资本的边际生产力下降①和资本收益率平均化作用下，一方面资源型经济需要打造异质性产品，促进产业升级，需要技术、知识及制度等异质性要素的引入；另一方面能源类企业在与外界合作过程中，合作对象对高质量能源产品的需求和市场竞争引发企业重视研发投入，激发自主创新能力，改善要素质量，提升生产效率。

前文中用于解释要素组合能够改善资源型经济产品结构的基础理论——雷布津斯基定理得出一个重要结论：如果由于要素组合变化导致的产品结构变化主要体现在依赖外界输入产品的增加上，将会使资源型经济减少对外界的依赖，改善其贸易条件，增强资源型经济的竞争力。对较多地参与国内地区间经济往来的资源型地区来说，按照这一定理反映的规律改变生产要素结构能够改善其产品结构。因此，根据定理可以得出：技术要素的加入将有力促进资源型经济产品结构的改善和经济效率的提升，有利于其转型目标的实现。部分研究发现可持续发展和可支配收入的增加主要依靠技术的推动，资本的作用相对较小。② Hicks 将技术进步分为：节用资本、节用劳动和中性技术进步三种类型。③ 后被学者称为"节约资本型技术进步、节约劳动型技术进步和中性技术进步"，到 20 世纪 60 年代被称为"有偏技术进步"。有偏技术进步主要指节约要素，也反映了技术进步的实质和目的。Samuelson 的模型中则将有偏技术进步表示为技术进步，导致不同要素边际生产率不同比率的变化。以 Ahmad 为代表的技术"搜寻"理论，则强调有偏技术进步是指技术进步促使生产函数产生旋转而非平移的效应。

资源型经济的产业结构偏重第二产业，而在第二产业中又以能源密集型部门和资本密集型部门为主。需要注意的是，能源密集型部门和资源密集型部门是有区别的。二者的差别来自"能源"和"资源"。但是，能源是资源中最重要且最具代表性的组成部分，因此，本书选取能源资源丰富地区作为

---

① 设企业有规模报酬不变的柯布-道格拉斯生产函数 $Q=AK^{\alpha}L^{1-\alpha}$，吸收更多的资本要素，此时的资本边际生产力为：$\frac{\partial Q'}{\partial K}=\alpha A\left(\frac{L}{K+\Delta K}\right)^{1-\alpha}<\frac{\partial Q}{\partial K}$。可见，资本的边际生产力逐渐递减，资本要素的贡献长期趋同。

② 王红梅. 对外贸易在我国经济增长中作用变迁的影响因素研究 [D]. 北京：对外经济贸易大学，2019.

AMORO G. Export, Export Diversification and Economic Growth in West African Countries：Evidencefrom Panel Data Analysis [D]. Shanghai：Shanghai University，2015.

③ 诺贝尔经济学奖获得者、英国著名经济学家希克斯（John Richard Hicks）在 1932 年出版的《工资理论》一书中得出。具体出版信息不详。

代表来进行研究。本书对能源密集型部门的界定主要参照欧盟委员会的定义并结合中国实际给出。欧盟委员会将能源密集型产业定义为单位产值能耗高于同期全部产业相应平均水平的产业。能源密集型部门主要依赖传统能源要素的生产、利用，属于原料工业。按照中国国家统计局历年《国民经济和社会发展统计报告》的分类，能源密集型产业主要有：煤炭开采和洗选业、石油和天然气开采业、石油粗加工和炼焦业，化学燃料及燃气供应业等产业。[①]资本密集型部门即资本密集型产业，指在生产过程中劳动、知识的有机构成水平较低，资本的有机构成水平较高，产品物化劳动所占比重较大的产业。资本密集型部门通常固定资产投资较大、装备投资占比大、容纳的劳动力较少、资金周转速度较慢。钢铁冶金、电子与通信设备制造业、运输设备制造业、装备制造、石油化工、重型机械工业、电力工业等都属于这类生产部门。这里需要特别指出，石油化工与电力生产和供给等产业对能源和资本的依赖性均较强，往往同属于两种类型的生产部门，较难归为某一种类型，现实经济中像这样的情况也较为多见。

资源型经济中的技术进步一部分是自身积累产生的，另一部分需要从外界引入。而资源型经济的禀赋特征决定了其自发实现技术进步的速度是较为缓慢的。特别是在能源密集型部门中，技术进步远远落后于其他经济形态和生产部门。因此，更多的技术进步需要通过吸收外界技术要素来实现。政府为了推进转型，加快地方经济发展速度，往往也会有意识地引导能源技术合作的方向和内容。由于技术有较强的溢出效应，引进的技术对某一部门起作用往往也会对其他生产部门起作用。下面，本书将承接前文对能源—资本要素组合的分析，在劳动要素既定的条件下研究资本与能源要素在产生技术进步过程中对资源型经济产生的作用机理。由于资源型经济中能源密集型部门占比较大，能源技术合作更多的是通过能源密集型部门起作用，因此本书将更多地从能源密集型部门的视角研究资源型经济吸收技术要素后的变化情况。

一、中性技术进步对资源型经济转型的影响

资源型经济中性技术进步主要产生溢出效应和结构效应。中性技术进步主要是指在技术进步的作用下，生产要素增加但相对比例不变，边际生产力的相对比例也不变，即技术进步使得不同要素的生产效率同比例增加，不会

---

① 周潇. 碳税对我国能源密集型产业国际竞争力的影响研究 [D]. 青岛：中国海洋大学，2014.

产生要素间的替代，而中性技术进步能够使部门的生产成本下降。如图 3-9，假设在资源型经济中，产品 C 密集使用资本要素 K，产品 E 密集使用能源要素 R。在技术进步前，在相同的成本 F 下，两种产品的生产均衡点分别为 A 和 B。生产 E 的部门发生中性技术进步，等产量曲线由 EE 向左下方平移到 E′E′。能够看出，E′E′ 与 EE 的产出水平相同，却更节约生产要素，生产成本更低。此时两种要素的相对比例及要素密度没有变化，但这不是最终的均衡。为了经济体系中价格体系的基本稳定，要素价格需要改变，引进技术要素后的部门与另一部门有新的等成本线 F″。此时 C、E 两部门生产要素相对价格比，即等成本线 F″ 的斜率 P_K/P_R 与技术进步前相比有所下降，能源要素相对价格升高。代表要素密度的 OB″ 的斜率比引进技术以前的 OB 的斜率要小，能源要素密度下降，两部门均较多使用了资本要素，节约了能源要素的使用，产生资本要素对能源要素的替代。而中性技术进步使能源要素和资本要素同比例变化，无论哪个部门发生中性技术进步，均会对另一部门发生同样的影响，存在溢出效应，且均有利于资源型经济转型。由于资本要素的边际生产力本身高于能源要素，因此无论哪个部门发生中性技术进步，都会引起资本

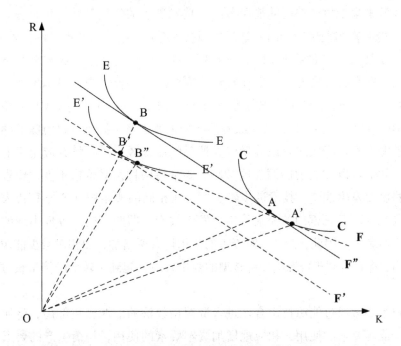

图 3-9 中性技术进步对资源型经济的影响

资料来源：作者根据本书内容绘制。

边际生产力的提高超过能源要素，企业会更多使用资本要素而减少能源要素的使用，经济中的能源要素的密度会降低，这将有效改善经济增长方式。

中性技术进步不仅影响要素密度，产生溢出效应，还会对生产水平和产品结构产生影响。假设生产要素被充分利用，密集使用能源要素的 E 部门吸收了技术要素形成新的要素组合，等产量线由 EE 移动至 E′E′。在技术进入要素组合前后的两条等产量线代表了相同的产量水平，但是吸收技术后要素更为节约，且中性技术进步导致要素节约程度相同。为保证商品相对价格不变，等成本线由 F 变为 F′，要素的相对价格发生变化，资本的价格相对降低，能源的价格相对升高。因此，E 部门在吸收技术要素发生技术进步前的能源资本比要比吸收技术要素之后的能源资本比更大，同样 C 部门也会因为 E 部门吸收了技术要素获得溢出效应，能源资本比下降。资本的投入量相应增多，进而资本密集型产品数量相对增多，能源密集型产品相对减少，随着经济的发展甚至转向技术密集型产业，产生结构效应。

二、节约能源型技术进步对资源型经济转型的影响

能源密集型生产部门的能源节约型技术进步的作用及其产生过程。如图 3-10，能源密集型生产部门 E 通过能源技术合作，引进节约能源的技术要素，技术进步使得等产量线 EE 移动到 E′E′，产量不改变，生产成本由 F 下降为 F′。为保证商品价格不变，两种要素的价格发生变化。为使成本不变，有技术进步后的两部门产品的等成本线 F″，与 F′ 成本相等，OB″ 与 OA′ 的斜率分别小于 OB 与 OA 的斜率，能源要素在生产中的要素密度降低。这意味着两个部门中能源资本比降低或者说等量资本消耗的能源减少了。将其应用于能源经济学，我们可以称之为能源强度减小。要维持两种商品价格不变，要素的相对价格就要发生改变。技术进步发生后，在相同的成本中（F 与 F″ 代表的成本相同），C、E 两部门的要素价格会发生改变，即两部门的等成本线的斜率 P_K/P_R 均减小。因此，两部门对资本的使用均有所增加，而相对减少能源要素的使用，存在有利于资源型经济转型的溢出效应，起到了转变经济增长方式的作用。

技术要素通过能源技术合作进入资源型经济的能源密集部门，将使该部门减少能源要素的使用，相应地增加资本要素的使用，均衡生产的要素结构得以改变，从而改变产品结构，能源密集型产业逐渐转型为资本密集型产业和技术密集型产业，产业结构逐渐转变，有利于资源型经济转型。

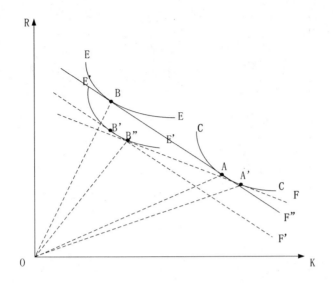

图 3-10　节约能源型技术进步对资源型经济的影响

资料来源：作者根据本书内容绘制。

三、节约资本型技术进步对资源型经济转型的影响

如图 3-11，能源生产部门通过能源技术合作引进节约资本的技术要素，技术进步使得 E 部门的等产量线 EE 移动到 E′E′，产量不改变，生产成本由 F 下降为 F′。要素价格发生变化，等成本线 F″ 与 F′ 处在同一成本水平上，等成本线的斜率 P_K/P_R 减小，能源要素相对价格下降，企业增加能源要素需求的倾向加强，OA′ 的斜率比 OA 的斜率小，资本密集部门更多地使用了资本要素 K，节约了能源要素的使用，能源要素在该部门生产组合中的密度有所降低，存在促进转型的溢出效应。但是，由于最终表示能源密集部门要素密度的 OB″ 与 OB 斜率的关系无法确定，如图 3-11（a）与（b）所示，经济总体的能源资本比的变化趋势无法确定，增长方式是否发生转变无法确定，资源型经济转型的效果也不甚明确。

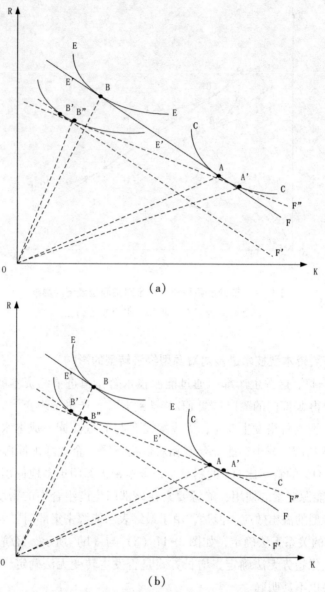

图 3-11　节约资本型技术进步对资源型经济的影响

资料来源：作者根据本书内容绘制。

　　因此，节约资本型技术进步对资源型经济的生产水平和经济系统产品结构的影响也是不确定的。能源密集部门引入节约资本要素的技术后，如果能源密集部门的能源要素密度相对升高，能源密集部门的产品 E 增多，资本密集部门的产品 C 减少，产业结构优化阻力增大，不利于资源型经济转型。如果能源密集部门的能源要素密度降低，能源密集部门的产品 E 减少，资本密集部门产品 E 增加，有助于产业结构优化和资源型经济转型。但是，总体上无法确定经济中产品结构和产业结构的变化方向。

综上所述，能源技术合作在原有的能源—资本要素组合基础上加入了技术要素，构成了能源—资本—技术要素组合。由于资源型经济本身对能源和资本要素较为依赖，并且能源要素占主导的产业在经济总量中占较大比重，自身的技术要素相对匮乏，因此通常需要通过能源技术合作吸收其他国家和地区的先进技术，以促进资源型经济发展及转型。资源型经济转型更多地发生在能源密集型部门。此类生产部门转型的进程直接关系到资源型经济能否顺利实现转型。通过分析，本书发现，能源合作能够为资源型经济吸纳中性、节约能源型和节约资本型技术要素，产生的技术进步不仅会对本部门能源要素密度、生产水平产生影响，还会影响资本密集型部门的要素密度和产量，最终影响资源型经济的经济增长方式和产业结构。如表 3-3 所示。

表 3-3　能源技术合作对资源型经济转型的水平层面作用一览表

技术进步类型	本部门能源要素密度变化情况	溢出效应	能源强度	经济增长方式是否正向转变	结构效应	产业结构是否优化
中性	↓	+	↓	√	+	√
节约能源型	↓	+	↓	√	+	√
节约资本型	不确定	+	不确定	不确定	不确定	不确定

注："↓"表示下降，"√"表示存在，"+"表示有利于资源型经济转型。
资料来源：作者根据本书内容绘制。

第三节　能源技术合作水平层面作用机理的数理分析

一、技术进步对要素密度的影响

资源型经济对能源和资本要素的依赖性较高，工业产业主要由能源密集部门和资本密集部门组成。因此，本书假设生产中劳动要素既定，仅考虑密集使用能源要素 R 的能源密集部门 E 和密集使用资本要素 K 的资本密集部门 C，E 部门吸收了技术要素，发生了技术进步，其生产函数可表示为：

$$E = f_E(\alpha R_E,\ \beta K_E) \tag{3-13}$$

α 和 β 分别为 R 和 K 的技术参数，其初始值均为 1。根据前文分析设 f_E 为一次齐次的，$\rho_E = R_E / K_E$，$\rho_C = R_C / K_C$，以密度形式表示生产函数为：

$$E = \beta K_E g_E (\frac{\alpha}{\beta} \rho_E) \tag{3-14}$$

因此，技术进步为中性的、节约能源型的或节约资本型的分别对应于 β 的增长率等于、大于或小于 α 的增长率，即 $d\alpha/d\beta = 1$、$d\alpha/d\beta > 1$、$d\alpha/d\beta < 1$。

资本密集型部门的生产函数的密度形式表示为：

$$C = K_C g_C (\rho_C) \tag{3-15}$$

根据要素价格均等理论①，有：

$$\alpha g'_E - p g'_C = 0$$
$$\beta g_E - \alpha \rho_E g'_E - p(g_C - \rho_C g'_C) = 0 \tag{3-16}$$

吸收技术要素后，关于 ρ_E 和 ρ_C 的雅可比矩阵为：

$$J = \left| \begin{array}{cc} \alpha g''_E \dfrac{\alpha}{\beta} & - p g''_C \\ \beta g'_E \dfrac{\alpha}{\beta} - \alpha g'_E - \alpha \rho_E g''_E \dfrac{\alpha}{\beta} & - p g'_C + p g'_C + p \rho_C g'_C \end{array} \right| \tag{3-17}$$

其中，p 为 E、C 两种商品的相对价格。由于初始均衡时，$\alpha = \beta = 1$，（3-17）式可简化为：

$$J = - g''_E g''_C p(\rho_C - \rho_E) \tag{3-18}$$

由于 $\rho_E \neq \rho_C$，所以 $J \neq 0$。定义 ρ_E 和 ρ_C 为隐函数：

$$\rho_E = \rho_E (\alpha, \beta)$$
$$\rho_C = \rho_C (\alpha, \beta) \tag{3-19}$$

（3-17）式对 α 进行求导，得：

$$g''_E + \alpha g''_E (\frac{\rho_E}{\beta} + \frac{\alpha}{\beta} \cdot \frac{\partial \rho_E}{\partial \alpha}) - p g''_B \frac{\partial \rho_C}{\partial \alpha} = 0$$

$$\beta g'_E (\frac{\rho_E}{\beta} + \frac{\alpha}{\beta} \cdot \frac{\partial \rho_E}{\partial \alpha}) - \rho_E g'_E - \alpha \frac{\partial \rho_E}{\partial \alpha} g'_E - \alpha \rho_E g''_E (\frac{\rho_E}{\beta} + \frac{\alpha}{\beta} \cdot \frac{\partial \rho_E}{\partial \alpha})$$

$$- p g'_C \frac{\partial \rho_C}{\partial \alpha} + p g'_C \frac{\partial \rho_C}{\partial \alpha} + p \rho_C g''_C \frac{\partial \rho_C}{\partial \alpha} = 0 \tag{3-20}$$

将 $\alpha = \beta = 1$ 代入（3-20）式，可得：

---

① 要素价格均等理论是指贸易会使不同地区的同质要素获得相同的价格。前文分析资本和能源的差别较小，属于同质要素。

$$g''_E \frac{\partial \rho_E}{\partial \alpha} - pg''_C \frac{\partial \rho_C}{\partial \alpha} = -g'_E - g''_E \rho_E$$

$$-\rho_E g''_E \frac{\partial \rho_E}{\partial \alpha} + p\rho_C g''_C \frac{\partial \rho_C}{\partial \alpha} = g''_E \rho_E^2$$

求解 $\frac{\partial \rho_E}{\partial \alpha}$ 和 $\frac{\partial \rho_C}{\partial \alpha}$，得：

$$\frac{\partial \rho_E}{\partial \alpha} = \frac{pg''_C (g''_E \rho_E^2 - \rho_C g'_E - \rho_C g''_E \rho_E)}{-g''_A g''_B p(\rho_C - \rho_E)}$$

$$= \frac{-p\rho_E g''_E g''_C (\rho_C - \rho_E) - p\rho_C g'_E g''_C}{-g''_E g''_C p(\rho_C - \rho_E)}$$

$$= -\left[\rho_E + \frac{\rho_C g'_E}{g''_E (\rho_C - \rho_E)}\right] \qquad (3-21)$$

$$\frac{\partial \rho_C}{\partial \alpha} = -\frac{\rho_E g'_C}{pg''_C (\rho_C - \rho_E)} \qquad (3-22)$$

（3-20）式对 β 进行求导，得：

$$\frac{\partial \rho_E}{\partial \beta} = \rho_E - \frac{g_E - \rho_E g'_E}{g''_E (\rho_C - \rho_E)} \qquad (3-23)$$

$$\frac{\partial \rho_C}{\partial \beta} = -\frac{g_C - \rho_C g'_C}{pg''_C (\rho_C - \rho_E)} \qquad (3-24)$$

根据前文分析，吸收的技术要素为节约能源型、中性或节约资本型的，分别对应的条件为：

$$\begin{cases} \dfrac{d\alpha}{d\beta} > 1 \\[2mm] \dfrac{d\alpha}{d\beta} = 1 \\[2mm] \dfrac{d\alpha}{d\beta} < 1 \end{cases}$$

吸收技术要素对能源要素密度 ρ_E 的影响可以用全微分表示为：

$$d\rho_E = \frac{\partial \rho_E}{\partial \alpha} d\alpha + \frac{\partial \rho_E}{\partial \beta} d\beta$$

$$= d\beta \left(\frac{d\alpha}{d\beta} \cdot \frac{\partial \rho_E}{\partial \alpha} + \frac{\partial \rho_E}{\partial \beta}\right) \qquad (3-25)$$

因为 α 和 β 均会因引进技术要素而增加，$d\rho_E$ 的符号取决于（3-25）式括号中表达式的符号，将（3-21）式和（3-23）式代入（3-25），得到：

$$\frac{d\alpha}{d\beta} \cdot \frac{\partial \rho_E}{\partial \alpha} + \frac{\partial \rho_E}{\partial \beta} = \frac{d\alpha}{d\beta}\rho_E - \frac{\rho_C g'_E d\alpha}{g''_E(\rho_C-\rho_E)d\beta} + \rho_E - \frac{g_E - \rho_E g'_E}{g''_E(\rho_C-\rho_E)}$$

$$= \rho_E(1-\frac{d\alpha}{d\beta}) - \frac{g_E - \rho_E g'_E + \rho_C g'_E \cdot \dfrac{d\alpha}{d\beta}}{g''_E(\rho_C-\rho_E)}$$

$$= \rho_E(1-\frac{d\alpha}{d\beta}) - \frac{p(g_C - \rho_C g'_C) + p\rho_C g'_C \cdot \dfrac{d\alpha}{d\beta}}{g''_E(\rho_C-\rho_E)} \tag{3-26}$$

与（3-25）类似，吸收技术要素对资本要素密度 ρ_C 的影响也可以用全微分表示为：

$$d\rho_C = d\beta(\frac{d\alpha}{d\beta} \cdot \frac{\partial \rho_C}{\partial \alpha} + \frac{\partial \rho_C}{\partial \beta}) \tag{3-27}$$

$d\rho_C$ 的符号取决于（3-27）式括号中表达式的符号：

$$\frac{d\alpha}{d\beta} \cdot \frac{\partial \rho_C}{\partial \alpha} + \frac{\partial \rho_C}{\partial \beta} = -\frac{\rho_E g'_C d\alpha}{pg''_C(\rho_C - \rho_E)d\beta} - \frac{g_C - \rho_C g'_C}{pg''_C(\rho_C - \rho_E)}$$

$$= -\frac{g_C - \rho_C g'_C + \rho_E g'_C \cdot \dfrac{d\alpha}{d\beta}}{g''_C(\rho_C - \rho_E)} \tag{3-28}$$

如果吸收的技术要素为中性技术要素，则 $\dfrac{d\alpha}{d\beta} = 1$，（3-26）式简化为：

$$\frac{d\alpha}{d\beta} \cdot \frac{\partial \rho_E}{\partial \alpha} + \frac{\partial \rho_E}{\partial \beta} = -\frac{pg_C}{g''_E(\rho_C - \rho_E)} \tag{3-29}$$

将（3-29）式代入（4-19）式，得：

$$d\rho_E = -\frac{pg_C d\beta}{g''_E(\rho_C - \rho_E)} \tag{3-30}$$

将（3-28）式代入（3-27）式，得：

$$d\rho_C = -\frac{g_C - \rho_C g'_C + \rho_E g'_C}{g''_C(\rho_C - \rho_E)}d\beta \tag{3-31}$$

由边际报酬递减规律，$g''_E < 0$，$g''_C < 0$；$p > 0$，$g_C > 0$；由假设条件 ρ_E、ρ_C 分别为能源密集部门和资本密集部门的能源要素密度，ρ_C、$\rho_E > 0$，则 $\rho_C < \rho_E$，即 $\rho_C - \rho_E < 0$；$g_C - \rho_C g'_C$ 为资本密集部门的能源要素的边际生产力，g'_C 为资本密集部门的资本要素的边际生产力，二者均大于 0；$d\beta > 0$。

如果吸收的技术要素为中性的，即 $d\alpha/d\beta = 1$。由（3-30）式和（3-31）式可知，$d\rho_E < 0$，$d\rho_C < 0$。能源密集部门和资本密集部门的能源要素密度均

下降。

如果吸收的技术要素为节约能源型，即 $d\alpha/d\beta > 1$。由（3-25）式和（3-26）式可知，$d\rho_E < 0$。由（3-27）式和（3-28）式可知，$d\rho_C < 0$。能源密集部门和资本密集部门的能源要素密度均下降。

如果吸收的技术要素为节约资本型，即 $d\alpha/d\beta < 1$。由（3-25）式和（3-26）式可知，$d\rho_E$ 的正负无法确定。由（3-27）式和（3-28）式可知，$d\rho_C < 0$。资本密集部门的能源要素密度会下降，能源密集部门的能源要素密度无法确定。

二、技术进步对产业结构的影响

根据（3-14）式求全微分得：

$$dE = \beta dK_E g_E(\frac{\alpha}{\beta}\rho_E) + \alpha K_E g'_E(\frac{\alpha}{\beta}\rho_E) d\rho_E \tag{3-32}$$

根据（3-15）式求全微分得：

$$dC = g_C(\rho_C) dK_C + K_C g'_C(\rho_C) d\rho_C \tag{3-33}$$

$$\frac{E}{C} = \frac{\beta K_E g_E(\frac{\alpha}{\beta}\rho_E)}{K_C g_C(\rho_C)} \tag{3-34}$$

$$\rho_E K_E + \rho_C K_C = R$$
$$K_E + K_C = K \tag{3-35}$$

$$\rho_E dK_E + K_E d\rho_E + \rho_C dK_C + K_C d\rho_C = 0$$
$$dR_E + dR_C = 0 \tag{3-36}$$

由（3-36）式解得：

$$dK_E = -\frac{K_E d\rho_E + K_C d\rho_C}{\rho_C - \rho_E}, \quad dK_C = \frac{K_E d\rho_E + K_C d\rho_C}{\rho_C - \rho_E} \tag{3-37}$$

由（3-34）式

$$d\frac{E}{C} = \frac{CdE - EdC}{C^2} \tag{3-38}$$

将（3-32）式和（3-33）式代入（3-38）式，整理得：

$$d\frac{E}{C} = \frac{-(K_C K_E + K_E^2)\beta g_C g_E + [\alpha\rho_C K_E g_C g'_E](\rho_C - \rho_E)}{(\rho_C - \rho_E)[K_C g_C(\rho_C)]^2} d\rho_E$$
$$-\frac{\beta K_C^2 g_C g_E + \beta\rho_C K_C K_E g_E g'_C + \beta K_C K_E g_E(g_C - \rho_E g'_C)}{(\rho_C - \rho_E)K_C^2 g_C^2} d\rho_C \tag{3-39}$$

为了简化表述，（3-39）式采用了生产函数的省略形式。由于 $\rho_C < \rho_E$，则 $\rho_C - \rho_E < 0$。因此（3-39）式中的两个分母为负，$g_C - \rho_E g'_C$ 为资本密集部门的资本要素的边际生产力，大于 0。

由前文分析结果，得出：

如果吸收的技术要素为中性的，$d\rho_E < 0$，$d\rho_C < 0$，$d(E/C) < 0$。能源密集型部门与资本密集型部门产品比例将下降，产业结构逐渐优化。

如果吸收的技术要素为节约能源型，$d\rho_E < 0$，$d\rho_C < 0$，$d(E/C) < 0$。能源密集型部门与资本密集型部门产品比例将下降，产业结构逐渐优化。

如果吸收的技术要素为节约资本型，$d\rho_E$ 无法确定，$d\rho_C < 0$，$d(E/C)$ 无法确定。能源密集型部门与资本密集型部门产品比例的变化不确定，产业结构逐渐优化的变化趋势不确定。

三、分析结论

以上三种技术进步均在不同程度上对资源型经济转型存在积极的影响。其中，中性技术进步和节约能源型技术进步不仅能够降低产生本部门的能源要素密度，还能够对资本密集型部门产生溢出效应，降低能源要素在该部门中的密度，使经济增长向更为清洁、集约的方式转变，并且使产业结构得以优化。而节约资本型技术进步对能源密集型部门的能源要素密度作用不甚明确，对资本密集型部门却存在有利于资源型经济转型的溢出效应。因而，节约资本型技术进步对资源型经济转型整体的能源要素密度和产业结构影响都无法确定。经济学理论分析与数理模型的分析结果是一致的。

根据前文分析，引进技术要素实质上是对要素结构的调整，是促进要素间替代的过程，要素组合内部结构因此会改变，从而改变产品结构和产业结构。在市场竞争日益激烈、节能减排压力日益紧迫和实现转型刻不容缓的背景下，资源型经济对技术、知识等的需求日渐强烈。总体上，技术进步对资源型经济转型是有利的，但是在参与技术合作的过程中，资源型地区要注意对引进技术进行辨别，以引入真正能够落地和被有效利用的中性或者节约能源型技术进步，以最大程度发挥技术要素在要素组合中的作用，切实推进资源型经济转型的进程。

第四节　能源技术合作垂直层面作用的机理分析

在能源合作的不同发展阶段形成了能源—资本要素组合和能源—资本—技术要素组合等不同形式，使得能源要素在资源型经济中的作用有所变化。这些要素组合同时存在于资源型经济中。特别是资本与技术要素往往会相伴进入生产过程。如前文分析，在不同的发展阶段各种要素组合的极化效应不断提升传统能源要素的核心作用和地位。同时促使生产要素围绕传统能源要素集聚，这种集聚达到一定程度势必会形成不同方向的作用力促使资源型经济向不同方向升级转型，类似于从一种均衡状态向另一种均衡状态改变。在此过程中，集聚所带来的经济效益将会下降，生产要素也会出现边际报酬递减，均衡效应就会超过极化效应。要推进资源型经济转型，就要以产业结构和经济增长方式的转变为目标，强调经济的高质量发展。如前文分析，这种转型并非完全脱离原有比较优势的转型，而是借助原有的能源比较优势逐步实现转型的渐进过程。

一、资本和技术要素融合是转型的关键

通过能源合作能够使资源型地区获得自身欠缺的资本和技术要素。而要素的流入和吸收并不等同于产业结构的优化和升级。要真正实现对要素流入地产业甚至是经济的影响还要实现资本与技术要素的融合发展和技术创新成果的转化。① 国务院出台的《关于构建更加完善的要素市场化配置体制机制的意见》就明确提出要"促进技术要素与资本要素的融合发展"和"促进国际科技创新合作"。②

正如本书在能源—资本要素组合垂直效应中分析到的，能源—资本要素组合产生的水平效应最终必须转化为对技术、信息、知识等要素的需求，或者与这些高级生产要素融合进入生产环节才可能真正提升或改进资源型经济

① 张辽. 要素流动、产业转移与区域经济发展［D］. 武汉：华中科技大学，2013.

② 2020 年 3 月 30 日中共中央、国务院出台《关于构建更加完善的要素市场化配置体制机制的意见》第十七、第十九条，资料来源：中共中央，国务院. 关于构建更加完善的要素市场化配置体制机制的意见［J］. 中华人民共和国国务院公报，2020（11）：5-8.
中共中央，国务院. 关于构建更加完善的要素市场化配置体制机制的意见［J］. 中华人民共和国国务院公报，2020（11）：5-8.

中能源及其他要素的质量，才可能对产业结构和生产方式产生影响。而这也产生了在能源—资本要素组合之上对技术要素的需求，从而要素组合中才逐渐出现了技术要素的身影。

按照霍夫曼定理以及里昂惕夫（Leontief）、库兹涅茨（Kuznets）等经济学家的研究成果，工业结构升级的重要标志是高新技术在生产过程中得到大量使用和普及，生产的集约化程度提高以及规模收益增加。① 资源型经济中以能源为基础的工业占比较大，其发展规律应当遵循以上结论。而这一规律从根本上是生产要素组合发生变化导致产业产生变化和升级的结果。随着经济的发展和技术的进步，资源型经济大致会经历从最初能源密集型产业为主转变为资本密集型产业为主，继而技术密集型产业比重逐渐提高或者在工业中的贡献度不断提升甚至起决定作用。未来，新能源和可再生能源行业在技术进步的推动下将最终实现对传统能源产业的替代。能源经济格局必将发展为电能+新能源+能源互联网模式，而这对技术、资本要素的依赖将远远超过对传统能源的依赖。资源型经济有必要积极借助优势要素不遗余力地开展与其他地区的能源合作。

二、能源技术合作要素组合的垂直效应形式

与资本要素不同，技术一旦被引入资源型地区与当地其他要素结合，将通过学习、吸收等过程在资源型地区形成其自身的生产力，对地方经济的其他产业甚至是其他地区产生一定的溢出效应，但其对资源型地区的影响便很难消除。因此，被引进的技术会在资源型地区对生产水平产生一定影响。于是，技术要素不存在通过类似能源—资本要素组合中的垂直效应一，即 K_1 的作用途径参与再生产的可能。而是沿着类似于垂直效应二和垂直效应三的 K_2、K_3 途径继续参与生产循环。因此，能源投资合作要素组合的垂直效应体现为两种形式，即垂直效应一和垂直效应二。

首先，能源投资合作要素组合的垂直效应一。在资本要素的促进下，资源型经济技术要素进入能源资本要素组合，以原本的形态存在于能源及相关产业中提升产业生产效率，产生巩固传统能源要素的极化效应。但是，在这种垂直效应中，技术依赖资本发挥作用，而其作用效果一般慢于资本的作用。资源型经济自身的特性是资本容易发生基础技术、制度等高级要素。因此，

---

① 李雪苑. 技术创新推动工业结构升级作用机理分析［J］. 经济研究参考，2014（41）：71-73.

在这种途径下，能源技术合作容易退化为能源投资合作。

其次，能源投资合作要素组合的垂直效应二。技术要素具有较强的溢出效应，不仅进入能源相关产业，转化提升了能源要素的生产效率，还可以逐渐扩散进入其他非能源产业中，甚至通过其他非能源产业的生产效率提升反哺能源产业，进一步弱化能源要素的主导地位；乃至最终促进能源替代。在技术使用过程中，往往涉及技术转移和管理等方面的问题，需要引入制度要素进行规制。因此，这种垂直效应未来会演进为能源治理合作。

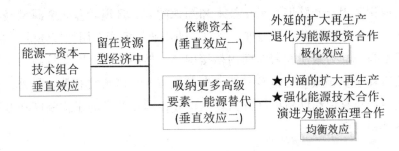

图 3-12 能源技术合作垂直层面作用机理

资料来源：作者根据本书内容绘制。

三、资源型经济技术进步存在的障碍

资本要素活跃度较高，需要与其他要素结合以进入生产过程，实现货币资本向生产资本的转化这一价值飞跃环节。而同样活跃的技术要素常常需要大量资本，通过能源合作这一载体，资源型经济需要的资本、技术等较为高级的生产要素实现跨区流动进入资源型经济实现新的要素组合。资源型经济的增长速度通常低于其他经济形式。因此，资源型地区具有更大的价值增值空间，较易获得资本流入。但是，对于资源型经济来说，技术要素的获得不同于资本要素，存在一定障碍。

首先，资源型经济吸收技术要素的动力不足。微观主体是吸收技术要素的主要力量。而资源型经济中的企业主要有两类。一类是规模较大、资本密集度较高的企业。这一类企业大多处在能源行业的核心地位，主导地方经济命脉。[①] 这一类企业由于能源资源的自然垄断特性，能源价格高时可以长期获得超额利润，缺乏技术进步的动力；能源价格低时，自然会减少生产，如产

---

① 姜安印，王晶. 制度环境、产业升级与破解资源诅咒：基于拓展 GIFF 框架的案例设计 [J]. 开发研究，2020（2）：80-87.

生亏损更没有能力去进行技术进步。在一定程度上存在发展上的路径依赖，或者称为资源依赖。另一类企业是规模较小，与能源行业存在千丝万缕的联系，或者依附于能源行业生产周边产品。这一类企业大多属于私人投资或合资经营，资本存量不足，技术进步的动力和实力均不足。

其次，技术承接的软环境条件不足。如前文分析，资源型经济以能源密集型部门和资本密集型部门为主，前者自然垄断特点明显，后者通常资本规模较大、市场集中度较高。这两类生产部门产业壁垒均较高，其生产和管理的技术构成相对固定和陈旧，承接技术和知识的制度环境较差。资源型经济中的优势生产要素的补偿存在困难，例如石油产业等资产专用性较强的产业，其物质资本与劳动力素质在短时间内衔接困难、转换不畅，因此较高的调整成本使政府补贴负担较重，也容易造成资源配置和市场价格扭曲。另外，资源型地区在创新意识和创新思维方面较为保守，承接技术的正式制度和非正式制度条件均有所欠缺。

四、促进制度要素进入要素组合

一方面，随着能源合作形式和要素组合的不断丰富，资源型经济生产"黑箱"中的要素关系也变得错综复杂。资本与技术要素的规模日渐增大，参与资源型经济转型发展也愈加深入。但是，资源型经济往往表现出资产专用性高和交易不确定性强的特点，自身固有的阻碍资本与技术要素作用发挥的体制机制亟须改进，在制度供给方面的不足亟待完善。扭曲的市场环境无法实现降低交易成本的目的，进而产业升级也受到阻碍，① 如市场竞争不充分、能源定价和传导机制不能及时准确地反映供求关系、资源补偿机制不到位等均需要及时到位和完善，才能够成为资源型经济实现转型发展的助推剂。资源型经济内部要素禀赋结构升级缓慢与制度环境低效，使得其自身产业升级困难。陈刚、刘珊珊曾指出承接的制度环境的改善有利于要素转入后的经济增长。②

另一方面，根据马克思主义系统论的观点，生产力涉及生产力及其内部要素、关系和结构以及与外部环境和条件的关系问题。生产力系统中的"序"更为重要，如果"序"杂乱无章、关系不顺畅则会影响生产效率。资源型经

① 姜安印，王晶．制度环境、产业升级与破解资源诅咒：基于拓展 GIFF 框架的案例设计 [J]．开发研究，2020（2）：80-87.
② 陈刚，刘珊珊．产业转移理论研究：现状与展望 [J]．当代财经，2006（10）：91-96.

济符合耗散结构特征，从无序到有序、从低序到高序，调整的结果将呈现为系统的平稳发展。这种变化本身包括了序的演进。而这个序的实现就要依赖制度要素进入能源要素为中心的要素组合，逐步将原有的要素组合按照可持续、高质量发展目标有效利用，将原有的无序状态逐渐调整为有利于企业转型目标的系统结构，从而形成能源—资本—技术—制度要素组合。

第五章

能源治理合作对资源型经济转型的作用机理分析

根据本书第二篇第一章对能源治理合作概念的界定，本书研究的能源治理合作主要指资源型地区（主要指资源型省区）与本地区以外的政府、组织及企业等经济主体在能源资源治理、信息交流、能源产能规划、能源政策协调及区域性、国际性能源组织治理等方面开展的协调和联合行动，在要素层面主要体现为资源型经济引入制度要素形成能源+资本+制度，或能源+资本+技术+制度等要素组合形式。

第一节 制度要素的作用

在新制度经济学出现之前，学界认为经济增长的来源主要是劳动、资本和技术等要素。而新制度经济学将制度要素纳入经济增长的分析体系中，将其视为经济增长的主要来源之一。制度要素经济系统的作用主要体现在直接和间接两方面。

一、直接作用：有利于资源型经济有序生产

经济发展的理论分析和实践表明，制度不是经济系统先天产生的，不具备禀赋特征；而是技术进步和经济发展到一定阶段人为制定的。资源型经济不断引入质量较高的生产要素，随着要素组合的不断丰富，竞争也日益激烈。各种要素进入资源型经济组成要素组合本身会呈现出无序和乱序状态。有效的制度能够通过理顺这些要素关系促进经济高质量发展。因此，资本和技术的利用、管理、转化等均成为资源型经济对制度要素需求的成因。制度要素作为一种生产要素直接作用于经济，表现为多种形式，如政治制度、经济制度、产业制度、法律制度、企业制度；及正式制度、非正式制度等。宏观层面，经济体制、机制等影响着经济发展基础和方向；微观层面，企业治理、要素价格决定等制度决定着微观主体的活力。强烈的内在需求和资源型经济

先天制度基础的薄弱使资源型经济在发展过程中不断加大了制度供给，特别是在能源开发和利用等方面。制度要素的存在使得其他要素的配合更为有序，联系更加紧密。

二、间接作用：促进生产要素质量提升

刘易斯（Lewis）把制度及制度变化视为影响经济增长的间接原因，认为能鼓励和保护人们努力与节约意愿以及有利于专业化发展和经济自由度提升的制度，会对经济增长起到促进和推动作用。[1] 制度本身是经过长期生产实践被总结和创造出来的上层建筑的重要组成部分。制度的目的是通过明确产权归属、规范市场秩序、维持公平交易、保障市场有序运行等改善经济增长的外部环境。而任何制度的实施其最终落脚点都是要素。制度会对资本、劳动力、技术等其他生产要素产生激励作用，使经济发展的质量提升。制度可以提升劳动力的积极性，协调资本的投入和流向，加速资本的循环和再生，激发技术要素在生产中的作用，从而极大地提高生产效率。特别是对于发展中国家和地区，制度质量能够影响资本的投入效率，低质量制度反而会阻碍资本的作用。[2] 在有效合理的制度规范市场秩序与改善融资环境后，就能保障财产安全、减少不确定性从而降低投资成本、稳定预期，进而提高经济主体的投资意愿，激励经济主体加大资本与劳动投入的意愿。[3]

第二节　能源治理合作的水平层面作用的机理分析

由于在能源治理合作中，制度要素引进能源、资本、技术或能源、资本要素组合与能源技术合作中技术要素与其他要素形成的要素组合产生的作用包括水平效应和垂直效应基本类似，本书不再赘述，相关内容可参见前文进

---

① 刘易斯. 经济增长理论［M］. 周师铭，沈丙杰，沈伯根，译. 北京：商务印书馆，1983.

② 邵军，徐康宁. 制度质量、外资进入与增长效应：一个跨国的经验研究［J］. 世界经济，2008（7）：3-14.
LANZ R，MIROUDOT S. Intra‐firm Trade：Patterns, Determinants and Policy Implications［R］. OECD Trade Policy Working Paper, 2011（114）：18-20.
江瑞平，竺彩华. 快速变化的东亚经济格局［J］. 东南亚纵横，2012（10）：24-29.

③ 苏跃辉，王丽媛，李海月. 供给侧制度改革推动经济增长的作用机制与效应研究［J］. 河北企业，2020（5）：70-71.

行类比。这里仅就制度要素进入要素组合中进而产生水平效应的作用机制进行经济学分析。

熊彼特在描述静态视角下经济体系运行过程时认为，在没有引入外生变量时，可能陷入循环往复的生产过程中而较难实现高质量的发展。这里的传统生产要素组合主要是指劳动、资本、自然资源等要素所组成的要素组合。此时，需要从外界引入较为高级的生产要素以调整和优化经济结构。在劳动、资本、自然资源之上的高级生产要素主要指技术和制度。两种生产要素在本质上都具有知识属性。根据前文分析，资源型经济从外界引入这两种要素后，在经济发展方面的作用主要体现在提高主体参与经济活动的积极性与规模和要素配置与生产效率两个方面。而对上述两方面的改善主要是通过以下途径：

一、破除资源型经济要素流动壁垒、降低交易成本

首先，破除要素流动壁垒、降低交易成本有利于激励主体参与资源型经济活动的积极性。资源型经济主要依赖于能源禀赋，相关产业具有明显的垄断特征，产业壁垒较高，市场竞争不够充分，对制度的依赖性较强。制度壁垒的存在会阻碍先进生产要素潜能的发挥和对资源型经济市场壁垒的突破。在资源型经济实践中，此类现象普遍存在。制度要素进入资源型经济要素组合中旨在打破资源型经济中的要素流动壁垒和降低交易成本，以促进该区域内要素的自由流动和优化要素组合。通过能源治理合作，制度要素直接作用于主导产业，并通过主导产业与其他产业的强大关联向经济体系各个产业渗透，从而发挥溢出效应，取得事半功倍的效果。

其次，破除要素流动壁垒、降低交易成本有利于优化竞争机制，提升要素配置和生产效率。制度成本一旦降低，更多的相关要素流入资源型地区，对于资源型经济传统，甚至落后、封闭的资源配置体系形成了强有力的冲击。特别是在促进资源型经济竞争机制方面效果明显。资源型经济能够获得更丰富的高级生产要素，并激发新要素组合的生产潜能。研究表明，要素流动壁垒的降低能够明显提高要素的生产效率，加快技术在生产中的应用，提升和优化产业结构[1]，产生结构效应。能源治理合作中既有涉及能源产业政策和市场体制的制度规范，又有涉及能源企业治理和资源保护的法律法规。制度要素能够有效促进能源、资本、技术要素的有效流动，不仅能够提高能源产业

---

[1]　余东华，张昆. 要素市场分割、产业结构趋同与制造业高级化 [J]. 经济与管理研究，2020，41（1）：36-47.

内部，还能提高能源产业与其他产业的竞争程度，将对资源型经济转型和经济增长产生巨大的推动作用。

最后，破除要素流动壁垒、降低交易成本促进了专业化分工，进而提升了经济效率。早在古典经济学理论时期，分工就被视为经济增长的重要来源。亚当·斯密认为分工能够提高生产效率从而增加国民财富。《国民财富的性质和原因的研究》开篇便指出分工促进了劳动专业化和劳动熟练程度进而推动劳动生产力不断提高。以杨小凯和博兰德为代表的新兴古典经济增长理论也认为，分工与专业化是推动经济长期持续增长的动力和源泉[1]，交易成本和市场主体的规模是影响分工演进速度与程度的重要因素[2]。从制度层面改进交易机制有助于促进分工，进而提高生产效率和推动经济持续增长。[3] 通过此路径，能源产业与其他相关产业的分工合作日益紧密，加速了对其他高级要素的吸收和生产效率的提高，从而能够加速产业间的替代和升级，有助于资源型经济转型的实现。

二、改善资源型经济要素组合的发展环境

优质的制度环境和创新环境正是资源型经济所欠缺的。资源型经济需要在这些方面得到快速提升、快速发展，以弥补发展进程滞后带来的发展动力不足等缺陷，不仅需要破除要素流动壁垒，更需要适宜的制度环境来激发要素的创新能力，营造良好的市场环境和创新氛围。合理的制度安排，如产权制度、专利制度、技术转化制度等能够最大限度地降低技术和制度创新活动的负外部性，消除私人收益与社会收益间的差距，极大地激发了要素所有者的参与意愿，同时创新带来的要素生产效率和收益的提升也促使要素投入规模不断扩大。通过能源治理合作引进上述高质量制度因素，对于资源型经济产业升级和结构优化是至关重要的。

要素组合所依赖的发展环境的改善会提升资源型经济分工合作的紧密程度，提高经济效率。制度要素的引入，有利于拓展资源型经济内部及其与外部的要素流动空间，能够以更为适宜的制度环境加强和协调个体之间、群体之间及组织之间的联系，加强各产业间的分工合作，提高生产效率。制度要

① 任保平，钞小静，师博，等．经济增长理论史［M］．北京：科学出版社，2014：61-68.

② YANG X K, BORLAND J. A Microeconomic Mechanism for Economic Growth ［J］. Journal of Political Economy, 1991, 99（3）：460-482.

③ YANG X K, BORLAND J. Specialization and a New Approach to Economic Organization and Growth ［J］. The American Economic Review, 1992, 82（2）：386-391.

素发挥作用是一个自上而下和自下而上的互动过程，是一个正式制度和非正式制度相适应、相结合的过程。正式制度大多是自上而下体现政府治理能力的要素，无论自身产生还是外界引入，都将作为一种新的要素或者要素的更新参与生产。非正式制度更多地来自经验主义惯性。因此，正式制度的实施有利于快速打破传统经验主义惯性和形成新的经验主义惯性，从而有利于非正式制度的形成。非正式制度往往存在于微观主体中间，对资源型经济发展的影响才是最为深刻和根本的。而这一过程也体现了外生制度要素的内生化过程。

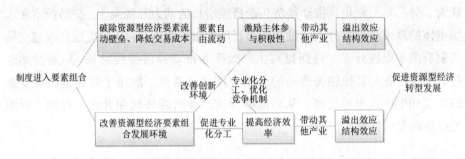

图 3-13　制度要素进入要素组合水平效应的作用机制

资料来源：作者根据本书内容绘制。

第三节　能源治理合作水平层面作用机理的数理分析

一、数理模型

制度要素加入后，生产要素对经济的影响不是线性的。因此，假设生产函数为 $Y(t) = [A(t)L(t)]^{\alpha}K^{\beta}(t)I^{\gamma}(t)$ 。由于本书研究的能源合作对劳动要素讨论较少且资源型经济中劳动要素基本稳定，因此，将劳动投入替代为能源要素，而能源要素的禀赋特征导致其存量基本不变，因此作为常数存在。

则有生产函数：

$$Y(t) = [RA(t)]^{\alpha}K^{\beta}(t)I^{\gamma}(t) \tag{3-40}$$

其中，$Y(t)$ 为资源型经济 t 期的产量，表示经济发展水平。R、$A(t)$、$K(t)$ 和 $I(t)$ 分别表示能源、技术、资本和制度要素，其中能源要素不随时间变化而变化，技术要素需要附着于实物要素参与生产，α、β、γ 为外生参数，分别表示能源和技术、资本、制度对产出的影响，且 $0 < \alpha, \beta, \gamma < 1$。

制度会影响资源型经济的产出，而资源型经济既有的产出水平和制度体系反过来也会影响制度变迁，且这种影响是非线性的，则有生产函数：

$$\dot{I}(t) = Y^{\theta}(t) I^{\sigma}(t) \tag{3-41}$$

其中，θ、σ 为外生参数，分别表示当期产出和制度存量对制度变迁的影响，$0 < \theta, \sigma < 1$。制度的增长率 g_I 为：

$$g_I = \frac{\dot{I}(t)}{I(t)} = \frac{Y^{\theta}(t) I^{\sigma}(t)}{I(t)} = Y^{\theta}(t) I^{\sigma-1}(t) \tag{3-42}$$

把（3-40）式代入（3-42）式，则有：

$$g_I = \left\{ [RA(t)]^{\alpha} K^{\beta}(t) I^{\gamma}(t) \right\}^{\theta} I^{\sigma-1}(t) \tag{3-43}$$

对（3-43）式等号两边取对数，得：

$$\ln g_I = \theta\alpha[\ln R + \ln A(t)] + \theta\beta\ln K(t) + (\theta\gamma + \sigma - 1)\ln I(t) \tag{3-44}$$

对（3-44）式等号两边求导数，得

$$\frac{\dot{g}_I}{g_I} = \theta\alpha g_A + \theta\beta g_K + (\theta\gamma + \sigma - 1)g_I \tag{3-45}$$

与制度类似，资本与经济发展水平也是相互影响的。但不同的是，当期资本存量对资本积累的影响是线性的，与储蓄率 s 和折旧率 δ 有关，则有资本积累函数：

$$\dot{K}(t) = sY(t) - \delta K(t) \tag{3-46}$$

其中，$0 < s, \delta < 1$。

$$g_K = \frac{\dot{K}(t)}{K(t)} = \frac{sY(t) - \delta K(t)}{K(t)} = sR^{\alpha}A^{\alpha}(t) K^{\beta-1}(t) I^{\gamma}(t) - \delta \tag{3-47}$$

$$\ln g_K = \alpha\ln A(t) + (\beta - 1)\ln K(t) + \gamma\ln I(t) \tag{3-48}$$

$$\frac{\dot{g}_K}{g_K} = \alpha g_A + (\beta - 1)g_K + \gamma g_I \tag{3-49}$$

如果经济发展在某一时刻达到均衡，增速的变化为 0，即（3-45）式与（3-49）均为 0，可解得：

$$g_I^* = \frac{\alpha\sigma}{(1-\beta)(1-\sigma) - \theta\gamma} g_A \tag{3-50}$$

$$g_K^* = \frac{\alpha(1-\sigma)}{(1-\beta)(1-\sigma) - \theta\gamma} g_A \tag{3-51}$$

同理，经过数理模型推导可得经济增长率：

$$g_Y = \alpha g_A + \beta g_K + \gamma g_I \tag{3-52}$$

将（3-50）式和（3-51）式代入（3-52）则有：

$$g_Y^* = \frac{\alpha(1-\sigma) + \alpha\gamma(\sigma-\theta)}{(1-\beta)(1-\sigma) - \theta\gamma} g_A \qquad (3-53)$$

一、模型结果及讨论

通过以上数理模型分析可以得出，资源型经济的制度变迁对资本积累、技术进步乃至经济发展速度均会产生影响。

制度变迁与技术进步。根据（3-50）式，如果 α、β、γ、θ、σ 均为不变的参数，由假设可知 $1-\beta > 0$，$1-\sigma > 0$，$\alpha\sigma > 0$。当 $(1-\beta)(1-\sigma) - \theta\gamma > 0$，即 $\theta < (1-\beta)(1-\sigma)/\gamma$，制度变迁与技术进步的方向相同。也就是说，制度变迁会迎合技术进步的方向，比如技术进步是促进新能源技术发展以替代传统能源的，制度就会向促进这种替代的方向变迁。相反，当 $(1-\beta)(1-\sigma) - \theta\gamma < 0$，即 $\theta > (1-\beta)(1-\sigma)/\gamma$，制度变迁与技术进步的方向相反。也就是说，制度会向削弱技术进步的方向变迁，比如技术进步是促进传统能源发展的，制度就会向抑制传统能源行业发展的方向变迁。

制度变迁与资本积累。根据（3-51）式，资本积累与技术进步的关系与制度变迁相似，影响方向也一致，这里不再赘述。而从（3-50）式和（3-51）式可以看出，如果 α、β、γ、θ、σ 均为不变的参数，制度变迁与资本积累的增速之和为 $\alpha/[(1-\beta)(1-\sigma) - \theta\gamma]g_A$，二者受到技术进步影响，且在一定程度上存在互补关系，此消彼长。

制度变迁与经济增长。根据（3-53）式，由假设可知 $1-\beta > 0$，$1-\sigma > 0$，$\alpha\gamma > 0$。

根据以上几方面关系，对模型结果进行以下情况的讨论：

（一）当 $(1-\beta)(1-\sigma) - \theta\gamma > 0$，即 $\theta < (1-\beta)(1-\sigma)/\gamma$，且 $\alpha(1-\sigma) + \alpha\gamma(\sigma-\theta) > 0$，即 $\theta < (1-\sigma+\gamma\sigma)/\gamma$ 时，技术进步速度对经济增长速度将产生正向影响。此时，$\theta < \sigma$，即当期经济增长对制度变迁的作用小于当期制度存量的影响。如果 α、β、γ、σ 为不变参数，θ 为可变参数，θ 越大，均衡的经济增长率会越大。

这表明当社会制度体系对制度变迁的影响相较于经济增长对制度变迁的作用更大时，随着资源型经济增长对制度变迁影响的增大，最终通过制度变迁对资源型经济增长的反哺作用也越大。这体现出资源型经济转型制度需要与自身经济发展的实际需求形成良好互动，根据市场规律制定政策才能有效刺激经济增长，有助于其转型发展。

（二）当 $(1-\beta)(1-\sigma) - \theta\gamma > 0$，$\theta < (1-\beta)(1-\sigma)/\gamma$，且 $\alpha(1-\sigma) +$

$\alpha\gamma(\sigma-\theta) < 0$，即 $\theta > (1-\sigma+\gamma\sigma)/\gamma$ 时，则有 $(1-\sigma+\gamma\sigma)/\gamma < \theta < (1-\beta)(1-\sigma)/\gamma$，技术进步速度对经济增长速度将产生负向影响。此时 $\theta > \sigma$，即当期经济增长对制度变迁的作用超过制度体系的影响。如果 α、β、γ、σ 为不变参数，θ 为可变参数，θ 越大，随着技术进步速度的加快经济衰退的速度也会加快。

这表明资源型经济的制度变迁更多地受到来自经济发展自身力量的影响而较少地受到社会制度体系的影响时，社会生产对制度变迁的影响超过一定程度后可能导致经济的衰退。反映在资源型经济实践中，其制度变迁如果过分依赖经济自身发展而忽略政府在其中的引导作用，在经济发展到一定程度后可能导致衰退。现实中一些完全依赖于资源价格波动发展经济的资源型地区陷入"资源诅咒"，最终走向枯竭，皆是由于忽视了政府调节的作用而一味地依赖资源优势所致。这也在一定程度上证明了能源治理合作在资源型经济转型中的重要作用。

（三）当 $(1-\beta)(1-\sigma)-\theta\gamma < 0$，即 $\theta > (1-\beta)(1-\sigma)/\gamma$，且 $\alpha(1-\sigma)+\alpha\gamma(\sigma-\theta) < 0$，即 $\theta > (1-\sigma+\gamma\sigma)/\gamma$ 时，技术进步速度对经济增长速度将产生正向影响。此时，$\theta > \sigma$，即当期经济增长对制度变迁的作用超过当期制度存量的影响。如果 α、β、γ、σ 为不变参数，θ 为可变参数，由于 $\alpha\gamma < \gamma$，因此，随着 θ 的增大，技术进步速度对经济增速的影响逐步下降。

此类情况下，资源型经济增长对制度变迁的作用明显超过制度存量，但这种经济增长更多地来源于传统产业而非新兴产业，对技术的依赖性较弱。因此，资源型经济内部制度变迁更多地受到经济增长来源的影响而侧重有利于传统能源产业发展的方向，最终将导致技术进步速度对经济增速的影响衰减，这也间接证明了能源技术合作中的垂直效应一，资源型经济中的技术要素依赖资本，最终会导致能源技术合作退化为能源投资合作。

（四）当 $(1-\beta)(1-\sigma)-\theta\gamma < 0$，即 $\theta > (1-\beta)(1-\sigma)/\gamma$，且 $\alpha(1-\sigma)+\alpha\gamma(\sigma-\theta) > 0$，即 $\theta < (1-\sigma+\gamma\sigma)/\gamma$ 时，则有 $(1-\beta)(1-\sigma)/\gamma < \theta < (1-\sigma+\gamma\sigma)/\gamma$，技术进步速度对经济增长速度将产生负向影响。此时，$\theta < \sigma$，即当期经济增长对制度变迁的作用小于当期制度存量的影响。如果 α、β、γ、σ 为不变参数，θ 为可变参数，θ 越大，随着技术进步速度的加快经济衰退的速度会减缓。

这表明资源型经济发展的制度变迁越是侧重自身制度存量的影响，技术进步速度加快会引起经济增速下滑，但这种影响会逐渐减小。现实中如出现此类情况，则说明资源型经济的技术进步更多地发生在了传统能源行业，而制度制定更多地受到政策制定者或其阶层的意志的影响，追求短期利益，政策制定更多地围绕传统能源行业发展问题，不利于技术要素生产能力的释放。

二、模型结论

现有制度对制度变迁的作用大于经济增长对制度变迁的作用时，资源型的政策制度与经济增长才会相互促进。资源型经济制度的制定不能从自身经济增长出发，而应该从经济发展的规律和其转型发展目标出发，否则就会陷入恶性循环的困境。技术在能源合作的要素组合中，不能依赖资本，而要发挥资本在促进技术进步中的作用，提升技术要素在产品和产业结构中的比重，发挥其对能源要素的均衡效应。否则，能源合作将退化为能源投资合作，资源型经济会重新陷入发展困境。而这些均要靠制度进行引导和调节。制度的选择不能以传统能源行业发展为立足点，而要更多地从新兴行业和能够促进转型目标实现和提升资源型经济效率的行业出发。

第四节　能源治理合作垂直层面作用的机理分析

由前文分析可知，能源治理合作是资源型经济能源合作的最高级阶段，资源型经济的能源合作会沿着能源贸易合作—能源投资合作—能源技术合作—能源治理合作的路径不断演进，其他几类能源合作也只有发展到能源治理合作才是完善的合作形式。而制度要素通过能源合作进入能源、资本、技术、制度，或者能源、资本、制度的要素组合产生的水平和垂直效应与能源技术合作类似。因此，本书不再赘述，详细内容可以参见前文进行类比。唯一需要说明的是，制度要素在能源治理合作要素组合的垂直作用二中，一般会产生与技术要素相互促进的作用。如果有更为高级的其他要素进入生产，可能在未来衍生出其他更为高级的能源合作类型。但目前，经济学的研究仍以技术、制度、信息等为高级要素形态，因此，本书的研究仅发展至此。

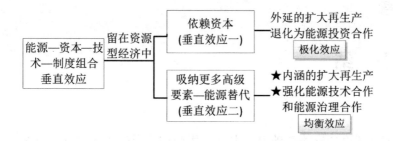

图 3-14   能源治理合作垂直层面作用机理

资料来源：作者根据本书内容绘制。

第六章

小 结

在前文理论分析的基础上，本章运用归纳演绎法、比较静态分析法和数理模型分析法，分析了能源合作对资源型经济转型作用的一般机理，并将其应用于四种类型的能源合作，系统阐释了不同类型能源合作形成的要素组合内部在水平与垂直层面的作用机理，并将能源合作演进规律的机理分析蕴含其中。

本章主要运用国际经济学中的雷布津斯基定理，借鉴空间经济学、发展经济学中的"增长极"理论，通过比较静态分析、数理模型分析和逻辑分析，从水平和垂直两个层面搭建了能源合作对资源型经济转型作用的一般机理分析框架，发现高级要素进入资源型经济可以产生增加高质量产品的数量，减少低质量产品的结构效应和导致高质量产品增长率超过高质量要素增长率的内涵效应。在此基础上，借鉴空间经济学和发展经济学的极化作用和增长极概念，分析了资源型经济能源合作中要素组合的垂直层面作用，得出能源要素易成为增长极，资本要素易促进能源要素的"极点"地位，而技术和制度要素可能促进能源要素的极化也可能弱化其"极点"地位，而产生均衡效应。

本章综合运用国际经济学、政治经济学、空间经济学、发展经济学和系统论对上文的一般机理分析，分别从新引入要素的作用、水平层面作用机理和垂直层面的作用机理三方面就能源贸易合作、能源投资合作、能源技术合作和能源治理合作对资源型经济转型的水平和垂直层面的作用机理进行了系统阐释。其中，根据技术进步的性质，本章分别从中性技术进步、节约能源型技术进步和节约资本型技术进步三方面就能源技术合作对资源型经济转型的作用进行了分析；同时，由于能源治理合作在水平和垂直层面的作用机理类似于能源技术合作，本书没有赘述，而是借鉴熊彼特对制度要素作用途径的分析，从破除资源型经济要素流动壁垒、降低交易成本和改善资源型经济要素组合发展环境两方面，阐释了制度要素通过能源合作进入资源型经济要素组合的作用机制，并进行了相应的数理分析，具体结论为：

一、能源贸易合作在水平层面为资源型经济带来明显的收入效应，在促进资源型经济增长的同时也产生了排斥收益周期较长的高级要素等现象。因此，在垂直层面表现为极化效应，这也是资源型经济陷入"资源诅咒"的重要原因。在外部经济和自身发展需求的影响下，其他高级要素不断被引入，形成其他能源合作类型。由于能源贸易合作仅是能源合作的最初级类型，内在机理较为浅显，因此，本书未将其作为重点进行分析，故该部分结构安排与其他三种类型能源合作略有不同。

二、能源投资合作在水平层面主要对资源型经济产生增加资本密集型产品、减少能源密集型产品的结构效应和提升经济内部生产效率的内涵效应；在垂直层面，会产生退化为能源贸易合作、外延的扩大再生产和内涵的扩大再生产三种效应。其中，前两者均表现为极化效应，只有第三种垂直效应表现为减弱能源要素主导地位的均衡效应，并催生出能源技术合作。

三、在水平层面，中性技术进步和节约能源型技术进步对资源型经济以产生降低经济整体能源要素密度的溢出效应和增加资本密集型产品、减少能源密集型产品的结构效应为主；而节约资本型技术进步会产生溢出效应，结构效应则不明确。在垂直层面，能源技术合作会产生外延的扩大再生产和内涵的扩大再生产两种垂直效应，分别对能源要素的主导地位产生极化效应和均衡效应。因此，能源技术合作应积极促进有益于资源型经济转型的水平和垂直层面作用。但是，资源型经济的技术进步存在一定障碍，需要制度要素的引入予以纠正。

四、类似于能源技术合作，能源治理合作也会对资源型经济产生溢出效应和结构效应，并且只有制度对制度变迁的作用超过经济增长对制度变迁的作用时，资源型经济的政策制定才会与经济增长相互促进，即资源型经济制度的制定不能从自身经济增长出发，而应该从经济发展规律和转型目标出发，以新兴行业的发展和经济效率的提升为目标。

第四篇 04

**能源合作对资源型经济
转型作用的实证检验**

前文已经详细分析了不同类型能源合作围绕能源要素形成了不同的要素组合。要素组合内部要素间产生了水平和垂直两个层面的作用对资源型经济产生着重要影响。两个层面的作用具体表现为不同效用，共同影响着资源型经济转型的各个方面。而在资源型经济的实践中，能源合作对其转型的作用效果也体现得较为充分。为了定量验证能源合作对资源型经济转型的作用，本书以典型的资源型省（区）作为实证检验对象，主要采用熵权法和中介效应检验法，分别对检验对象的转型效果和不同能源合作类型对资源型经济转型的中介作用及影响效果进行评价与检验。

第一章

资源型经济转型效果的评价体系
构建与结果分析

第一节 检验对象的确定

从参与主体来看，省（区）是能源合作的基本单位，也是经济转型实际操作和政策实施的主体。因此，本书选择典型的能源类资源型省份为检验对象。

一、检验对象的选取方法

区位熵又称专门化率，由哈盖特（P. Haggett）提出并运用于区位分析中。区位熵常用于衡量某一区域要素的空间分布情况，反映某一产业部门的专业化程度，以及某一区域在高层次区域的地位和作用等。在产业结构研究中，可以运用区位熵测度区域主导专业化部门的状况。① 许多学者在确定地区产业发展典型检验对象时均采用该方法，如刘怡等②、杨凤等③。本书通过计算资源型产业在省份经济中的区位熵，用以反映资源型产业对于当地经济发展的影响力大小，并将其作为确定资源型省份的方法。

狭义的资源型产业是指以矿产资源的开采及对其初级加工的相关产业，本书根据《2011 国民经济行业分类》将以下 15 个细分产业归类为资源型产业④，如表 4-1 所示。

---

① 庞博. 矿产资源开发对中国矿产资源型地区经济发展的影响及其机制研究［D］. 西安：西北大学，2013.

② 刘怡，周凌云，耿纯. 京津冀产业协同发展评估：基于区位熵灰色关联度的分析［J］. 中央财经大学学报，2017（12）：119-129.

③ 杨凤，秦丽，陈思. 系统论视阈下生产性服务业集聚水平区位熵测度：以辽宁省为例［J］. 系统科学学报，2021，29（3）：73-77，83.

④ 邓小乐，孙慧. 中国区域碳生产率与能源消耗、经济增长关系比较研究［J］. 工业技术经济，2016，35（9）：3-11.

表4-1 资源型产业分类表

非加工型资源型产业	加工型资源型产业
煤炭开采和洗选业	石油、煤炭及其他燃料加工业
石油和天然气开采业	非金属矿物制品业
黑色金属矿采选业	黑色金属冶炼和压延加工业
有色金属矿采选业	有色金属冶炼和压延加工业
非金属矿采选业	金属制品业
开采专业及辅助性活动	废弃资源和废旧材料回收加工业
其他采矿业	电力、热力生产和供应业
	燃气生产和供应业

资料来源：邓小乐，孙慧.中国区域碳生产率与能源消耗、经济增长关系比较研究 [J].工业技术经济，2016，9（35）：3-11.

根据衡量角度的差别，学界将区位熵分为以下三类：

第一，产值区位熵：

$$V = \frac{P_L / V_L}{P_N / V_N} \tag{4-1}$$

在（4-1）式中，V表示矿产资源型产业产值区位熵，P_L表示省市资源型产业工业总产值，V_L表示省市工业总产值。P_N表示P_L数据有效省市资源型产业工业总产值之和，V_N表示V_L数据有效省市工业总产值之和。

第二，就业区位熵：

$$E = \frac{Q_L / E_L}{Q_N / E_N} \tag{4-2}$$

在（4-2）式中，E表示矿产资源型产业就业区位熵，Q_L表示省市资源型产业城镇单位就业人员年末人数，E_L表示省市城镇单位就业人员年末总人数。Q_N表示全国资源型产业城镇单位就业人员年末人数，E_N表示全国城镇单位就业人员年末总人数。

第三，投资区位熵：

$$I = \frac{R_L / I_L}{R_N / I_N} \tag{4-3}$$

在统计年鉴中，固定资产投资根据行业被分为采矿业、制造业、建筑业等大类，故本书中只采用采矿业的固定资产投资的数据。在（4-3）式中，I

表示矿产资源型产业投资区位熵，R_L 表示省市采矿业固定资产投资，I_L 表示省市工业固定资产总投资。R_N 表示全国采矿业固定资产投资，I_N 表示全国工业固定资产总投资。

第四，收入区位熵：

$$S = \frac{T_L/S_L}{T_N/S_N} \tag{4-4}$$

本书采用采矿业的城镇单位就业人员的工资总额，在（4-4）式中，S 表示矿产资源型产业收入区位熵，T_L 表示省市采矿业城镇单位就业人员的工资总额，S_L 表示省市工业城镇单位就业人员的工资总额。T_N 表示全国采矿业城镇单位就业人员的工资总额，S_N 表示全国工业城镇单位就业人员的工资总额。

二、能源类资源型省份的确定

借鉴《全国资源型城市可持续发展规划（2013—2020 年）》① 中对资源型城市的定义②，考虑到 2013 年是国务院明确并重新界定资源型城市的标志性年份，为方便后续在一定时间范围内对资源型经济能源合作开展情况及其对转型的影响作用进行持续研究，特将 2013 年作为本书筛选能源类资源型省份的基准年份。因此，本书从 wind 数据库、各省统计年鉴（2014 年）、中国工业统计年鉴（2014 年）、中国区域经济统计年鉴（2014 年）、中国劳动统计年鉴（2014 年）、EPS 数据库和中国国家统计局搜集了《全国资源型城市可持续发展规划（2013—2020 年）》中拥有资源型城市的 18 个资源型省（区、市）的资源型产业数据，用于典型资源型省份区位熵的测度，以便筛选出典型的能源类资源型省（区、市），作为本书的实证检验对象。

本书借鉴庞博论文中采用上述四种聚类分析法③，以全面体现能源类资源型省（区、市）在能源资源产业中的同质性、典型性及其他不同类型资源型省份的异质性，并进行分类，得到如下结果。利用 SPSS 软件得到的聚类谱系图，如图 4-1 所示。中国各省（区、市）在能源类资源产业方面大致可分为三个层次。第一层次包括内蒙古、新疆、陕西、青海、宁夏、黑龙江、云南、

① 中华人民共和国国务院. 国务院关于印发全国资源型城市可持续发展规划（2013—2020 年）的通知 [Z/OL]. 中国政府网，2013-11-12.
② 资源型城市是以本地区矿产、森林等自然资源开采、加工为主导产业的城市（包括地级市、地区等地级行政区和县级市、县等县级行政区）。
③ 庞博. 矿产资源开发对中国矿产资源型地区经济发展的影响及其机制研究 [D]. 西安：西北大学，2013.

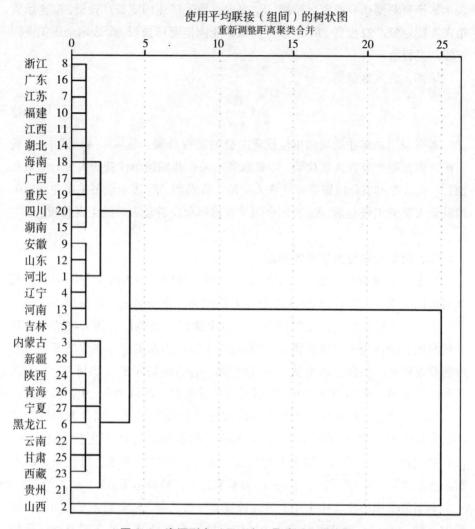

使用平均联接（组间）的树状图
重新调整距离聚类合并

图 4-1 资源型省（区、市）聚类分析谱系图

甘肃、西藏、贵州和山西 11 个省和自治区，资源型产业专业度最高。第二层次包括安徽、山东、河北、辽宁、河南和吉林 6 个省，矿产资源较为丰富，但是从产值、就业、投资和收入等方面综合比较，其资源类产业在地区经济中的占比较第一层次略低，影响略小，产业专业度属于中等水平。第三个层次包括浙江、广东、江苏、福建、江西、湖北、海南、广西、重庆、四川和湖南等省（区、市），资源型产业专业化程度最低，这些省份中只有极少数的资源型城市存在。由于第一层次的省（区）最能代表资源型产业的专业化程度，而西藏自治区缺乏相关研究数据，故本书将检验对象确定为内蒙古、新疆、陕西、青海、宁夏、黑龙江、云南、甘肃、贵州和山西 10 个省（区）。

这10个省（区）既包含了传统能源产业发展较为成熟的山西、宁夏、内蒙古等省（区），又包含了云南、贵州等新能源发展较为迅速的省份；既有山西、内蒙古等典型的煤炭资源丰富的省（区），也有新疆、陕西等能源资源较为多样，发展较为均衡的省（区），具有典型代表性。通过对这10个省（区）的研究能够较为全面地反映资源型经济及其转型发展中的相关问题。

第二节 评价体系构建与方法选择

一、评价体系构建

根据《全国资源型城市可持续发展规划（2013—2020年）》[①] 提出的资源型地区规划目标、发展方向和重点任务，依据可持续发展理论，结合资源型经济的发展特征和转型实际，借鉴曾贤刚和段存儒[②]、闫函等[③]、Tatyana等[④]、Jing和Wang等[⑤]学者对资源型经济转型发展的评价研究，本书从经济、社会和环境生态三个维度对十大资源型省（区）转型效果进行评价。其中，经济维度主要选取经济发展水平、经济外向度、产业结构、人口与就业、技术进步五个方面、16个指标进行衡量，涉及经济增长、产业结构、经济效率、劳动就业和对外开放等反映经济发展的主要方面；社会维度主要选取人口素质、公共服务、居民生活三个方面、11个指标进行衡量，既借鉴了目前经济社会规划中的社会评价指标，又反映了社会发展水平与公平和谐程度；环境生态维度主要选取资源利用、环境友好两个方面、6个指标进行衡量，借鉴了可持续性发展理论中的资源有效利用和经济环境协调发展思想与经济社会规

① 中华人民共和国国务院. 国务院关于印发全国资源型城市可持续发展规划（2013—2020年）的通知 [Z/OL]. 中国政府网，2013-11-12.

② 曾贤刚，段存儒. 煤炭资源枯竭型城市绿色转型绩效评价与区域差异研究 [J]. 中国人口·资源与环境，2018，28（7）：127-135.

③ 闫函，贾宁，董新春. 山西省绿色转型发展现状评价及路径研究 [J]. 环境保护与循环经济，2020，40（1）：76-80.

④ PONOMARENKO T, NEVSKAYA M, MARININA O. An Assessment of the Applicability of Sustainability Measurement Tools to Resource－Based Economies of the Commonwealth of Independent States [J]. Sustainability, 2020, 12（14）：5582.

⑤ JING Z R, WANG J M. Sustainable development evaluation of the society－economy－environment in resource－based city of China: A complex network approach [J]. Journal of Cleaner Production, 2020（263）：121-128.

划中的资源消耗和污染减排衡量指标。

本书在综合相关研究文献对资源型经济转型效果的评价指标和征求专家意见基础上，构建了资源型经济转型效果评价指标体系，如表4-2所示。

表4-2 资源型经济转型效果评价指标体系

准则层	子准则层	指标层
经济指标	经济发展水平	人均地区生产总值
		GDP 年增长率
	经济外向度	年出口量占 GDP 百分比
		对外贸易依存度
		社会消费品零售额增速
		实际利用外资额占 GDP 比重
	产业结构	新兴产业增加值占工业增加值的比重
		高技术产业增加值占工业增加值比重
经济指标	产业结构	第一产业占 GDP 比重
		第二产业占 GDP 比重
		第三产业占 GDP 比重
	人口与就业	新增就业人数
		户籍人口城镇化率
		城镇登记失业率
	技术进步	R&D 经费投入占 GDP 比重
		有效专利数（件）
社会指标	人口素质	自然科学技术人员占从业人员的比重
		教育业从业人员占总从业人员的比重
		每万人教师数
	公共服务	社保支出财政支出占比
		教育经费财政支出占比
		医疗保险参加人数占比
		每万人执业医师数

准则层	子准则层	指标层
社会指标	居民生活	农村人均可支配收入
		城镇居民人均可支配收入
		人均住房面积
		恩格尔系数
环境生态指标	资源利用	森林覆盖率
		人均能源消费总量
		单位地区生产总值能耗
	环境友好	人均公共绿地
		绿化率
		环境治理经费投入占 GDP 比重

资料来源：借鉴贾云翔①、吴青龙等②、曾贤刚和段存儒③、李玲娥等④文献，由作者整理绘制。

二、评价方法选择

在借鉴上述研究文献基础上，本书选取相关研究通常采用的熵权法对资源型经济转型效果进行评价。该方法根据信息熵的大小对信息不确定性进行度量，并具有客观赋权的作用，其根据指标相对整体的变化来决定指标权重，信息熵值越小，说明信息量越多，其在评价中起到的作用就越大，权重也就越大。在综合评价方法中，通过将熵权法得出的权重相应和标准化的指标相乘，就可以得出相应指标的综合得分。

具体评价步骤为：

第一，构建初始评价矩阵。对某个资源型省（区）近 m 年的转型效果进行评价，评价指标体系由 n 个具体指标构成，那么对该城市的评价就形成了

① 贾云翔. 山西资源型经济转型效果评价研究 [D]. 太原：中北大学，2014.
② 吴青龙，朱美峰，郭丕斌. 基于脱钩理论的资源型经济转型绩效评价研究 [J]. 经济问题，2019 (6)：121-128.
③ 曾贤刚，段存儒. 煤炭资源枯竭型城市绿色转型绩效评价与区域差异研究 [J]. 中国人口·资源与环境，2018，28 (7)：127-135.
④ 李玲娥，王亚丽，王园园，等. 资源型经济现代化经济体系的评价指标体系构建与分析：以山西省国家资源型经济转型综改区为例 [J]. 经济理论与经济管理，2020 (7)：100-112.

一个包含 m 个样本和 n 个评价指标的转型效果评价问题。据此建立初始评价矩阵 $X = (x_{ij})_{m \times n}$，其中 $i = 1, 2, \cdots, m$；$j = 1, 2, \cdots, n$。

第二，数据标准化处理。为了能够消除各指标量纲方面的差异，用可比的数值来描述资源型经济转型效果，本书在运用模型进行评价之前对原始数据做标准化处理，将原始数据同级化、正向化和无量纲化。此外，为了避免求熵值时对数的无意义，数据统一平移一个单位，得到标准化矩阵 $X' = (x_{ij}')_{m \times n}$。

对于正向指标：$x_{ij}' = \dfrac{x_{ij} - \min x_{ij}}{\max x_j - \min x_j} + 1$，$(1 \leqslant i \leqslant m；1 \leqslant j \leqslant n)$

对于负向指标：$x_{ij}' = \dfrac{\max x_{ij} - x_{ij}}{\max x_j - \min x_j} + 1$，$(1 \leqslant i \leqslant m；1 \leqslant j \leqslant n)$

其中，城镇登记失业率、恩格尔系数、人均能源消费总量、单位地区生产总值能耗指标数值越小越优，为负向指标；其余指标数值越大越优，为正向指标。

第三，建立数据权重矩阵 $Y = (y_{ij})_{m \times n}$。计算第 j 个指标下第 i 年的指标值在全部样本中所占比重，$y_{ij} = \dfrac{x_{ij}'}{\sum\limits_{i=1}^{m} x_{ij}'}(0 \leqslant y_{ij} \leqslant 1)$。

第四，根据熵值计算指标权重。指标权重的计算公式为 $w_j = \dfrac{d_j}{\sum\limits_{i=1}^{m} d_j}$。其中，$d_j$ 为指标信息的有效值，计算公式为 $d_j = 1 - e_j$；e_j 为第 j 项指标的熵值，计算公式为 $e_j = -K \sum\limits_{i=1}^{m} y_{ij} \ln y_{ij}$，（$K$ 为常数，$K = \dfrac{1}{\ln m}$）。

第五，由标准化矩阵 X_{ij}' 和权重矩阵，可以得到资源型经济转型效果矩阵，$V = (w_j X_{ij}')_{m \times n}$。

第三节　资源型经济转型效果评价

基于关键数据的可得性和资源型省（区）能源合作活动的开展情况，本书根据表 4-2 资源型经济转型效果评价指标体系，选取 2006—2020 年《中国统计年鉴》和各省（区）统计年鉴中内蒙古、新疆、陕西、青海、宁夏、黑龙江、云南、甘肃、贵州和山西 10 个资源型经济省（区）共 150 个样本的相关指标数据，利用熵权法进行运算，得到典型资源型省（区）转型效果矩阵，如表 4-3 所示。

表 4-3　2005—2019 年十省（区）资源型经济转型效果评价结果

年份	甘肃	贵州	黑龙江	内蒙古	宁夏	青海	山西	陕西	新疆	云南
2005	0.345	0.246	0.483	0.438	0.409	0.286	0.354	0.581	0.393	0.321
2006	0.273	0.383	0.545	0.459	0.303	0.287	0.369	0.588	0.469	0.328
2007	0.310	0.368	0.463	0.440	0.343	0.331	0.349	0.566	0.424	0.379
2008	0.263	0.346	0.439	0.422	0.411	0.367	0.388	0.534	0.430	0.340
2009	0.258	0.366	0.460	0.415	0.336	0.336	0.350	0.572	0.494	0.332
2010	0.264	0.300	0.511	0.477	0.331	0.367	0.358	0.607	0.487	0.323
2011	0.341	0.271	0.458	0.383	0.336	0.301	0.358	0.583	0.445	0.300
2012	0.307	0.279	0.591	0.433	0.403	0.368	0.383	0.578	0.418	0.349
2013	0.268	0.373	0.511	0.424	0.378	0.358	0.390	0.588	0.390	0.337
2014	0.264	0.402	0.459	0.438	0.325	0.324	0.374	0.595	0.525	0.326
2015	0.304	0.343	0.401	0.442	0.389	0.350	0.375	0.593	0.546	0.380
2016	0.247	0.280	0.561	0.413	0.369	0.348	0.367	0.585	0.398	0.329
2017	0.258	0.377	0.568	0.385	0.400	0.362	0.369	0.576	0.399	0.349
2018	0.314	0.366	0.470	0.466	0.328	0.290	0.344	0.571	0.380	0.413
2019	0.290	0.222	0.541	0.454	0.415	0.377	0.392	0.578	0.422	0.369

数据来源：2006—2020 年《中国统计年鉴》和各省（区）统计年鉴，由作者计算得出。

根据前文得出的 2005—2019 年十省（区）资源型经济转型效果评价结果，可以看出十省（区）资源型经济转型提升速度普遍较为缓慢，可见资源型经济转型是一项系统工程。与其他省（区）相比，黑龙江、陕西两省的资源型经济转型水平始终处在较高的水平。山西省资源型经济转型效果的波动最为明显，这与能源产业在经济中的绝对占比有关；但是，除 2018 年以外，2009 年以来山西省的资源型经济转型效果提升还是相当显著的。青海、云南、黑龙江各省也有不同程度的上升。下文将具体检验各类能源合作对资源型经济转型产生的作用类型及效果。

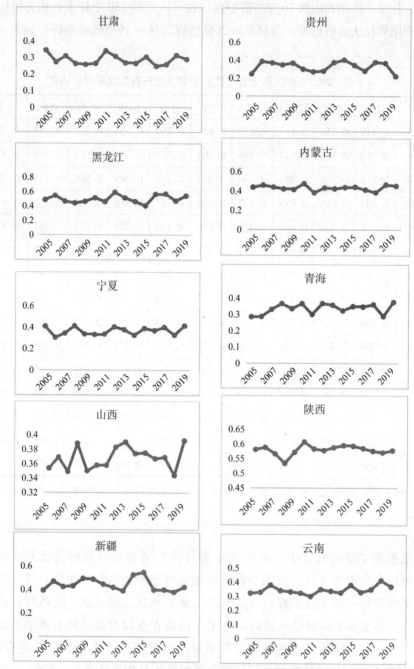

图4-2 十省（区）资源型经济转型效果图

资料来源：作者据表4-3数据绘制。

第二章

变量选取与描述性统计分析

实证检验是对前文机理分析结果的检验，前文机理研究得出如下结论：

第一，四种能源通过水平和垂直两个层面作用推动资源型经济转型。

第二，四种能源合作对资源型经济转型存在水平层面效应。具体表现为能源贸易合作存在收入效应，即能源贸易合作对资源型经济的主要作用表现为提高资源型省（区）的收入；能源投资合作存在结构效应和内涵效应，即能源投资合作会使资本密集型产品增加。能源密集型产品减少，改变资源型经济的产品结构，进而改变产业结构；同时，资本密集型产品的增加幅度超过资本要素的增加幅度；能源技术合作存在溢出效应和结构效应，即能源技术合作可以提高整体经济运行中的要素生产效率，同时资本密集型产品增多，能源密集型产品减少，改变产品结构和产业结构；① 能源治理合作同样也存在溢出效应和结构效应。

第三，四种能源合作对资源型经济转型存在极化效应和均衡效应的垂直层面效应，从而导致资源型经济中的能源要素和非能源要素产生相互替代作用。其中，能源贸易合作和能源投资合作以极化效应为主，能源技术合作和能源治理合作以均衡效应为主。

参考相关研究，本书将采用中介效应模型检验法对以上结论进行验证。其中，前文计算出的 10 个资源型省（区）转型效果作为中介效应检验的被解释变量，记作 $Tran$，表示资源型经济转型效果；② 各类能源合作相关指标作为解释变量；各类效应的表征指标作为中介变量，如下文所述。

---

① 根据前文分析，节约资本性技术进步存在溢出效应，但是对资源型经济转型的效果不确定；同时，产生的结构效应也不确定。

② 下文其他变量下标含义类似，不再赘述。

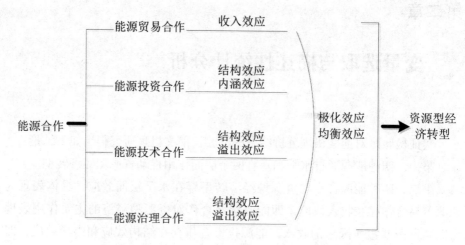

图 4-3　能源合作对资源型经济转型作用机理示意图

资料来源：作者根据本书内容整理绘制。

第一节　解释变量的选取与描述性统计分析

本书选取典型经济指标表征各类能源合作的活动，并将其作为资源型经济能源合作对资源型经济转型作用中介效应模型检验的解释变量。除代表能源贸易合作的能源调出量数据来源于各省统计年鉴和《中国能源统计年鉴》外，其余解释变量数据来源于国家能源局、各省（区）发展和改革委员会、各省（区）商务厅及相关部门网站，通过数据爬虫技术获取，经过数据清洗和标准化，代入模型进行验证。由于数据可得性限制，本书的检验时期为2005年至2019年。

一、能源贸易合作

能源类资源型经济主要作为能源的提供者为其他地区提供工业生产和生活消费所需动力。本书选取10个资源型省（区）的能源调出量（*Transfer*）来刻画能源贸易合作开展情况。

如图4-4所示，在检验期内，10个资源型省（区）中，山西、内蒙古、陕西三个省（区）的能源调出量明显高于其他省（区）；陕西、新疆、云南、甘肃四个省（区）能源调出量总体呈上升趋势，山西、内蒙古两个能源大省（区）的能源调出量在2011年以后波动明显，2012—2016年有一波明显的下降过程。十省（区）在能源调出量方面体现出"能源俱乐部"的特征，山西、陕西、内蒙古为第一梯队，而其余七个省（区）为第二梯队。其中，山西省在 2018 年调出能源 55752.44 万吨标准煤，为十省（区）之冠。由表 4-4 可知，在十省（区）中，2005—2019 年能源调出量最稳定的是甘肃省，青海省、宁夏回族自治区次之；最不稳定的是内蒙古自治区，陕西省次之。十省（区）平均年调出能源 14262.15 万吨标准煤。

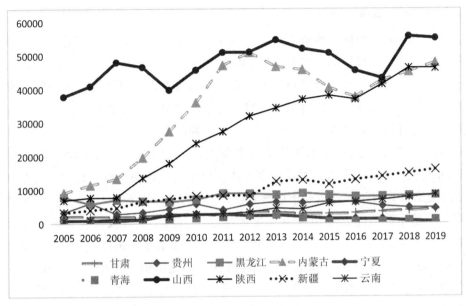

图 4-4　2005—2019 年十省（区）能源调出量（单位：万吨标准煤）

数据来源：2006—2020 年各省统计年鉴，2006—2020 年中国能源统计年鉴。

表 4-4　2005—2019 年十省（区）能源调出量描述性统计

	观测量	均值	标准差	最小值	最大值
甘肃	15	2854.1407	688.6034	1968.59	4159.38
贵州	15	4994.7960	1239.4215	2837.71	6459.70
黑龙江	15	7837.0029	987.0042	5829.10	8994.51
内蒙古	15	34751.9309	14627.3658	9165.59	50887.44
宁夏	15	1558.3637	800.4664	484.06	2722.55
青海	15	1176.0563	704.1517	427.48	2542.08
山西	15	47889.1100	5705.0075	37847.16	55752.44

续表

	观测量	均值	标准差	最小值	最大值
陕西	15	27831.3007	14016.1136	6940.83	46284.18
新疆	15	9707.4173	4162.9064	3233.21	16074.06
云南	15	4021.3670	2592.4999	827.09	8598.60

二、能源投资合作

本书选取参与能源投资合作活动频次（Invest）来表示检验对象能源投资合作活动的开展情况。本书没有选取能源投资合作相关金额作为表征指标，主要原因是通常对外投资额和利用外商直接投资额能够体现某地区国际投资往来规模，但没有统计国内地区间投资往来，同时无法反映能源产业的投资往来。通过对国家能源局、各省（区）发展和改革委员会、各省（区）商务厅及相关部门网站进行能源投资合作数据的爬取和整理，发现2005—2019年期间，十省（区）参与能源投资合作活动频次变化趋势具有一致性，这充分说明能源产业发展受政策和市场影响较大，但对地区因素并不敏感，如图4-5所示。整体看，自2005年以来，资源型经济有两个能源投资合作活动高峰期，一个是2011年，另一个是2014—2017年，前者受中国能源产业大力推进"引进来" + "走出去"政策和中俄能源合作加速影响，后者受"一带一路"倡议影响。其中，新疆、宁夏、青海三省（区）2011年以后参与能源投资合作活动提升幅度最明显，也最为频繁，特别是2014年以后。这一方面与这三省（区）各类能源的储量和产量较为均衡且数量较大有关；另一方面，成为"一带一路"的重要节点地区后，这三省（区）与国际国内的联系也更加频繁，特别是新疆维吾尔自治区2016年参与能源投资合作活动频次高达127次之多。其余七个省（区）参与能源投资合作活动频次差别不大，2014—2017年参与能源投资合作活动普遍没有2011年提升明显，特别是山西和内蒙古两省（区）。可见，"一带一路"倡议对这两个省（区）的影响还没有完全显现，这两省（区）的开放程度和与国内的投资合作水平还有待进一步提升。同为能源大省的陕西省在能源合作投资合作方面表现也不突出。如表4-5所示，检验期内参与能源投资合作活动频次最为稳定的为云南省、贵州省和陕西省，新疆维吾尔自治区波动最为明显。总体上，资源型省（区）年均参与能源投资合作活动25次左右。

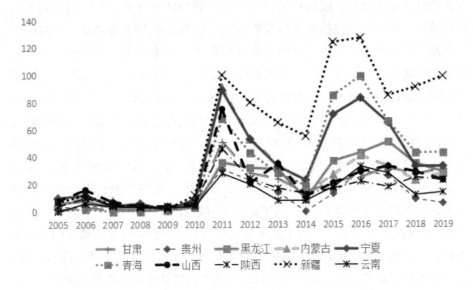

图 4-5 2005—2019 年十省（区）参与能源合作投资活动频次

数据来源：国家能源局、各省（区）发展和改革委员会、各省（区）商务厅及相关部门网站。

表 4-5 2005—2019 年十省（区）参与能源投资合作活动频次描述性统计

	观测量	均值	标准差	最小值	最大值
甘肃	15	17. 5333	15. 5005	1	51
贵州	15	11. 6667	10. 7349	0	31
黑龙江	15	21. 7333	17. 4948	1	51
内蒙古	15	25. 4000	23. 7841	1	91
宁夏	15	35. 0000	30. 0998	1	89
青海	15	33. 6000	33. 5917	0	99
山西	15	21. 4000	18. 3412	4	75
陕西	15	15. 9333	11. 3859	4	46
新疆	15	57. 8667	46. 7636	2	127
云南	15	12. 6000	10. 5343	0	33

三、能源技术合作

本书选取参与能源技术合作活动频次（ *Tech* ）来表示检验对象能源技术

合作活动的开展情况。能源技术合作包括一切与能源技术研发、利用相关的跨区域协作活动；既包括跨区域政府部门、能源企业与相关科研单位间的合作研发活动，也包括上述主体间合作开展的能源技术应用实践活动。本书通过对国家能源局、各省（区）发展和改革委员会、各省（区）商务厅及相关部门网站进行能源技术合作数据的爬取和整理，发现 2005—2019 年期间，十省（区）参与能源技术合作活动的变化趋势与能源投资合作活动具有较高的一致性，总体上也存在 2011 年和 2014—2017 年两个高峰，并且在省（区）间也显现出相似的差别，新疆、宁夏和青海三省（区）的合作强度在 2014 年以后明显高于其他省（区）。整体上，十省（区）参与能源技术合作活动最为频繁的年份出现在 2011 年，其中新疆维吾尔自治区当年参与活动频次高达132 次，如图 4-6 所示。导致上述现象的原因与能源投资合作活动相同，本书不再赘述。这也在一定程度上说明了能源投资合作往往会带动能源技术合作；能源技术合作通常需要大量资金支持，通常会由能源投资合作衍生而来。

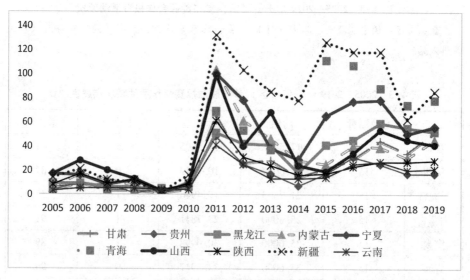

图 4-6　2005—2019 年十省（区）参与能源技术合作活动频次

数据来源：国家能源局、各省（区）发展和改革委员会、各省（区）商务厅及相关部门网站。

但是，十省（区）间在能源技术合作活动中的差别比能源投资合作活动间的差别更为明显，分布更为分散，合作高峰之后的影响也更为持久。这主要是由于技术合作通常具有周期长、强溢出等特征，某个产业和项目的技术合作可能带动生产效率的整体性提升，进而带动其他产业和项目的合作。此外，传统煤炭大省山西省在 2011 年、2013 年及 2017 年之后分别出现三个能源技术合作高峰，尽管 2017 年之后的能源技术合作活动强度不及 2011 年和 2013 年，但是在影响的持续性方面明显好于前两个高峰，在合作质量上也多有提升。同为煤炭主要产区的内蒙古自治区也有类似的变化，但是陕西省在能源技术合作方面表现得略为逊色。如表 4-6 所示，在检验期内参与能源技术合作活动频次最为稳定的为云南省和贵州省，陕西省次之；新疆维吾尔自治区和青海省波动最为明显。总体上，资源型省（区）年均参与能源技术合作活动在 30 次左右。

表 4-6　2005—2019 年十省（区）参与能源技术合作活动频次描述性统计

	观测量	均值	标准差	最小值	最大值
甘肃	15	22.3333	19.8194	1	65
贵州	15	15.9333	12.4124	1	48
黑龙江	15	29.5333	21.5170	3	59
内蒙古	15	31.2667	26.5181	1	103
宁夏	15	42.2667	31.9385	1	100
青海	15	44.4667	40.6551	1	111
山西	15	34.1333	25.1733	3	99
陕西	15	20.8000	14.0214	3	61
新疆	15	65.4667	48.5414	2	132
云南	15	15.0000	11.2631	3	41

四、能源治理合作

本书选取参与能源治理合作活动频次（$Gover$）来表示检验对象能源治理合作活动的开展情况。本书研究的能源治理合作既包括针对能源资源治理开展的合作活动，也包括针对能源企业和产业组织治理开展的合作活动。本书通过对国家能源局、各省（区）发展和改革委员会、各省（区）商务厅及相关部门网站进行能源治理合作数据的爬取和整理，发现在 2005—2019 年期间，十省（区）能源治理合作高峰出现于 2013—2017 年，滞后于能源投资合作和能源技术合作活动，这与 2013 年"一带一路"倡议的提出和 2014 年中国提出 2030 年碳排放量达峰有关。与能源投资合作和能源技术合作不同的是，尽管十省（区）参与能源治理合作的频次在进入高峰期以后多有差别，但是均表现出不同程度的提高；十省（区）的能源治理合作频次在 2015 年之后分布更为分散。其中新疆、宁夏和青海三省（区）的合作强度在 2015 年以后明显高于其他省（区）。整体上，十省（区）参与能源技术合作活动最为频繁的年份出现在 2017 年，其中青海省当年参与能源治理合作活动高达 74 次，而能源大省陕西省在能源治理合作方面表现仍不够突出，如图 4-7 所示。如表 4-7 所示，检验期内参与能源治理合作活动频次最为稳定的为陕西省和云南省；新疆维吾尔自治区和青海省波动最为明显。总体上，资源型省（区）年均参与能源治理合作活动在 15 次左右。

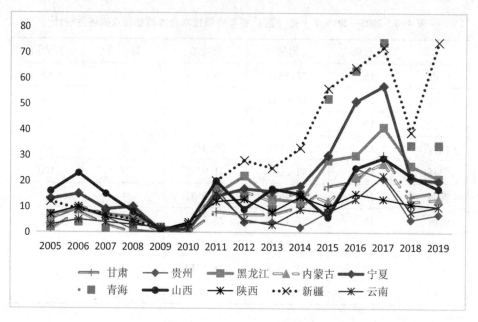

图 4-7 2005—2019 年十省（区）参与能源治理合作活动频次

数据来源：国家能源局、各省（区）发展和改革委员会、各省（区）商务厅及相关部门网站。

表 4-7 2005—2019 年十省（区）参与能源治理合作活动频次描述性统计

	观测量	均值	标准差	最小值	最大值
甘肃	15	9.4667	8.7331	0	30
贵州	15	7.6000	7.5857	0	25
黑龙江	15	16.0000	11.6005	1	41
内蒙古	15	11.6667	7.2866	0	27

	观测量	均值	标准差	最小值	最大值
宁夏	15	19.5333	15.8334	1	57
青海	15	21.4000	24.5526	0	74
山西	15	15.0667	8.2329	1	29
陕西	15	9.2000	4.1092	1	15
新疆	15	29.8667	25.6901	1	74
云南	15	7.4000	5.7545	1	22

从上述特征可以看出，能源治理合作活动在一定程度上受能源投资合作和能源技术合作影响，当能源投资合作和能源技术合作广泛开展时，能源治理合作频次也会明显提升。但是，能源治理合作会滞后于能源投资合作和能源技术合作，受宏观政策影响较为明显，且呈现整体性特征，而非个别省（区）影响显著。

第二节　中介变量的选取与描述性统计分析

根据前文分析，能源合作是通过水平层面和垂直层面两个维度的多种效应对资源型经济转型产生影响的。因此，各类能源合作在水平层面和垂直层面产生的不同效应是能源合作影响资源型经济转型的重要桥梁和中间环节，如图4-8所示。为了验证前文结论，本书选取以上各类效应对应的经济指标，作为验证2005—2019年10个资源型省（区）能源合作对各自资源型经济转型作用的中介变量。

一、水平层面作用中介变量

根据前文分析，能源合作对资源型经济转型的水平层面作用包括：能源贸易合作的作用主要产生收入效应，能源投资合作主要产生结构效应和内涵效应，能源技术合作和能源治理合作主要产生结构效应和溢出效应。

首先，收入效应。本书选取能源资源产业收入（Rev）作为衡量收入效应的指标，数据来源于Wind数据库中的行业经济数据库。如图4-8所示，2005—2019年十省（区）能源资源型产业收入均有不同程度的提高，但是省

（区）间差距在逐渐拉大。其中，山西、陕西、内蒙古、新疆、黑龙江五个省（区）的能源资源产业收入变化较其他省（区）更为明显，变化趋势也基本一致。

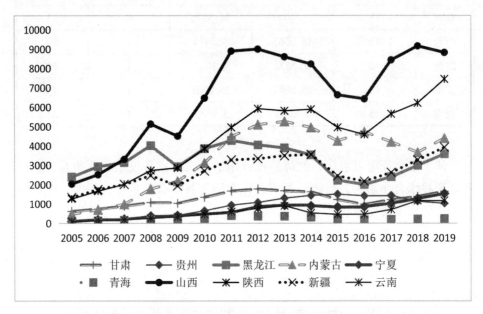

图 4-8 2005—2019 年十省（区）能源资源产业收入

数据来源：Wind 数据库—行业经济数据库，经作者整理绘制。

其次，结构效应。本书选取能源产业结构（RS）和能源产业比重（$Ratio$）作为衡量结构效应的指标，数据分别来源于 Wind 数据库中的行业经济数据库和地区宏观数据库。结构效应主要表现在能源产业内部结构（RS）和能源产业外部结构（$Ratio$）上。本书采用非加工型资源产业与加工型资源产业产值的比值（$RS = Y_1/Y_2$）反映能源产业内部结构①，其中 Y_1 为非加工型资源产业的产值，Y_2 为加工型资源产业的产值；采用能源资源型产业产值占 GDP 比重反映能源资源型产业外部结构；两个指标为负向指标，数值越小说明产业结构调整效果越好。如图 4-9 所示，2005—2019 年十省（区）的资源产业内外部结构均有不同程度的变化。其中，如图（a）所示，甘肃省资源型产业内部结构明显高于其他省（区），但是在 2007—2012 年明显下降，说明在此期间资源型产业内部技术和工业生产比重有所提高。煤炭大省山西、陕西和内蒙古三省（区）在检验期内均保持较低的能源产业结构，

---

① 本书参考表 4-1 对非加工型资源型产业与加工型资源型产业进行划分。

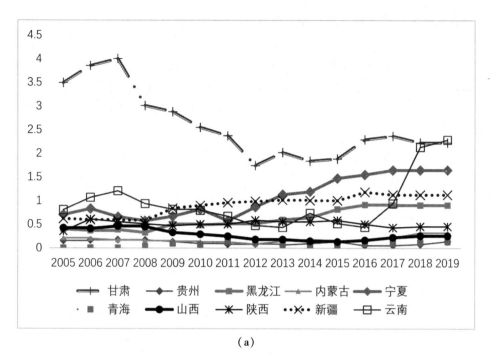

（a）

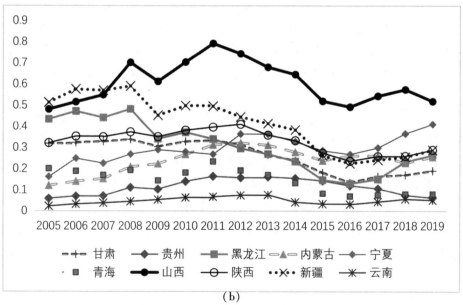

（b）

图4-9　2005—2019年十省（区）资源型经济结构效应

数据来源：Wind数据库—行业经济数据库，经作者整理绘制。

注：（a）表示能源产业内部结构的能源产业结构，（b）表示能源产业外部结构的能源产业比重。

并在大部分时间保持下降趋势，说明其内部结构调整效果较好。但是，宁夏、新疆、内蒙古、黑龙江和云南的资源产业内部结构均有不同程度上升，这与上述省（区）油气资源的开发利用不无关系，特别是云南省在 2017 年以后，非加工型资源产业相对占比陡然增高与该省页岩气资源的勘探和发掘关系密切。图（b）显示 2005—2019 年十省（区）资源型经济外部结构均有不同程度的下降，但除新疆、甘肃、青海以外，大部分省（区）下降并不显著，可以看出资源型经济结构优化并非一蹴而就。其中，在大部分时间内，山西省的资源型产业结构占比高于其他省（区），并在 2011 年后出现了明显的下降趋势；其他能源的主要产区，如陕西、新疆也在该年份前后出现了下降趋势，这说明主要资源型经济在结构优化方面取得了较为明显的转型成效。

再次，内涵效应。本书选取要素产品弹性（E_CK）作为衡量内涵效应的指标，数据来源于 Wind 数据库中的行业经济数据库。根据前文分析，内涵效应体现为资本密集型能源产业产品增长率（CR）大于资本要素增长率（KR）。根据王志华和董存田[①]、阳立高等[②]对资本密集型产业的划分和明确，结合表 4-1 资源型产业的分类，本书确定了石油、煤炭及其他燃料加工业、非金属矿物制品业、黑色金属冶炼和压延加工业及有色金属冶炼和压延加工业作为资源型经济资本密集型产业，以 2005—2019 年十省（区）上述产业的产值增长率表示资本密集型能源产业产品增长率（CR），同时以这些产业的固定资产投资增长率表示要素投入增长率（KR），构建要素产品弹性 $E\_CK = CR/KR$。如果 $E\_CK > 1$，则说明存在内涵效应；反之则反是。如图 4-10 所示，2013 年以前十省（区）的要素产品弹性在 1 上下波动，个别省（区）在个别年份大于 1，但大部分省（区）没有体现出明显的内涵效应。而 2013 年以来十省（区）要素产品弹性变化趋势基本一致，大部分省（区）要素产品弹性均明显大于 1，体现出明显的内涵效应；除青海省和陕西省外，其余各省（区）的要素产品弹性呈现显著的波动上升趋势。

最后，溢出效应。本书选取全要素生产率（TFP）作为衡量溢出效应的指标，数据来源于 2006—2020 年各省（区）统计年鉴。学界在研究技术和制

① 王志华，董存田. 我国制造业结构与劳动力素质结构吻合度分析：兼论"民工荒""技工荒"与大学生就业难问题［J］. 人口与经济，2012（5）：1-7.

② 阳立高，谢锐，贺正楚，等. 劳动力成本上升对制造业结构升级的影响研究：基于中国制造业细分行业数据的实证分析［J］. 中国软科学，2014（12）：136-147.

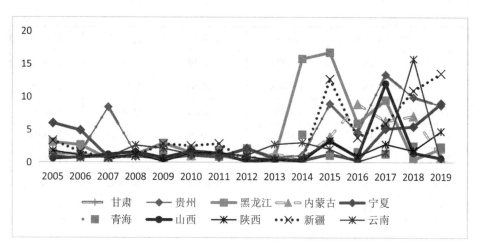

图 4-10 2005—2019 年十省（区）要素产品弹性

数据来源：Wind 数据库—行业经济数据库，经作者整理绘制。

度的溢出效应时，多采用全要素生产率来进行验证。① 在此基础上，本书采用 DEA—Malmquist 生产率指数法测算十省（区）的全要素生产率来反映能源技术合作和能源治理合作所产生的溢出效应，选取的数据来源于 2006—2020 年各省（区）统计年鉴，用全省全要素生产率（TFP）表示。如表 4-8 所示，2005—2019 年十省（区）全要素生产率基本在 0.97—1.07 间，各省（区）全要素生产率的均值均大于 1，且标准差较小，这说明检验期内十省（区）的生产效率尽管略有波动，但基本呈现稳中有升的发展趋势，存在较为稳定的溢出效应。

表 4-8 2005—2019 年十省（区）全要素生产率描述性统计

	观测量	均值	标准差	最小值	最大值
甘肃	15	1.0140	0.0270	0.9787	1.0516
贵州	15	1.0260	0.0366	0.9718	1.0675
黑龙江	15	1.0110	0.0261	0.9770	1.0641

① 冯海波，葛小南. R&D 投入与经济增长质量：基于绿色全要素生产率的省际面板数据分析 [J]. 软科学，2020，34（4）：7-12.

马广程，许坚. 消费升级、空间溢出与产业全要素生产率 [J]. 技术经济，2020，39（12）：9-15.

郭新茹，陈天宇. 文化产业集聚、空间溢出与经济高质量发展 [J]. 现代经济探讨，2021（2）：79-87.

续表

	观测量	均值	标准差	最小值	最大值
内蒙古	15	1.0231	0.0299	0.9746	1.0627
宁夏	15	1.0108	0.0240	0.9749	1.0486
青海	15	1.0268	0.0226	0.9818	1.0597
山西	15	1.0262	0.0326	0.9714	1.0691
陕西	15	1.0146	0.0276	0.9830	1.0657
新疆	15	1.0102	0.0178	0.9855	1.0414
云南	15	1.0310	0.0269	0.9716	1.0606

综合以上分析，可得 2005—2019 年十省（区）能源合作对资源型经济转型水平层面作用中介变量数据的基本情况，如表 4-9 所示。

表 4-9 水平层面作用中介变量描述性统计

变量	变量含义	中介作用	观测值	均值	标准差	最小值	最大值
Rev	能源资源产业收入	收入效应	150	2378.8500	2264.2600	78.20	9159.52
RS	能源资源型产业结构	结构效应	150	0.7265	0.7815	0.00	4.00
Ratio	能源产业比重	结构效应	150	0.2758	0.1695	0.02	0.79
E_CK	要素产品弹性	内涵效应	150	2.6727	3.4350	0.07	16.73
TFP	全省全要素生产率	溢出效应	150	1.0194	0.0278	0.97	1.07

二、垂直层面作用中介变量

根据前文分析，不同类型能源合作形成的各类要素组合对资源型经济产生的垂直层面作用主要表现为极化效应和均衡效应。这两种效应同时存在，极化效应超过均衡效应会加强能源要素在资源型经济中的主导地位，反之则反是。本书选取能源要素和非能源要素的替代弹性[①]（Sub_ela）反映极化效应和均衡效应，能源要素替代弹性增大表明均衡效应超过极化效应，能源要素的主导地位减弱；相反，该指标减小说明极化效应比较明显，能源要素的主导地位增强。

本书借鉴杨福霞等、王明益的研究成果，采用 2006—2020 年各省（区）

―――――――――

① 以下简称"能源要素替代弹性"。

统计年鉴中 2005—2019 年的实际 GDP、全社会劳动力总量、全社会固定资产投资、全社会 R&D 经费内部支出和能源消费总量分别代表产出（GDP）、劳动力（L）、资本（K）、技术（T）和能源（E）；首先在通过数据平稳性检验基础上，运用向量误差修正模型检验出能源消费总量与实际 GDP 之间存在双向因果关系。为了估算能源要素替代弹性，本书构建了超越对数生产函数。如式（4-5）：

$$LnGDP_t = \alpha + \beta_1 LnGDP_{t-1} + \beta_m Lnm_t + \frac{1}{2}\sum_m \sum_n \beta_{mn}Lnm_t Lnn_t \qquad (4-5)$$

$$m, n = L, K, T, E$$

其中，α 为模型中未考虑的投入要素，如制度、管理等；m_t 和 n_t 为 t 年不同要素的投入量，β_m 和 β_{mn} 为对应变量的技术系数，且满足杨格定理，即 $\beta_{mn} = \beta_{nm}$。

将不同的要素依次代入式（4-5），可以推导出不同要素的产出弹性 $\sigma_m = dLnGDP_t/dLnm_t$，$m = L, K, T, E$，进而可推导出能源要素与非能源要素间的替代弹性。如式（4-6）所示：

$$\eta_{Em} = [^1 + (-\beta_{Em} + \beta_{mm})(^-\sigma_E + \sigma_m) - 1] - 1 \qquad (4-6)$$

$$m = L, K, T$$

分别计算出十省（区）能源与劳动、资本、技术要素的替代弹性，加权平均得到能源要素替代弹性，如图 4-11 所示。2005—2011 年十省（区）能源与非能源要素间的替代弹性均小于 1，表明非能源要素对能源要素存在一定的替代能力，但这种替代关系缺乏弹性，能源要素地位较为重要。在检验期内，十省（区）的能源要素弹性均有所提高，反映了存在一定的均衡效应，能源要素的主导地位正在减弱。其中，云南、贵州、青海和内蒙古四省（区）的能源要素替代弹性始终保持相对较高的水平，在 2013 年以后均出现上升趋势；甘肃、陕西、新疆、黑龙江和山西五省（区）虽然对能源要素依赖性较强，但是能源要素替代弹性在 2010 年以后均出现了明显的上升趋势，均衡效应非常显著；而宁夏回族自治区的能源要素替代弹性除 2013—2016 年出现短暂的上升外，整体呈现出下降趋势，表明该地区存在明显的极化效应，能源要素的主导地位在不断加强。

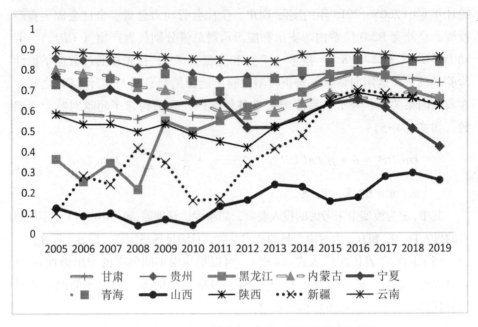

图 4-11　2005—2019 年十省（区）能源要素替代弹性

数据来源：2006—2020 年各省（区）统计年鉴，经作者整理绘制。

第三节　控制变量的选取与描述性统计分析

本书选择能源强度（GEI）、财政收入占 GDP 比重（Fiscal）、市场化指数（Market）、私营个体单位就业人员占比（Private）、技术市场成交额占 GDP 比重（Technology）5 个指标作为控制变量。

能源强度（GEI）即单位 GDP 能耗，是经济和社会发展中的负向指标。能源强度越大对经济和社会发展越不利。能源强度作为能源合作的生态环境影响因素，会间接影响能源投资合作和能源技术合作的开展[1]。同时，资源型经济的能源消费量和能源产出量的多寡均会直接影响用于能源合作的能源存量，地区 GDP 也会影响能源合作开展的规模。该变量样本数据来源为国家统计局。

---

[1]　马贵凤．"一带一路"主要能源合作国家能源投资环境评价［D］．青岛：青岛科技大学，2019.

财政收入占 GDP 比重（Fiscal）越高，能源投资合作的环境和基础就越好，能源投资合作的规模也就越大；相应地，也会影响能源技术合作和能源治理合作的资金规模。这是由于政府推动合作项目在全部能源合作中占比较大，甚至有一些合作项目的资金来源就是财政收入，但财政收入占 GDP 的比重对资源型经济转型的影响效果不甚明确。虽然财政收入提高可以加大政府投资力度，推动经济发展，但是财政收入占 GDP 比重的提高也意味着外资企业、涉农企业等享受一些税收优惠的经济成分比重下降，这将在一定程度上对资源型经济多样性和获利产生不利影响。该变量样本数据来源为 2006—2020 年各省（区）统计年鉴。

市场化指数（Market）对能源合作的开展会产生正向影响。市场化指数本身就是制度因素的一种体现，为能源合作的开展提供了必要的环境。市场化程度越高，开展合作的阻碍就越小，交易成本就越低，合作双方的意愿就越强烈[1]。该变量样本数据来源为樊纲、王小鲁等编制的《中国分省份市场化指数报告》。

私营个体单位就业人员占比（Private）对能源合作的开展存在间接的正向影响。该指标直接反映私营经济开展的规模和活跃程度。由于能源产业的特殊性，在微观层面参与能源合作的主体往往是央企、地方性国有企业，还有一些具有国有经济属性的企业。在资源型经济中，私营个体单位就业人员占比越高，则说明资源型经济中能源类资源型产业的集中度越高，产业的资本有机构成越高，规模化生产水平就越强，能源合作的潜在规模就会越大。该变量样本数据来源为 2006—2020 年各省（区）统计年鉴。

技术市场成交额占 GDP 比重（Technology）也是一个正向指标，能够反映出地区经济的间接竞争力[2]，会影响到能源合作主体达成合作的比率。同时，该指标也会直接影响全要素生产率。该变量样本数据来源为 2006—2020 年各省（区）统计年鉴。

表 4-10　控制变量描述性统计

变量	变量含义	观测值	均值	标准差	最小值	最大值
GEI	能源强度	150	1.4904	0.8549	0.3294	4.1400

① 谈婕. 政府和社会资本合作（PPP）作为地方政府融资工具的有效性研究 [D]. 杭州：浙江大学，2020.

② 杨建仁. 区域科技竞争力理论及其在中部六省会城市的实证研究 [D]. 南昌：南昌大学，2011.

续表

变量	变量含义	观测值	均值	标准差	最小值	最大值
Fiscal	财政收入占 GDP 比重	150	0.0760	0.0450	0.0251	0.2301
Market	市场化指数	150	4.2814	1.1936	2.3833	7.1400
Private	私营个体单位就业人员占比	150	0.3574	0.1714	0.0605	0.9142
Technology	技术市场成交额占 GDP 比重	150	0.0073	0.0100	0.0002	0.0569

第三章

能源合作对资源型经济转型作用的中介效应模型构建

在确定计量检验的解释变量、被解释变量、中介变量和控制变量的基础上，为了清晰地验证能源合作对资源型经济转型的作用，本书借鉴 Baron 和 Kenny 的中介效应检验流程的思路①，采用层次回归法分别建立了四类能源合作对资源型经济转型的基准回归模型和中介效应检验模型，以初步验证不同类型能源合作对资源型经济转型的作用是否存在，即中介效应存在的基础是否成立，若成立，则进一步检验中介效应的作用情况。

第一节　基准回归模型构建

为了分析能源贸易合作、能源投资合作、能源技术合作和能源治理合作对资源型经济转型效果的影响，本书分别建立了基准回归模型。如模型（4-7）~（4-10）所示：

$$Eco\_Tran_{i,t} = \alpha + \beta_1 Ln\_Transfer_{i,t} + \beta_2 GEI_{i,t} + \beta_3 Fiscal_{i,t} + \beta_4 Market_{i,t}$$
$$+ \beta_5 Private_{i,t} + \beta_6 Technology_{i,t} + \varepsilon_{i,t} \tag{4-7}$$

$$Eco\_Tran_{i,t} = \alpha + \beta_1 Ln\_Invest_{i,t} + \beta_2 GEI_{i,t} + \beta_3 Fiscal_{i,t} + \beta_4 Market_{i,t} +$$
$$\beta_5 Private_{i,t} + \beta_6 Technology_{i,t} + \varepsilon_{i,t} \tag{4-8}$$

$$Eco\_Tran_{i,t} = \alpha + \beta_1 Ln\_Tech_{i,t} + \beta_2 GEI_{i,t} + \beta_3 Fiscal_{i,t} + \beta_4 Market_{i,t} +$$
$$\beta_5 Private_{i,t} + \beta_6 Technology_{i,t} + \varepsilon_{i,t} \tag{4-9}$$

$$Eco\_Tran_{i,t} = \alpha + \beta_1 Ln\_Gover_{i,t} + \beta_2 GEI_{i,t} + \beta_3 Fiscal_{i,t} + \beta_4 Market_{i,t} +$$
$$\beta_5 Private_{i,t} + \beta_6 Technology_{i,t} + \varepsilon_{i,t} \tag{4-10}$$

其中，i 和 t 分别表示省（区）和年份；α 表示截距项；$\beta_1 \sim \beta_6$ 表示回归系

---

① BARON R M, KENNY D A. The Moderator-Mediator Variable Distinction in Social Psychological Research: Conceptual, Strategic, and Statistical Considerations [J]. Journal of Personality and Social Psychology, 1986, 51 (6): 1173-1182.

数；ε 表示随机扰动项。

第二节　水平层面作用的中介效应模型构建

一、能源贸易合作

为了考察能源贸易合作对资源型经济转型的水平层面作用，本书建立如下模型，进行中介效应检验。

$$Mediator_{i,t} = \alpha + \beta_1 Ln\_Transfer_{i,t} + \beta_2 GEI_{i,t} + \beta_3 Fiscal_{i,t} + \beta_4 Market_{i,t} +$$
$$\beta_5 Private_{i,t} + \beta_6 Technology_{i,t} + \varepsilon_{i,t} \tag{4-11}$$

$$Eco\_Tran_{i,t} = \alpha + \beta_1 Ln\_Transfer_{i,t} + \beta_2 Mediator_{i,t} + \beta_3 Ln\_Transfer\_$$
$$Mediator_{i,t} + \beta_4 GEI_{i,t} + \beta_5 Fiscal_{i,t} + \beta_6 Market_{i,t} + \beta_7 Private_{i,t} + \beta_8 Technology_{i,t} +$$
$$\varepsilon_{i,t} \tag{4-12}$$

其中，i 和 t 分别表示省（区）和年份；α 表示截距项；$\beta_1 \sim \beta_8$ 表示回归系数；ε 表示随机扰动项；$Mediator$ 为水平层面中介变量，在研究收入效应时代表 Ln_Rev，在研究结构效应时代表 RS 和 $Ratio$，在研究内涵效应时代表 E_CK，在研究溢出效应时代表 TFP。[①]

模型（4-11）和（4-12）分别用以检验能源贸易合作产生的水平层面作用和该作用对资源型经济转型的作用。

二、能源投资合作

为了考察能源投资合作对资源型经济转型的水平层面作用机理，本书建立如下模型，进行中介效应检验。

$$Mediator_{i,t} = \alpha + \beta_1 Ln\_Invest_{i,t} + \beta_2 GEI_{i,t} + \beta_3 Fiscal_{i,t} + \beta_4 Market_{i,t} +$$
$$\beta_5 Private_{i,t} + \beta_6 Technology_{i,t} + \varepsilon_{i,t} \tag{4-13}$$

$$Eco\_Tran_{i,t} = \alpha + \beta_1 Ln\_Invest_{i,t} + \beta_2 Mediator_{i,t} + \beta_3 Ln\_Invest\_$$
$$Mediator_{i,t} + \beta_4 GEI_{i,t} + \beta_5 Fiscal_{i,t} + \beta_6 Market_{i,t} + \beta_7 Private_{i,t} + \beta_8 Technology_{i,t} +$$
$$\varepsilon_{i,t} \tag{4-14}$$

模型（4-13）和（4-14）分别用以检验能源投资合作产生的水平层面作用和该作用对资源型经济转型的作用。

---

① 下文变量名称和符号使用同此处，不再赘述。

三、能源技术合作

为了考察能源技术合作对资源型经济转型的水平层面作用机理，本书建立如下模型，进行中介效应检验。

$$Mediator_{i,t} = \alpha + \beta_1 Ln\_Tech_{i,t} + \beta_2 GEI_{i,t} + \beta_3 Fiscal_{i,t} + \beta_4 Market_{i,t} +$$
$$\beta_5 Private_{i,t} + \beta_6 Technology_{i,t} + \varepsilon_{i,t} \tag{4-15}$$

$$Eco\_Tran_{i,t} = \alpha + \beta_1 Ln\_Tech_{i,t} + \beta_2 Mediator_{i,t} + \beta_3 Ln\_Tech\_Mediator_{i,t} +$$
$$\beta_4 GEI_{i,t} + \beta_5 Fiscal_{i,t} + \beta_6 Market_{i,t} + \beta_7 Private_{i,t} + \beta_8 Technology_{i,t} + \varepsilon_{i,t}$$
$$\tag{4-16}$$

模型（4-15）和（4-16）分别用以检验能源技术合作产生的水平层面作用和该作用对资源型经济转型的作用。

四、能源治理合作

为了考察能源治理合作对资源型经济转型的水平层面作用机理，本书建立如下模型，进行中介效应检验。

$$Mediator_{i,t} = \alpha + \beta_1 Ln\_Gover_{i,t} + \beta_2 GEI_{i,t} + \beta_3 Fiscal_{i,t} + \beta_4 Market_{i,t} +$$
$$\beta_5 Private_{i,t} + \beta_6 Technology_{i,t} + \varepsilon_{i,t} \tag{4-17}$$

$$Eco\_Tran_{i,t} = \alpha + \beta_1 Ln\_Gover_{i,t} + \beta_2 Mediator_{i,t} + \beta_3 Ln\_Gover\_$$
$$Mediator_{i,t} + \beta_4 GEI_{i,t} + \beta_5 Fiscal_{i,t} + \beta_6 Market_{i,t} + \beta_7 Private_{i,t} + \beta_8 Technology_{i,t} +$$
$$\varepsilon_{i,t} \tag{4-18}$$

模型（4-17）和（4-18）分别用以检验能源治理合作产生的水平层面作用和该作用对资源型经济转型的作用。

第三节　垂直层面作用的中介效应模型构建

一、能源贸易合作

为了考察能源贸易合作对资源型经济转型的垂直层面作用机理，本书建立如下模型，进行中介效应检验。

$$Sub\_ela_{i,t} = \alpha + \beta_1 Ln\_Transfer_{i,t} + \beta_2 GEI_{i,t} + \beta_3 Fiscal_{i,t} + \beta_4 Market_{i,t} +$$
$$\beta_5 Private_{i,t} + \beta_6 Technology_{i,t} + \varepsilon_{i,t} \tag{4-19}$$

$$Eco\_Tran_{i,t} = \alpha + \beta_1 Ln\_Transfer_{i,t} + \beta_2 Sub\_ela_{i,t} + \beta_3 Ln\_Transfer\_$$

$Sub\_ela_{i,t} + \beta_4 GEI_{i,t} + \beta_5 Fiscal_{i,t} + \beta_6 Market_{i,t} + \beta_7 Private_{i,t} + \beta_8 Technology_{i,t} + \varepsilon_{i,t}$　　　　　　　　　　　　　　　　　　　　　　　　　(4-20)

其中，i 和 t 分别表示省（区）和年份；α 表示截距项；$\beta_1 \sim \beta_8$ 表示回归系数；ε 表示随机扰动项；Sub_ela 为垂直层面中介变量，即能源要素替代弹性；其他变量同上文。①

模型（4-19）和（4-20）分别用以检验能源贸易合作产生的以能源要素替代弹性表示的垂直层面作用和该作用对资源型经济转型的作用。

二、能源投资合作

为了考察能源投资合作对资源型经济转型的垂直层面作用机理，本书建立如下模型，进行中介效应检验。

$Sub\_ela_{i,t} = \alpha + \beta_1 Ln\_Invest_{i,t} + \beta_2 GEI_{i,t} + \beta_3 Fiscal_{i,t} + \beta_4 Market_{i,t} + \beta_5 Private_{i,t} + \beta_6 Technology_{i,t} + \varepsilon_{i,t}$　　　　　　　　　(4-21)

$Eco\_Tran_{i,t} = \alpha + \beta_1 Ln\_Invest_{i,t} + \beta_2 Sub\_ela_{i,t} + \beta_3 Ln\_Invest\_Sub\_ela_{i,t} + \beta_4 GEI_{i,t} + \beta_5 Fiscal_{i,t} + \beta_6 Market_{i,t} + \beta_7 Private_{i,t} + \beta_8 Technology_{i,t} + \varepsilon_{i,t}$　　　　　　　　　　　　　　　　　　　　　　　　　(4-22)

模型（4-21）和（4-22）分别用以检验能源投资合作产生的以能源要素替代弹性表示的垂直层面作用和该作用对资源型经济转型的作用。

三、能源技术合作

为了考察能源技术合作对资源型经济转型的垂直层面作用机理，本书建立如下模型，进行中介效应检验。

$Sub\_ela_{i,t} = \alpha + \beta_1 Ln\_Tech_{i,t} + \beta_2 GEI_{i,t} + \beta_3 Fiscal_{i,t} + \beta_4 Market_{i,t} + \beta_5 Private_{i,t} + \beta_6 Technology_{i,t} + \varepsilon_{i,t}$　　　　　　　　(4-23)

$Eco\_Tran_{i,t} = \alpha + \beta_1 Ln\_Tech_{i,t} + \beta_2 Sub\_ela_{i,t} + \beta_3 Ln\_Tech\_Sub\_ela_{i,t} + \beta_4 GEI_{i,t} + \beta_5 Fiscal_{i,t} + \beta_6 Market_{i,t} + \beta_7 Private_{i,t} + \beta_8 Technology_{i,t} + \varepsilon_{i,t}$　　　　　　　　　　　　　　　　　　　　　　　　　(4-24)

模型（4-23）和（4-24）分别用以检验能源技术合作产生的以能源要素替代弹性表示的垂直层面作用和该作用对资源型经济转型的作用。

四、能源治理合作

为了考察能源治理合作对资源型经济转型的垂直层面作用机理，本书建

---

① 下文变量名称和符号的使用同此处，不再赘述。

立如下模型，进行中介效应检验。

$$Sub\_ela_{i,\,t} = \alpha + \beta_1 Ln\_Gover_{i,\,t} + \beta_2 GEI_{i,\,t} + \beta_3 Fiscal_{i,\,t} + \beta_4 Market_{i,\,t} +$$
$$\beta_5 Private_{i,\,t} + \beta_6 Technology_{i,\,t} + \varepsilon_{i,\,t} \tag{4-25}$$

$$Eco\_Tran_{i,\,t} = \alpha + \beta_1 Ln\_Gover_{i,\,t} + \beta_2 Sub\_ela_{i,\,t} + \beta_3 Ln\_Gover\_$$
$$Sub\_ela_{i,\,t} + \beta_4 GEI_{i,\,t} + \beta_5 Fiscal_{i,\,t} + \beta_6 Market_{i,\,t} + \beta_7 Private_{i,\,t} + \beta_8 Technology_{i,\,t} +$$
$$\varepsilon_{i,\,t} \tag{4-26}$$

模型（4-25）和（4-26）分别用以检验能源治理合作产生的以能源要素替代弹性表示的垂直层面作用和该作用对资源型经济转型的作用。

第四章

变量的相关性分析与基准回归分析

第一节　变量的相关性分析

相关性分析可以显示变量间的相互关系，并判断变量之间是否可能存在严重的多重共线性问题。本书对变量进行相关性分析，结果如表 4-11 所示。可以看出，第一，解释变量 *Ln_ Transfer*（能源调出量）、*Ln_ Invest*（能源投资合作活动频次）、*Ln_ Tech*（能源技术合作活动频次）、*Ln_ Gover*（能源治理合作活动频次）与被解释变量 *Eco_ Tran*（资源型经济转型效果）在 10% 的显著性水平下，存在着显著的正相关关系（ $r = 0.478, p < 0.01; r = 0.138, p < 0.10; r = 0.135, p < 0.10; r = 0.156, p < 0.10$），初步说明各类能源合作活动开展频次越高、规模越大的省（区），资源型经济转型效果越好。第二，在 5% 的显著性水平下，中介变量 Rev（能源资源产业收入）、*E_ CK*（要素产品弹性）、*TFP*（全要素生产率）和 *Sub_ ela*（能源要素替代弹性）与被解释变量 *Eco_ Tran*（资源型经济转型效果）存在着显著的正相关关系（ $r = 0.512, p < 0.01; r = 0.015, p < 0.05; r = 0.178, p < 0.05; r = 0.029, p < 0.05$），初步说明各正向中介变量数值越大，中介效应越强，资源型经济转型效果越好；RS（能源产业结构）、Ratio（能源产业比重）与被解释变量 *Eco_ Tran*（资源型经济转型效果）存在着显著的负相关关系（ $r = -0.248, p < 0.01; r = -0.255, p < 0.05$），初步说明各负向中介变量数值越小，中介效应越强，资源型经济转型效果越好。同时，模型中各变量之间的相关系数均低于 0.8，表明各模型之间不存在多重共线性问题，这为本书研究各类能源合作对资源型经济转型的作用提供了良好的基础。

表4-11 变量相关性分析结果

	Eco_ Tran	LN_ Transfer	LN_ Invest	LN_ Tech	LN_ Gover	LN_ Rev	RS
Eco_ Tran	1						
LN_ Transfer	0.478***	1					
LN_ Invest	0.138*	0.196**	1				
LN_ Tech	0.135*	0.191**	0.966***	1			
LN_ Gover	0.156*	0.137*	0.856***	0.895***	1		
LN_ Rev	0.512***	0.851***	0.332***	0.344***	0.259***	1	
RS	−0.248***	−0.276***	−0.002	−0.01	0.001	−0.029	1
Ratio	−0.255**	0.499***	0.084	0.141*	0.085	0.668***	−0.009
E_ CK	0.015**	0.015	0.254***	0.270***	0.339***	0.111	0.261***
TFP	0.178**	0.036	−0.128	−0.178**	−0.176**	−0.098	−0.128
Sub_ ela	0.029**	−0.153*	0.057	0.024	0.031	−0.166**	0.046
GEI	−0.293***	−0.337***	−0.455***	−0.430***	−0.372***	−0.534***	−0.098
Fiscal	−0.276***	−0.486***	0.068	0.101	0.045	−0.449***	−0.094
Market	0.303***	0.289***	−0.369***	−0.384***	−0.309***	0.188**	−0.168**
Private	0.195**	0.237***	0.557***	0.563***	0.548***	0.354***	−0.103
Technology	0.272***	0.098	0.093	0.071	0.069	0.167**	0.108

	Ratio	E_ CK	TFP	GEI	Fiscal	Market	Private	Technology
Ratio	1							
E_ CK	−0.132	1						
TFP	−0.067	0.025	1					
Sub_ ela	−0.268***	0.065	−0.206**	1				
GEI	0.062	−0.242***	0.071	−0.022	1			
Fiscal	−0.198**	−0.037	0.073	0.03	0.140*	1		
Market	0.206**	−0.186**	−0.008	−0.055	0.153*	−0.591***	1	
Private	0.014	0.296***	−0.066	0.005	−0.581***	−0.045	−0.393***	1
Technology	−0.102	0.071	0.003	0.045	−0.412***	0.123	−0.326***	0.272***

注: * $p < 0.10$, ** $p < 0.05$, *** $p < 0.01$。

第二节 模型的基准回归分析

本书以 *Eco_ Tran*（资源型经济转型效果）为被解释变量，以 *Ln_ Transfer*（能源调出量）、*Ln_ Invest*（能源投资合作）、*Ln_ Tech*（能源技术合作）、*Ln_ Gover*（能源治理合作）为解释变量，代入模型（4-7）—（4-10）进行基准回归，结果如表4-12所示。

表4-12 基准回归结果

	（1）Eco_ Tran	（2）Eco_ Tran	（3）Eco_ Tran	（4）Eco_ Tran
LN_ Transfer	0.0218***			
	（3.94）			
GEI	−0.00271	−0.00249	−0.00245	−0.00572
	（−0.28）	（−0.25）	（−0.24）	（−0.58）
Fiscal	0.286	0.0705	0.0527	0.0643
	（1.52）	（0.38）	（0.28）	（0.35）
Market	0.0377***	0.0469***	0.0472***	0.0452***
	（4-93）	（5.88）	（5.95）	（5.75）
Private	0.118**	0.112**	0.104*	0.105*
	（2.40）	（2.14）	（1.97）	（1.94）
Technology	2.909***	3.540***	3.626***	3.451***
	（4-16）	（4-79）	（4-89）	（4-71）
LN_ Invest		0.0144**		
		（2.27）		
LN_ Tech			0.0174**	
			（2.52）	
LN_ Gover				0.0151**
				（2.22）
_ cons	−0.438***	0.0896	0.0778	0.109*
	（−2.75）	（1.37）	（1.18）	（1.74）
N	150	150	150	150
r2_ a	0.369	0.325	0.330	0.324

注：$^*p < 0.10$，$^{**}p < 0.05$，$^{***}p < 0.01$。

可以看出，在 *Ln_ Transfer*（能源调出量）为解释变量的回归结果中，*Ln_ Transfer* 的系数为正，且通过了 1% 的显著性水平检验（$r = 0.0218$，$p < 0.01$），说明能源调出量对资源型经济转型效果具有显著的正向作用，能源调出量增多能够促进资源型省（区）的转型发展。根据前文分析，在能源贸易合作中，无论是能源要素作为商品，还是二次能源商品或更高质量能源商品的贸易合作均能够对资源型经济能源类产品及产业链延伸产生拉动作用，而这种需求端拉动作用不仅会体现在资源型经济产出水平的提高还会影响地区收入，进而可能会影响资源型经济的社会、民生等方面。本书在研究中还提出，能源贸易合作对资源型经济的这种正向影响在资源型经济转型早期会较为明显，而随着资源型经济转型发展的不断推进，需要更加注重提高高新技术产品在能源贸易合作中的比重。以上关系在基准回归中得到验证。

在 *Ln_ Invest*（能源投资合作活动频次）为解释变量的回归结果中，*Ln_ Invest* 的系数为正，且通过了 5%（$r = 0.0144$，$p < 0.05$）的显著性水平检验，说明能源投资合作对资源型经济转型效果具有显著的正向作用，资源型省（区）能够通过加强能源投资合作，促进资源型经济转型。在前文的分析中，曾经提到资本具有推动实体经济发展的作用，能源投资合作不仅能促进能源类资源型经济的机械化、规模化发展，还能在一定程度上推动产业的技术进步，提升资源型经济的生产效率，有利于资源型经济转型。此外，前人研究表明在生产中，资本与能源要素存在一定的替代效应；而能源资源型经济转型的任务之一就是降低能源类资源型产业在整体经济中的占比，因此能源投资合作的开展也有利于资源型经济转型中产业结构优化目标的实现。以上关系在基准回归中得到验证。

在 *Ln_ Tech*（能源技术合作活动频次）为解释变量的回归结果中，*Ln_ Tech* 的系数为正，且通过了 5%（$r = 0.0174$，$p < 0.05$）的显著性水平检验，说明能源技术合作对资源型经济转型效果具有显著的正向作用，资源型省（区）能够通过加强能源技术合作，促进资源型经济转型。前文分析表明技术要素会提升能源要素及其他要素的生产效率，从而促进资源型经济转型。同时，引进技术要素有助于资源型经济创新能力的获得，能源技术合作是能源合作中最为重要和关键的一种类型，能源合作只有发展到能源技术合作才真正进入高级阶段，资源型经济的发展方式才真正得到转变。以上关系在基准回归中得到验证。

在 *Ln_ Gover*（能源治理合作活动频次）为解释变量的回归结果中，*Ln_ Gover* 的系数为正，且通过了 5%（$r = 0.0151$，$p < 0.05$）的显著性水平

检验，说明能源治理合作对资源型经济转型效果具有显著的正向作用，资源型省（区）能够通过加强能源治理合作，促进资源型经济转型。前文分析资源型经济通过能源治理合作吸收外部优质的制度要素，并通过与自身已经具备的能源、资本、技术要素结合对资源型经济转型中多方面问题进行规制和改善，这本身就会产生降低经济活动交易成本、提高经济效率的作用。同时，能源治理合作通过对资源型经济正式制度和非正式制度的改进会深入影响资源型地区的经济、社会和环境等各个方面，均有利于其转型及良性发展。以上关系在基准回归中得到验证。

控制变量中，在 10% 的显著性水平下，*Fiscal*（财政收入占 GDP 比重）、*Market*（市场化指数）、*Private*（私营个体单位就业人员占比）、*Technology*（技术市场成交额占 GDP 比重）对资源型经济转型效果具有显著的正向作用，而 *GEI*（能源强度）对资源型经济转型效果的影响并不显著。根据前文分析，财政收入占 GDP 比重、市场化指数、私营个体单位就业人员占比和技术市场成交额占 GDP 比重对能源合作均存在正向作用，而能源强度存在负向作用。同时，财政收入占 GDP 比重、市场化指数、私营个体单位就业人员占比和技术市场成交额占 GDP 比重[1]分别影响资源型经济的资本存量、制度环境因素、经济活力和发展水平，对资源型经济转型存在正向作用；而能源强度本身是限制资源型绿色、清洁发展的因素，对资源型经济转型存在负向作用[2]。以上关系在基准回归中得到验证。

---

[1] 李青. 资源型地区经济转型中科技创新驱动效应研究 [D]. 太原：山西大学，2019.
[2] 单东方. 资源型地区创新能力评价指标体系构建 [J]. 统计与决策，2020，36（2）：38-42.

第五章

能源合作对资源型经济转型作用的中介
效应检验及结果分析

通过基准回归，已经初步验证了解释变量与被解释变量，即各类能源合作对资源型经济转型存在正向促进作用，本书将通过中介效应检验进一步验证各类能源合作对资源型经济转型的具体作用媒介及其作用机理。

第一节　水平层面作用的中介效应检验及结果分析

一、能源贸易合作

本节进一步探究能源贸易合作对资源型经济转型的水平作用机制，分别从收入效应（能源资源产业收入 Ln_Rev）、结构效应（能源产业结构 RS 和能源产业比重 $Ratio$）、内涵效应（要素产品弹性 E_CK）、溢出效应（全要素生产 TFP）四个角度进行分析，分别以 Ln_Rev、RS、$Ratio$、E_CK、TFP 作为中介变量，代入模型（4-11）和（4-12）进行能源贸易合作水平作用中介效应检验，回归结果如表4-13所示。

表4-13　能源贸易合作水平层面中介效应检验结果

	（1）Eco_ Tran	（2）LN_ Rev	（3）Eco_ Tran	（4）RS	（5）Eco_ Tran	（6）Ratio
LN_ Transfer	0.0218***	0.659***	0.00383	−0.248***	0.0184***	0.0778***
	(3.94)	(15.78)	(0.42)	(−5.02)	(3.07)	(7.22)
GEI	−0.00271	−0.384***	0.00779	−0.277***	−0.00659	0.0497***
	(−0.28)	(−5.36)	(0.76)	(−3.27)	(−0.67)	(2.69)
Fiscal	0.286	−1.684	0.332*	−9.766***	0.150	0.409
	(1.52)	(−1.19)	(1.79)	(−5.82)	(0.72)	(1.12)

续表

	(1) Eco_ Tran	(2) LN_ Rev	(3) Eco_ Tran	(4) RS	(5) Eco_ Tran	(6) Ratio
Market	0.0377***	−0.0190	0.0382***	−0.311***	0.0333***	0.00793
	(4−93)	(−0.33)	(5.08)	(−4.57)	(4−09)	(0.53)
Private	0.118**	0.124	0.114**	−1.841***	0.0921*	0.0592
	(2.40)	(0.34)	(2.37)	(−4.21)	(1.78)	(0.62)
Technology	2.909***	−2.521	2.978***	3.748	2.961***	−1.193
	(4−16)	(−0.48)	(4−33)	(0.60)	(4−25)	(−0.88)
LN_ Rev			0.0273**			
			(2.50)			
RS					−0.0140	
					(−1.50)	
Ratio						
E_ CK						
TFP						
_ cons	−0.438***	8.474***	−0.670***	10.59***	−0.290	−1.992***
	(−2.75)	(7.06)	(−3.68)	(7.44)	(−1.55)	(−6.42)
N	150	150	150	150	150	150
r2_ a	0.369	0.788	0.391	0.298	0.374	0.290

	(7) Eco_ Tran	(8) E_ CK	(9) Eco_ Tran	(10) TFP	(11) Eco_ Tran
LN_ Transfer	0.0183***	−0.234	0.0218***	0.00274	0.0235***
	(2.83)	(−0.94)	(3.90)	(1.29)	(4−32)
GEI	−0.00494	−0.621	−0.00284	0.00245	−0.00120
	(−0.51)	(−1.46)	(−0.29)	(0.67)	(−0.13)
Fiscal	0.268	−11.48	0.284	0.0756	0.333*
	(1.42)	(−1.36)	(1.49)	(1.05)	(1.80)

续表

	（7） Eco_ Tran	（8） E_ CK	（9） Eco_ Tran	（10） TFP	（11） Eco_ Tran
Market	0.0373***	-0.522	0.0376***	0.0000283	0.0377***
	(4-88)	(-1.52)	(4-85)	(0.01)	(5.05)
Private	0.115**	3.384	0.119**	-0.00869	0.112**
	(2.34)	(1.54)	(2.39)	(-0.46)	(2.35)
Technology	2.962***	-24.40	2.904***	0.0603	2.946***
	(4-23)	(-0.78)	(4-13)	(0.23)	(4-32)
LN_ Rev					
RS					
Ratio	0.0450				
	(1.05)				
E_ CK			-0.000206		
			(-0.11)		
TFP					-0.0616
					(-0.88)
_ cons	-0.349*	12.02*	-0.436***	0.938***	0.139
	(-1.92)	(1.68)	(-2.69)	(15.41)	(0.55)
N	150	150	150	150	150
r2_ a	0.369	0.0833	0.365	-0.0183	0.400

注: $^* p < 0.10$, $^{**} p < 0.05$, $^{***} p < 0.01$

从表中第（2）列和第（3）列能源资源产业收入（ Ln_ Rev ）作为中介变量的回归结果中可以看出，在5%的显著性水平下， Ln_ Transfer 对 Ln_ Rev 具有显著的正向作用（ $r = 0.659, p < 0.01$ ）， Ln_ Rev 对 Eco_ Tran 具有显著的正向作用（ $r = 0.0273, p < 0.05$ ），这说明能源资源产业收入在能源调出量对资源型经济转型效果的作用中起到正向中介作用。能源调出量是重要的能源贸易合作指标。检验结果表明，能源贸易合作通过产生收入效应促进资源

型经济转型，并为资源型经济的顺利再转型做出重要的基础作用，验证了前文理论分析的结论。尽管中介效应检验无法检验变化趋势，但是从前文对山西省能源贸易合作收入效应的实证分析和对中介变量的描述性统计分析可以看出，随着资源型经济转型的深入开展，收入效应逐渐出现缓慢且波动下降的趋势。因此，这种通过收入效应产生的正向促进作用也会逐渐减弱，需要有其他形式的能源合作持续推进资源型经济转型。

从表中第（4）列和第（5）列能源资源型产业结构（RS）作为中介变量的回归结果中可以看出，RS 对 Eco_Tran 的影响系数并没有通过10%的显著性水平检验。这说明能源资源型产业结构在能源贸易合作推动资源型经济转型过程中并未发挥显著的中介作用。因此，能源贸易合作对资源型经济转型不存在明显的能源产业内部结构效应。

从表中第（6）列和第（7）列能源产业比重（Ratio）作为中介变量的回归结果中可以看出，Ratio 对 Eco_Tran 的影响系数并没有通过10%的显著性水平检验。这说明能源产业比重在能源贸易合作推动资源型经济转型过程中并未发挥显著的中介作用。因此，能源贸易合作对资源型经济转型不存在明显的能源产业外部结构效应。

从表中第（6）列和第（7）列要素产品弹性（E_CK）作为中介变量的回归结果中可以看出，Ln_Transfer 对 E_CK 的影响系数并没有通过10%的显著性水平检验。这说明要素产品弹性在能源贸易合作推动资源型经济转型过程中并未发挥显著作用，能源贸易合作并没有起到明显的促进资源型经济资本密集产业生产效率提升的内涵效应。

从表中第（10）列和第（11）列全要素生产率（TFP）作为中介变量的回归结果中可以看出，Ln_Transfer 对 TFP 的影响系数并没有通过10%的显著性水平检验。这说明全要素生产率在能源贸易合作推动资源型经济转型过程中并未发挥显著作用，能源贸易合作并没有起到促进资源型经济各个产业整体生产效率提升的溢出效应。可见，全要素生产率并非能源贸易合作促进资源型经济转型作用的主要中介变量。

二、能源投资合作

本书进一步探究能源投资合作对资源型经济转型的水平作用机制，分别从收入效应（能源资源产业收入 Ln_Rev）、结构效应（能源产业结构 RS 和能源产业比重 Ratio）、内涵效应（要素产品弹性 E_CK）、溢出效应（全要素生产率 TFP）四个角度进行分析，分别以 Ln_Rev、RS、E_CK、TFP 作为中介变量，代入模型（4-13）和（4-14）进行能源投资合作水平作用中介效应检验，回归结果如表4-14所示。

表4-14　能源投资合作水平层面中介效应检验结果

	（1） Eco_ Tran	（2） LN_ Rev	（3） Eco_ Tran	（4） RS	（5） Eco_ Tran	（6） Ratio
LN_ Invest	0.0144**	0.210	0.00831	-0.201**	0.0139**	-0.0291**
	(2.27)	(0.82)	(1.35)	(-2.34)	(2.24)	(-2.13)
GEI	-0.00249	-0.480***	0.0114	-0.214**	-0.00774	0.0404*
	(-0.25)	(-4.04)	(1.13)	(-2.27)	(-0.77)	(1.85)
Fiscal	0.0705	-8.194***	0.308*	-7.313***	-0.109	-0.360
	(0.38)	(-3.75)	(1.67)	(-4.21)	(-0.56)	(-0.90)
Market	0.0469***	0.198**	0.0412***	-0.377***	0.0377***	0.0348**
	(5.88)	(2.12)	(5.38)	(-5.06)	(4-45)	(2.02)
Private	0.112**	0.507	0.0976*	-2.130***	0.0600	0.0938
	(2.14)	(0.82)	(1.96)	(-4.34)	(1.10)	(0.83)
Technology	3.540***	10.54	3.234***	0.399	3.549***	0.466
	(4-79)	(1.22)	(4-61)	(0.06)	(4-91)	(0.29)
LN_ Rev			0.0290***			
			(4-30)			
RS					-0.0245***	
					(-2.80)	
Ratio						
E_ CK						
TFP						
_ cons	0.0896	25.28***	-0.642***	4.030***	0.188**	-0.0238
	(1.37)	(32.97)	(-3.55)	(6.60)	(2.58)	(-0.17)
N	150	150	150	150	150	150
r2_ a	0.325	0.449	0.398	0.175	0.356	0.0612

续表

	(7) Eco_ Tran	(8) E_ CK	(9) Eco_ Tran	(10) TFP	(11) Eco_ Tran
LN_ Invest	0.0116*	0.216***	0.0146**	-0.00314	0.0129**
	(1.83)	(2.79)	(2.29)	(-1.34)	(2.05)
GEI	-0.00635	-0.454	-0.00297	0.000217	-0.00238
	(-0.63)	(-1.04)	(-0.29)	(0.06)	(-0.24)
Fiscal	0.105	-9.159	0.0607	0.0483	0.0930
	(0.57)	(-1.14)	(0.32)	(0.70)	(0.50)
Market	0.0436***	-0.518	0.0464***	-0.000174	0.0469***
	(5.48)	(-1.50)	(5.75)	(-0.06)	(5.94)
Private	0.103**	2.532	0.115**	0.00279	0.114**
	(2.00)	(1.11)	(2.17)	(0.14)	(2.19)
Technology	3.495***	-21.29	3.517***	0.00788	3.543***
	(4-81)	(-0.67)	(4-74)	(0.03)	(4-85)
LN_ Rev					
RS					
Ratio	-0.0958**				
	(-2.52)				
E_ CK			0.0107**		
			(2.55)		
TFP					-0.0465
					(-1.07)
_ cons	0.0919	4.917*	0.0949	1.024***	0.566**
	(1.43)	(1.74)	(1.43)	(42.46)	(2.37)
N	150	150	150	150	150
r2_ a	0.349	0.0816	0.321	-0.0175	0.340

注: t statistics in parentheses

* $p < 0.10$, ** $p < 0.05$, *** $p < 0.01$

从表中第（2）列和第（3）列能源资源产业收入（Ln_Rev）作为中介变量的回归结果中可以看出，Ln_Invest 对 Ln_Rev 影响的系数并没有通过 10% 的显著性水平检验。这说明能源资源产业收入在能源投资合作推动资源型经济转型过程中并未发挥显著作用，能源投资合作并没有起到明显的提高资源型经济收入水平的作用。因此，能源投资合作对资源型经济转型不存在明显的收入效应。

从表中第（4）列和第（5）列能源资源型产业结构（RS）作为中介变量的回归结果中可以看出，在 5% 的显著性水平下，Ln_Invest 对 RS、RS 对 Eco_Tran 分别具有显著的负向作用（$r = -0.201$，$p < 0.05$；$r = -0.0245$，$p < 0.01$），这说明能源资源型产业结构在能源投资合作对资源型经济转型效果中起到正向中介作用。能源投资合作通过产生促进资源型经济产业内部结构优化的结构效应，从而极大地促进了资源型经济转型，验证了前文理论分析的结论。能源资源型产业结构是能源投资合作促进资源型经济转型作用的主要中介变量。

从表中第（6）列和第（7）列能源产业比重（$Ratio$）作为中介变量的回归结果中可以看出，在 5% 的显著性水平下，Ln_Invest 对 $Ratio$、$Ratio$ 对 Eco_Tran 分别具有显著的负向作用（$r = -0.0291$，$p < 0.05$；$r = -0.0958$，$p < 0.05$），这说明能源产业比重在能源投资合作对资源型经济转型效果中起到正向中介作用。能源投资合作通过产生促进资源型经济产业外部结构优化的结构效应，从而极大地促进了资源型经济转型，验证了前文理论分析的结论。能源产业比重是能源投资合作促进资源型经济转型作用的主要中介变量。

从表中第（8）列和第（9）列要素产品弹性（E_CK）作为中介变量的回归结果中可以看出，在 5% 的显著性水平下，Ln_Invest 对 E_CK、E_CK 对 Eco_Tran 具有显著的正向作用（$r = 0.216$，$p < 0.01$；$r = 0.0107$，$p < 0.05$），这说明要素产品弹性在能源投资合作对资源型经济转型效果中起到正向中介作用。能源投资合作通过产生促进资源型经济中资本密集产业生产效率提升的内涵效应，产生规模经济，从而极大地促进了资源型经济转型，验证了前文理论分析的结论。要素产品弹性是能源投资合作促进资源型经济转型作用的主要中介变量。

从表中第（8）列和第（9）列全要素生产率（TFP）作为中介变量的回归结果中可以看出，Ln_Invest 对 TFP 影响的系数并没有通过 10% 的显著性水平检验。这说明全要素生产率在能源投资合作推动资源型经济转型过程中并未发挥显著作用，能源投资合作并没有起到促进资源型经济各个产业整体生产效率提升的溢出效应。可见，全要素生产率并非能源投资合作促进资源型经济转型作用的主要中介变量。

三、能源技术合作

本书进一步探究能源技术合作对资源型经济转型的水平作用机制，分别从收入效应（能源资源产业收入 Ln_Rev）、结构效应（能源产业结构 RS 和能源产业比重 $Ratio$）、内涵效应（要素产品弹性 E_CK）、溢出效应（全要素生产 TFP）四个角度进行分析，分别以 Ln_Rev、RS、E_CK、TFP 作为中介变量，代入模型（4-15）和（4-16）进行能源技术合作水平作用中介效应检验，回归结果如表4-15所示。

表4-15 能源技术合作水平层面中介效应检验结果

	(1) Eco_Tran	(2) LN_Rev	(3) Eco_Tran	(4) RS	(5) Eco_Tran	(6) Ratio
LN_Tech	0.0174**	0.291	0.00916	-0.0263**	0.0171**	-0.0464***
	(2.52)	(0.64)	(1.34)	(-2.39)	(2.53)	(-3.16)
GEI	-0.00245	-0.465***	0.0107	-0.222**	-0.00764	0.0447**
	(-0.24)	(-4.02)	(1.07)	(-2.33)	(-0.77)	(2.10)
Fiscal	0.0527	-8.490***	0.293	-7.189***	-0.127	-0.408
	(0.28)	(-3.96)	(1.58)	(-4.11)	(-0.66)	(-1.03)
Market	0.0472***	0.211**	0.0412***	-0.385***	0.0380***	0.0381**
	(5.95)	(2.30)	(5.38)	(-5.07)	(4-52)	(2.25)
Private	0.104*	0.294	0.0956*	-2.158***	0.0510	0.0490
	(1.97)	(0.48)	(1.91)	(-4.34)	(0.93)	(0.44)
Technology	3.626***	12.79	3.263***	0.308	3.640***	0.940
	(4-89)	(1.49)	(4-61)	(0.04)	(5.03)	(0.60)
LN_Rev			0.0284***			
			(4-14)			
RS					-0.0247***	
					(-2.83)	
Ratio						

续表

	(1) Eco_ Tran	(2) LN_ Rev	(3) Eco_ Tran	(4) RS	(5) Eco_ Tran	(6) Ratio
E_ CK						
TFP						
_ cons	0.0778	24.96***	-0.630***	4.030***	0.177**	-0.0917
	(1.18)	(32.67)	(-3.46)	(6.49)	(2.41)	(-0.65)
N	150	150	150	150	150	150
r2_ a	0.330	0.468	0.398	0.172	0.362	0.0945

	(7) Eco_ Tran	(8) E_ CK	(9) Eco_ Tran	(10) TFP	(11) Eco_ Tran
LN_ Tech	0.0133*	0.326	0.0178**	0.0554**	0.0150**
	(1.89)	(1.09)	(2.56)	(2.19)	(2.16)
GEI	-0.00644	-0.429	-0.00297	-0.000456	-0.00264
	(-0.64)	(-0.99)	(-0.30)	(-0.12)	(-0.27)
Fiscal	0.0891	-9.491	0.0410	0.0539	0.0757
	(0.49)	(-1.18)	(0.22)	(0.79)	(0.41)
Market	0.0438***	-0.499	0.0466***	-0.000657	0.0469***
	(5.50)	(-1.45)	(5.82)	(-0.23)	(5.96)
Private	0.0996*	2.244	0.107**	0.00900	0.108**
	(1.91)	(0.98)	(2.01)	(0.46)	(2.06)
Technology	3.542***	-18.25	3.603***	-0.0580	3.601***
	(4-85)	(-0.57)	(4-85)	(-0.21)	(4-90)
LN_ Rev					
RS					

	（7）Eco_ Tran	（8）E_ CK	（9）Eco_ Tran	（10）TFP	（11）Eco_ Tran
Ratio	−0.0893**				
	(−2.31)				
E_ CK			−0.00123		
			(−0.64)		
TFP					0.428*
					(1.89)
_ cons	0.0860	4.484	0.0833	1.033***	0.520**
	(1.32)	(1.56)	(1.25)	(42.71)	(2.14)
N	150	150	150	150	150
r2_ a	0.350	0.0852	0.328	0.00325	0.342

注：t statistics in parentheses

$^* p < 0.10$，$^{**} p < 0.05$，$^{***} p < 0.01$

从表中第（2）列和第（3）列能源资源产业收入（$Ln\_ Rev$）作为中介变量的回归结果中可以看出，$Ln\_ Tech$ 对 $Ln\_ Rev$ 影响的系数并没有通过10%的显著性水平检验。这说明能源资源产业收入在能源技术合作推动资源型经济转型过程中并未发挥显著作用，能源技术合作并没有起到明显的提高资源型经济收入水平的作用。因此，能源技术合作对资源型经济转型不存在明显的收入效应。

从表中第（4）列和第（5）列能源资源型产业结构（RS）作为中介变量的回归结果中可以看出，在5%的显著性水平下，$Ln\_ Tech$ 对 RS、RS 对 $Eco\_ Tran$ 分别具有显著的负向作用（$r = -0.0263$，$p < 0.05$；$r = -0.0247$，$p < 0.01$），这说明能源资源型产业结构在能源技术合作推动资源型经济转型中起到了正向中介作用。能源技术合作通过产生促进资源型经济产业内部结构优化的结构效应，从而极大地促进了资源型经济转型，验证了前文理论分析的结论。能源资源型产业结构是能源技术合作促进资源型经济转型作用的主要中介变量。

从表中第（6）列和第（7）列能源产业比重（$Ratio$）作为中介变量的回归结果中可以看出，在5%的显著性水平下，$Ln\_ Tech$ 对 $Ratio$、$Ratio$ 对 $Eco\_ Tran$ 分别具有显著的负向作用（$r = -0.0464$，$p < 0.01$；$r = -0.0893$，

$p < 0.05$），这说明能源产业比重在能源技术合作对资源型经济转型效果中起到正向中介作用。能源技术合作通过产生促进资源型经济产业外部结构优化的结构效应，从而极大地促进了资源型经济转型，验证了前文理论分析的结论。能源产业比重是能源技术合作促进资源型经济转型作用的主要中介变量。

从表中第（8）列和第（9）列要素产品弹性（E_CK）作为中介变量的回归结果中可以看出，Ln_Tech 对 E_CK 影响的系数并没有通过 10% 的显著性水平检验。这说明要素产品弹性在能源技术合作推动资源型经济转型过程中并未发挥显著作用，能源技术合作并没有起到明显的促进资源型经济资本密集产业生产效率提升的内涵效应。

从表中第（10）列和第（11）列全要素生产率（TFP）作为中介变量的回归结果中可以看出，在 10% 的显著性水平下，Ln_Tech 对 TFP、TFP 对 Eco_Tran 具有显著的正向作用（$r = 0.0554$，$p < 0.05$；$r = 0.428$，$p < 0.10$），这说明全要素生产率在能源技术合作推动资源型经济转型中起到了正向中介作用。能源技术合作通过产生提升资源型经济各个产业整体生产效率的溢出效应促进了资源型经济转型，验证了前文理论分析的结论。全要素生产率是能源技术合作促进资源型经济转型作用的主要中介变量。

四、能源治理合作

本书进一步探究能源治理合作对资源型经济转型的水平作用机制，分别从收入效应（能源资源产业收入 Ln_Rev）、结构效应（能源产业结构 RS 和能源产业比重 $Ratio$）、内涵效应（要素产品弹性 E_CK）、溢出效应（全要素生产 TFP）四个角度进行分析，代入模型（4-17）和（4-18）进行能源治理合作水平作用中介效应检验，回归结果如表 4-16 所示。

表 4-16　能源治理合作水平层面中介效应检验结果

	（1） Eco_Tran	（2） LN_Rev	（3） Eco_Tran	（4） RS	（5） Eco_Tran	（6） Ratio
LN_Gover	0.0151**	0.130	0.0113*	-0.0236**	0.0157**	-0.0245*
	(2.22)	(1.60)	(1.75)	(-2.37)	(2.37)	(-1.66)
GEI	-0.00572	-0.547***	0.0104	-0.200**	-0.0109	0.0325
	(-0.58)	(-4.67)	(1.05)	(-2.18)	(-1.12)	(1.52)
Fiscal	0.0643	-8.250***	0.308*	-7.321***	-0.124	-0.371

续表

	(1) Eco_ Tran	(2) LN_ Rev	(3) Eco_ Tran	(4) RS	(5) Eco_ Tran	(6) Ratio
	(0.35)	(−3.71)	(1.68)	(−4.21)	(−0.64)	(−0.92)
Market	0.0452***	0.160*	0.0405***	−0.368***	0.0358***	0.0305*
	(5.75)	(1.71)	(5.43)	(−5.01)	(4−31)	(1.79)
Private	0.105*	0.653	0.0852*	−2.248***	0.0467	0.0955
	(1.94)	(1.02)	(1.68)	(−4.48)	(0.83)	(0.82)
Technology	3.451***	7.489	3.230***	1.396	3.487***	0.169
	(4−71)	(0.86)	(4−68)	(0.20)	(4−89)	(0.11)
LN_ Rev			0.0295***			
			(4−48)			
RS					−0.0257***	
					(−2.94)	
Ratio						
E_ CK						
TFP						
_ cons	0.109*	25.79***	−0.652***	3.892***	0.209***	0.0309
	(1.74)	(34.46)	(−3.63)	(6.65)	(2.99)	(0.23)
N	150	150	150	150	150	150
r2_ a	0.324	0.428	0.403	0.175	0.358	0.0498

	(7) Eco_ Tran	(8) E_ CK	(9) Eco_ Tran	(10) TFP	(11) Eco_ Tran
LN_ Gover	0.0127*	0.706	0.0163**	0.0513**	0.0128*
	(1.89)	(0.44)	(2.35)	(2.06)	(1.88)
GEI	−0.00891	−0.397	−0.00640	0.000516	−0.00549
	(−0.92)	(−0.95)	(−0.65)	(0.14)	(−0.57)

续表

	(7) Eco_ Tran	(8) E_ CK	(9) Eco_ Tran	(10) TFP	(11) Eco_ Tran
Fiscal	0.101	−9.429	0.0482	0.0504	0.0867
	(0.55)	(−1.19)	(0.26)	(0.74)	(0.47)
Market	0.0423***	−0.472	0.0444***	−0.0000826	0.0452***
	(5.42)	(−1.41)	(5.61)	(−0.03)	(5.81)
Private	0.0951*	1.047	0.106*	0.00974	0.109**
	(1.80)	(0.46)	(1.97)	(0.50)	(2.04)
Technology	3.435***	−13.28	3.429***	−0.00877	3.447***
	(4−78)	(−0.43)	(4−67)	(−0.03)	(4−75)
LN_ Rev					
RS					
Ratio	−0.0982**				
	(−2.60)				
E_ CK			−0.00170		
			(−0.87)		
TFP					0.444*
					(1.96)
_ cons	0.106*	4.033	0.116*	1.024***	0.564**
	(1.73)	(1.51)	(1.83)	(44.69)	(2.35)
N	150	150	150	150	150
r2_ a	0.350	0.115	0.323	−0.000426	0.337

注: t statistics in parentheses

$^*p < 0.10$, $^{**}p < 0.05$, $^{***}p < 0.01$

从表中第（2）列和第（3）列能源资源产业收入（$Ln\_ Rev$）作为中介变量的回归结果中可以看出，$Ln\_ Gover$ 对 $Ln\_ Rev$ 影响的系数并没有通过10%的显著性水平检验。这说明能源资源产业收入在能源治理合作推动资源型经济转型过程中并未发挥显著作用，能源治理合作并没有起到明显的提高资源型经济收入水平的作用。因此，能源治理合作对资源型经济转型不存在明显的收入效应。

从表中第（4）列和第（5）列能源资源型产业结构（ RS ）作为中介变量的回归结果中可以看出，在5%的显著性水平下， Ln_Gover 对 RS 、 RS 对 Eco_Tran 分别具有显著的负向作用（ $r = -0.0236, p < 0.05; r = -0.0257, p < 0.01$ ），这说明能源资源型产业结构在能源治理合作推动资源型经济转型中起到了正向中介作用。能源治理合作通过产生促进资源型经济产业内部结构优化的结构效应，从而极大地促进了资源型经济转型，验证了前文理论分析的结论。能源资源型产业结构是能源治理合作促进资源型经济转型作用的主要中介变量。

从表中第（6）列和第（7）列能源产业比重（ Ratio ）作为中介变量的回归结果中可以看出，在10%的显著性水平下， Ln_Gover 对 $Ratio$ 、 $Ratio$ 对 Eco_Tran 分别具有显著的负向作用（ $r = -0.0245, p < 0.10; r = -0.0982, p < 0.05$ ），这说明能源产业比重在能源治理合作对资源型经济转型效果中起到正向中介作用。能源治理合作通过产生促进资源型经济产业外部结构优化的结构效应，从而极大地促进了资源型经济转型，验证了前文理论分析的结论。能源产业比重是能源治理合作促进资源型经济转型作用的主要中介变量。

从表中第（8）列和第（9）列为要素产品弹性（ E_CK ）作为中介变量的回归结果中可以看出， Ln_Gover 对 E_CK 影响的系数并没有通过10%的显著性水平检验。这说明要素产品弹性在能源治理合作推动资源型经济转型过程中并未发挥显著作用，能源治理合作并没有起到明显的促进资源型经济资本密集产业生产效率提升的内涵效应。

从表中第（10）列和第（11）列全要素生产率（ TFP ）作为中介变量的回归结果中可以看出，在10%的显著性水平下， Ln_Gover 对 TFP 、 TFP 对 Eco_Tran 分别具有显著的正向作用（ $r = 0.0513, p < 0.05; r = 0.444, p < 0.10$ ），这说明全要素生产率在能源治理合作推动资源型经济转型中起到了正向中介作用。能源治理合作通过产生提升资源型经济各个产业整体生产效率的溢出效应促进了资源型经济转型，验证了前文理论分析的结论。全要素生产率是能源治理合作促进资源型经济转型作用的主要中介变量。

第二节 垂直层面作用的中介效应检验及结果分析

本节进一步通过前文构建的能源要素与非能源要素替代弹性（Sub_ela）探究能源合作对资源型经济转型的垂直作用机制，分别以 Sub_ela 作为中介变量，构建 $Ln\_Transfer—Sub\_ela$、$Ln\_Invest—Sub\_ela$、$Ln\_Tech—Sub\_ela$、$Ln\_Gover—Sub\_ela$ 交互项，代入模型（4-19）—（4-26）进行分析，回归结果如表 4-17 所示。

表 4-17 能源合作垂直层面中介效应检验结果

	(1)	(2)	(3)	(4)	(5)	(6)	(7)	(8)
	Sub_ela	Eco_Tran	Sub_ela	Eco_Tran	Sub_ela	Eco_Tran	Sub_ela	Eco_Tran
LN_Transfer	-0.0847**	0.0185***						
	(-2.53)	(2.85)						
GEI	-0.00382	-0.00493	0.124	-0.00648	0.103	-0.00656	0.0609	-0.00899
	(-0.02)	(-0.51)	(0.51)	(-0.64)	(0.43)	(-0.65)	(0.26)	(-0.92)
Ratio	-2.635**	0.0507	-3.132***	0.0991**	-3.174***	0.0930**	-3.028***	0.102**
	(-2.50)	(1.15)	(-3.43)	(2.50)	(-3.41)	(2.30)	(-3.33)	(2.59)
Fiscal	-2.186	0.272	-1.519	0.107	-1.718	0.0911	-1.539	0.103
	(-0.47)	(1.44)	(-0.35)	(0.58)	(-0.39)	(0.49)	(-0.35)	(0.56)
Market	-0.00823	0.0373***	0.0389	0.0436***	0.0288	0.0438***	0.00192	0.0422***
	(-0.04)	(4-87)	(0.20)	(5.46)	(0.15)	(5.48)	(0.01)	(5.40)
Private	0.109	0.115**	-0.410	0.104**	-0.364	0.1000*	-0.323	0.0955*
	(0.09)	(2.34)	(-0.33)	(2.00)	(-0.29)	(1.91)	(-0.25)	(1.80)
Technology	5.012	2.951***	9.135	3.485***	8.662	3.532***	6.531	3.426***
	(0.29)	(4-20)	(0.52)	(4-78)	(0.49)	(4-81)	(0.38)	(4-75)
Sub_ela		-0.00216**		-0.00105**		-0.00116**		-0.00128**
		(-2.63)		(-2.30)		(-2.33)		(-2.37)
LN_Invest			0.197**	0.0114*				
			(2.29)	(1.78)				
LN_Tech					0.177**	0.0131*		
					(2.05)	(1.84)		
LN_Gover							0.133**	0.0125*

续表

	(1)	(2)	(3)	(4)	(5)	(6)	(7)	(8)
	Sub_ ela	Eco_ Tran	Sub_ ela	Eco_ Tran	Sub_ ela	Eco_ Tran	Sub_ ela	Eco_ Tran
							(2.82)	(1.85)
_ cons	3.641	−0.357*	0.642	0.0912	0.724	0.0851	1.082	0.105*
	(0.82)	(−1.96)	(0.42)	(1.41)	(0.46)	(1.30)	(0.73)	(1.70)
N	150	150	150	150	150	150	150	150
r2_ a	0.0295	0.367	0.0389	0.345	0.0350	0.346	0.0321	0.346

注：t statistics in parentheses

$^*p < 0.10$, $^{**}p < 0.05$, $^{***}p < 0.01$

一、能源贸易合作

从表中第（1）列和第（2）列能源贸易合作对资源型经济转型效果影响机制中的垂直效应回归结果中可以看出，在5%的显著性水平下，$Ln\_ Transfer$ 对 $Sub\_ ela$ 的影响显著为负，系数为−0.0847；同时，在1%的显著性水平下，$Ln\_ Transfer$ 对 $Eco\_ Tran$ 的影响显著为正，系数为0.0185，这说明检验期内十省（市）能源替代弹性在能源贸易合作对资源型经济转型效果的影响中起到负向中介效应，能源贸易合作对资源型经济转型具有显著的极化效应。

二、能源投资合作

从表中第（3）列和第（4）列能源投资合作对资源型经济转型效果影响机制中的垂直效应回归结果中可以看出，在10%的显著性水平下，$Ln\_ Invest$ 对 $Sub\_ ela$、$Eco\_ Tran$ 分别具有显著的正向影响（$r = 0.197, p < 0.05$; $r = 0.0114, p < 0.10$），这说明检验期内十省（市）能源替代弹性在能源投资合作对资源型经济转型效果的影响中起到正向中介效应，能源投资合作对资源型经济转型具有显著的均衡效应。

三、能源技术合作

从表中第（5）列和第（6）列能源技术合作对资源型经济转型效果影响机制中的垂直效应回归结果中可以看出，在10%的显著性水平下，$Ln\_ Tech$ 对 $Sub\_ ela$、$Eco\_ Tran$ 分别具有显著的正向影响（$r = 0.177, p < 0.05$; $r = 0.0131, p < 0.10$），这说明检验期内十省（市）能源替代弹性在能源技术合作对资源型经济转型效果的影响中起到正向中介效应，能源技术合作对资源

型经济转型具有显著的均衡效应。

四、能源治理合作

从表中第（7）列和第（8）列为能源治理合作对资源型经济转型效果的影响机制中的垂直作用的回归结果中，可以看出，在10%的显著性水平下，Ln_Gover 对 Sub_ela、Eco_Tran 分别具有显著的正向影响（$r = 0.133$，$p < 0.05$；$r = 0.0125$，$p < 0.10$），这说明检验期内十省（市）能源替代弹性在能源治理合作对资源型经济转型效果的影响中起到正向中介效应，能源治理合作对资源型经济转型具有显著的均衡效应。

第三节　实证检验结论

通过 2005—2019 年内蒙古、新疆、陕西、青海、宁夏、黑龙江、云南、甘肃、贵州和山西 10 个典型资源型省（区）的四类能源合作对资源型经济转型的水平和垂直层面作用进行实证检验结果，可以看到：第一，在水平层面上，能源贸易合作通过本行业的收入效应促进自身资源型经济转型，能源投资合作分别通过能源产业的内外部结构效应和资本密集型能源产业的内涵效应促进自身资源型经济转型，能源技术合作和能源治理合作分别通过能源产业的内外部结构效应和整体经济的溢出效应促进自身资源型经济转型；第二，在垂直层面上，能源贸易合作对资源型经济转型存在极化效应，即随着能源贸易合作规模的扩大，能源要素的主导地位将被强化，不利于资源型经济转型，能源投资合作、能源技术合作和能源治理合作对资源型经济转型均存在均衡效应，即随着这三类能源合作规模的扩大，能源要素的主导地位将被弱化，有利于资源型经济转型。

因此，在资源型经济转型过程中，资源型经济的政府部门应当有意识地将能源贸易合作限制在一定程度和范围内，减少初级能源产品的贸易合作，加强高附加值能源产品的贸易合作；同时，积极鼓励能源投资合作、能源技术合作和能源治理合作的开展，优化这三类能源合作的结构和质量，特别需要积极促进能源投资合作与能源技术合作、能源治理合作的融合，以最大程度地发挥能源合作对资源型经济转型的积极作用。

第六章

小　结

　　本章首先在运用区位熵方法确定以山西、陕西、新疆、内蒙古、黑龙江、甘肃、宁夏、青海、贵州、云南10个资源型省（区）作为实证检验对象的基础上，构建了资源型经济转型评价指标体系，采用熵权法对2005—2019年十省（区）的资源型经济转型效果进行了评价，以其作为实证研究的被解释变量；同时，选取了解释变量、中介变量和控制变量，并分别进行了描述性统计分析。

　　其次，本章分别构建了四类能源合作对资源型经济转型作用的基准回归模型、水平层面作用中介效应模型和垂直层面作用中介效应模型。在此基础上，分别对模型变量进行了相关性检验和基准回归，初步验证了能源合作对资源型经济转型存在促进作用。

　　最后，本章进一步对2005—2019年10个资源型省（区）的四类能源合作进行了中介效应检验。结果显示，在水平层面，能源贸易合作通过收入效应对资源型经济转型存在促进作用，能源投资合作通过结构效应和内涵效应促进资源型经济转型，能源技术合作和能源治理合作通过结构效应和溢出效应正向推动资源型经济转型；在垂直层面，除能源贸易合作外，其他三类能源合作在资源型经济转型过程中均存在均衡效应，有利于其正向发展。

第五篇

05

案例分析和政策建议

为探寻现实中资源型地区开展能源合作对自身转型的作用效果，使理论研究更具现实意义，本书选择山西省作为中国资源型经济的典型代表，对其能源合作的发展历程和对资源型经济转型的作用进行阶段性梳理并总结分析其作用特点与问题。

山西省的能源产业开放合作一方面受到中国能源合作发展的深刻影响，另一方面也与自身资源型经济转型发展同频共振。由于能源合作是在改革开放以后才逐步发展起来的，因此，朱跃中等从改革开放开始，将中国的能源合作划分为开始探索（1978—1992 年）、逐步发展（1992—2002 年）、全面展开（2002—2012 年）和共享智慧（2013 至今）四个阶段。① 山西省充分参与了每个阶段的能源合作，因此山西省能源合作的发展历程与中国能源合作高度一致。但是，山西省的能源合作又受到自身开放实践的影响，与中国的能源合作发展历程存在细微差别。

山西省的对外开放起步较晚，1970 年至 1984 年中国经历了新中国成立以后第一次严重的能源短缺，山西省被确定为全国的煤炭能源基地，保障全国的煤炭原料供应。此后，山西省委、省政府进一步把"煤炭能源基地"扩展为"能源重化工基地"。1983 年，山西省合并有关部门成立了山西省对外经济贸易厅，逐渐开展了少量自营出口业务，到 1985 年，进口业务才由委托外省代理变为自营，开始缓慢发展，这一进程落后于沿海地区 6 年之久。受其影响，山西省的能源合作真正开始于 1986 年。2001 年，中国正式加入世界贸易组织，在此影响下，山西省的能源经济也经历了"黄金十年"② 的快速发展期。因此，本书将山西省能源合作的发展历程主要划分为四个阶段，如图 5-1 所示。

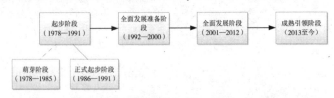

图 5-1　山西省能源合作发展历程示意图
资料来源：作者根据本书内容整理。

根据前文理论研究、实证检验与案例分析可以看出，资源型地区在转型发展的同时已经势不可当地深入参与到了国际国内能源合作中；参与的能源合作规模日益扩大、种类日益丰富。整体看来，能源合作能够在充分发挥资源型经济现有优势的基础上，因地制宜，积极促进资源型经济外生比较优势内生化，引导资源型经济转变产业结构、提升要素生产效率和转变经济增长方式，对资源型经济转型存在正向和积极的影响。

---

① 朱跃中，刘建国，蒋钦云. 能源国际合作 40 年：从"参与融入"到开创"全方位合作新局面"[J]. 新能源经贸观察，2018（10）：56-62.

② 山西省煤炭产业发展的"黄金十年"并没有确切的起止年份，主要是指进入 21 世纪以后到 2012 年以前，山西省煤炭产业快速发展，成为山西地方经济发展的绝对主导力量。

第一章

起步阶段（1978—1991年）：单一贸易
合作作用甚微

第一节　能源合作开展情况

一、萌芽阶段单一的能源贸易合作

1978年改革开放以后，中国经济经历了转轨时期，由调整适应到稳定发展。该时期内煤炭经济体制也在逐步完成转轨，但是山西省的国有重点煤炭企业仍在实行计划经济。这一时期，在国内外宏观背景影响下，山西省能源行业发展呈现出三个特点：第一，国内煤炭资源严重短缺，供给缺口较大，山西省承担了为中国工业经济发展提供基础动力的重要任务。因此，山西省内煤炭产量增长较快。第二，能源行业投资快速增长。仅1983—1987年五年的时间，山西省能源工业的投资累计达90.4亿元，相当于新中国成立后至1982年能源工业投资总和的1.22倍，占到山西省同期工业固定资产投资的60%左右，其中重点投向煤炭工业和电力工业，电力产业的投资占到25%—35%①。第三，山西省对外经济贸易发展缓慢，整体落后于其他省份，没有及时跟上全国开放的脚步。该进程能源合作基本可以分为两个阶段：

首先，能源贸易合作呈现单一的原煤外调特征。在此期间，中国国内能源缺口较大，能源供给不足，山西省建立了煤炭出口生产基地，为扩大煤炭出口奠定了基础。在大量的需求下，这一时期山西省的煤炭产量占能源产量比重大，且产量增速快，特别是在1984年和1985年，原煤产量增速提高明显，而以电力为代表的二次能源增速稳定（如图5-2），在外送能源中的占比明显较小、增速缓慢（如图5-3）。这一阶段山西省的能源合作主要体现为能源贸易合作，非常单一，山西省的能源外调量由1978年的4679.5万吨标准煤增长到1985年的

---

① 李旺明，苗长青. 当代山西经济史纲 [M]. 太原：山西经济出版社，2007：326.

12035.45 万吨标准煤，其中原煤外调量达到了 95% 以上，最高的 1981 年达到了 96.6%；二次能源如电力、焦炭和洗煤等在能源合作中所占的比重相当低。

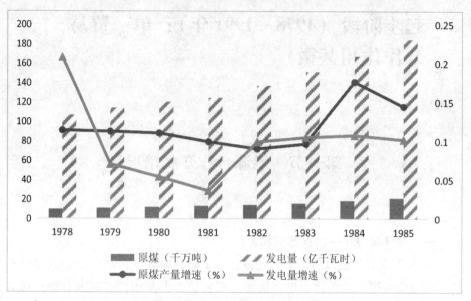

图 5-2　1978—1985 年山西省原煤与电力生产情况

数据来源：山西省统计年鉴（1979—1986 年），Wind 行业数据库，经作者整理绘制。

　　注：原煤产量源数据单位为：亿吨，为方便图示将单位折算为：千万吨。

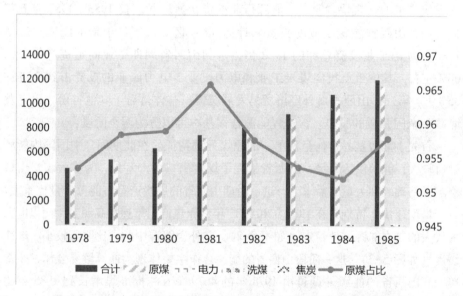

图 5-3　1978—1985 年山西省能源外调量及构成（单位：万吨标准煤）

数据来源：山西省统计年鉴（1979—1986 年），经作者整理绘制。

其次，能源投资合作初现。为了早日建成能源重化工基地，国家及山西省都加大了对山西煤炭工业生产和建设的投资。大规模、高强度的资金注入推动了山西省能源产业的快速发展，也带动了全省经济的快速增长。山西省也压缩了其他行业在改革开放前开工规模大、战线长的半拉子工程，而大力提高了煤炭、电力等行业的投资以推进能源基地建设，包括新矿建设、旧矿改造、电厂建设、输变电建设方面等，如大同、神头、娘子关等大型坑口电站的建设项目。同时，山西省开始获得国际能源贷款，用于新建和改造煤矿，但占比较少，大部分投资资金来源于山西省本地财政资金和企业自筹资金。

最后，能源技术合作和能源治理合作并未真正开展。山西省从德国、美国等引进综采设备和掘进设备，为下一阶段的能源生产奠定了扎实的基础。山西省确定了"能源重化工基地"的建设目标，成立了对外经济贸易厅，主要负责省内进出口业务与事项。从1984年开始，山西省政府组织召开了山西省国际经济技术合作洽谈会，吸引了美国、日本、德国等发达国家和地区在包括能源等产业上的投资和技术合作。首届洽谈会就达成协议43个，成交金额2214万美元①，但多为中小型能源技术改造项目，采取合资经营、合作经营等方式，涉及技术和设备引进。可以看出，此阶段能源技术合作和能源治理合作，还依赖于能源投资合作，特别是能源技术合作多为技术成果的引进，并未形成实质上的技术吸收，能源治理合作还没有真正开始。

一、正式起步阶段出现能源投资合作

这一时期是中国经济发展历史上的一段特殊时期，经济发展实行计划经济与市场经济过渡和结合的方针，即"转轨期"。作为关系国计民生的重要产品，中国对煤炭和电力产业仍然实行"上游产品管住"的办法，对其生产、运输、销售仍采用计划经济。这一阶段，中国的能源需求量依然旺盛，1988年中国经历了改革开放以后的第二次能源短缺，煤炭供应紧张，当年有25%的工业生产能力开工不足，农业用电短缺1/3，年产值损失4000亿元。② 这期间的能源合作也受到了上述宏观经济情况的影响。

首先，二次能源贸易合作增多。这一阶段，山西省的出口产值以年均10.3%的速度递增，出口商品的结构开始改善，初级产品比重下降，工业制

---

① 杨德樵. 山西经济贸易在腾飞：记山西对外经济技术合作洽谈会［J］. 国际贸易，1985（10）：36-37，39.

② 任志宏. 能源危机与缓解能源危机的探析［M］//山西省统计局. 山西能源经济60年（1949—2009）. 北京：中国统计出版社，2010：228-236.

成品比重增加。① 但是，成本高、附加值低的原料型初级产品仍在出口商品中占到较大比例。这一阶段能源贸易合作的一个重要突破是山西省在 1990 年开始大量出口焦炭，当年出口焦炭 99.93 万吨，占全国出口焦炭总量的 77.47%，出口达 13 个国家（地区）。1990 年，煤炭及焦炭创汇 2.14 亿美元，占山西全省出口商品总值的 46.75%，在山西省出口的超过千万美元的商品中，焦炭、煤炭等初级产品所占比重较大，其他产品比重很小。② 1985 年起，山西省开始加快二次能源生产的发展。由于铁路运输严重制约晋煤外运和生产，为增强煤炭生产后劲，提高经济效益，山西省委、省政府提出要大力发展能源加工转换，加速煤炭向二次能源的转化，山西省的能源输出结构也因此发生了变化。如图 5-4，1986—1991 年，原煤在山西省外调能源中的比重持续下降，并突破 90% 以下。电力、焦炭等二次能源外调量和占比明显提高，1986 年山西省电力外调量相当于 146.73 万吨标准煤，比 1985 年提高了 80.97%，1986—1991 年，山西省电力外调量年平均增长率接近 30%。

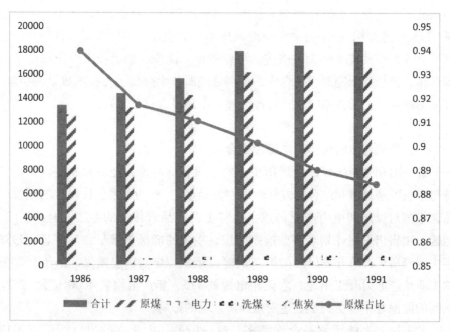

图 5-4　1986—1991 年山西省能源外调量及构成（单位：万吨标准煤）

数据来源：山西省统计年鉴（1987—1992 年），经作者整理绘制。

---

① 王卫香. 山西对外经济贸易历史发展的思考［J］. 经济问题，2000（9）：59-61.

② 白慧仁. 对我省能源产业依存度的探析［J］. 技术经济与管理研究，2004（6）：126-127.

山西省焦炭外调量由 1986 年的 252.08 万吨标准煤增长到 1991 年的 780.59 万吨标准煤，年平均增速 31%。①

其次，能源投资合作起步。山西省能源产业利用 FDI 呈现出起步晚、发展慢的特征。1987 年前，山西省引进 FDI 只有不到 100 万美元，到 1991 年以前，山西省吸引的 FDI 规模也没有超过 1000 万美元，山西省实际利用 FDI 的规模在全国的比重不足 3%。这些投资基本投向了能源产业。1987 年，总投资 6.49 亿美元的中美合资特大型煤矿项目——平朔安太堡露天煤矿建成投产，是当时中国最大的中外合作项目，也是山西省改革开放引进的第一笔外资。此外，煤炭工业更新改造投资占到同期山西省全部更新改造投资的 45%~50%，这一指标反映了煤炭产业内涵式扩大再生产的程度。与此同时，民间资金也大规模涌向能源工业，主要是煤炭工业。其中省外资金占到较大比例，导致这一时期山西省的能源工业获得巨大发展，煤矿由 2000 多座猛增到 6000 多座，极大地提升了山西省的能源供给能力。②

再次，引进技术设备加快。如中外合作的安太堡煤矿从美国、日本、德国进口了一大批重型生产设备。该阶段山西省煤炭机械化采煤程度明显提高，到 1991 年，山西省的六大国家统配煤矿③的采煤机械化程度达到 97.39%，掘进装载机械化率达到 81.3%，④ 远远高于全国其他省份，居全国首位。

最后，局限于纵向能源治理合作。为了促进能源经济全方位开放，1987 年山西省政府出台了《关于大力发展煤炭加工转化有关问题的规定》，有力地推动了全省能源加工转化的步伐，使得二次能源产品快速增加，外销能源品种增多。国家于 1988 年成立了能源开发专项基金，山西省也制定了相关规定或条例来改善投资环境。能源治理合作局限在行政指令性的纵向合作上。

总体来看，山西省到本阶段后期才真正开始参与各类能源合作。能源贸易合作仍然是这一时期能源合作的主要形式，同时能源投资合作、能源技术合作和能源治理合作也逐步实质性地开展起来。

---

① 焦友梅，白慧仁.入世后山西能源工业发展对策研究［C］//山西省统计局.山西能源经济 60 年（1949—2009）.北京：中国统计出版社，2010：209.

② 任力军.山西产业投资结构变迁：1950—2010［D］.太原：山西大学，2015：87-90.

③ 山西省的六大国家统配煤矿：阳泉、潞安、晋城、汾西、霍州、西山。

④ 任力军.山西产业投资结构变迁：1950—2010［D］.太原：山西大学，2015.

第二节 能源合作对资源型经济转型的作用

通过机理分析和实证检验可知，能源贸易合作在水平层面上仅能给资源型经济带来收入效应，在垂直层面会强化能源要素的主体地位。在其他能源合作形式出现以前，以能源贸易合作为主的能源合作体系对资源型经济转型的作用效果不佳。而本书通过对起步阶段山西省能源合作开展情况进行梳理，发现本阶段能源贸易合作成为山西省与外界能源合作的主要形式，按照上述结论可判断，本阶段能源合作对资源型经济转型的作用效果总体较差。

一、萌芽阶段（1978—1985 年）作用甚微

山西省在能源领域与省外其他地区发生经济交往的形式较为单一，各类能源合作数量和规模均较小，并未对山西省资源型经济及其转型产生明显的影响。山西省的能源合作以能源贸易合作为主，其中原煤外售占较大比重。但是，当时每吨煤用来发电所创造的价值是单纯出售煤炭的 4 倍左右。因此，大量外输一次能源会消耗大量的煤炭资源，但对带动山西省内其他工业产业发展作用十分有限。尽管国家对山西省的能源产业发展加强了财政投入力度，但并未形成山西省与国内外其他地区生产要素的充分交流，并且投资金额和频度上均未达到一定规模。而该阶段山西省参与的能源技术和治理合作较少，尚处于尝试阶段，且均通过为数不多的能源投资合作开展，未形成实质上的高级要素吸收，经济发展仍建立在自身要素禀赋和积累之上。

二、正式起步阶段（1986—1991 年）作用有限

首先，收入效应不显著，贸易结构变化使能源利用能力略有提升。原煤贸易属于原料型初级产品，创汇能力较弱，同时受到全国总量控制的限制，属于退税率最低档的产品，因此在正式起步阶段，能源贸易给山西省带来的收入效应较小。由于处于转轨期，山西省 60% 的生活消费品需要从省外按市场价格购进，而其能源产品则按国家计划价格调出，由此每年给山西省带来巨大的经济损失。据统计，在 1980—1988 年间，山西省的价值流失达 650 多亿元。①

---

① 焦有梅. 山西能源经济结构与可持续发展研究［M］//山西经济年鉴编辑委员会. 山西能源经济 60 年（1949—2009）. 北京：中国统计出版社，2010：295.

这一时期，二次能源生产和贸易比重增大，山西省能源要素加工利用的力度有所加强，能源贸易商品的质量有所提高。但是，煤炭仍是山西省能源贸易合作的主要商品，1980年山西省供应外贸出口的煤炭就达到237万吨，到1990年煤炭出口数量增加到1263万吨，出口的国家和地区除日本外还有香港、菲律宾及印度尼西亚等50多个，能源贸易合作内容单一的特征仍然比较明显。与此同时，山西省需要的石油及其制品全部需要从省外输入，在经济上造成了较大的损失。

其次，能源投资合作结构效应和内涵效应均不明显。这一阶段，中国将投资向沿海、东部地区倾斜，中西部地区投资比重下降。同时，1985年国家将大型国有煤炭、电力企业全部上划中央，并在投资、税收、运输等方面制定了优惠于地方企业的政策。在此情形下，能源重化工基地建设已经初具规模的山西省不得不牺牲其他行业，扶持地方能源工业继续发展。而山西省利用外商直接投资也起步于这一阶段。受限于资源型经济特征①、能源重化工产业投资门槛过高、投资环境较差及缺乏吸引外资的政策优势等因素，对外能源合作发展步伐较为缓慢。但国内投资合作的开展在一定程度上缓解了山西省能源产业和经济发展动力不足的问题，为缓解中国能源紧缺现状提供了有力的支持。这里需要说明的是，由于省外民间投资进入山西省能源产业的规模和投向尚无法统计，因此只能依靠个别结果量数据，如新增煤矿数量等近似估计。但是，此阶段投资合作的方向几乎全部为原煤和焦炭生产，在结构上部分提高了山西省加工型资源型产业在整体资源型产业中的占比，但是对资源型经济转型的作用较小，能源产业投资的上升在一定程度上甚至阻碍了资源型经济的转型。

最后，能源技术合作和能源治理合作略显内部结构效应。通过引进先进装备，从炮采、普通机械化采煤到综合机械化采煤，山西省煤炭采掘业机械化程度快速提高，但是仍处于对外来成熟技术依赖阶段，特别是在研发层面还未有重要的合作出现。在能源治理方面仍然处在经济体制转轨过程中国家顶层设计的具体执行层面，真正与省外的合作尚未起步。能源技术合作和能源治理合作仅对资源型经济的能源产业内部结构产生促进生产效率提升的作用，加工型资源型产业的比重略有上升，但对资源型经济转型的作用仍不明显。

---

① 当时外资的主要投向为劳动密集型轻工业。

第二章

全面发展准备阶段（1992—2000 年）：投资合作促进内部结构优化

第一节　能源合作开展情况

1992—2000 年是中国经济社会深刻变化的一个时期，也是中国能源合作的快速发展期。经过 20 余年的改革开放，山西省能源行业也同样经历了计划经济时期、转轨时期、社会主义市场经济时期三个发展阶段。作为经济基础薄弱的内陆省份，山西省急需抓住改革开放的有利时机，尽可能地吸收省外高质量要素为我所用，搞好资源的开发利用和加工转化，为本省经济快速发展奠定基础。

一、能源贸易合作为主要形式

首先，能源外调量进一步增大。能源贸易合作是这一阶段能源合作中的主要类型。如图 5-5 所示，山西省能源外调量进一步增大，由 1992 年的 20011. 53 万吨标准煤增加到 2001 年的 22077. 3 万吨标准煤。尽管 1997—1999 年受到亚洲金融危机影响，能源外调量出现下降，但是这一阶段山西省调出原煤产量始终保持在全国省际原煤净调出的 75% 以上，资源型经济的特征十分明显。

其次，电力和焦炭贸易量提高。1992 年，为缓解铁路运输的压力，改革单一输煤的能源输出格局，提高能源企业的经济效益，山西省委、省政府提出了输煤、输电并重的经济发展战略。能源加工转换率在这一时期获得了极大提升。1997 年原煤用于加工转换生产二次能源产品达 1. 37 亿吨，占原煤总产量的 40. 5 %，比 1985 年增长 4 倍，比重上升 27. 7 个百分点。[①] 与此同时，外运能源的结构也不断优化。1998 年外运能源中，一次能源原煤占 79. 6%，

①　相关年份山西省统计年鉴。

比 1978 年下降 15.7 个百分点，二次能源（包括电力、洗煤、焦炭）占 20.4%。到 1998 年山西省焦炭出口量增加到 643 万吨，出口国家（地区）也增加到 50 多个，范围涉及全球各大洲。① 在外送电力中，火电从少到多，水电建设从无到有，输变电从低到高，到 1999 年，山西省成为全国对外输电最多的省份，外调电力占全省电力总产量的 19.5%，这一比例在 1978 年仅有 2.6%，到 2000 年外送电力达到了 481.3 万吨标准煤。②

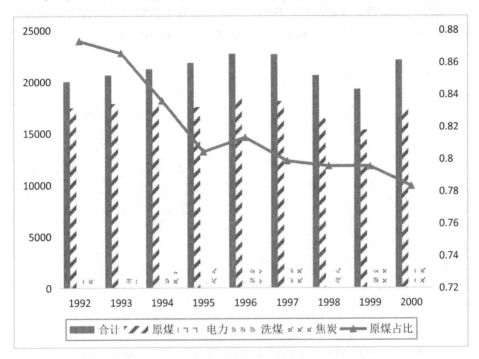

图 5-5　1992—2000 年山西省能源外调量及构成（单位：万吨标准煤）

数据来源：山西省统计年鉴（1993—2001 年），经作者整理绘制。

二、以对内合作为主能源投资合作进步明显

首先，电力投资合作快速增加。这一阶段，山西省在能源投资合作方面的进步最为明显。与前一阶段不同，能源投资合作在规模和方向上均得到了显著发展，特别是在电力投资方面，远远超过了煤炭产业投资。由于国家投资布局

---

① 焦友梅，白慧仁. 入世后山西能源工业发展对策研究［M］//山西经济年鉴编辑委员会. 山西能源经济 60 年（1949—2009）. 北京：中国统计出版社，2010：209.

② 冯林平. 二十世纪下半叶山西经济建设的历史考察［J］. 沧桑，2004（3）：31-33.

向沿海与东部地区倾斜，以及山西省下放了基本建设和更新改造项目的审批权，山西省政府投资资金下降明显。这也对山西省的投资来源结构产生了一定影响。这一时期，大部分来自于国内能源投资合作项目的自筹资金占山西省固定资产投资资金的半数以上，成为山西省最主要的投资资金来源。1992年，山西省通过的《关于促进经济上新台阶的意见》中提出了输煤输电并举的新思路。在此政策影响下，一批新建电厂项目迅速上马，其中既有山西省本地投资项目，也有一批省外资金投资建设项目。1993—1996年新建电厂项目占山西省能源投资比重的30%左右，到1997—1999年这一比重上升至61.9%。①

图5-6 1992—2000年山西省实际利用外商直接投资额（单位：万美元）

数据来源：Wind数据库—中国宏观经济数据库，经作者整理绘制。

其次，对外能源投资合作规模扩大，总体仍落后。这一时期山西省外资投资规模明显提高，投资领域逐步拓宽，外商投资第二产业占全部投资的77.8%，且主要投向采掘业和加工型资源产业等行业。如图5-6所示，1992年，山西省实际利用外商直接投资规模达5384万美元，是1991年的12.79倍；1996年，这一指标突破了1亿美元。接受世界银行贷款的潞安矿务局常村矿项目设计生产能力400万吨，于1994年建成投产，生产的原煤经太焦铁路运输至南京、武汉等地供当地电厂生产使用。1995年，山西省引进国外政

---

① 任力军，杨军. 资源型地区资本国际化的途径［N］. 光明日报，2012-07-15（7）.

府低息贷款投资建设的万荣县高村 110kV、夏县水头 110kV、太原市 110kV、蒲县 110kV 送变电项目，分别引进外汇 100 万美元、100 万美元、200 万美元和 200 万美元。西山矿务局与中煤能源和外商合资建设总投资 46 亿元的古交电厂项目也在这一年上马。但是，与全国实际利用外商直接投资规模相比，山西省的外商直接投资规模仍然较小，仅占全国的 0.5%左右。其中，大部分集中于资源类产业，这与山西省自身的产业结构关系密切。① 这一时期，山西省仍持续举办国际经济贸易洽谈会，签约项目数和金额均逐届递增，签约的能源产业项目一般规模较大，集中于能源投资合作和能源技术合作两类，主要有焦化、煤炭开采、煤化工等项目。

一、能源技术合作取得突破

首先，能源生产技术合作稳步发展。如前文所述，自邓小平 1992 年南方谈话发表后，山西省委制定了《关于促进经济上新台阶的意见》，针对第二产业提出要在稳定发展煤炭工业的同时，实行煤电并重的能源输出战略，大力发展了电力工业。随着电力产业基本建设投资和煤炭产业更新改造投资的增加，相关的技术合作层出不穷。其中，重点投资项目阳城电厂的主要生产设备和技术由国外引进，同时在输电环节，与河南、安徽、江苏开展了长期大量的技术合作。在大量外送煤炭能源的同时，山西省也进口了一大批煤炭生产机械设备，有效提升了能源生产领域的机械化率。到 2000 年，山西省煤炭工业机械化率已达 100%。部分煤炭生产企业还引进了计算机网络技术进行生产监测。

其次，煤炭清洁利用合作有所突破。在煤炭的清洁利用方面，山西省也开始通过合作进行尝试。在中英政府达成的"贵州与山西"（GASEE）能源效率科技合作项目实施过程中，项目专家先后确立了中外合资双喜轮胎工业股份有限公司的锅炉改造和空气压缩机系统改造与管理和晋城市晓庄型煤示范厂的气化型煤生产的改造项目，利用外资折合人民币 1200 多万元，既为山西省能源清洁利用引进了先进技术，又在全国产生了良好的示范和推广效应。

最后，焦炭产业实现对外技术合作。这一时期，山西省加快了冶金、焦化等相关产业的发展，煤炭产业的延伸领域技术合作逐渐活跃。太原化学工业集团公司化工厂与国外企业合资合作的焦炉技改项目年产焦炭可达 75 万吨，有力地促进了山西省焦炭出口。

---

① 任力军，杨军. 资源型地区资本国际化的途径 [N]. 光明日报，2012-07-15（7）.

二、能源治理合作从平台与机制建设方面寻求突破

首先，能源效率合作有所突破。1996 年启动的中英两国政府间科技合作项目"贵州与山西能源效率"（GASEE），旨在通过从山西省现有企业的实际出发，引进若干投资少、见效快、回报期短、经济效益和环境效益明显的节能措施，使山西省等资源型省份的能源效率得到明显提高。2000 年，中美合作的"山西能源效率"项目也取得了显著成效。以上能源治理合作举措，使山西省在企业管理、生产组织、节能环保等多方面获得了丰富和宝贵的经验，也加强了山西省拓宽能源合作，吸引外部要素，利用好国内外两个市场的信心。

其次，能源企业治理合作效果不佳。1997 年 9 月，山西省委决定在"抓大放小"上实现突破，解决国有企业在产权变革上遇到的瓶颈。到 1998 年，34 户省级优势企业中的 29 户完成了现代企业制度公司化改制，其中能源企业占到了绝大比例。其余的一些中小型能源企业在"放小"中，以"整体出售、售股结合""强强联合、组建集团""开放带动、联营兼并""国有民营、租赁经营""块块改制、分离搞好""依法破产、重获新生"等不同方式推进组织治理方式的改革。行政管理权限下放后，省外一些先进组织治理经验随企业组织治理方式改革注入山西省能源企业，一方面为山西省能源企业改制提供了先进经验，促进了部分企业的效率提升，但另一方面，部分地区政策执行中的简单化，也导致了国有资产的流失，后期山西省将"放小"调整为"帮小"。

最后，能源治理合作平台建设取得了显著发展。在此阶段，持续举办的能源产业相关展会也对能源及其组织治理合作产生了较为积极的影响。1984 年山西省国际经济技术合作洽谈会，使山西省能源合作内容和质量产生了质的飞跃，拓宽了能源治理合作的思路。1999 年召开的洽谈会，不仅包括了国际经济技术合作项目，还举办了沿黄河九省区经济技术协作活动，能源合作覆盖到了国际国内两种资源、两个市场。同时，当时的山西省计委、省经济信息中心还开发了"山西省对外招商项目信息库"，其中收录了这一时期大量能源合作项目，大大提升了这一时期的能源合作信息交流的效率。通过能源投资合作和技术合作，山西省逐步引进了国际融资、引资中惯用的 BOT、合作转让、部分转让股份、补偿贸易等方式，丰富了资源型经济转型过程中的经济交往方式。这些能源治理合作平台建设和机制手段的突破，为今后能源治理合作的开展奠定了坚实的基础。

第二节　对资源型经济转型的作用

通过案例分析可知，本阶段山西省以能源贸易合作和能源投资合作为主，能源合作类型的演进初步显现。根据机理分析和实证检验结果可知，能源投资合作是能源合作真正的开始，资本流入资源型经济在水平层面产生结构效应和内涵效应，即使资源型经济结构优化，资本产出效率提高，实现规模经济；而两种主要能源合作方式的垂直层面的作用会相互抵消，最终呈现出的作用结果需要根据实践中的具体情况进行总结。本书选取的中介效应检验法仅能验证中介作用存在与否，对资源型经济转型的效果是否存在，无法验证作用强度与具体出现作用的阶段特点。因此，需要在案例分析中进一步总结。

一、水平和垂直层面的作用分析

第一，能源贸易合作收入效应明显。这一时期，山西省注重贸易商品结构的优化，一次能源占比不断下降，经济收益更高的二次能源贸易占比逐渐提高，为资源型经济带来了较为可观的收入。1999 年原煤及焦炭两项出口创汇总额为 3.66 亿美元，占山西省出口创汇总额的 43.50%；2000 年上述两种产品出口创汇总额为 6.26 亿美元，所占比重上升到 50.64%。在这一阶段内，山西省明确提出输电与输煤并重，电力生产提升较快，有效地提高了能源合作的收入效应。

同时，尽管在即将进入新世纪的三年中，受亚洲金融危机影响，能源贸易合作的规模和频次出现下降，但山西省能源贸易合作的对象范围不断扩大，结构日渐合理，为下一阶段能源合作的全面快速发展奠定了坚实的基础。但是，在市场化机制逐步建立、供需失衡和外部需求不足等多重压力下，能源贸易合作仍然是山西省主要依赖的能源合作形式。

第二，内部结构优化与外部结构恶化并存。该阶段，山西省能源投资合作进步明显，且绝大多数资本投向了电力产业，有力地推进了电力生产和外送，改善了能源贸易合作的结构。可以说这一阶段，山西省的能源合作已经发展为"能源贸易合作+能源投资合作"的结构，其中的要素组合已经发展为能源+资本的形式。但是，总体规模和作用还落后于全国其他地区，这在一定程度上制约了山西省能源合作的进一步发展。

能源产业内部结构效应。由于输煤与输电并举政策，电力产业得到了快速发展。1998 年末，全省发电机组装机容量已达 1097 万千瓦，为 1978 年的 5.2 倍。① 煤炭、电力产业支柱地位进一步加强。"八五""九五"时期，山西省煤炭和电力工业在工业基本建设投资中的占比分别占到了 33.91%、40.73% 和 30.14%、28.89%。②

能源产业外部结构效应。这一时期山西省仍然以发展能源基地建设为主，经济发展速度和质量明显落后于东部沿海地区。调整经济结构的政策效果并不明显，第二产业特别是重化工业在经济中的比重仍然较大。如 1991 年山西省三次产业比重为 16.0：54.9：29.4，到 1997 年变为 15.2：51.4：33.4，1998 年则变为 12.9：53.5：33.6。③ 可以看出在 1992—2000 年期间山西省第一产业比重下降的同时第三产业比重逐年升高，但是第二产业比重却仍然较大。1990 年山西省的能源工业占工业产值的 35.77%，到 1999 年这一数值上升到 39.41%，到 2000 年小幅下降至 38.68%。④

第三，内涵效应初步显现。如图 5-7 所示，在这一时期的基本建设投资中，煤炭和电力投资占 70% 左右，更新改造投资占近 50%；而其中 1997 年以后电力行业的基本建设投资超过了煤炭行业，煤炭行业的更新改造投资超过了电力行业，典型项目有轩岗矿务局引进 4100 万美元合资改扩建刘家良矿并建设洗煤厂，汾西矿务局引进 1470 万美元合资建设的介休矸石热电厂，天元煤炭实业公司与外商合资 300 万元扩建洗精煤项目，山西省煤炭高新技术总公司贷款 40 万美元建设穿透底层的矿井无线通信项目等。同时，随着政府"输煤与输电并举"政策的实施，这一时期电力行业也更偏重于扩大再生产性的投资。⑤

总体上，更新改造投资增速超过了基本建设投资。可见，随着能源投资合作的发展，山西省对传统优势产业的内涵式发展越来越重视了。能源产业中的内涵效应逐步显现。

---

① 焦有梅，白慧仁. 改革开放二十年山西能源工业的成就问题及发展对策 [J]. 山西能源与节能，1999（2）：33-38.

② 参见文献：《山西省统计年鉴 1992》《山西省统计年鉴 1993》《山西省统计年鉴 1994》《山西省统计年鉴 1995》《山西省统计年鉴 1996》《山西省统计年鉴 1997》《山西省统计年鉴 1998》《山西省统计年鉴 1999》《山西省统计年鉴 2000》《山西省统计年鉴 2001》。

③ 参见文献：《山西省统计年鉴 1991》《山西省统计年鉴 1998》《山西省统计年鉴 1999》。

④ 白慧仁. 对我省能源产业依存度的探析 [J]. 技术经济与管理研究，2004（6）：126-127.

⑤ 任力军. 山西产业投资结构变迁：1950—2010 [D]. 太原：山西大学，2015.

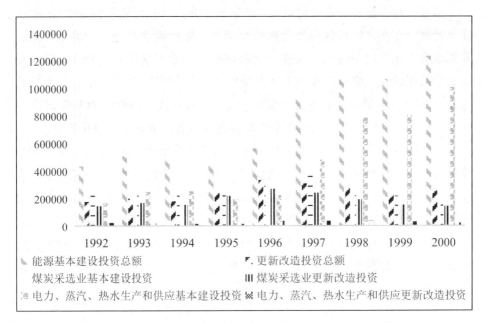

图 5-7 1992—2000 年山西省能源产业投资情况（单位：万美元）

数据来源：山西省统计年鉴（1993—2001 年），经作者整理绘制。

第四，溢出效应仍不显著。这一阶段，在能源技术合作和能源治理合作影响下，山西省已经开始关注能源综合利用效率的提高和对世界先进治理手段的运用，对山西省经济整体生产效率的提高产生了一定的积极影响。1978年输出原煤占到输出能源的 95.3%，二次能源只占到 4.7%，到 1997 年外调能源中原煤占到 79.9%，二次能源占到 21.1%，电力、焦炭等产品在外输能源中比重提高，促使能源加工转换效率略有上升。[①] 但是，由于能源技术合作和能源治理合作整体规模还较小，相对于规模差距悬殊的能源产业总量来说，推广范围也十分有限，限制了能源技术合作和能源治理合作溢出效应的发挥。这些客观现实也引起了山西省委、省政府的重视。为此，在这一阶段山西省做了大量的基础性工作以努力改善能源合作发展基础和条件。

[①] 参见文献：《山西省统计年鉴 1979》《山西省统计年鉴 1980》《山西省统计年鉴 1981》《山西省统计年鉴 1982》《山西省统计年鉴 1983》《山西省统计年鉴 1984》《山西省统计年鉴 1985》《山西省统计年鉴 1986》《山西省统计年鉴 1987》《山西省统计年鉴 1988》《山西省统计年鉴 1989》《山西省统计年鉴 1990》《山西省统计年鉴 1991》《山西省统计年鉴 1992》《山西省统计年鉴 1993》《山西省统计年鉴 1994》《山西省统计年鉴 1995》《山西省统计年鉴 1996》《山西省统计年鉴 1997》《山西省统计年鉴 1998》。

第五，存在能源要素极化效应。本阶段，能源合作以能源贸易合作为主，能源投资合作次之。在这两类合作的影响下，能源要素在经济中的主体地位愈加稳固。加之这一时期山西省受能源重化工基地发展战略的持续影响，如前文中数据显示，煤电产业在工业产值中的占比仍高达60%，第二产业占比也超过50%，能源占工业产值比重虽有波动，但在该阶段总体为上升态势。① 因此，总体上能源合作对山西省资源型经济在垂直层面显示为极化效应。

以上能源合作对资源型经济转型水平和垂直层面作用不佳的主要原因是该阶段能源合作整体规模较小，结构较为单一，能源技术合作和能源治理合作虽有突破，但均刚刚起步，还处于大量发展的准备阶段。能源合作引入要素仍然以资本为主，技术和制度要素几乎没有，且引入的资本基本以外延式扩大再生产为目标，没有进一步转化技术的能力。能源贸易合作的收入效应也没有起到良好的促进技术要素吸收的作用，还未产生足量促进资源型经济转型的催化循环。

二、对资源型经济转型的影响分析

第一，产业结构未明显优化。这一时期，非加工资源型产业在能源产业内部结构中占比下降，但是能源产业在经济整体中的占比却逐渐提高。尽管能源贸易合作大规模开展，使得山西地区的国民收入明显提升，但要素水平低、产业结构不合理的现状仍没有改善。同时，国家在这一时期实行的"捆住上游，放开下游"价格政策，使得山西省一方面提供廉价原材料，另一方面高价购入制成品，形成了价值的"双向流失"，经济实力大受影响。在能源贸易合作和能源投资合作的带动下，山西省社会资本得到了快速积累，能源产业也得到了长足的发展，煤化工、炼焦等产业开始发展，与冶金、机械、化工、轻纺工业等共同建立了多元化的工业体系。但是，煤炭、电力、焦炭产业的快速发展也挤占了其他非能源产业的发展空间，这些产业的发展相对较为缓慢。

第二，促进多元产业体系和能源产业链的形成。在煤炭、电力领域发展带动下，能源投资合作在山西省煤电一体化建设过程中也得到了明显成效。1993年国务院批复、1997年1月正式开工建设的当时中国最大的坑口电站、

---

① 1990年山西省的能源工业占工业产值的35.77%，到1999年这一数值上升到39.41%，到2000年小幅下降至38.68%。

世界上最大的无烟煤火力发电厂——阳城电厂项目，预算总投资 132 亿元①，由山西省、江苏省、国家能源投资公司及外商四方各出资四分之一合资建设。同时，附带一个 500 千伏送变电项目，所发电力全部直接输送到江苏省包销。但是，山西省整体开放水平较低，开放环境较差等现实问题仍然制约着山西省能源合作的进一步发展。

第三，关键技术仍依靠外部。尽管这一时期山西省的能源技术合作有明显突破，但总体水平还不高，并且主要的关键技术仍需要进口的现实也在一定程度上阻碍了资源型经济的转型发展，技术合作并未真正促进资源型经济产生自我催化循环的新产品，自主创新的能力仍有待提高。

第四，生态破坏较为严重。这一时期，在外部投资，甚至在一部分投机资金的影响下，大量技术水平较低的冶炼、焦化项目导致山西省遭受了严重的生态破坏。为此，1999 年山西省委、省政府做出了加快经济结构战略性调整的决定。这一政策主要围绕坚持可持续发展战略，以经济结构调整为中心，改革开放为动力，主要以全面提升经济增长的质量和速度，提升产业内部的生产技术和清洁化水平，提高全省综合经济实力为主要内容和任务。

第五，对外开放水平差距大。在能源合作的带动下，这一阶段山西省的对外开放进步明显，但是与其他省份横向比较的结果却不容乐观，在外部高水平要素的竞争中实力提升非常有限。因此，在经济整体开放程度不断提升的背景下，山西省必须继续加大开放力度，寻找新的对外合作增长点，同时加强与国内其他省份的合作，主动吸收先进的技术和管理经验等。

综上可知，本阶段以能源贸易合作和能源投资合作为主的能源合作对山西省资源型经济转型的作用主要体现在能源产业内部结构的优化方面，而收入效应和内部结构效应也进一步提升了能源要素的主体地位，极化效应较为明显。因此，本阶段山西省能源合作对资源型经济转型的作用效果主要体现在能源产业结构优化方面，经济增长方式和要素利用效率还有待提高。

---

① 其中，引进外资 9 亿美元。

第三章

全面发展阶段（2001—2012年）：技术合作提升发展能力

第一节　能源合作开展情况

在市场的有力拉动和政府的积极举措影响下，山西省积极承接国际、国内产业转移，改善投资发展环境，全面扩大对外开放，大量资金、技术、人才、设备、管理理念被引入山西省并产生了深远的影响；一批能源合作项目相继开工建设或投产，山西省的能源工业和能源合作实现了前所未有的发展。

一、能源贸易合作结构不断优化

这一时期山西省形成了面向国内、东亚和西欧三大主要能源贸易合作对象，产品集中于煤炭、焦炭和电力三大能源产品的能源贸易结构。能源贸易合作出现了两轮下降趋势，煤炭出口还出现了增转减的倒"U"型发展趋势，如图5-8和图5-9所示。

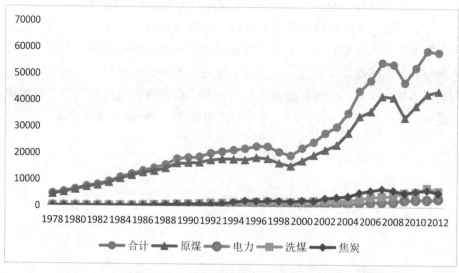

图5-8　改革开放后山西省能源外调量及构成（单位：万吨标准煤）

数据来源：山西省统计年鉴（1979—2013年），经作者整理绘制。

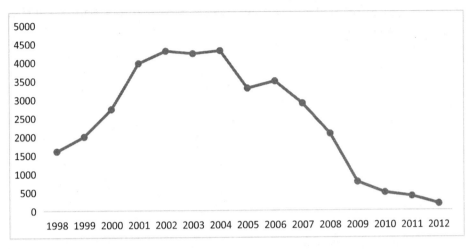

图 5-9 1998—2012 年山西省煤炭出口量（单位：万吨）

数据来源：山西省统计年鉴（1999—2013 年），经作者整理绘制。

首先，山西省能源外调量增长放缓。如图 5-10 所示，改革开放后，除上一阶段中由于亚洲金融危机的影响，于 1998 年、1999 年出现短暂下降外，山西省能源外调总量始终呈现增长趋势，2003 年突破 3 亿吨，2005 年达 4.33 亿吨，2007 年外运煤炭达 5.36 亿吨，比改革开放之初的 1978 年增长 8.8 倍。而进入本阶段后，山西省能源外调量分别在 2008—2009 年和 2012 年两次出现下降。这也使得中国在 2009 年首次成为煤炭净进口国。虽然山西省能源外调量在此后的 2010—2012 年依然保持增长趋势，但增速逐渐放缓，特别是 2012 年与前一年基本持平。

其次，能源外调结构逐渐优化。本阶段，煤炭外调量占比整体呈波动下降的趋势，如图 5-10 所示。2001 年原煤外调量占全部能源外调量的 79.8%，到 2009 年该项数值已经下降到 71.8%，远远低于改革开放之初的 95% 左右。相应地，二次能源如电力、焦炭等在能源贸易合作中占比逐渐提高，特别是焦炭在二次能源和能源外调量中的占比明显提高。不同于煤焦产业的对外输出，电力产业主要面向国内市场。经过前一阶段对电力生产和输配项目的投资，山西省已经成为华北电网重要的组成部分，是"北电南送"和"西电东送"的重要基地，形成覆盖全省的 500 千伏双回路为主干的全省性电力网络，主要负担京津冀、江浙沪、山东、河南、湖北、辽宁等地区和省份的电力输送任务。2007 年山西省发电量为 1760.5 亿千瓦时，外送电量 424 亿千瓦时，占到 24.1%。到 2012 年山西省发电量为 2535 亿千瓦时，外送电量 521.06 亿千瓦时，占到 20.6%。可见，加入 WTO 以后，山西省在加强对内对外开放方面做出了巨大的努力。

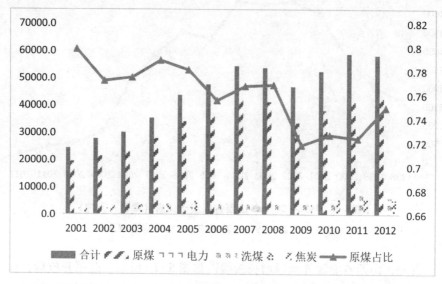

图 5-10　2001—2012 年山西省能源外调量及构成（单位：万吨标准煤）

数据来源：山西省统计年鉴（2002—2013 年），经作者整理绘制。

最后，对外开放步伐加快。山西省紧密围绕建设新型能源和工业基地这一目标，加快融入世界经济的步伐。这一阶段，山西省经历了能源国际合作的高涨期。2001—2007 年，山西省煤炭出口量快速上升至历史最高点，并保持了较高的出口水平。仅 2001 年至 2008 年间，山西省就累计出口煤炭达 28532 万吨，与整个 90 年代出口总量相比增长了 67.1%。为加快能源工业"走出去"，山西省围绕调整能源工业结构，不断提高能源产业素质，增强其综合实力，使其进入了历史上最快的发展时期之一。其中，2004 年煤炭出口达到历史峰值，为山西省外贸出口突破 30 亿、40 亿美元大关做出了突出贡献。2008 年金融危机爆发，影响了外部市场对山西省煤炭的需求，出口量快速下降，到 2012 年山西省煤炭出口量仅为 177.8 万吨，如图 5-9 所示。

二、能源投资合作规模质量双重提升

这一阶段，大量外部资金不断输入，一大批合作项目相继开工建设，投产达效。在旺盛的市场需求和大企业、大集团产业发展战略作用下，山西省煤炭产业逐渐向集约化、信息化和规模化转变，带动了能源产业投资的发展。

首先，国内投资合作发展迅速。在这一时期前半段，受市场因素和大型能源项目上马的影响，山西省的能源投资发展较快，能源投资合作也较为活跃。自筹资金和国内贷款投资分别占到全社会固定资产投资的60%和20%左右。其中，国内其他省份投资占到相当大的比重。自2001年开始，大批省外商人携技术与山西省本地企业合作建矿井，由于煤炭价格过低，本地企业亏损严重，大多小型煤矿会以较低价格转让给省外商人。这些企业因市场回暖获利后，便陆续吸引大量投资。后半段，特别是在2009年以后，在煤炭产业整合和煤炭产品结构调整的带动下，一批省外资本转向非煤产业和能源产业链的下游产业，能源投资合作的内容和所涉及产业更加多元。但是，整体来看这一时期新建投资和技术改造投资均发展迅速，进一步促进了山西省"一煤独大"的产业结构，使煤炭等相关产业出现明显的产能过剩。

其次，对内清洁能源投资合作大规模发展。在与国内开展能源投资合作方面，2009年以后山西省与国内大型能源企业展开了密切合作。在煤炭资源整合战略影响下，围绕风电和煤层气的合作开发项目分别占到全部能源投资合作项目的52.3%和6.8%，几乎涉及国内全部重要的能源企业。如2009年山西潞安集团与中国石油华北油田公司举行项目合作，共同开发煤层气资源；2010年，中国海洋石油总公司在山西省投资建设40亿立方米煤制天然气项目。此后，一批资质良好的小型企业也不断进入山西省，合作进行能源产业及相关行业的投资。如2012年河北东光县与山西省签订了年产100万吨煤矿机械及高强钢焊接材料项目战略合作协议。

再次，对外大型能源投资合作项目大量涌现。在利用外资发展能源产业方面，2001—2012年山西省实际利用外商直接投资额先后经历了2004—2007年和2010—2012年两个快速增长期，由2.393万美元上升至25.0379万美元，涨幅达10倍之多，如图5-11所示。据统计，"十五"期间，山西省累计实际直接利用外资10.7亿美元，年均增长8.5%。[①] 其中，不乏深度开发煤炭资源的优质合作项目，如由亚美大宁（香港）控股有限公司、山西兰花科创股份有限公司和山西煤炭运销集团晋城有限公司投资1.38亿美元组建的中美合资亚美大宁能源有限公司，2005年投产，年产400万吨无烟煤，成为中国第一家中外合作开发、经营的大型现代化井工煤炭企业。

最后，煤层气综合利用合作加快发展。香港中华煤气有限公司投资的煤层气液化项目在晋城市沁水县奠基，不仅使山西省能源投资合作对象更为多

---

① 参见文献：《山西省统计年鉴2002》《山西省统计年鉴2003》《山西省统计年鉴2004》《山西省统计年鉴2005》《山西省统计年鉴2006》。

元，而且使合作能源种类发展到新能源领域。此后各年份实际利用外商直接投资额均高于前一阶段，如图 5-10 所示，特别是在 2009 年之后，进入了一个前所未有的高速发展期，从年实际利用外商直接投资额不足 5 万美元增加至超过 25 万美元。2010 年山西省引进亚洲开发银行贷款以促进对山西省煤层气的综合利用；2012 年分别引进了亚洲开发银行和世界银行贷款用于对山西省煤层气综合利用和环境改善。而在此期间，煤层气领域成为外部投资关注的热点，这也带动了该产业相关技术的研发和治理的开展。

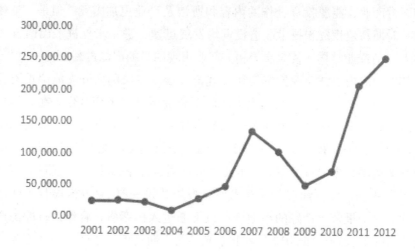

图 5-11　2001—2012 年山西省实际利用外商直接投资额（单位：万美元）

数据来源：Wind 数据库—中国宏观经济数据库，经作者整理绘制。

三、能源技术合作首现高峰

中共十四届五中全会通过了"九五"规划和 2010 年远景目标，这是中国确立社会主义市场经济制度后的首个中长期规划，再加上当时实施的加快中西部开发战略，给山西省创造了加快吸收国内外优势产业和生产技术转移的良机。这一阶段山西省的能源技术合作在合作范围和合作内容等方面发生了明显的变化，达到了能源技术合作的第一个高峰。

首先，能源高新技术引进与交流爆发式上升。能源机械与高新技术与产品的引进与交流成为能源技术合作的重要组成部分，仅 2005 年，以能源类产品为主的高新技术产品进出口就高达 2.99 亿美元，比 2000 年增长 897.33%。[1]

---

① 山西省商务发展"十一五"规划 [R]. 山西省商务厅，2007-04-20.

其次，合作对象与领域广泛，涉及技术领先。这一时期的能源技术合作对象遍及 38 个国家和地区，合作项目既涉及传统能源的综合利用，又涉及清洁能源和新能源开发。合作水平和档次均有显著提高，部分技术合作成果在国际上处于领先地位。

在煤炭领域，2004 年中澳合作"煤升温氧化过程中氡在煤岩体中迁移研究"项目，不仅建立了中澳合作实验室，其研究成果还被广泛用于生产中，是一项具有自主知识产权、已走出国门且处于国际领先水平的先进技术。2010 年山西省国际能源集团与美国空气化工产品公司签署合作协议，合作研发用于二氧化碳排放进行纯化的碳捕获装置。该项目所使用的技术在业内处于领先地位，被中国国家能源局纳入美中化石能源协议（具体参见附录Ⅱ：清洁能源）。①

在电力生产部门，延续前一阶段变输煤为输电战略，本阶段电力项目合作迈上了新的高度。2006 年，世界首条 1000 千伏"晋东南—南阳—荆门"特高压交流输电项目开工建设，并于 2008 年 12 月全面竣工。该电网一方面将山西省的火电输送至南方缺电地区，另一方面也可将南方富余的水电调配至华北电网，调剂余缺。这条输电线路是中国自主知识产权的交流输电项目，在全球具有领先水平。山西省通过参与该项目建设吸收了大量先进的交流输电、装备制造、工程设计、建设和运行技术，也有力地推动了省内光伏和风力发电的生产技术水平，有效地促进了其能源结构的转变和能源替代进程，同时也确立了在中国国内电网建设与运行中的重要地位。

在新能源领域，2007 年山西能源集团开始与掌握煤层气勘探和开发核心技术及大批关键技术的中国石油合作开发山西省的煤层气资源，使得山西省在煤层气资源方面的优势得以发挥，并促进了山西省煤层气综合利用技术的迅速提高，极大地提升了山西省清洁高效利用能源的能力。此后，山西省在煤层气开发利用方面始终处于国内领先地位，并提供了全国 90% 以上的煤层气产量。②

再次，合作关系稳定。逐渐形成常规、稳定的能源技术合作关系，便于合作项目的持续和深度推进。2004 年起，山西省每年在北京举办国际科技合作研讨会，广泛吸收、引进国际国内的先进技术用于改进其能源合作技术水平，促

---

① 陈晓磊. 空气产品公司与山西国际能源集团有限公司合作 [J]. 现代化工，2010，30（11）：75.

② 张晓敏，郭锋. 争当能源革命排头兵，我省煤层气产量突破 56 亿 m³ [N]. 山西日报，2019-01-04（2）.

进资源型经济转型发展。山西省也一改输出能源、输入技术的单一能源合作形式，形成了能源要素、能源加工技术、能源衍生品等多元产品双向合作的新型合作关系，能源生产技术显著提高。在煤炭的清洁高效利用方面，2005年中国科学院山西省煤化所与美国太平洋西北国家实验室建立了合作关系，并确定了互访交流机制，共同进行学术交流和技术研发。①

最后，实现能源合作演进趋势。能源技术合作多与能源投资合作和能源治理合作捆绑开展，能源合作的规模效应逐渐显现。随着煤炭产业整合和大煤矿、大项目合作的深入，以煤炭技术和企业管理为主的能源技术合作持续推进。如2005年由中美双方合作建立的山西亚美大宁煤矿以建设世界领先的现代化高产高效煤矿为目标，采用了美国JOY公司的大功率采煤机、德国DBT公司的液压支架和澳大利亚VLD-1000系列深孔定向千米钻机实施煤层瓦斯抽放等世界先进技术和生产设备，使其在技术水平和企业转型等方面均处于当时国内甚至世界领先地位。该企业始终坚持引进和吸收世界先进采矿技术和经营理念，聘请国外专业人员为员工进行培训，以提升员工的知识结构和操作能力。同时引进了外籍管理人员8人，其中包括高级管理人员1人；引进中级岗位管理人员12人，一般管理及技术岗位人员引进比例占员工总数的23%。② 这在以往山西省的能源合作中是较为少见的。

尽管如此，传统化石能源相关的技术合作仍然是山西省能源技术合作中的重要组成部分，在2009—2012年山西省开展的重点能源技术国际合作项目中，煤炭相关领域的合作仍占到40%以上。③ 但是，合作内容正在向清洁、高效利用方向变化，技术合作深度和广度均有所提高。

四、能源治理合作逐步发展

首先，签署大批能源治理长期合作协议。在能源投资合作和能源技术合作的带动下，这一阶段山西省与省外的能源治理合作获得了长足的发展，签署了一批战略合作协议，能源治理合作不仅在数量上明显增加，在质量和合作档次上也得到了明显提高。

---

① 宋培贤. 山西煤化所与美国太平洋西北国家实验室进行能源研究合作 [Z] //李茂盛主编. 山西年鉴（2008）. 北京：方志出版社，2009.

② 司永强. 拓展能源合作，共促低碳发展——美国空气产品公司与山西国际能源集团合作研发CCS技术 [J]. 现代工业经济和信息化，2011（6）：36-37.

③ 作者根据本书统计数据分析得出。

　　2004 年，中欧环境管理合作计划在山西省启动。2005 年、2006 年山西省焦煤分别与安阳钢铁集团和唐山钢铁股份有限公司签署中长期战略合作协议，以确保形成长期稳定的合作关系，在各自的企业管理、煤炭使用技术、化工、钢铁及煤炭市场、行业动态等方面进行广泛交流，同时在国家法律允许的范围内，对投资和拓展融资渠道方面的合作进行探讨。2005 年开始的中国科学院山西省煤化所与美国太平洋西北国家实验室的合作交流，不仅成为山西省重要的能源技术合作项目，还为山西省今后开展深度能源治理合作提供了范本。2007 年，中国石油天然气股份公司华北油田分公司与山西能源产业集团建立了合作关系，共同开发山西省的煤层气资源。同时，在维护矿权和改善矿区所在区域能源治理局面混乱等方面均有重要的意义，为山西省此后的煤层气开发治理提供了宝贵的经验。2008 年，山西省分别与山东省、河北省、湖南省签署政府间经济领域战略合作框架协议，全面加强山西省与三省间在能源输出、项目合作开发、煤层气、煤化工及特高压输电等领域的交流与合作。2009 年，山西省能源交通公司与华电集团签署了战略合作协议，涉及新能源发电、能源物流等项目。

　　其次，尝试开展多国能源企业治理合作。2007 年 12 月，经国家商务部和山西省政府批准，山西国际能源集团和韩国电力公社、德意志银行两个世界500 强企业以及日本电源开发株式会社、中国电力株式会社共同出资组建中外大型合资能源企业——格盟国际能源有限公司①。该企业在日后为山西省传统能源的清洁、高效利用和新能源开发利用等方面做出了巨大的贡献，成为山西省资源型经济转型过程中的重点贡献企业。

　　最后，长期能源治理合作开展不足。受宏观政策影响，2009 年以后山西省参与的能源治理合作更为频繁，合作对象较为广泛，既有国内相关政府部门、地方政府、中央能源企业、高校与科研院所等，也有国外地方政府等，但仍以对内合作为主，签订长期合作协议的大多是国内外能源企业，与各级政府和科研院所间的合作体现出偶发性和行政分派性特点，即使在企业间，实质性能源治理活动的稳定开展也仍有不足。此外，能源治理合作的能源种类主要集中于传统优势产业——煤炭、电力等方面，自 2012 年开始逐渐出现新能源产业方面的能源治理合作活动。

---

　　① 山西国际能源集团持股 47%，韩国电力公社持股 34%，德意志银行持股 9%，日本电源开发株式会社持股 7%，中国电力株式会社持股 3%。

由 2009—2012 年山西省能源投资合作、能源技术合作和能源治理合作开展情况可以看出，在能源利用趋势和政策约束的影响下，能源需求结构发生了质的变化，能源投资合作逐渐由传统能源转向新能源和可再生能源。但是，可再生能源和新能源产业的一些技术瓶颈尚未突破，新能源产品的供给尚无法满足市场需求。同时，传统能源产业发展中暴露出的技术和管理治理手段落后的问题也制约了传统能源行业和资源型经济的发展，因而，在这一阶段，传统资源型省份参与的能源技术合作和能源治理合作大多是围绕传统能源产业的技术更新、治理效能和提质增效等开展的，这符合资源型省份在这一阶段的现实要求。

第二节　对资源型经济转型的作用

通过对能源合作开展情况的梳理，可以看出，本阶段山西省能源合作的规模和质量全面提升，在能源贸易合作和能源投资合作为主的基础上，能源技术合作也大量出现，能源合作在类型上得以演进。由机理分析和实证检验可知，能源技术合作的出现，不仅能进一步优化资源型经济的产业结构，也必将整体提升要素的生产效率，产生溢出作用。由于能源技术合作大量出现，且质量显著提高，在垂直层面的均衡效应会大大削弱能源贸易合作和能源投资合作产生的极化效应，同时，本阶段能源贸易规模的下降及能源投资合作质量的提高都将弱化能源要素的主体地位，具体表现如下。

一、水平和垂直层面的作用分析

第一，收入效应不降反增。如图 5-12 所示，尽管这一阶段受到煤炭出口和能源外调量两次下降的影响，山西省能源产业的收入仍然明显提高。这与能源贸易合作结构调整关系密切。如前文所述，尽管能源合作量远远低于煤炭，但是焦炭、洗煤、电力等二次能源的贸易合作仍然保持了稳步上升趋势。虽然在绝对量上，二次能源远不及原煤的贸易量，但是二次能源的附加值相对较高，因此收入效应增加明显。

第二，内部结构显著优化，外部结构恶化。在能源产业内部结构方面，火电投资合作在 2009 年至 2012 年的全部大型能源投资合作项目中仍然占到了 22.7%。可见，传统能源在山西省这样的传统资源型省份的经济合作中仍然发挥着较为重要的作用，新能源对传统能源的替代仍是一个长期的过程。而从非加工型资源型产业产值与加工型资源产业产值之比可以看出，该阶段资源型产业内部结构持续优化，显现出明显的内部结构效应，如图 5-13 所示。

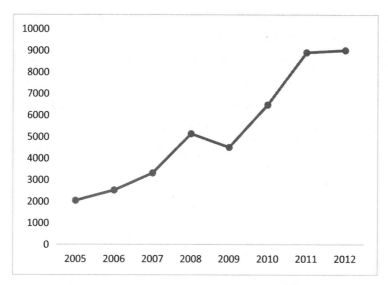

图5-12 2005—2012 年山西省能源产业收入（单位：亿元）

数据来源：Wind 地方宏观经济数据库，经作者整理绘制。

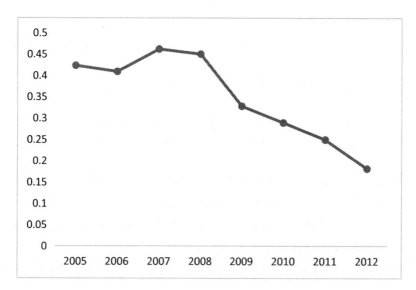

图5-13 2005—2012 年山西省非加工型资源产业与加工型资源产业产值之比

数据来源：Wind 地方宏观经济数据库，经作者整理绘制。

在能源产业外部结构方面。通过本阶段能源投资合作、能源技术合作和能源治理合作，山西省吸收了优质的资本、技术和制度要素，不断促进了自身产业结构的发展和变化。如图 5-14 所示，在本阶段中大部分时间里山西省能源产业在经济中的比重均呈现上升趋势，这是由能源投资合作的方向导致的。本阶段仍有一部分能源投资合作指向了新建煤炭项目和煤电项目。这些项目的投资规模较大，对能源产业的结构影响较明显，这部分合作活动引入的资本对技术的依赖较小，无法较好地促进当地经济对高级要素的吸收。而在 2012 年能源合作的外部结构效应显现，在当年的能源合作活动影响下，能源产业在经济中的结构出现优化，充分说明能源合作中对技术这一关键要素的吸收达到了相当的程度，将有力地推动山西省的资源型经济转型。

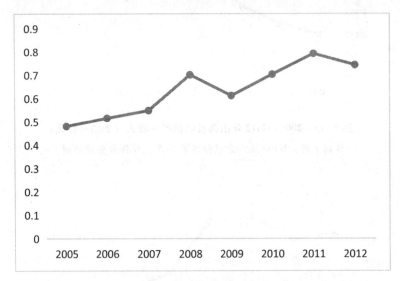

图 5-14　2005—2012 年山西省能源产业产值占 GDP 比重

数据来源：Wind 地方宏观经济数据库，经作者整理绘制。

　　第三，存在一定内涵效应。本阶段新建投资和技术改造投资均发展迅速，影响着能源利用效率的变化，但并不明显。如图 5-15 所示，本阶段山西省的能源加工转换率①始终处于波动状态，从阶段整体进行比较，仍存在上升趋势，在 2008 年也曾经达到了 82.03%。之所以出现这样的变化，主要是由于本阶段山西省仍有较大部分用于外延式扩大再生产的新建投资投向了煤

---

　① 由于能源加工转换率从投入产出角度可以大致体现能源产业的生产能力情况，且可直接获得数据，因此本章采用能源加工转换率衡量内涵效应，实证部分需要精确验证，再使用定义指标。

炭产业，能够提升能源合作对资源型经济内涵效应的高质量资本要素吸收还不足。

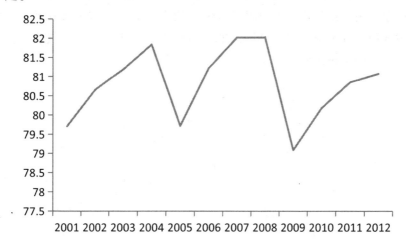

图 5-15　2001—2012 年山西省能源加工转换率

数据来源：山西省统计年鉴（2002—2013 年），经作者整理绘制。

第四，溢出效应波动中提升。该阶段山西省的能源合作明显出现，由能源投资合作演进为能源技术合作的趋势，该阶段能源技术合作多与能源投资合作和能源治理合作相伴开展，能源合作的溢出效应逐渐显现。如图 5-16 所示，在本阶段大部分时间里，山西省的全要素呈现明显上升趋势，只有 2010—2011 年出现下降趋势。这能够充分体现出通过本阶段能源技术合作和能源治理合作的显著发展，山西省吸收了大量技术和制度要素，对经济中各产业省生产效率的提升十分明显。2010—2011 年全要素生产率下降主要是 2009—2010 年山西省能源技术合作和能源治理合作的开展均有所下降导致的①，而技术和制度要素的作用存在一定滞后性。

第五，极化效应转变为均衡效应。如图 5-17 所示，表示能源合作极化效应和均衡效应的山西省能源要素与非能源要素间的替代弹性②在本阶段呈现先下降后上升的趋势，表明在能源合作的影响下，山西省能源要素的主导地位由增强到减弱。本阶段能源合作进入全面发展阶段，以能源投资合作和能源技术合作为主，且均发生了跨越式发展，同时能源贸易合作有所下降，能源

---

① 年度能源技术合作和能源治理合作的数据来源可参阅前文。

② 该数据上升表示极化作用小于均衡效应，能源要素主体地位减弱，反之则反是。数据来源可参阅前文。

治理合作存在一定程度的提升，但仍有待进一步发展。各种能源合作共同作用，2008 年以前吸收的资本、技术和制度要素对能源要素的依赖性仍较强，能源产业的主体地位仍较为稳固，但在 2010 年后，这一局面被扭转，能源要素的主导地位逐渐被削弱。可见，2008 年至 2010 年是能源合作转变山西省经济增长方式的关键阶段。

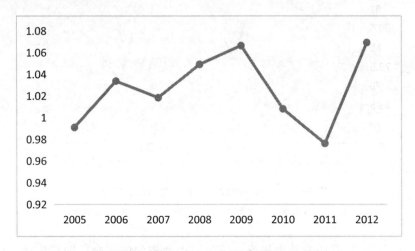

图 5-16　2005—2012 年山西省全要素生产率

数据来源：山西省统计年鉴（2006—2013 年），经作者整理绘制。

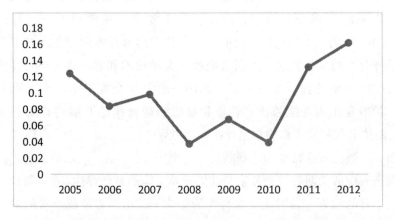

图 5-17　2005—2012 年山西省能源要素与非能源要素替代弹性

数据来源：山西省统计年鉴（2006—2013 年），经作者整理绘制。

二、对资源型经济转型的影响分析

总体上，这一阶段能源合作显现出全面发展特征，能源贸易合作相对减弱，而能源投资合作和能源技术合作实现了跨越式发展，并且在结构上不断优化，能源治理合作逐步开展。这些特征和变化也促进了山西省多元化产业体系的形成，产业链逐渐延伸，产业集群不断涌现，能源利用效率和开放程度逐步提高，新能源产业加速发展，对山西省资源型经济转型起到了十分重要的作用。

第一，工业体系逐渐完善，产业结构逐渐优化。随着资本、技术等要素的不断注入，山西省的要素结构发生变化，煤炭产业链不断延伸，煤化工、煤层气等产业在前几个阶段探索的基础上得到迅速发展。在市场和政策的影响下，本地和外来资本被挤出传统产业后，迅速与技术要素结合，在这些产业中寻找到新的落脚点。这在一定程度上也影响了山西省本土资本的投向。山西省的产业结构逐渐出现传统产业的技术水平提升，多元化支柱产业和新兴产业占比增大等特点，形成了煤炭、电力、焦炭和冶金四大支柱产业，对山西省当时和此后相当长一段时间的工业发展做出了较大的贡献。

第二，经济增长方式和要素生产效率在一定程度上有所提高。山西省在不断引进和吸收外部高质量要素的基础上，不断延伸了产业链、提高了生产效率。在此期间，一部分在煤炭资源整合中被挤出的资本，投资建成了一批中小型煤炭洗选项目。在优化布局、提高效益的政策影响下，能源产业的生产效率和技术转化率均有所提升。工业投资结构的变化，特别是大产业、大企业的形成，为加大科技投入提供了条件，产业链不断延伸，主要有煤—电—铝，和煤—焦—气两条产业链，非煤产业的发展速度逐步加快，能源综合利用水平也得到了提升。

第三，新兴产业迅速发展。本阶段中后期，在能源技术合作和能源治理合作的影响下，一批高质量要素引入山西省，产生了较明显的溢出效应，使得现代煤化工、先进的装备制造业、医药、新型材料、特色食品和高新技术等新兴产业快速发展起来。以"十一五"为例，新兴产业投资比重不断提高，五年累计完成投资额达 2242.6 亿元，年均增长率为 32.1%，高于传统产业近20 个百分点。[①]

第四，产业集群大量出现。能源投资合作和能源技术合作带动了产业集群的出现。在煤炭整合政策的影响下，一些中小规模外来投资和本地投资被挤出后，进入了煤炭洗选、焦炭和煤化工产业。在技术要素溢出效应和能源投资合作催生的均衡效应引导下，初步形成了区域性集中连片发展的特色煤

① 安华. 山西转型经济史研究 [D]. 太原：山西大学，2012.

化工集群，仅 2006—2012 年山西省煤炭行业投资 640 亿元建设了 20 个循环经济园区①。此外，全省还有省级以上开发区 25 个，成为高新技术引进的"窗口"。但是，大部分开发区功能趋同，发展水平不高，在转化经济增长方式和提升生产效率等方面作用有限。山西省还需要加快对外来高质量要素的吸收、转化，提升自身的创新能力。

第五，技术自主创新欠缺。通过一些大型合作项目的带动，山西省在某些行业掌握或者接近了世界先进技术，如通过特高压输电项目合作，使山西省在交流输电、装备制造、电网设计等方面达到国内及世界领先水平。通过煤层气资源的合作勘探与开发，山西省不仅发现了储量巨大，在全国天然气供给领域具有重要战略意义的沁水煤层气田，还在非常规能源综合利用方面占据了国内领先地位。这一合作持续开展至今，使山西省在煤层气产业居于全国领先的重要地位。尽管如此，一些核心关键技术却仍然掌握在合作对象，特别是国外合作对象手中，在资源型经济技术合作过程中还应加强自身创新能力和研发水平的提升。

第六，主体适应竞争能力不足。山西省在本阶段真正全面推进开放过程中，也出现了一些不适应的现象。如通过大力推进能源合作，一些具有先进生产技术的国外企业的进入，对原本负担沉重的国有能源企业产生了一定冲击。主要表现为省内传统能源企业在技术和管理方面的相对弱势和封闭，无法快速跟上国外先进的技术和管理经验，在合作中处于相对弱势地位；同时，国外能源企业以及国内多种所有制的能源企业的进入，在一定程度上挤压了山西省国有能源企业的生存空间，这也倒逼了山西省国有能源企业的改组改造。上述现象都是能源合作产生的必然结果，需要一个较长的适应过程。

第七，高污染、高耗能产业导致生态破坏严重。尽管通过自身发展和能源合作的推进，山西省形成了多元化工业体系，在清洁能源合作方面也开展了诸多尝试，取得了初步成效。但是，长期形成的过度依赖煤炭资源的发展路径，并未改变山西省"一煤独大"的产业格局。在旺盛的市场需求影响下，煤炭、火电等传统优势产业的地位仍然十分稳固。与此同时，中小规模资本大量进入焦化、洗选等高污染行业，导致这一时期山西省的环境污染和生态破坏十分严重。六大工业除煤炭产业外，碳生产率均低于全国平均水平②。尽

---

① 武幸凤，赵国浩．山西煤炭行业发展循环经济的问题研究 [J]．中国市场，2012（10）：70-72．

② 周喜君．山西六大传统产业碳生产率变化分析：基于 1995—2012 年数据的比较 [J]．忻州师范学院学报，2015，31（5）：37-41．

管山西省已经在一些产业采取可持续发展措施，如完善资源开发利用补偿机制和生态环境恢复补偿机制①、采用先进的工艺设备，淘汰落后产能、加大节能减排和环境保护投入等，但是收效并不明显，生态环境改善的需求仍十分迫切。

根据本阶段能源合作对资源型经济转型作用效果的分析，可以看出，在发展到能源技术合作之后，山西省的能源合作体系进一步完善，高质量的资本、技术要素对资源型经济转型起到了显著的正向促进作用，主要体现在内外部结构的优化、产业链的延伸和新兴产业的涌现等方面。整体上，本阶段山西省能源合作已经基本实现了对资源型经济转型的正向推动作用，能源要素的主体地位正在不断弱化，需要持续优化能源合作体系的结构，提升能源合作质量。

---

① 《山西省煤炭可持续发展基金征收管理办法》于 2007 年 3 月 10 日省人民政府第 97 次常务会议通过，山西省开始征收煤炭可持续发展基金。

第四章

成熟引领阶段（2013 年至今）：完善的合作体系全面促进转型

第一节 能源合作开展情况

这一时期是中国经济社会高质量发展和巨大变化的阶段，也是资源型经济转型的关键攻坚阶段，以山西省为代表的资源型地区开展大规模、高水平的能源合作促进了自身的经济转型和跨越式发展。本阶段山西省能源合作发展态势总体呈现"U"型变化。

一、能源贸易合作缩量提质

这一时期的能源贸易合作呈现"外弱内强，降一增二，减黑加绿"特点，对外合作减少，以对内合作为主；一次能源贸易量下降，以电力、焦炭为主的二次能源贸易量增加，其中包含了风电、光电的新能源电力；清洁和可再生能源贸易量在总体贸易合作中比重提高。

首先，能源贸易合作规模进一步下降。如图 5-18 所示，2012 年后，煤炭市场供大于求，山西省的煤炭和能源外调量快速下降，煤炭企业大幅亏损。2013 年煤炭产业的利润一度下降到 2007 年的水平，利润总额仅有 400 亿。2015 年上半年，山西省七大煤炭集团中四家亏损，三家净利润下跌均超过 70%。[1] 而 2018 年供给侧改革导致中东部地区煤炭产量削减幅度较大，再加上国际市场回暖，煤炭进口减少，山西省煤炭外调量陡增，但很快 2019 年又再次下降。

---

[1] 郭娇，冀泓彤. 基于开放视角的山西省资源型经济转型发展探析 [J]. 北方经济，2019（10）：62-65.

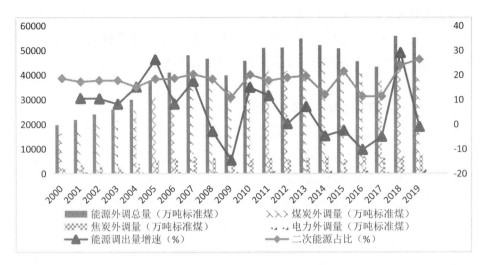

图 5-18 2000—2019 年山西省能源外调量及增速

数据来源：山西省统计年鉴（2001—2020 年），经作者折标处理后绘制。

其次，能源贸易合作的结构持续优化。以电力、焦炭为主的二次能源外调量呈现波动上升趋势，2017 年以后电力增速明显，年均增速达 16.4%①。以上特点，一方面是国内各地环保政策趋紧，清洁能源的替代加速和输煤输电并举，市场优先选择电力导致的；另一方面澳大利亚、印尼等国煤炭热值高、采运成本低，造成了山西省煤炭的竞争优势丧失。

最后，电力贸易量快速增加，清洁能源需求提高。在这一时期，山西省始终致力于建设晋北、晋中、晋东三个千万千瓦级现代化大型煤电外送基地和现代煤化工、煤层气、新能源、水电产业基地，这也是山西省贯彻落实国家《能源发展战略行动计划（2014—2020 年）》的实施意见，确定的"三大工程"② 中的两项重要工程。同时，山西省的四条外送电通道③也在本时期陆续开工建设。以此为基础，山西省大力开展电力贸易合作，与北京、天津、江苏、山东、浙江、安徽、河北等多省市签订了以电力供应为主要内容的区域合作协议。其中，多省市在清洁电力方面的需求在一定程度上倒逼了山西

① 作者根据山西统计年鉴 2018—2020 年数据计算得出。
② "三大工程"为：晋北、晋中、晋东三大煤炭基地提质工程，晋北、晋中、晋东三个千万千瓦级现代化大型煤电外送基地建设工程，现代煤化工、煤层气、新能源、水电产业基地建设工程。
③ 蒙西—天津南 1000 千伏特高压交流输电、陕北榆横—潍坊 1000 千伏特高压交流输电、晋北—江苏±800 直流特高压、盂县电厂—河北辛集 500 千伏交流输电通道。

省清洁能源的生产，如 2013 年北京市与山西省签署的《区域合作框架协议》，要求山西省加强煤层气等清洁能源开发利用，提升对北京市低硫优质煤炭的资源供应，从市场终端倒逼，促进了能源产品的清洁化。

二、能源投资合作呈现低碳化特征

这一时期，山西省的能源投资合作呈现对外合作减弱、对内合作跨越发展、"走出去"增多，总体呈突飞猛进的发展态势。进一步总结得出，本阶段能源投资合作呈现绿色清洁利用、微观主体参与和多类型联合的特征。

首先，对外能源投资合作增速放缓，绿色低碳化明显。山西省实际利用外资数量在前一阶段明显上升之后，在本阶段初的前两年有所上升，之后则明显下降。与能源贸易合作的变化趋势相似，在 2018 年受国内外市场和政策变化的影响短暂反弹后，2019 年再次大幅度下降，如图 5-19 所示。2019 年，山西省实际利用外资仅占全国的 0.33%。由于数据统计限制，较难得到其具体在能源产业中的利用外资数据，但是典型的资源型经济特点，使得能源投资合作在山西省整体利用外资项目中占到绝大部分。因此，这一数据也具有相当的参考价值。上述变化一方面由于山西省将更多的精力置于国内能源投资合作活动之中，另一方面则源于山西省对国际能源投资合作的质量提出了更高的要求。不再盲目扩大国际能源投资合作，而是将其与资源型经济转型实际需求相统一。在本阶段对外能源投资合作中，几乎看不到对煤炭进行直接开发利用的项目。在国家和山西省能源规划大力开发煤层气的政策影响下，2018 年 10 月，国家发展改革委相继批准了山西省沁水盆地成庄区块①、鄂尔多斯盆地东缘山西省柳林区块②和山西省沁水盆地马必南区块③三个煤层气对外合作项目，总投资达到 77.9 亿元，累计将开发利用煤层气储量约 390 亿立方米，涉及开发井 1791 口，预计新建生产井 1400 多口④。该合作极大地带动了山西省和国内能源行业在综合利用优势煤炭资源，提高能源效率方面的关键技术研发，提升了山西省煤层气产业的整体发展水平。但是，山西省能源

---

① 与英国绿龙集团子公司格瑞克能源（国际）公司合作，总投资 5.9 亿元。
② 与中国海洋石油集团旗下的中联煤层气有限责任公司和中国燃气控股有限公司（香港）旗下的富地柳林燃气有限公司合作，总投资 25.6 亿元。
③ 与中国石油天然气集团公司和美国及亚洲几家主要的能源公司和金融投资机构联合组建的亚美大陆煤层气有限公司合作，总投资 46.4 亿元。
④ 彭强. 投资近 80 亿的山西三大煤层气田获批［EB/OL］. 煤炭资讯网，2018-11-10.

国际投资合作整体上还存在投资来源单一①，受开发区质量制约等问题。

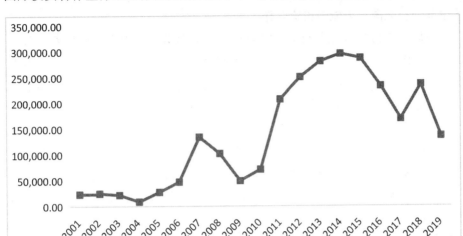

图 5-19　2001—2019 年山西省实际利用外资额（单位：万美元）

数据来源：山西省统计年鉴（2002—2020 年），经作者整理绘制。

其次，政府带动企业参与对内能源投资合作，衍生其他合作类型。在前一阶段快速发展的基础上，山西省的国内能源投资合作继续提升，取得了巨大的进步。国内能源投资合作表现出与能源技术合作和能源治理合作相结合的特点。与多个省份签署的合作协议不仅包含了能源贸易合作方面的内容，也为山西省带来更多能源投资机会，特别是新能源和可再生能源方面。如在 2017 年山西省与天津市签署《全面深化合作框架协议》以后，两地企业就不断加强合作和交流。截至 2020 年，在该合作关系的带动下，已经吸引了 128 个天津企业来山西省投资，已经开工建设 74 个项目，其中多项工程涉及新能源和低碳技术。② 从合作企业角度来看，13 家大型能源央企中除南方电网外，均与山西省开展了能源投资合作，合作对象范围之广足见其在能源领域的重要程度。此外，北京、上海、天津、浙江、安徽、新疆、河北、江苏、广东等省份均有企业与山西省展开了能源领域的投资交流与合作。

再次，对内能源投资合作全部实现绿色化、清洁化。2013—2019 年，山西省对内能源投资合作项目占到了全部能源投资合作项目的 91.7%，其中，新能源与可再生能源相关的合作项目占到 70.3%。③ 传统的火电投资合作项

---

① 香港资金到位占到全省的近一半。

② 翟步庭．晋津携手，迈向合作共赢的阳光大道［N］．山西经济日报，2020-05-22（5）.

③ 作者根据本书统计数据分析得出。

目几乎全部为低热值发电项目，并且集中在 2015 年以前，之后的合作项目几乎全部为新能源发电能源投资合作。

最后，项目公司促进能源投资合作发展并吸收高级要素。在山西省参与的国内能源投资合作有 76.2% 的项目以组建项目公司的形式推进，① 在吸收省外资金的同时，使山西省深度借鉴和吸收了省外先进的能源生产技术和企业经营管理经验，有效促进了能源投资合作向能源技术合作和能源治理合作转化。

三、双向能源清洁技术合作激增

与能源投资合作相比，这一时期山西省在能源技术合作方面取得的成绩更加抢眼。

第一，能源技术合作井喷式发展。在 2013—2020 年期间，山西省参与了 233 项能源技术合作活动，表现十分活跃，特别是 2017 年以来，占到这一时期能源技术合作总量的 87.1%。②

第二，能源技术活动全部为能源清洁利用项目。在全部能源技术合作中，涉及新能源和可再生能源的合作活动占到 30%。大量涉及传统能源的合作项目均为煤炭资源清洁、高效利用和煤化工项目，合作项目的低碳化比率达到 100%，③ 这极大地促进了山西省在煤炭资源综合、清洁、高效利用和相关研究领域的重要地位和示范、引领作用的发挥。

第三，煤炭清洁高效利用项目占比大。与能源投资合作一致，本阶段山西省有 84.9% 的能源技术合作是与国家部委、国内其他地区、企业及科研院所展开的，其中在新能源和可再生能源方面开展的能源技术合作占到 23.7%。而在国内传统能源和新能源技术合作中占比最大的分别是煤炭开采技术开发和煤层气开发利用方面的合作，分别占到了各自类型的 62.9% 和 29.7%。如 2014 年煤矿瓦斯治理国家工程研究中心与山西晋城煤业集团就煤矿瓦斯综合治理技术服务签订合作协议，该中心将为晋煤集团 5 对高瓦斯及煤与瓦斯突出矿井提供煤矿瓦斯综合治理技术服务并指导其完善瓦斯治理技术体系。④

第四，双向能源技术合作占比高。这一时期山西省能源技术合作中出现的最大的变化和特征，是双向合作的比例大幅提高，占到全部合作活动的

---

① 作者根据本书统计数据分析得出。
② 作者根据本书统计数据分析得出。
③ 作者根据本书统计数据分析得出。
④ 瓦斯治理国家工程研究中心与晋煤开展技术合作 [J]. 煤炭科技，2014 (1)：57.

88.8%，输出的技术合作活动占到3%，而输入的技术活动已经下降到8%，如图5-20所示。如2019年，山西省在英国伦敦举办了中国（山西）科技创新技术国际合作推介会，展出了山西省多项能源利用先进技术，个别项目达成了初步的合作意向。以上特点表明通过多年能源合作的开展，山西省已经具备了综合能源的利用开发和应用能力。

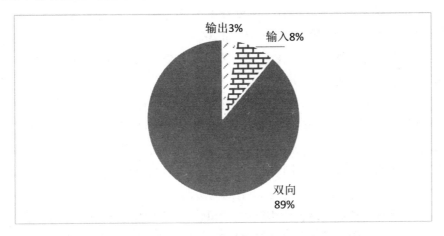

图5-20 2013—2020年山西省开展能源技术合作方向及占比

数据来源：国家能源局、山西省人民政府、山西省发展和改革委员会、山西省商务厅、山西综改示范区管委会公开数据，经作者整理绘制。

第五，通过能源技术合作，取得多项创新突破。通过能源技术合作活动的开展，提升了自身创新能力。山西省在一些领域基本掌握了中国国内，甚至是世界范围内的领先水平，在个别技术上已经接近或达到领先水平。山西省本地与省外企业、高校和科研院所之间的能源开发与利用科研项目占到了全部合作活动的81.8%，[1] 如2013年山西冀中能源集团公司与中国矿业大学（北京）签订长期合作协议。可见，这一时期，在山西省的能源合作活动和资源型经济转型中，技术、知识等要素真正大规模进入了实体经济运行，成为山西省经济发展和资源型经济转型的主导力量。

四、能源治理合作融入国家战略创新发展

这一时期山西省参与的能源合作发生了质的飞跃，不仅在数量上明显增加，在合作内容和档次上也明显提升。

---

① 作者根据本书统计数据分析得出。

首先，能源治理合作发展到"大战略"时代。在上一时期多与能源央企和地方性能源企业签订能源治理合作协议基础上，山西省继续采用了这一有效的能源治理合作方式，截至2015年，省内主要煤炭企业已与国家五大发电集团分别签订了长期合作协议，协议总量达到4.3亿吨。[①] 不仅如此，这一时期山西省在能源治理合作上更好地发挥了政府的统筹和协调作用，更多地在政府层面与国家部委和其他省、市政府建立了能源领域的长期治理合作机制，占到全部能源治理合作的13.1%。[②] 如2020年9月，山西省综改示范区管委会与国家发展改革委国际合作中心签署战略合作协议，在能源产业的国际对话交流、拓展国际招商引资渠道、搭建国内国际推介平台、多途径对接国际资源以及"十四五"规划编制等方面建立了战略合作关系。2013年，山西省几乎在同一时间与北京市、天津市、山东省和安徽省四省市签订了能源合作协议，合作内容既涉及能源长期供给，更涉及清洁能源开发与利用和建立能源市场机制等，注重能源及其组织治理的全局性和有效性，极大地保证了能源资源的综合治理和能源产业各环节间的协调。

在已达成的能源治理合作协议中，有相当一部分是基于山西省与多省市形成的区域合作组织达成的，占到能源治理合作总量10%。[③] 如2013年，蒙晋冀（乌大张）长城金三角经济合作区成立后，次年三地共同签署了《蒙晋冀（乌大张）长城金三角合作区建设协议》。截至2020年，合作区已连续召开5届联席会议，签署了包括煤炭及新能源产业在内的39项区域合作框架协议、协同推进合作区规划认同书和专项合作协议。三地已经形成了较为完整的上下游能源产业链条，并为不断促进和发挥晋冀蒙在能源生产上的优势开展了一系列能源领域的合作。2014年，国务院批复了《晋陕豫黄河金三角区域合作规划》，在能源合作方面该合作区着力打造中西部能源原材料及装备制造基地，大力推进能源、煤化工等资源产业整合。[④] 在山西省融入京津冀区域一体化建设过程中，山西省在以往与京津冀地区能源合作的基础上，不断加强清洁能源开发利用，构建了区域生态环境补偿机制、能源清洁高效利用综合补偿机制等。

① 省发展改革委，省转型综改办. 全省转型综改试验区建设三年总结［EB/OL］. 山西省人民政府门户网站，2016-03-18.

② 省发展改革委，省转型综改办. 全省转型综改试验区建设三年总结［EB/OL］. 山西省人民政府门户网站，2016-03-18.

③ 省发展改革委，省转型综改办. 全省转型综改试验区建设三年总结［EB/OL］. 山西省人民政府门户网站，2016-03-18.

④ 中华人民共和国国务院. 晋陕豫黄河金三角区域合作规划［EB/OL］. 中国政府网，2014-04-14.

　　山西省不仅持续加强与已建经济合作区的能源治理合作，还不断融入和参与国家战略区域的整体性能源治理合作。山西省虽然没有被纳入"一带一路"重点省（区、市），但始终在通过能源优势，积极争取对接"一带一路"倡议。2013年以后，山西省与"一带一路"沿线的国家和地区结成9个国际友好城市和24对友好合作伙伴关系。与国际能源署、国际可再生能源署、东北亚地方政府联合会等国际组织展开了长期能源治理合作，与蒙古、捷克等"一带一路"沿线国家及一些能源机构、智库开展了具体的能源治理合作活动，如举办了东北亚地方政府联合会能源气候变化专门委员会会议，举办"一带一路"（山西）产业转型发展国际项目合作对接洽谈会等，在加强清洁能源生产、消费、技术等领域和提高新能源、煤化工、低碳技术等多方面签订了合作治理协议。此外，山西省还主动融入粤港澳大湾区发展，如2020年9月山西省人民政府在深圳大湾区设立山西粤港澳大湾区异地孵化中心。它的成立对山西综改示范区乃至整个山西省有着不可估量的意义，是山西省人才技术、信息发展的一个重要里程碑。在此基础上，山西省快速与华为在智能煤矿建设、信息技术应用与能源产业和绿色储能等方面达成了战略合作协议，成立了山西鲲鹏生态创新中心，实现了能源+信息创新产业的治理模式。

　　以上山西省开展的能源治理合作，共同体现出"伞"型合作特征，即在一个大的战略性能源治理合作系协议之下，又包含了若干小的、涉及某一具体领域的能源治理合作协议或活动，如图5-21所示。这表明山西省的能源治理合作已经与能源贸易、投资和技术合作紧密结合起来，服从和服务于山西省本地的资源型经济转型和高质量发展，与国家战略和区域合作相协调，与地区和国家低碳与可持续发展战略相统一。这有助于山西省在能源合作过程中集中力量，挖掘和吸收合作中的有利要素和资源，最大化合作"红利"。可以说，山西省的能源治理合作已经演进到"大战略"时代。

　　其次，注重稳定、持续的能源治理合作。这一时期山西省的能源合作不再是偶发的、分散的，而是呈现出动态稳定和重点集中、持续开展的特点，不仅是在上述国内能源治理合作方面，在对外合作方面也保持了稳定和深度合作关系，如与德国北威州、亚洲开发银行、世界银行、美国西弗吉尼亚大学中美清洁能源中心等开展的合作均有较长的历史，便于对合作项目持续跟踪，有效降低了长期合作成本，便于规模效应的获得。

图5-21　山西省区域战略涉及的能源治理合作 "伞" 型结构

资料来源：网络公开信息，经作者整理绘制。

再次，以产权合作替代贸易合作的能源治理合作模式创新。在 2017 年山西省与江苏省签订《送受电框架协议》后，次年 10 月，由山西和江苏两省共同发起组建的苏晋能源控股有限公司正式成立。该公司由江苏国信股份有限公司投资控股，中煤平朔集团、同煤集团、中电国际旗下的山西神头发电公司、晋能集团旗下的山西阳光发电公司参股，拟收购同煤大唐塔山第二发电公司、中煤平朔第一煤矸石发电公司、中电神头发电公司、晋能保德煤电公司等总装机容量 516 万千瓦的四家电厂。此次合作，突破了省域输煤输电这一简单、低层次的能源贸易合作，以产权合作为纽带形成雁淮直流配套电源点项目和送受电市场的重大合作，把股权合作领域拓展到山西省煤焦钢、煤电铝材等各个产业链条，以股权、产权合作为桥梁，把山西省能源治理合作提升到新的高度，也成了国内和国际跨区域产业治理合作的新样板。

最后，能源治理合作体系逐渐完善。由能源技术合作发展到能源治理合作，能源产业与战略性新兴产业有机融合。在本阶段能源治理合作中，出现了相当数量的山西省内能源企业、高校和科研院所与省外合作对象开展的以能源转型和产业发展规划、能源监测系统优化和智能化管理平台构建、能源产业和企业信息传递以及矿区管理与服务等方面的多元治理合作活动，占到全部能源治理合作活动的 8.2%。这些能源治理项目有些是随着能源经济发展出现的新课题，有些相关选题在以往是由山西省内的企业、高校和研究机构承担的。

第二节　对资源型经济转型的作用

这一阶段是山西省能源合作全面融入国家战略，实现突破并引领发展的重要阶段，能源贸易合作在结构上实现了"外弱内强，降一增二，减黑加绿"；能源投资合作以清洁、可持续的国内合作为主，政府间合作带动市场主体参与；能源技术合作开展异常活跃，以双向的煤炭清洁高效利用技术合作为主，在某些领域实现了自主创新方面的突破；能源治理合作形成"伞"型结构，全面进入"大战略"时代；能源合作整体实现了能源贸易合作—能源投资合作—能源技术合作—能源治理合作的演进发展，从而带动和影响了山西省的资源型经济高质量转型。

一、水平和垂直层面的作用分析

第一，收入效应的质量提升。如图 5-22 所示，本阶段能源贸易合作规模减小，在结构优化的带动下，山西省能源产业收入呈现由降转增的变化趋势，整体呈现"V"形变化，这与 2018 年国内煤炭供应紧张、市场回暖有关。但能源收入的波动程度却小于能源贸易合作量，主要是因为能源贸易合作结构持续优化的作用抵消了市场剧烈波动的影响。可以说，在能源贸易合作质量提升的影响下，能源收入的质量也同步提升。

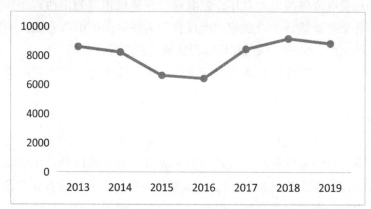

图 5-22　2013—2019 年山西省能源产业收入（单位：亿元）

数据来源：Wind 地方宏观经济数据库，经作者整理绘制。

第二，结构效应持续显现。在第二产业内部，经济增长对煤炭的依赖程度逐步下降。煤炭工业增加值占全省工业增加值的比例由 2013 年的 57.6% 下降至 2019 年的 33.3%，与阶段性高点 2011 年的 61% 相比，已经下降了 27.7 个百分点；2016 年略有上升，但也仅为 48.1%，产业结构转型效果十分显著。到 2019 年，非煤工业贡献率已经占到山西全省规模以上工业增加值的 61.2%，超过煤炭工业贡献率 22.4 个百分点之多。①

这一阶段山西省三次产业比例逐步优化，服务业比重持续提高。如图 5-23 所示，2013—2019 年山西省三次产业结构整体呈现优化趋势。2013 年全省三次产业比例为 5.9∶52.2∶41.9，服务业比重比 2012 年提高 2.5 个百分点，创 2001 年以来新高。在工业经济下行压力不断加大的情况下，2015 年成

---

① 国家统计局山西调查总队.2019 年全省经济运行情况［R］.太原：山西省统计局，2020-01-21.

为山西省经济历史上的关键年份，在这一年第三产业首次超过第二产业，此后一直保持。2016年结构优化效果最为明显，第二产业比重下降为38.54%，第三产业比重上升为55.45%，达到历史最高点。2017—2019三年中经济结构始终稳定，三大产业比重基本保持5∶44∶41的比例关系。

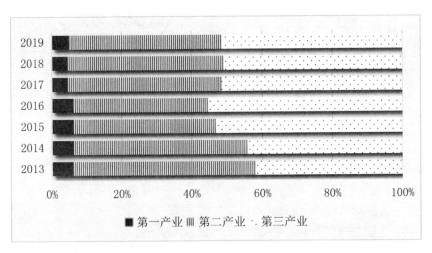

图5-23 2013—2019年山西省三大产业结构

数据来源：山西省统计年鉴（2014—2020年），经作者整理绘制。

第三，内涵效应总体明显。在能源投资合作和能源技术合作的影响下，本阶段煤炭行业的新建投资和更新改造投资大幅减少，而新能源和清洁能源的投资合作大幅提高。能源投资合作中的资本要素与技术要素结合的倾向明显，能源投资合作大多伴随或衍生出能源技术合作。技术要素的引入使山西省能源利用能力显著提高，可以进一步促进资本密集型能源产业的生产效率。如图5-24所示，本阶段山西省的能源加工转换效率大部分时间呈现提高趋势，只有受市场供求关系冲击的2017年出现下降。整体看，本阶段山西省的能源投资合作存在内涵效应。

第四，溢出效应不甚明显。如图5-25所示，反映能源合作溢出效应的全要素生产率在这一时期波动较为频繁，直观上较难发现能源合作在整体经济中产生的溢出效应。这可能是由这一时期各类能源合作显著发展，要素组合间较为复杂的作用相互叠加导致的。但也应该注意到，虽然本阶段山西省能源技术合作和能源治理合作发展迅速，但引进的高质量技术要素规模还有待进一步提升，整体技术水平仍然较低，特别是自主创新能力不充分，未能显著显示出对其他产业产生持续的技术溢出效应，技术溢出的传导机制可能存在一定障碍，进而导致整体溢出效应变化情况不够清晰。

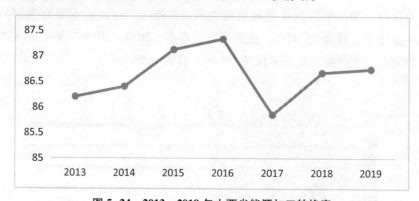

图 5-24　2013—2019 年山西省能源加工转换率

数据来源：山西省统计年鉴（2014—2020 年），经作者整理绘制。

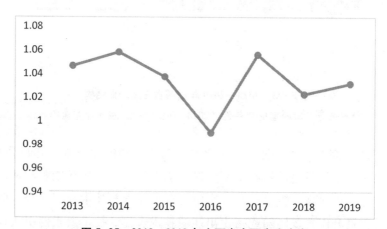

图 5-25　2013—2019 年山西省全要素生产率

数据来源：山西省统计年鉴（2014—2020 年），经作者整理绘制。

第五，垂直层面作用呈现"S"形。本阶段，山西省能源贸易合作规模下降，特别是除个别年份外，传统能源贸易量下降明显；同时，能源投资合作、能源技术合作和能源治理合作均发生了较大程度的发展。与溢出效应类似，在各类能源合作共同作用下，山西省这一阶段能源合作要素组合垂直层面的作用呈现波动变化状态。如图 5-26 所示，这一时期，山西省的能源要素与非能源要素替代弹性①呈现下降—上升—下降的变化过程，对应表现在要素组合

①　该数据上升表示极化作用小于均衡效应，能源要素主体地位减弱，反之则反是。数据来源可参阅前文。

垂直层面的作用为极化效应为主—均衡效应为主—极化效应为主。究其原因，整体上 2015—2018 年能源要素的主体地位有所弱化，2019 年山西省能源要素出现极化效应与 2017—2018 年国家实施"煤改气"政策后出现明显的天然气供应紧张，进而暂时"叫停"这一改革。改为主推清洁煤、生物质供暖方式有着密切的关系。因此，这一偶发性变化并不能否定能源合作对资源型经济转型存在均衡效应这一规律。但是，综合这一时期溢出效应的波动，本书认为山西省应着力加强对技术等高质量要素的吸收，并着力将在能源产业中获得的技术成果尽快和更多地转化应用于其他相关产业，促进能源产业与相关产业的融合发展，以更有效地提升经济中要素的整体生产能力和利用效率，从而弱化能源要素的主导地位，加快转型步伐。

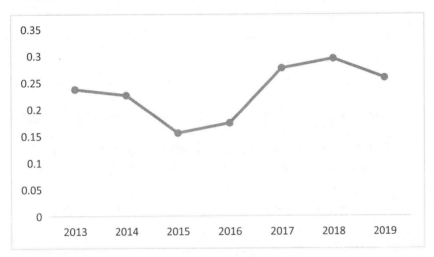

图 5-26 2013—2019 年山西省能源要素与非能源要素替代弹性

数据来源：山西省统计年鉴（2014—2020 年），经作者整理绘制。

二、对资源型经济转型的影响分析

第一，经济增长动力转变。通过能源贸易合作的拉动，能源投资合作、能源技术合作和能源治理合作的飞速发展，山西省资源型经济获得了在经济增长动力上的重要转变——装备制造业已经成为全省经济增长的主要动力。据统计，山西省装备制造业增加值占工业增加值的比例从 2012 年的 7%提高到 2015 年的 10.4%。[①] 在能源合作的带动下，2019 年新能源汽车产业增长

[①] 省发展改革委，省转型综改办. 全省转型综改试验区建设三年总结［EB/OL］. 山西省人民政府门户网站，2016-03-18.

61.6%，节能环保产业增长 12.1%。① 从"一煤独大"到"八柱擎天"②，再到现在的 14 个战略性新兴产业③的快速发展，形成了新型特色优势产业和以煤炭为代表的传统产业共同构成的多元产业格局，可以说山西省煤焦冶电四大工业的主流时代已然谢幕，山西省的资源型经济转型已经取得了阶段性成效。

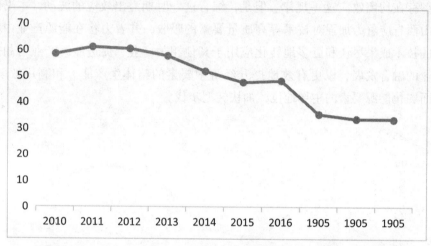

图 5-27　2010—2019 年山西省煤炭产业增加值占全省工业增加值比重

数据来源：山西省统计年鉴（2011—2020 年），经作者整理绘制。

第二，经济增长方式逐渐转变，传统产业加快升级。2010 年，能源产业重组整合以来，山西省的煤炭产业内部的转型和升级始终没有停止。在各类能源合作的促进下，煤炭资源回收率提高到 80%以上。通过持续深化煤炭行业供给侧结构性改革，山西省逐步提高了煤炭先进产能占比，并积极以 5G 通信、先进控制技术为牵引推进了智慧矿井建设，推广实施绿色开采技术、安全保障技术，打造了一批标杆示范矿井。截至 2020 年 10 月，已有 10 座煤矿、

---

① 国家统计局山西调查总队. 山西省 2019 年国民经济和社会发展统计公报 [EB/OL]. 山西省人民政府门户网站，2020-03-06.

② 林武. 政府工作报告——2020 年 1 月 13 日在山西省第十三届人民代表大会第三次会议上 [N]. 山西日报，2020-01-21（1）．"八柱"指大地、航空、交控、文旅、云时代、燃气、国投、现代化工八大产业。

③ 信息技术应用创新、半导体、大数据融合创新、碳基新材料、光电、特种金属材料、先进轨道交通装备、煤机智能制造装备、节能环保、生物基新材料、光伏、智能网联新能源汽车、通用航空、现代医药和大健康等 14 个战略性新兴产业。

50 个智能综采工作面开展智能化建设试点。① 此外，焦炭行业的兼并重组也不断加快，大大提高了现有焦炭企业的生产能力，目前户均产能从 70 万吨提高到 200 万吨以上。

电力行业也不断推动能源供给由单一向多元、由黑色向绿色转变，结构优化效果显著。如图 5-28 所示，本阶段，山西省加快了光伏、风电、水电等清洁能源的发展，风、光、水等新能源电力产量提高明显，增速保持稳定。据统计，山西省新能源电力装机规模从 2012 年末的 607 万千瓦扩大到 2020 年末的 3000 万千瓦，增长了近 4 倍。

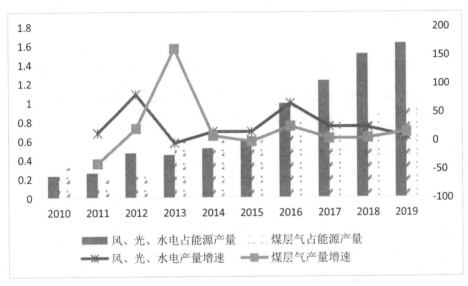

图 5-28 2010—2019 年山西省主要新能源产量占比与增速

数据来源：山西省统计年鉴（2011—2020 年），经作者整理绘制。

第三，投资结构不断优化。如图 5-29 所示，这一时期山西省工业内部的非煤产业投资占比由 2012 年的 67.4% 提高到 2016 年的 85.4%，提高了 18 个百分点；尽管 2017 年略有回落，也达到了 82.3%。第三产业投资在山西全省固定资产投资中的占比由 2012 年的 47.9% 快速上升到 2017 年的 53.6%，如图 5-30 所示；高技术产业投资年均增速保持在 15% 左右，均明显快于全省投资增速②。

---

① 张毅. 山西能源革命向纵深推进［N］. 山西日报，2020-10-20（1）.

② 国家统计局山西调查总队. 2019 年全省经济运行情况［R］. 太原：山西省统计局，2020-01-21.

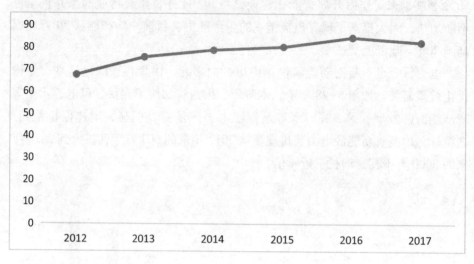

图 5-29 2012—2017 年山西省非煤产业固定资产投资占工业固定资产投资比重①

数据来源：国家统计局，经作者整理绘制。

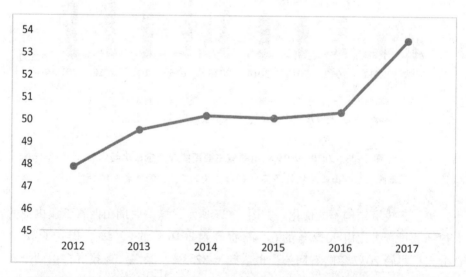

图 5-30 2012—2017 年山西省第三产业固定资产投资占工业固定资产投资比重②

数据来源：国家统计局，经作者整理绘制。

---

① 2018 年、2019 年数据缺失。

② 2018 年、2019 年数据缺失。

第四，技术创新与转化应用成果丰硕，要素生产效率大幅提升。在这一阶段能源技术合作和能源治理合作的积极推动和促进下，山西省大力推进核心技术研发、先进技术引进和关键技术应用示范，搭建了一批高水平科研创新平台。"十三五"期间，山西省建立了 5 个国家重点实验室、31 个企业技术中心、114 个院士工作站，[①] 数量和规模均达到历史高峰。在此基础上能源技术研发领域取得了丰硕的成果，有些成果甚至达到了国内外一流水平，在个别项目上实现了自主创新，并且已经有一些成果获得了转化应用，极大地提升了产业效益。如山西新碳超硬材料科技有限公司使用煤层气生产金刚石，市场利润接近 6 倍。2020 年，合作组建的中国电科（山西）碳化硅材料产业基地生产的高纯半绝缘衬底片，打破了国外垄断，具有明显的价格优势。基地内的山西烁科晶体公司解决了关键技术工艺，已经完全自主掌握了第三代半导体碳化硅的全产业链技术，成功实现了产业内尖端产品——8 英寸衬底片的自主研发，即将量产。同时，这一时期的山西省十分注重引导和发挥高校和科研机构在传统产业转型中的作用，在产—学—研融合发展方面取得明显成效。如山西大学成立了"CO_2 减排与资源化利用"工程研究中心，太原理工大学"煤与煤层气绿色清洁开发利用"协同创新中心被教育部认定为省部共建国家协同创新中心等。这些科研中心集中力量进行重大关键技术攻关，已经在煤层气勘探开发、先进储能等领域立项 27 个"卡脖子"关键共性技术攻关项目；在低渗煤层煤层气增产技术、煤基石墨烯电容碳及其复合材料批量化制备等重大专项项目中也取得了突破。

第五，开放程度显著提高。通过能源合作，特别是对外能源合作，有效提升了山西省对外开放程度。到 2019 年年末，世界 500 强企业在山西省投资项目累计达到 89 个。[②] 2020 年上半年，山西省共签约招商引资项目 1679 个，计划总投资 11364.6 亿元，完成年度招商引资签约目标任务的 94.7%。截至 2020 年 8 月底，山西省政府和企业共在全球 58 个国家设立 275 家境外企业，主要投向批发和零售业、制造业、采矿业、建筑业等领域，如山西建龙实业并购了马来西亚东钢集团，阳煤集团并购了德国 HB 布朗机械合伙公司等。[③]

第六，以项目促转型，积极推动产业园区建设和转型。在积极融入国家发展战略思路的指导下，这一时期山西省大力推进各类合作项目，以此带动

---

① 林武. 政府工作报告：2021 年 1 月 20 日在山西省第十三届人民代表大会第四次会议上 [N]. 山西日报，2021-01-25（1）.

② 山西综改示范区公开数据。

③ 闫杰. 开放山西，加速崛起 [N]. 山西日报，2020-10-02（1）.

了产业园区建设和转型，并以园区转型作为引擎和主阵地，带动全省转型。截至 2020 年，山西全省建成了 5 个国家级外贸转型升级基地。开发区在规模扩大的基础上，也不断提高发展质量。同时，以开发区为平台，山西省引进了一批国内外知名企业，如西门子、百度、华为、恒天然、福特汽车、富士康等。山西省现有外资企业 600 多家，① 在调整经济结构、促进产业升级等多方面均对山西省高质量转型发展起到了积极的作用。但是，还应该注意到，尽管山西省在开发区建设方面转型效果明显，但与发达省份相比，差距还很明显，如与江苏省相比，截至 2019 年年末，江苏省开发区数量已经达到 199 个，② 且总体具有较高的发展水平。此外，山西省还应该积极打造高质量、以能源产业转型为核心，且与自身转型发展需求相一致的产业园区。

综上，本阶段山西省能源合作体系基本得到了完善，各种能源合作类型均实现了规模与质量的双重提升，机理分析和实证检验中得出的结论在本阶段得到了全面验证。特别是能源治理合作的大规模开展，有效提升了资源型经济各类能源合作的作用效果，能源合作发展方向与资源型经济转型目标更加一致，转型效果也逐步从能源产业内外部结构优化和经济增长方式转变，发展到自主创新能力的获得和经济、环境协调发展等方面。

---

① 张巨峰. 山西对外开放再上新台阶 [N]. 山西日报，2019-09-04 (1).
② 2019 年江苏省开发区建设发展统计公报，2020-10-22.

第五章

山西省能源合作及其对资源型经济转型作用的特点与存在的问题

第一节　能源合作对资源型经济转型作用的特点

一、能源合作的发展特点

根据前文分析，本书总结了改革开放以来山西省能源合作的发展特点，如表 5-1 所示，主要体现在以下几方面：

表 5-1　各阶段山西省能源合作的特点

发展阶段		能源贸易合作	能源投资合作	能源技术合作	能源治理合作
起步阶段	萌芽阶段	★以原煤外调为主	初现	未真正开展	未真正开展
	正式起步阶段	★以原煤外调为主，二次能源贸易量提高（火电、焦炭）	起步	技术设备引进	被动行政指令性合作
全面发展准备阶段		★以原煤外调为主，二次能源贸易量提高（火电、焦炭）	★电力投资合作，对外合作增加（水平较低）	技术设备引进，尝试煤炭清洁利用和炼焦技术对外合作	治理和平台与机制建设
全面发展阶段		规模下降，结构优化	★规模、质量大幅提升，对内清洁能源合作，对外煤炭合作	★高新技术引进，涉及技术领先，多类型合作联合深度开展	签署大批长期协议（实质性开展不足）

发展阶段	能源贸易合作	能源投资合作	能源技术合作	能源治理合作
成熟引领阶段	缩量提质，清洁能源贸易增加	★清洁、绿色化，微观主体参与多类型联合合作，项目公司制	★完全清洁化，双向合作占比高，自主创新突破	★融入国家战略，稳定持续，模式创新

注："★"表示主体地位。

资料来源：作者根据本书内容整理绘制。

首先，实现演进发展。随着发展进程的不断推进，山西省能源合作类型不断丰富，体系逐渐完善，以起步阶段的能源贸易合作为主，逐步发展为全面发展准备阶段的能源贸易合作+能源投资合作，全面发展阶段的能源投资合作+能源技术合作，最终发展到成熟引领阶段的能源投资合作+能源技术合作+能源治理合作，印证了本书理论分析中得出的能源合作存在"能源贸易合作—能源投资合作—能源技术合作—能源治理合作"的演进路径。

其次，由量变到质变。山西省各类能源合作内部均不同程度地出现由数量到质量的提升。能源合作为资源型经济引入的要素也出现资本—技术—制度的递进过程。技术在能源合作和要素组合中的作用日趋显著。

再次，由单向合作到双向合作。山西省能源合作逐步由单向引进发展为双向互动，由对外合作发展为对内对外全面合作，最终由单纯"引进来"逐步实现"走出去"。

最后，实现清洁化、绿色化。随着各类能源由数量提高向质量提升转变，山西省在能源合作中逐步实现清洁化、绿色化，能源合作本身的低碳发展特点较为明显。

二、能源合作对资源型经济转型作用的特点

根据前文就能源合作对资源型经济转型水平和垂直层面作用的理论分析和对山西省发展实际的阶段性梳理，对照资源型经济转型在地区协调、产业发展、资源利用和生态环境四方面的具体目标，本书比较总结了山西省能源合作的水平和垂直层面作用及其对资源型经济转型的作用，如表5-2所示。具体来看，山西省能源合作对其资源型经济转型作用的发展特点表现在以下五个方面：

表5-2 各阶段山西省能源合作对转型作用的特点

发展阶段		收入效应	结构效应		内涵效应	溢出效应	极化/均衡效应	转型效果			
			内	外				地区协调	产业发展	资源利用	生态环境
起步阶段	萌芽阶段						×	×	×	×	×
	正式起步阶段	★	★				×		×	×	×
全面发展准备阶段		★	★	×	★		×			★	×
全面发展阶段		★	★	×	★	★	★		★	★	×
成熟引领阶段		★	★	★	★	☆	☆	★	★	★	★

注:"★"表示积极作用,"×"表示消极作用,"☆"表示不确定。

资料来源:作者根据本书内容整理绘制。

第一,能源合作体系的完善是促进资源型经济转型的前提条件。比较表5-1和表5-2,可以发现能源合作的全面开展阶段是其显著促进山西省资源型经济转型的关键时期。到成熟引领阶段,能源合作的正向推动作用得到了进一步释放,转型效果十分显著。其中,能源技术合作和技术在要素组合中重要作用的发挥是需要资源型地区积极关注并有意识获得的。

第二,各类能源合作内在质量的改善影响作用发挥。从表5-1和表5-2可以看出,在各类能源合作内部实现由数量到质量的提高,是能源合作对资源型经济转型中介作用和转型效果提升的重要条件。

第三,能源投资合作需要与能源技术合作和能源治理合作联合开展才能起效。通过比较表5-1和表5-2,本书发现在单一能源投资合作为主体的全面开展准备阶段,山西省资源型经济转型的作用并不理想,只有到各类能源合作深度联合开展的成熟引领阶段,转型效果才较为理想。同时,能源投资合作和能源技术合作联合互动的全面开展阶段和成熟引领阶段,能源要素的主导地位才逐渐弱化,资源型经济的经济增长方式才得以转变。

第四,由内而外的作用对象和效果路径。随着山西省能源合作的逐步发展,对资源型经济转型的中介作用最初体现在能源产业自身的收入效应和结构效应上,逐渐积累扩散,发展到资本密集型能源加工及相关的制造业领域,进而延伸至整体经济社会系统。资源型经济转型作用效果也经历了由能源产业内部结构优化、产业链形成到工业体系逐步完善、生产效率提升和战略性新兴产业迅速发展，再到生态环境改善。因此，促进能源对资源型经济转型的推动作用，就要积极加强对能源产业内部合作成果的外化应用和推广，始于能源、终于推广的能源合作才是真正有价值的合作。

简而言之，能源合作对资源型经济转型的作用，在作用对象和效果路径上均存在由内而外的发展特点，其中作用对象沿着能源产业内部—能源产业—工业体系—经济社会的路径变化，作用效果沿产业发展—资源利用—地区协调—生态环境的路径逐渐显现。

第五，能源合作对资源型经济转型的促进作用显效较快。众所周知，资源型经济转型难题由来已久，长期困扰此类地区经济发展，人们也尝试采取不同手段和途径。通过本书研究发现，从山西省能源合作全面发展到目前，其对资源型经济转型作用全面显现经历了 12~20 年，这在资源型经济转型发展经历的漫长过程中并不算长。不可否认，其中有其他因素的共同作用，但基于经济系统联系的相互性，这一大致估算的结果具有一定参考价值。

第二节　资源型经济转型中能源合作存在的问题

通过山西省能源合作及其对资源型经济转型作用发展的阶段性分析，本书发现，目前以山西省为代表的资源型地区参与的能源合作中还存在以下五个方面问题：

一、整体开放程度不高造成高质量要素流入受限

尽管在进入全面发展阶段之后，山西省参与了大规模能源合作，在活动频次和质量上均有质的飞跃。但是，纵向比较明显提升的现实并不能掩盖在横向比较中山西省开放程度存在的劣势。在《中国对外开放 40 年》一书中发布的《中国区域对外开放指数报告》[①] 里，将全国 31 个行政区按照对外开放程度划分为四个梯队。山西省在 2007 年处于最后一个梯队，几乎全部主要资源型省（区）均处于这一梯队，如内蒙古、新疆、甘肃等。在最新的 2018 年的分类中，山西省进入倒数第二个梯队，但整体水平较低。开放程度低，限

---

① 国家发展和改革委员会国际合作中心对外开放课题组. 中国对外开放 40 年 [M]. 北京：人民出版社，2018.

制了能源合作的开展水平和能源合作中吸收要素的质量。高质量要素的匮乏和低质量要素合作的重复开展，对资源型经济有限的能源资源和生产要素均形成了浪费，能源技术合作对全社会生产效率的影响并不理想。这也是全面发展阶段和成熟引领阶段，内涵效应和溢出效应不甚明显的深层次原因之一。

二、能源合作尚未发挥对资源型经济转型的引领作用

在山西省能源合作的发展实践中能够看到，能源合作的发展变化明显受到资源型经济的转型需求的影响，多数呈现一种问题导向式的发展特点，能源合作对资源型经济转型的主动引领作用不足。在资源型经济转型行至关键阶段之时，积极拓展和发挥能源合作的带动作用是资源型经济需要关注的问题之一。

三、能源投资合作与技术和制度要素结合不够

通过对山西省能源投资合作对转型作用发挥的历史阶段性分析，能够看出，山西省能源投资合作起步较早，但发展至全面开展阶段才真正发挥出对资源型经济转型的促进作用，主要源于其与技术和制度要素的结合不足。而当前虽然有了一定程度的结合，但是在资本规模及其在技术研发和制度创新中的作用发挥等方面看，结合程度还不高，作用发挥还较为有限。因此，资源型经济需要主动引导和调节合作中的资本投向。

四、技术和制度自主创新能力不足导致对外依存度较高

尽管能源技术合作和能源治理合作已经实现大规模开展，质量也显著提高，但是在前沿性领域和对转型具有实质性影响的关键技术方面，山西省仍是需求者和共同开发者角色，对外输出较少，对国际国内先进技术和经验的依赖较强，自主创新能力不足，成为限制当前和未来一段时间资源型经济转型效果发挥的关键因素。

五、能源治理合作不足与自身机制建设欠缺并存

进入成熟引领阶段，山西省各类能源合作发展较快，体系逐渐完善。但是，横向比较能源治理合作的开展水平仍有待提高，在能源领域和涉及资源型经济转型的相关领域，高质量制度要素的吸纳不足，各项机制建设仍较为落后，如能源收入利用的监督管理机制、能源金融体系建设、碳交易市场机制的引入等。在实践中，政府需要大力借鉴先进经验，消除体制机制方面的

束缚和壁垒。

第三节 资源型经济转型中促进能源合作作用的政策方向

根据前文分析得出的山西省资源型经济转型过程中能源合作存在的问题，本书认为在资源型经济转型过程中，资源型地区政府应当重视这些问题，通过参与多种能源合作获得适合当前需要的高质量要素，积极推进自身转型发展，在制定政策时要注意从以下三个方面着手。

一、通过积极扩大开放为能源合作创设良好环境

前文分析中发现，以山西省为代表的资源型地区通过能源合作已经在转型发展方面获得了一定成效，但是技术等高质量要素的引入还不充分，溢出效应和垂直层面作用还没有全面显现出来，仍受到一些宏观因素影响，转型效果有待进一步提高。而高质量要素引入受限的重要原因是此类地区的对外开放程度偏低，对外界高质量要素的吸引力不足，存在一些体制机制方面的障碍等。

资源型地区要通过能源合作吸收更多的优质要素，首先就需要为自身创设出一个良好的环境，在与区域外的发达经济体的交流合作中树立起积极转型开放的良好形象，从而吸引更多资本、技术等高质量生产要素流入；其次，政府应当转变自身职能，实施更加积极的开放合作政策，打破阻碍能源合作的制度壁垒，为参与能源合作的本地与外地企业提供便利和完善的服务，以加强资源型地区和发达经济体之间的交流和往来，获取发达经济体的先进技术和管理经验、产业项目转移和高素质人才等。最后，资源型经济中的微观主体还应通过开放合作，积极参与到全球水平分工体系中，融入全球产业链，在承接产业转移的过程中提升自身的创新能力，打造有竞争力的产业和企业。

二、开展多类型能源合作吸收高质量要素

尽早转型可以有效降低各种转型成本和风险。本书通过理论分析和实证检验均发现不同的能源合作对资源型经济产生的作用有所差别，单一类型能源合作无法满足资源型经济转型的多样化需求，而吸收多样和高质量要素，加快经济流转速度、提升经济效率是降低转型成本和风险的有效措施。而从能源合作对资源型经济转型的影响可以看出，多类型能源合作联合作用对促

进资源型经济转型的促进作用更为明显。特别是资本要素需要与技术或者制度要素结合才能发挥更为有效的作用，因而，多元化能源合作是一种更加合理和高效的促进转型的方式。一方面，多种类型能源合作，吸收更加多元和质量更高的要素，可以使资源型经济各组成部分均获得转型所需要的动力和应对转型风险的综合能力；另一方面，积极吸收高质量要素，可以加快地区内的要素流动以改变综合要素结构，有效促进竞争，提升资源型经济内部的学习能效和示范带动效应等一系列溢出效应，以促使产业间的扩散和均衡发展，从而从根本上促进产业结构的优化升级，对关联性产业形成均衡效应，最终促使经济结构的升级转型。

三、注重开展适合转型阶段的能源合作

根据前文分析，在转型初期，资源型地区需要大量资本以支付转型成本和抵抗初始风险；到转型中期不仅需要资本支持，更需要高水平技术以尽快完成能源投资合作向能源技术合作的转化；而转型后期，则更需要制度的规范。本书研究发现，能源合作会沿着能源贸易合作—能源投资合作—能源技术合作—能源治理合作的演进路径不断发展，而这几类合作也分别适合于不同的资源型经济转型阶段。

资源型经济转型不是一蹴而就的，而是一项长期持续的系统性工程，需要循序渐进地推进。根据本书分析，如果完全由市场调节，容易导致资源型经济的盲目和无序。因此，加强政府的合理引导与调节，对资源型经济转型十分重要。政府在引导发挥能源合作对资源型经济转型作用时，需要准确判断资源型经济转型所处的阶段和最急需的要素是什么，以此来选择重点鼓励和推动的能源合作类型。根据本书结论，总体上，能源技术合作和能源治理合作是能源合作的高级阶段和类型，对资源型经济转型的推动是根本上的。因此，政府应该积极推动能源合作向能源技术合作和能源治理合作转变，积极发挥技术和制度要素在资源型经济转型中的作用，促进能源合作的溢出效应，带动更多产业生产效率的提升，以促进资源型经济的全面转型。

第六章

资源型经济转型中促进能源贸易合作的政策建议

第一节　调整能源贸易合作结构与提高商品附加值并重

一、制定科学的能源贸易规模与质量调控政策

资源型经济具有鲜明的产业特征，资源类产业在经济结构中所占比重远远超过其他产业。然而，资源型产业普遍存在技术含量低、产品单一的问题，严重制约了资源型经济的高效发展。在资源型经济转型早期或起步阶段，尽管能源贸易合作能够带来显著的收入效应，为经济发展注入资金活力，但长期过度依赖能源贸易合作，必然会使资源型经济陷入产业结构单一、发展动力匮乏的困境。因此，科学合理地控制资源型经济能源贸易合作的规模与质量，成为推动其可持续发展的关键举措。

（一）设定能源贸易规模上限

政府应依据资源型地区的资源储量、产业发展规划以及生态承载能力等因素，科学设定能源贸易的年度规模上限。例如，对于煤炭资源型地区，结合本地煤炭储量的剩余可开采年限、现有开采能力以及环保要求，确定每年煤炭出口量的最大值。通过严格的配额管理等方式，确保能源贸易规模在合理范围内。例如，规定某煤炭资源型城市每年煤炭的出口量上限，避免过度开采与出口，保障资源的可持续利用。

（二）建立质量管控体系

构建涵盖能源产品质量、贸易合规性等多方面的质量管控体系。在能源产品质量方面，制定严格的质量标准，对煤炭的发热量、含硫量，石油的纯度等关键指标进行明确规定。对于不符合质量标准的能源产品，严禁进入贸

易市场。同时，加强对贸易过程的监管，确保贸易活动符合国内外相关法律法规与政策要求。例如，对能源贸易企业的合同签订、运输环节、资金结算等进行全程监督，防止出现违规操作，提升能源贸易的整体质量。

二、推动能源贸易商品结构优化

资源型经济转型的本质在于经济发展模式的深刻变革，而优化产业结构则是这一转型进程中的首要任务。能源贸易合作作为连接能源供需双方的最直接合作形式，其商品结构对资源型经济的产业结构有着逆向影响。因此，在能源贸易合作中，资源型地区必须积极主动地调整能源贸易合作中商品的类型，以实现产业结构的优化升级。

（一）降低一次能源直接贸易占比

制定政策引导资源型地区减少一次能源（如原煤、原油等）的直接贸易。通过提高一次能源出口关税、设置出口配额等方式，限制一次能源的直接输出规模。例如，将原煤出口关税提高，并逐年递减一次能源出口配额，促使企业减少一次能源的直接贸易。同时，鼓励企业对一次能源进行深加工，提高能源产品附加值后再进入贸易市场。

（二）提升二次能源和清洁能源贸易占比

出台专项扶持政策，鼓励企业加大对二次能源（如电力、焦炭等）和清洁能源（如太阳能、风能、水能等）的开发与生产投入。对从事二次能源和清洁能源生产与贸易的企业，给予税收减免、财政补贴等优惠。例如，对太阳能发电企业给予每度电一定金额的补贴，或对风力发电企业减免一定企业所得税。引导企业增加二次能源和清洁能源在能源贸易中的占比，如目标在未来几年内，将二次能源和清洁能源贸易占比提升至40%，推动能源贸易商品结构向绿色、高效方向转变。

三、提高能源产品附加值与技术贡献率

在能源贸易合作中，提升有限资源的利用率、增加产品附加值以及提升能源贸易收入中的技术贡献率，是推动资源型经济可持续发展的重要路径。通过这些举措，能够从需求端拉动生产端结构转变，倒逼资源型经济进行供给侧改革。

（一）加强能源产品深加工技术研发

政府设立能源技术研发专项资金，每年投入大量资金，支持企业与科研机构开展能源产品深加工技术研发。鼓励企业研发煤炭清洁高效转化技术，将煤炭转化为高附加值的化工产品。例如，支持企业研发煤炭制烯烃技术，提高煤炭资源的利用效率与产品附加值。对在能源产品深加工技术研发方面取得重大突破的企业给予奖励，激发企业的创新积极性。

（二）推动能源产业技术创新联盟建设

引导能源企业、高校、科研机构等组建能源产业技术创新联盟。联盟成员共享技术、人才、设备等资源，联合开展能源技术创新项目。例如，针对新能源开发与利用技术，联盟成员共同投入研发力量，攻克技术难题。通过联盟的形式，加速能源技术创新成果的转化与应用，提升能源贸易收入中的技术贡献率，促进资源型经济的技术升级与产业结构优化。

四、引导需求端拉动生产端结构转变

通过政策引导与市场机制相结合的方式，从需求端入手，拉动生产端结构转变，倒逼资源型经济供给侧改革，以实现能源贸易合作结构的优化与商品附加值的提升。

（一）制定绿色能源消费激励政策

政府出台绿色能源消费补贴政策，对使用二次能源和清洁能源的企业与居民给予补贴。例如，对使用太阳能热水器的居民，给予一定金额的设备购置费用补贴；对使用电力驱动设备的企业，也给予用电补贴。通过刺激绿色能源消费需求，引导生产端增加二次能源和清洁能源的生产与供应，推动能源贸易商品结构的调整。

（二）建立能源贸易市场信息反馈机制

搭建能源贸易市场信息平台，收集能源市场需求信息、价格波动信息等。及时将这些信息反馈给能源生产企业，使企业能够根据市场需求调整生产结构。例如，当市场对清洁能源的需求增长时，企业能够通过信息平台获取这一信息，从而加大对清洁能源生产的投入，优化生产端结构，实现能源贸易合作结构与生产端结构的协同优化。

第二节 积极拓展能源服务贸易合作

一、强化政策扶持与引导

与众多产业相仿，能源产业同样涵盖商品贸易与服务贸易两大领域。过往，资源型地区投身的能源贸易合作，主要聚焦于能源初级产品的贸易，像煤炭、原油等产品的交易。这种贸易模式致使资源型经济与其他经济体的往来呈现出周期短暂、经济关系单纯的特性。与之相较，能源类生产性服务合作，尽管资源型地区在这方面具备显著的发展优势，且能够借此与其他地区构建起更为长久、稳固的经济交往纽带，但目前此类合作的开展规模极为有限。能源产业生产性服务的输出，恰恰是供给侧改革大力鼓励与积极倡导的关键方向。资源型经济在能源产业生产性服务贸易领域，展现出清晰且突出的比较优势，并且能够有力带动资源型地区相当比重产业的协同发展。然而，当前资源型地区在能源服务贸易合作方面的利用程度与效率均处于较低水平，对外输出的能源生产性服务项目，深受资源型地区开放程度的制约。

当下，"一带一路"倡议为能源产业服务贸易，尤其是生产性服务的输出，开拓了全新的路径与模式。在"一带一路"以及"五通"① 模式的推动下，资源型地区理应整合自身优势资源，积极主动地融入其中，大力加强能源产业生产性服务方面的贸易输出，并将其作为促进自身开放、深化对外合作程度的重要着力点之一。能源服务贸易的输出，一方面，能够极大地丰富能源贸易合作的内涵与形式，实现从单纯输出能源产品向输出能源产能与生产技术转变，从而达成与外界经济交往在规模与深度上的双重跃升；另一方面，能够助力"一带一路"沿线产能相对落后的国家和地区，对其资源进行合理开发。这不仅提升了东道国和地区的能源供给能力，在一定程度上节约了资源型经济的不可再生能源，还有利于资源型经济进一步转变增长方式。因此，积极推进生产性能源服务贸易合作，高度契合资源型经济转型的目标诉求与产业特性，完全可以作为关键抓手之一，全力予以实施。

为推动能源服务贸易合作的蓬勃发展，首要任务便是强化政策扶持与引导。

---

① "五通"即政策沟通、设施联通、贸易畅通、资金融通和民心相通。

第一，制定专项支持政策。政府应出台专门针对能源服务贸易的扶持政策。设立能源服务贸易发展专项资金，每年从财政预算中划拨一定比例的资金，用于支持能源生产性服务企业的发展。对开展能源服务贸易的企业，给予税收优惠，如减免企业所得税、增值税等相关税费。对新成立且专注于能源服务贸易的企业，可免征几年企业所得税，降低企业运营成本，提升企业参与能源服务贸易的积极性。

第二，优化行政审批流程。针对能源服务贸易项目的审批，建立专门的绿色通道。简化审批环节，将原本烦琐的多部门串联审批模式优化为并联审批模式。例如，将涉及商务、能源、环保等部门的审批流程进行整合，使企业能够一次性提交所有申请材料，各部门同步进行审批。同时，明确审批时限，规定所有审批环节必须在规定时间内完成，提高审批效率，加快能源服务贸易项目的落地实施。

二、搭建多元合作平台

（一）举办能源服务贸易国际峰会

定期举办能源服务贸易国际峰会，邀请"一带一路"沿线国家和地区的能源企业、服务机构、政府部门等代表参会。在峰会上，资源型地区可以集中展示自身在能源勘探、开采、加工等生产性服务方面的优势与成果。例如，通过搭建大型展览区，展示先进的能源开采设备、智能化能源管理系统等。同时，设置项目对接、技术交流、合作洽谈等多个环节，为国内外企业提供交流合作的平台。在峰会上，促成资源型地区的能源服务企业与国外企业签订合作协议，推动能源服务贸易项目的开展。

（二）构建线上能源服务贸易平台

利用互联网技术，打造线上能源服务贸易平台。整合资源型地区能源服务企业的信息，包括企业资质、服务内容、成功案例等，向全球展示。同时，为企业提供在线交易、项目招标、技术咨询等服务功能。例如，国外企业可以在平台上发布能源项目需求，资源型地区的企业可根据自身能力进行投标。平台还可以引入第三方信用评估机构，对交易双方进行信用评估，保障交易的安全与公正，促进能源服务贸易的便捷化、高效化发展。

三、提升能源服务贸易能力

（一）加强人才培养与引进

在人才培养方面，加大对本地高校与职业院校能源服务相关专业的投入。与企业合作建立实习实训基地，根据市场需求设置课程，培养实用型人才。比如，开设能源工程管理、能源技术服务等专业课程，学生在企业实习期间，参与实际能源服务项目，掌握操作技能。在人才引进方面，制定优惠政策吸引国内外高端能源服务人才。为引进的人才提供优厚的薪资待遇，如采用年薪制，同时提供住房补贴、子女入学便利等福利。吸引具有国际能源项目管理经验、先进能源技术研发能力的人才，提升资源型地区能源服务贸易的专业水平。

（二）推动技术创新与标准化建设

政府鼓励能源服务企业加大技术研发投入，设立技术创新奖励基金，对在能源服务技术创新方面取得突出成绩的企业给予奖励。例如，对研发出新型能源高效开采技术的企业，给予一定金额的奖励。推动能源服务标准化建设，组织行业专家、企业代表等共同制定能源服务行业标准，包括服务质量标准、技术规范等。使资源型地区的能源服务在国际市场上具有统一、规范的标准，提升其国际竞争力，促进能源服务贸易的顺利开展。

四、加强区域合作与协调

（一）建立区域能源服务贸易联盟

资源型地区联合周边地区，共同组建区域能源服务贸易联盟。联盟成员共享资源、技术、市场等信息，加强在能源服务贸易领域的合作。例如，在能源项目投标中，联盟成员可以组成联合体，发挥各自优势，共同参与国际竞争。通过联盟的形式，整合区域内能源服务企业的力量，提升整体在国际能源服务贸易市场中的话语权与竞争力。

（二）加强与"一带一路"沿线国家和地区的政策对接

深入研究"一带一路"沿线国家和地区的能源政策、市场需求等情况，积极与这些国家和地区进行政策对接。根据对方的政策法规，调整资源型地区能源服务贸易的相关政策，消除政策障碍。例如，在投资政策、税收政策等方面进行协调，为能源服务企业"走出去"创造有利条件，促进能源服务贸易合作的深入开展。

第三节　合理分配能源贸易合作收入

一、制定明确的收入分配原则

通过本书的深入剖析可知，在资源型经济转型进程中，能源贸易合作在早期阶段展现出极为显著的收入效应。在资源型经济发展的漫长历程里，"资源诅咒"现象屡见不鲜，转型动力匮乏的问题也长期困扰着众多地区。经过严谨的溯源分析，不难发现，早期能源贸易收入未能得到科学合理的分配与高效利用，是导致这些困境的关键因素。这一状况致使宝贵的收入效应难以顺利转化为结构效应、内涵效应以及溢出效应。

当能源贸易合作的收益无法实现合理转化时，大量贸易收入会盲目流入消费领域，或者仅仅在简单的反应循环中徘徊。以某传统煤炭资源型地区为例，在能源贸易收入增长初期，资金大量被用于购买奢侈品、建设豪华消费场所等，而未对产业升级与经济可持续发展进行有效投入。这种不合理的资金流向使得外延式的扩大再生产难以跨越关键门槛，向内涵式的扩大再生产迈进。从产业发展理论来看，内涵式扩大再生产强调通过技术进步、管理优化等方式提升生产效率与产品附加值，而外延式扩大再生产侧重于依靠增加生产要素投入实现规模扩张。由于能源贸易收入未能合理配置，资源型经济内部的催化循环难以形成。在资源型产业领域，过度依赖传统资源开采与初级加工，导致产业过度极化。例如，某地区的石油产业在收入分配不合理的情况下，过度将资源集中于原油开采，忽视了下游精细化工等产业的培育，使得产业结构单一，经济发展过度依赖石油价格波动，严重阻碍了资源型经济的转型进程。

已有的资源型经济转型理论研究以及本书的深度探究均清晰表明，资源型经济必须尽早开启转型之路。这一观点的核心要义在于，在转型早期，资源型经济凭借能源贸易所积累的大量收入，应当以科学合理且行之有效的方式，促使这些收入顺利转化为资本，并精准投入能够催生大量自催化反应的新产品与新要素领域。所谓自催化反应，类似于生物体内的酶促反应，在经济领域表现为一种产业发展的良性循环，即新产品或新要素的投入能够引发一系列相互促进的创新与发展，带动相关产业协同进步。例如，新能源汽车电池技术的创新投入，不仅推动了电池产业的升级，还带动了新能源汽车整车制造、充电桩建设等一系列相关产业的蓬勃发展。

因此，无论资源型经济处于何种转型阶段，积极运用能源贸易收入吸纳能源产业的高新技术与先进制度，推动能源贸易收入转化为提升自身生产能力与生产效率的资本，始终是推动经济持续健康发展的关键举措。这一过程不仅有助于将能源贸易合作成功升级为对资源型经济转型具有重大推动作用的能源投资合作、能源技术合作以及能源治理合作，还能在提升能源合作整体水平的同时，稳步有力地推进资源型经济的转型步伐。

为达成上述目标，制定明确且科学的收入分配原则刻不容缓。

第一，可持续发展导向原则。能源贸易收入分配应坚定不移地以资源型经济的可持续发展为核心导向。在具体分配过程中，要优先保障对资源型经济长期稳定发展具有关键支撑作用的领域。以生态修复与环境保护项目为例，资源型地区在长期的资源开发过程中，往往对生态环境造成了严重破坏。某煤炭资源型城市，长期大规模开采煤炭，导致矿区土地塌陷、植被破坏、水土流失严重。依据可持续发展导向原则，该城市从能源贸易收入中专门划出专项资金，用于矿区的土地复垦、植被恢复以及水资源保护等生态修复工作。经过多年持续投入，当地生态环境得到显著改善，土地绿化率有了明显提升，塌陷区得到有效治理，为后续发展生态旅游、特色农业等新兴产业创造了有利条件，有力推动了资源型经济的可持续发展。

第二，产业升级优先原则。将促进资源型经济的产业升级置于收入分配的首要位置。政府应加大对传统能源产业升级改造以及新兴能源产业培育的资金投入力度。对于投资煤炭清洁高效利用技术研发与应用的项目，给予重点支持。

二、引导资金流向关键领域

（一）高新技术研发投入

为了切实推动能源产业的可持续发展与创新升级，积极引导能源贸易收入向能源产业高新技术研发领域倾斜至关重要。建议设立专门的能源技术研发专项资金，将其作为推动能源产业技术革新的重要资金支撑。

在资金来源方面，可从能源贸易收入中按一定比例提取资金注入该专项。

鉴于不同地区能源产业发展状况及能源贸易收入规模存在差异，可设定一个具有一定弹性的提取比例区间，例如 2%~5%。对于能源产业基础较为薄弱、亟须通过技术研发实现突破的地区，可在该区间内适当提高提取比例。

在专项资金的使用上，应明确资金的具体流向。一方面，将资金重点投入先进实验设备的购置中，确保科研人员能够在前沿的实验条件下开展研究工作。例如，为从事煤炭清洁燃烧技术研发的团队购置高精度的燃烧反应监测设备，为太阳能技术研发机构配备先进的光伏性能检测装置等。另一方面，利用专项资金大力引进高端科研人才，通过提供具有竞争力的薪酬待遇、良好的科研环境以及完善的生活保障，吸引国内外能源领域的顶尖人才投身到本地的能源技术研发中。此外，专项资金还需全力支持技术研发攻关项目，从项目的前期可行性研究、中期实验测试到后期成果转化，全过程给予充足的资金保障，确保每一个具有潜力的研发项目都能顺利推进并取得实质性成果。

同时，为了确保能源技术研发专项资金能够高效、合理地使用，必须建立健全严格的资金监管机制。成立专门的资金监管小组，成员由财政、审计、能源行业专家等多方人员构成，对资金的提取、分配、使用等各个环节进行全方位、动态化的监督。定期对资金使用情况进行审计，并向社会公开审计结果，接受公众监督，确保资金安全、透明、合规使用，切实发挥能源贸易收入在推动能源产业高新技术研发方面的关键作用。

（二）制度创新与人才引进

在全球能源格局深度调整的当下，合理规划能源贸易收入，对推动能源产业的高质量发展具有极为关键的意义。政府应将能源贸易收入科学且精准地投入引进先进能源产业管理制度以及吸纳高素质人才这两大核心领域。

一方面，要以积极主动的姿态，全力与国内外处于行业前沿的能源企业，或是声誉卓著的专业管理咨询机构搭建紧密的合作桥梁。针对先进的管理经验与制度体系，可通过定制化购买服务的模式予以引入。例如，与国外顶尖的能源集团开展专项合作，深入研究其在能源勘探、生产、运输及销售全产业链的精细化管理流程，以及风险防控、成本控制等方面的成熟制度。同时，也可与国内在能源产业管理创新方面成效显著的企业携手，借鉴其贴合本土市场环境的管理智慧。在与专业管理咨询机构合作时，邀请其组建专家团队，针对本地区能源产业的特性，量身打造适配的管理体系。相关费用从稳定的能源贸易收入中合理列支，确保资金流向明确，使用高效。

三、建立收入分配监督与评估机制

(一) 设立专门监督机构

成立由政府相关部门人员、行业资深专家、社会公众代表共同组成的能源贸易收入分配监督机构。该机构承担着对能源贸易收入的分配与使用进行全程、全方位监督的重要职责。定期对资金的拨付流程进行严格审查，确保其符合相关法规与政策要求，同时核实资金使用方向是否与既定的分配原则高度契合。

(二) 构建评估指标体系

构建一套科学、全面、完善的能源贸易收入分配效果评估指标体系。该体系涵盖产业升级成效、生态环境改善情况、经济增长质量提升等多个关键维度。在产业升级成效方面，通过评估传统能源产业的技术改造投入产出比、新兴能源产业在地区经济中的占比增长情况等指标，全面衡量产业升级的实际效果。在经济增长质量提升方面，通过分析地区 GDP 中高新技术产业贡献占比、劳动生产率提升幅度等指标，综合判断经济增长质量的变化。定期（如每年）对能源贸易收入分配情况进行系统评估，根据评估结果及时调整分配政策与资金投向，确保能源贸易收入得到合理、高效的分配与利用，切实为资源型经济转型提供有力支撑。

第七章

资源型经济转型中促进能源投资合作的政策建议

第一节　规避能源投资合作中的投机行为

一、建立严格的投资准入审查机制

国内现有的资源型经济，大多以能源产业为经济发展的支柱。在现代工业产业复杂的发展进程中，能源要素犹如机器运转的关键动力，但它需要与其他要素协同配合，才能充分释放其巨大效能。在众多可与之结合的要素里，资本由于其灵活性与逐利性，成为最易与能源要素相互交融的生产要素之一。然而，回顾资源型经济的发展历程，诸多惨痛教训皆源于以投机为目的的资本引入行为。这些盲目且短视的经济活动，产生了极为负面的影响。一方面，资源型地区的能源要素被过度开发，大量宝贵的能源资源在不合理的开采与利用中遭到浪费，严重破坏了当地的生态环境与资源可持续性；另一方面，资源型地区自身却未能从这些经济活动中获取应有的发展红利，反而陷入了令人棘手的"资源诅咒"困境，使经济发展受阻，产业结构单一且固化。

因此，在能源投资合作的关键环节，资源型地区参与合作的微观个体，如企业、项目团队等，以及地区政府，都必须承担起严格甄别投资合作目的的重任。首要任务便是建立一套严格的投资准入审查机制。

（一）审查投资主体背景

对投资主体的过往经营历史、财务状况、商业信誉等进行全面且深入的调查。要求投资主体提供详细的企业年报、过往投资项目清单及收益情况等资料。例如，对于一家拟投资能源项目的企业，需审查其近五年的财务报表，了解其资产负债率、营利能力等关键财务指标，同时调查其在以往投资项目中是否存在违约、欺诈等不良记录。若发现投资主体存在财务状况不稳定、商业信誉不佳等问题，应谨慎考虑甚至拒绝其投资申请。

（二）评估投资项目规划

详细审查投资项目的规划方案，包括项目的技术路线、建设周期、预期收益模式等。重点关注项目是否具有明确的长期发展目标与可持续性。以一个新能源发电项目为例，要审查其采用的发电技术是否先进且具有发展潜力，建设周期安排是否合理，预期收益是否基于合理的市场预测与成本核算，而非过度依赖短期市场波动获取暴利。对于那些项目规划模糊、预期收益不合理且偏向短期投机的项目，坚决不予批准。

二、构建动态监管与预警体系

为有效规避能源投资合作中的投机行为，仅仅依靠投资准入审查是远远不够的，还需构建一套全方位的动态监管与预警体系。

（一）设立监管指标

确定一系列关键监管指标，如能源开采量与投资进度的匹配度、资金流向的合理性、技术投入占比等。通过实时监测这些指标，及时发现投资过程中可能出现的异常情况。例如，若某煤炭开采投资项目，在规定时间内能源开采量远低于预期，而资金却大量流向与项目核心业务无关的领域，这就可能是投机行为的信号。

（二）建立预警机制

基于监管指标，运用大数据分析与人工智能技术，建立智能化预警机制。当监管指标出现异常波动，达到预警阈值时，系统自动发出预警信息。例如，当发现某能源投资项目的技术投入占比连续三个月低于规定的最低标准时，预警系统立即向监管部门及项目合作方发出警报，提醒其关注项目是否偏离长期投资目标，是否存在投机倾向。监管部门在收到预警后，及时介入调查，要求投资主体做出解释，并采取相应的纠正措施。

三、完善政策引导与激励机制

资源型地区政府应充分发挥政策引导与激励作用，促使能源投资合作朝着长期、稳定、可持续的方向发展。

（一）制定产业扶持政策

对于符合长期投资导向、致力于推动能源产业升级与转型的投资项目，给予政策扶持。例如，对投资新能源技术研发、能源高效利用项目的企业，提供税收优惠，如减免企业所得税、增值税等；给予财政补贴，用于支持项目的研发投入、设备购置等。通过这些政策激励，吸引资本长期扎根于能源产业，推动产业技术创新与可持续发展。

（二）设立合作奖励机制

对于在能源投资合作中积极引入技术、制度等高级要素，促进资源型经济转型发展的投资主体，设立专项奖励。奖励可以包括资金奖励、荣誉称号授予等。例如，每年评选出"能源投资合作杰出贡献企业"，对获奖企业给予一定金额的资金奖励，并在土地使用、项目审批等方面给予优先待遇。通过这种奖励机制，激发投资主体的积极性，鼓励其在能源投资合作中摒弃短期投机行为，为资源型地区的长远发展贡献力量。

四、加强信息披露与公众监督

信息的不透明往往为投机行为提供了滋生的土壤。因此，加强能源投资合作中的信息披露与公众监督至关重要。

（一）规范信息披露内容与流程

要求投资主体定期、全面地披露投资项目的进展情况、资金使用明细、技术创新成果等信息。明确信息披露的内容标准、时间节点及发布渠道。例如，投资主体需每季度在官方网站及指定的信息披露平台上发布项目季度报告，详细说明本季度的投资完成情况、能源开采或生产数据、技术研发投入及成果等信息。同时，规范信息披露的审核流程，确保信息的真实性与准确性。

（二）鼓励公众参与监督

建立公众举报渠道，鼓励社会公众对能源投资合作中的投机行为进行监督与举报。对于查证属实的举报，给予举报人一定的物质奖励，并对举报人的信息严格保密。通过公众监督，形成全社会共同参与防范投机行为的良好氛围，保障能源投资合作的健康有序进行。

第二节 积极引导新兴产业投资合作以优化能源投资结构

一、制定专项扶持政策，吸引新兴产业投资

资源型经济历经长期发展，在煤炭、石油、金属矿产等传统资源产业领域已积累了雄厚基础。大量的基础设施建设、成熟的开采与加工技术以及完备的产业配套体系，使得传统资源产业在资源型地区经济中占据主导地位。然而，在全球经济加速向绿色、低碳、智能方向转型的大背景下，战略性新兴产业，尤其是与能源紧密相关的部分，如新能源技术研发（包括太阳能、风能、水能、生物能等可再生能源的高效利用技术）、能源存储创新（如新型电池技术、大规模储能系统研发）等领域，成为资源型经济发展版图中的显著短板，亟待大力发展。

鼓励资源型地区在这类产业上主动与外部展开合作，具有极为重要的战略意义。从产业发展角度看，这不仅能够充分利用资源型地区已有的工业基础、资源优势以及市场渠道快速培育起先进产能。例如，某煤炭资源型城市，凭借其在煤炭开采过程中积累的机械制造、工程建设能力，与外部新能源企业合作，快速建立起风力发电设备制造生产线，实现了从传统煤炭产业向新能源装备制造领域的拓展，优化了产业结构。从经济转型层面来说，这种合作是推动整体经济转型的关键动力，加速资源型地区从依赖单一资源的经济模式向多元化、可持续发展模式转变。因此，优化资源型经济投资合作方向，已然成为资源型地区转变发展模式的核心路径。

在此进程中，资源型地区政府应率先制定专项扶持政策。

第一，设立新兴产业投资引导基金。政府出资作为引导资金，吸引社会资本广泛参与，形成大规模基金池。通过制定合理的收益分配机制、风险共担机制以及项目筛选标准，撬动社会资本。

第二，实施土地优惠政策。对于投资新兴能源产业的企业，在土地出让方面给予特殊优惠。同时，在土地规划上，优先保障新兴产业项目用地需求，通过提前预留土地指标、简化土地审批流程等方式，确保项目建设顺利推进。

二、精准规划产业布局，培育特色新兴产业集群

资源型地区政府需紧密结合本地经济基础与实际市场状况，借助能源投资合作，着力构建高效、清洁、可持续的能源体系。在此基础上，精准布局新兴产业发展。

（一）基于资源禀赋与产业基础明确发展方向

推动本地经济可持续发展、优化产业结构，需深入调研资源禀赋、产业基础与市场需求，明确战略性新兴产业优势发展方向。

在资源禀赋调研时，组织地质、生态及资源评估团队，勘查矿产、清洁能源等自然资源，挖掘文化资源，分析其产业转化潜力。在产业基础调研时，联合行业协会等梳理现有产业，统计企业数量、规模、技术水平等指标，剖析传统产业转型点，研究新兴产业竞争力与配套情况。市场需求调研则借助专业机构和专家，通过问卷、访谈等收集本地消费者信息，用大数据把握趋势，分析国内外市场机遇与挑战。

调研结束后，运用科学工具分析结果。结合资源与产业基础，依市场导向筛选有前景、能发挥本地优势的产业领域。例如，本地太阳能资源和机械制造基础好，且市场对清洁能源设备需求大，太阳能设备制造产业就可能成为战略性新兴产业方向。经严谨调研分析，为后续产业政策、招商、创新等工作奠定基础。

（二）科学规划产业园区

针对信息化、智能化与传统能源和新能源融合的高端能源装备制造产业，以及碳基材料产业等，科学规划产业园区。在园区内完善基础设施建设，满足信息化产业数据传输需求；建设智能电网，采用先进的电力监测与调度系统，保障高端能源装备制造企业稳定、高效的能源供应。同时，制定园区入驻优惠政策，如前三年减免厂房租金、提供免费办公场地等。

三、搭建多元合作平台，促进产业要素流通

为推动新兴产业投资合作，资源型地区政府应积极搭建多元合作平台。

（一）举办能源产业投资合作峰会

邀请国内外知名能源企业、投资机构、科研院校等各界代表参会。在峰会上，资源型地区全方位展示本地产业优势、投资环境、政策支持等内容。

（二）构建线上产业合作信息平台

运用大数据、云计算等先进技术，整合资源型地区新兴产业项目信息、投资需求、技术难题、人才需求等内容，打造一站式线上服务平台，并向全球开放。外部投资者可通过平台便捷地查询项目详情，筛选符合自身投资策略的项目。平台利用大数据分析技术，根据投资者的偏好和投资历史，为其精准推荐项目。资源型地区企业也可借助平台发布技术需求，寻求外部技术合作，引入先进技术与创新理念。

四、强化人才支撑体系，助力新兴产业发展

新兴产业的蓬勃发展离不开高素质人才的强力支持。资源型地区政府应高度重视人才工作。

（一）加大人才培养投入

在人才培养方面，加大对本地高校与职业院校相关专业的投入力度。与企业深度合作，共建实习实训基地，依据新兴产业发展需求动态调整课程体系，培养实用型专业人才。比如，针对高端能源装备制造产业，本地高校开设智能制造技术、新能源装备设计与维护等专业课程。在课程设置上，邀请企业技术骨干参与教学大纲制定，确保课程内容与实际生产需求紧密结合。学生在企业实习实训中积累实践经验，通过参与实际项目，掌握先进的生产工艺和操作技能，毕业后能迅速融入产业发展。

（二）制定人才引进政策

在人才引进方面，制定极具吸引力的人才政策。为引进的高端人才提供丰厚的薪资待遇等。同时，提供住房补贴、人才公寓等安居保障。设立科研启动资金，支持人才开展科研创新活动。通过全方位的人才政策，吸引能源领域的专家学者、技术研发人才、企业管理人才等汇聚资源型地区，为新兴产业投资合作注入强大智力资源，推动产业技术创新与升级，助力资源型地区实现经济发展方式转变。

第三节　提升劳动力素质促进外生比较优势内生化

一、深入认知劳动力素质在资源型经济转型中的核心意义

本书以翔实的数据和深入的案例分析，全面且细致地揭示了能源合作作为外生比较优势内生化关键手段的重要地位。在资源型经济体系里，外生比较优势内生化有着多维度的呈现。一方面，从产品维度来看，产品从初级资源产品升级换代为高附加值、高科技含量的产品，是产业与经济外生比较优势内生化的直观成果展示；另一方面，劳动力素质层面的提升是更为关键却常被忽视的环节，劳动力素质的提升，并非仅仅是资源型经济转型的一个普通成果，它是决定转型成败的核心要素。从乘数效应角度来看，高素质劳动力犹如一颗投入平静湖面的巨石，能引发层层不断扩大的涟漪效应。一个高素质劳动力，不仅自身能高效完成工作任务，还能通过经验分享、知识传播等方式，带动周边同事提升工作能力，进而提升整个团队、企业乃至地区产业的生产效率与创新能力。

在资源型经济转型的宏大蓝图中，资本要素如同强大的引擎，为经济发展提供动力支持；技术要素好似先进的导航系统，指引着产业升级的方向。但不可忽视的是，高素质人力要素是承载这两者的坚固载体。回顾众多资源型经济转型的实践历程，劳动力素质往往成为被遗忘在角落的关键指标。众多地区在转型过程中，将大量精力与资金投入引进先进设备、购买前沿技术上，却忽略了操作这些设备、运用这些技术的主体，即劳动力。然而，深入剖析经济发展的内在逻辑与实际数据后会发现，劳动力素质在推动经济发展进程中，蕴含着无可比拟且独特显著的优势。

二、全方位解析高素质劳动力对经济发展的多元推动效能

（一）强力驱动经济创新能力提升

高素质的劳动力宛如经济发展浪潮中的创新先锋，扮演着极为关键的创新引擎角色。在日常工作实践中，劳动者通过"干中学"的方式，不断在实际操作中积累宝贵经验。当某一企业或行业采用了先进技术后，周边企业的高素质劳动力能够敏锐捕捉到这些新技术带来的机遇，并结合自身工作实际，

引发一系列与之相关的技术创新活动。

与普通劳动力相比，高素质劳动力凭借深厚扎实的知识储备，在面对外部引进的先进技术时，能够展现出惊人的学习吸收能力。他们能够迅速理解新技术的原理、操作要点，并将其融入实际工作中。更为突出的是，高素质劳动力往往具备前瞻性的思维与创新意识，能够在吸收新技术的基础上，催生全新的技术密集型产业。

从宏观的技术传播与应用视角审视，地区劳动力的规模与素质无疑是其中的决定性因素。当一个地区劳动力存量基数庞大且整体质量优良时，新技术在该地区的传播犹如星星之火可以燎原。新技术能够以更快的速度渗透到各个企业、各个行业，传播范围也会覆盖到更广泛的区域，从而有力地推动区域经济实现创新发展。

（二）显著提升资源型经济生产效率

优质劳动力对资源型经济生产效率的提升有着立竿见影且影响深远的促进作用。在生产理论中，劳动边际产品曲线反映了在其他生产要素不变的情况下，每增加一单位劳动力所带来的产品增量变化。而高素质劳动力能够凭借自身精湛的专业技能、高效有序的工作方式，突破传统的生产效率瓶颈，扩展劳动边际产品曲线。

在实际生产场景中，以煤矿开采业为例，高素质的矿工不仅能够熟练操作先进的大型开采设备，减少设备故障发生概率，还能通过优化开采流程，精确规划开采路线，有效减少生产环节中的时间浪费与资源损耗。他们能够在单位时间内开采出更多高质量的煤炭，大幅提高整个煤炭开采产业的生产效率，进而增强资源型经济在激烈市场竞争中的核心竞争力。

（三）高效凝聚各类生产要素

高质量劳动力仿佛一块强大的磁石，具有无与伦比的吸引力，能够将其他各类生产要素紧密地凝聚在一起。在技术要素方面，先进的技术成果需要高素质劳动力去理解、运用与改进。在管理要素层面，科学合理的管理模式需要高素质劳动力去贯彻执行。高素质的管理人员能够根据企业实际情况，制定出精准有效的管理策略，并带领团队高效实施。而对于资本要素，雄厚的资本需要高素质劳动力去合理配置与运作。高素质的财务人员与企业决策者能够精准把握投资方向，将资本投入最具潜力的项目中，实现资本的高效利用。这种各类生产要素在高素质劳动力吸引下的汇聚，使得地区或产业部门在资源整合与协同运作方面，相较于其他经济实体具有显著优势，能够形成强大的发展合力，推动经济持续快速向前发展。

三、系统性构建资源型地区提升劳动力素质的投资与合作体系

（一）大力强化投资力度

资源型地区在积极参与国内外投资合作的复杂进程中，必须深刻认识到提升劳动力素质投资的极端重要性，将其置于战略高度予以重视。首先，设立专门的、规模可观的教育与培训资金。这笔资金应当专款专用，主要用于支持多元化的职业技能培训项目，涵盖从基础的制造业技能培训到高端的信息技术技能培训等各个领域。同时，加大对高等教育提升的投入，改善高校的教学设施、科研条件，吸引优秀的师资人才，为培养高素质的后备劳动力奠定坚实基础。此外，针对在职人员的继续教育项目也应给予大力支持，鼓励在职人员不断更新知识体系，提升专业技能。

为进一步激发企业培养高素质劳动力的内生动力，政府应充分运用税收优惠等政策手段。例如，对在员工培训方面投入较大的企业，给予一定比例的税收减免；对设立企业内部培训学院并取得显著成效的企业，给予专项财政补贴。通过这些政策激励，企业积极主动地参与到高素质劳动力培养中来，为地区经济发展储备充足且优质的人才资源。

（二）深度拓展合作交流渠道

积极主动地开展与国内外顶尖教育机构、权威科研院所的广泛合作交流活动。定期邀请外部知名专家学者到本地开展高端讲座、专业培训课程。这些专家学者能够带来国际前沿的知识理论、先进的科研成果以及创新的思维理念，为本地劳动力打开一扇了解世界先进水平的窗口。

同时，精心选派本地优秀劳动力到经济发达地区或行业内先进企业进行实地学习交流。这些优秀劳动力可以深入先进企业的生产一线、研发部门、管理团队中，亲身感受先进的生产模式、高效的研发流程以及科学的管理经验，并将这些宝贵经验带回本地，辐射带动周边劳动力共同提升。通过这种双向互动的合作交流模式，全方位拓宽本地劳动力的视野，从知识层面、思维方式到实践技能等多维度提升其综合素质。

（三）精心打造人才吸引机制

制定极具吸引力与竞争力的人才政策，以此作为吸引外部高素质劳动力流入的有力武器。在薪资待遇方面，提供远超行业平均水平的优厚报酬，确保高素质人才的劳动价值得到充分体现。同时，营造良好的工作环境，配备先进的工作设备、舒适的办公空间以及和谐的团队氛围。为高素质人才制定完善且个性化的职业发展规划，根据其专业特长与职业目标，提供清晰的晋升路径与发展方向。

在生活保障方面，对于愿意投身资源型地区发展的高素质人才，在住房方面，提供人才公寓、购房补贴等福利；在子女教育方面，协调优质教育资源，解决子女入学难题。通过全方位的生活保障，切实解决高素质人才的后顾之忧，使资源型地区成为吸引人才的强大"磁石"，源源不断地吸引外部优秀人才汇聚。

（四）全力推进能源产业劳动力素质提升专项合作

在能源产业这一资源型经济的核心领域，进一步加强与国内外先进能源企业的深度合作，共同开展一系列针对劳动力素质提升的专项项目。首先，联合建立高规格的培训基地，引入国际先进的培训理念与科学高效的培训方法。例如，借鉴国外先进能源企业采用的虚拟现实培训技术，让能源产业从业人员在模拟真实工作场景中进行技能训练，快速提升其实践操作能力。

通过这种专项合作，本地能源产业劳动力能够在最短时间内接触并接受先进的技术、优秀的企业文化以及科学的管理模式等先进要素。这将极大地加速能源投资合作向能源技术合作的转化进程，充分释放能源合作在资源型经济转型中的强大溢出效应，为资源型地区经济实现可持续、高质量发展注入强劲动力。

第四节 扩大外资规模与引导外资投向并重

一、制定外资吸引专项政策

大多数资源型地区当前开发程度较低，对外资的利用规模较小且不够充分，这意味着在吸引外资方面仍存在巨大的深度开发与利用空间。现阶段，经济全球化已达到一定深度，全球分工体系日益完善。在部分能源领域，尤其是清洁能源与可再生能源领域，国外拥有全球领先技术，这些技术正是资源型地区实现产业升级与可持续发展所亟须学习和引进的。与此同时，在国内能源合作进程中，资源型地区不仅积累了大量可用于对外合作的先进经验，还不断完善经济制度，为外商投资营造了良好环境。

基于此，资源型地区在推动国内经济循环的同时，应积极主动地引进和利用外资，吸纳国外优质生产要素。首要任务便是制定外资吸引专项政策。

第一，税收优惠政策。资源型地区政府应出台具有吸引力的税收优惠政策。对于投资清洁能源与可再生能源项目的外资企业，给予企业所得税"三免五减半"的优惠，即前三年免征企业所得税，后续五年减半征收。

第二，财政补贴政策。设立专项财政补贴资金，对参与资源型地区能源产业升级改造项目的外资给予补贴。根据项目投资规模与技术先进性，给予一定比例的补贴。

二、搭建外资合作对接平台

（一）举办能源产业国际投资洽谈会

定期举办能源产业国际投资洽谈会，邀请全球知名能源企业、投资机构等参与。在洽谈会上，资源型地区全面展示本地能源产业发展现状、资源优势、政策支持以及潜在投资机会。

（二）建立线上外资投资服务平台

利用互联网技术搭建线上外资投资服务平台，整合资源型地区能源产业项目信息、投资政策解读、审批流程指南等内容，向全球投资者开放。外资企业可通过平台便捷地查询各类信息，在线提交投资意向与项目申请。平台配备专业客服团队，及时解答外资企业的疑问，提供一站式服务，提高外资投资的便利性与效率。

三、引导外资投向关键领域

（一）推动外资投向清洁能源与可再生能源产业

政府制定产业引导目录，明确鼓励外资投向太阳能、风能、水能、生物能等清洁能源与可再生能源产业。通过政策引导，鼓励外资企业参与清洁能源发电项目建设、能源存储技术研发等。

（二）引导外资助力传统能源产业升级

鼓励外资与本地传统能源企业合作，引入先进技术与管理经验，对传统能源产业进行升级改造。例如，吸引外资企业与本地煤炭企业合作，引入国外先进的煤炭开采技术与智能化矿山管理系统，提高煤炭开采效率，降低安全风险，同时提升资源综合利用水平，促进传统能源产业向绿色、高效方向转型。

四、优化外资投资环境

（一）简化行政审批流程

针对外资投资项目，建立专门的行政审批绿色通道。整合涉及商务、能源、环保等多个部门的审批流程，实行并联审批。明确规定所有审批环节必须在三十个工作日内完成，相比以往大幅缩短审批时间。

（二）加强知识产权保护

完善知识产权保护法律法规，加大对侵权行为的惩处力度。设立知识产权保护专项执法小组，加强对能源领域知识产权的监管。例如，对于外资企业在能源技术研发过程中形成的专利、技术秘密等知识产权，给予严格保护。一旦发现侵权行为，依法追究侵权方责任，并处以高额罚款，为外资企业营造良好的创新与投资环境，吸引更多具有先进技术的外资企业入驻。

第八章

资源型经济转型中促进能源技术合作的政策建议

第一节　通过技术创新合作提升行业竞争力

一、制定技术创新合作扶持政策

技术进步与创新无疑是资源型经济实现转型的关键路径之一。能源技术合作作为技术进步与创新的重要动力源,在能源合作中占据关键地位。唯有实现能源技术合作,乃至更高级的能源治理合作,才能切实推动资源型经济成功转型。然而,资源型地区能否高效借助外部先进技术实现自身转型,很大程度上取决于其将外来技术转化应用并催生自主创新能力的高低。这恰恰是部分资源型经济缺乏转型动力的深层根源。长期依赖低技术含量要素的生产模式,致使产品与产业发展滞后。而能源技术合作能够直接为资源型经济的主导产业注入其自身所欠缺的先进技术。新技术的研发与应用,能够革新原始低效的生产模式,为资源型地区经济重塑全新的经济增长点,推动经济增长从初始生产函数向更高、更新的生产函数迈进。

从借助能源技术合作引进适宜技术,到实现自主创新,从依赖外生禀赋优势转变为内生竞争优势,这是一个由量变到质变的过程。资源型地区需要加快技术转化利用,培育自身创新能力,形成持续创新的良性循环。这既需要积极鼓励能源技术合作,也离不开能源投资合作的协同。在能源合作的大背景下,高质量的技术要素随资本流入东道国,会因技术要素流入量的增加,改变东道国的技术要素基础,提升产业内生产要素的利用效率,实现资源的最大化节约与利用。因此,资源型地区必须积极发挥产业资本在促进高质量能源技术合作中的关键作用,催生更多高附加值产业,提升自主创新能力,推动资源产业链从低端向高端升级,实现经济效益的最大化。

为达成上述目标,首先应制定技术创新合作扶持政策。

第一，设立技术创新专项资金。政府每年从财政预算中划拨一定比例的资金，设立技术创新专项资金。例如，每年投入一定资金，专门用于支持资源型地区企业与外部开展能源技术合作项目。对引进先进能源技术并进行本地化应用的企业，给予项目资金补贴，降低企业技术引进成本，提高其参与技术合作的积极性。

第二，实施税收优惠政策。对参与能源技术合作、开展技术创新的企业，实施税收优惠。如减免企业所得税、增值税等相关税费。对于新设立的从事能源技术研发与应用的企业，给予前三年免征企业所得税，后续三年减半征收的优惠，减轻企业负担，助力企业将更多资金投入技术创新与合作中。

二、搭建技术创新合作平台

（一）建设能源技术创新产业园

政府规划建设能源技术创新产业园，为企业、科研机构、高校等提供集中的研发与合作空间。园内完善基础设施，如配备高速网络、建设先进的实验设备共享平台等。对入驻产业园的能源技术合作项目，给予租金减免、水电补贴等优惠。

（二）举办能源技术创新合作论坛

定期举办能源技术创新合作论坛，邀请国内外能源领域专家、企业代表、投资机构等参会。在论坛上，设置技术成果展示区，展示最新的能源技术创新成果；开展项目对接会，为资源型地区企业与外部技术提供方搭建合作桥梁；组织技术研讨会，探讨能源技术发展趋势与合作模式，促进技术创新合作的开展。

三、强化人才培养与引进

（一）加强本地人才培养

加大对本地高校与职业院校能源相关专业的投入，与企业合作建立实习实训基地。根据能源技术创新需求，优化课程设置，开设新能源技术、能源高效利用技术等专业课程。例如，高校与本地能源企业联合培养人才，学生在企业实习期间参与实际技术项目，毕业后能迅速投入能源技术创新工作，为本地能源技术创新提供人才储备。

（二）引进高端技术人才

制定优惠政策吸引国内外高端能源技术人才。为引进的人才提供优厚薪资待遇；提供住房补贴、人才公寓等安居保障；解决子女入学、家属就业等生活问题。

四、推动产业资本与技术融合

（一）引导产业资本投向技术创新领域

政府出台产业资本引导政策，鼓励本地产业资本投资能源技术创新项目。设立产业投资引导基金，政府出资部分资金，吸引社会资本参与，共同投向能源技术研发、技术成果转化等领域。

（二）促进企业开展产学研合作

鼓励企业与高校、科研机构开展产学研合作，以产业资本为纽带，推动技术创新成果的转化与应用。政府对开展产学研合作的企业给予奖励，如对合作取得重大技术突破并实现产业化的企业，给予重奖。

第二节　　多渠道加强国内能源技术合作

一、创新合作模式以推进技术研发

（一）创新技术合作模式，提升能源效率

资源型地区吸收外部技术并将其转化为自身创新能力，可在能源投资合作的基石上实现。尽管技术吸收通常需要大量资金支撑，但能源技术合作确实存在诸多可行渠道。例如，构建双向合作或平行开发等模式，共同致力于能源产业高新技术的联合研发合作。煤炭资源型地区可以寻找国内发展较好的新能源技术企业进行合作。双方组建联合研发团队，针对煤炭清洁高效转化与新能源储能技术的融合应用展开研究。在双向合作中，资源型地区提供丰富的煤炭资源应用场景及相关基础数据，新能源技术企业则投入先进的研

发设备与专业技术人才。通过共享资源、协同创新，成功研发出一种新型煤炭—新能源联合供能系统，大幅提高了能源利用效率，降低了碳排放。

（二）借国际技术标准突破废水处理技术瓶颈

通过学习和引进其他国家行业技术标准，倒推关键技术节点，集中力量进行攻克，或者开展一定程度的技术交流逐步实现突破。资源型地区可组织行业专家团队，深入研究国际先进能源技术标准，分析其中的关键技术指标与实现路径。资源型地区不仅要积极引进国外先进技术并将其转化为自身创新能力，更应大力加强与国内其他地区的交流合作，凝聚各方力量攻克技术难关，最终实现国内能源产业在关键技术领域的重大突破，达成合作收益的最大化。

二、多元合作拓展发展思路

在与国内开展广泛能源技术合作的进程中，资源型地区不仅要重视与其他资源型经济的合作，更要特别关注与非资源型经济的协作，尤其是与那些资源稀缺但技术水平先进的非资源型经济展开深度合作，吸收并借鉴全新的发展思路。

资源型地区还应加强与外界能源相关产业，甚至是一些产业跨度大却密集使用高新技术的产业的融合发展。不同产业间的要素具有独特的引力作用，能够拉动要素生产效率提升，促使新的要素组合涌现，并产生强烈的催化循环，推动能源资源型新业态的诞生，实现产业结构的优化升级，提高经济运行效率。

三、搭建平台促进技术共享

（一）建设能源技术合作园区

政府规划建设能源技术合作园区，为国内各方参与能源技术合作的主体提供集中的物理空间。园区内完善基础设施建设，配备高速网络、共享实验室、大型能源设备测试平台等。对入驻园区的合作项目给予租金减免、水电补贴等优惠政策。

（二）打造线上能源技术交易平台

利用互联网技术打造线上能源技术交易平台，整合国内能源技术供需信息、技术成果展示、技术专家资源等内容。国内各地的能源企业、科研团队等可在平台上发布技术需求、技术转让信息，进行线上技术交易与合作洽谈。平台引入第三方评估机构，对技术成果进行评估定价，保障交易的公平公正。通过线上平台，打破地域限制，拓宽能源技术合作渠道，加速技术资源在全国范围内的优化配置。

四、强化政策保障合作推进

（一）设立能源技术合作专项资金

政府每年从财政预算中划拨专项资金，用于支持资源型地区与国内其他地区的能源技术合作项目。例如，每年对开展关键能源技术联合研发、技术成果转化应用的项目给予资金补贴。补贴标准根据项目的技术难度、预期效益等因素综合确定，为能源技术合作提供稳定的资金保障。

（二）实施税收优惠政策

对参与国内能源技术合作的企业实施税收优惠。减免企业所得税、增值税等相关税费，对合作取得重大技术突破并实现产业化的企业，给予额外的税收减免与奖励。

第三节　促进能源产业产学研融合发展

一、构建产学研融合政策支持体系

资源型经济在能源领域迈向先进技术的转化吸收进程中，促进相关产业产学研一体化的融合发展至关重要，这一任务的达成离不开全社会的高度重视与紧密配合。技术的引进、转化以及吸收，涉及政策制定和监督部门、企业、高校和科研院所等多个关键环节与主体。不同主体由于自身定位与职能的差异，在关注重点和转化吸收能力方面存在显著不同。过往，各个环节相互割裂、各自为战的模式，极大地限制了能源技术合作乃至各类能源合作的成效，使得本就稀缺的智力要素更难以形成规模效应。然而，若能在资源型经济内部实现产学研各环节的顺畅协作，充分挖掘资源型经济在技术引进、技术合作、技术培训、技术交流、可行性论证、生产设计、技术试验和量产等多个环节的合作潜力，构建并完善各环节间产学研融合发展机制，对于推动资源型经济发展意义非凡。

（一）制定专项扶持政策

政府应出台专门针对能源产业产学研融合的扶持政策。设立产学研融合发展专项资金，每年从财政预算中划拨一定比例的资金，用于支持能源产业相关的产学研合作项目。对开展前沿能源技术研发合作的项目，给予资金补贴，降低企业与高校、科研院所的合作成本，激发各方参与的积极性。

（二）优化政策监管与评估机制

建立健全政策监管与评估机制，确保各项扶持政策落到实处。政府成立专门的政策监督小组，定期对产学研合作项目的进展、资金使用情况等进行检查。同时，构建科学的评估指标体系，从技术创新成果、产业经济效益、人才培养成效等多个维度对合作项目进行评估。对于评估结果优秀的项目，给予额外奖励，如颁发"能源产业产学研融合示范项目"称号，并给予资金奖励，激励各方提升合作质量。

二、搭建产学研深度合作平台

（一）建设能源产业产学研创新园区

政府规划建设能源产业产学研创新园区，为企业、高校、科研院所提供集中的合作空间。园区内完善基础设施建设，配备高速网络、共享实验室、大型能源设备测试平台等。

（二）打造线上能源产学研合作平台

利用互联网技术打造线上能源产学研合作平台，整合能源产业技术供需信息、科研成果展示、专家人才资源等内容。企业可在平台上发布技术需求，高校和科研院所展示最新科研成果，双方在线进行合作洽谈。平台引入第三方评估机构，对技术成果进行评估定价，保障合作交易的公平公正。通过线上平台，打破地域限制，拓宽能源产业产学研合作渠道。

三、加强产学研人才培养与交流

（一）设立产学研联合人才培养项目

鼓励高校、科研院所与企业联合开展人才培养项目。让高校根据企业实际需求，调整能源相关专业课程设置，增加实践教学环节。例如，在能源工程专业中，设置能源产业实践案例分析课程，邀请企业技术骨干授课。企业为学生提供实习岗位，让学生在实践中提升专业技能。科研院所则为学生提供参与前沿科研项目的机会，培养学生的科研创新能力。三方共同制定人才培养方案，实现人才培养与产业需求的精准对接。

（二）促进人才双向流动机制

建立高校、科研院所与企业间的人才双向流动机制。高校教师、科研人员可到企业挂职锻炼，参与企业技术研发与生产实践，将科研成果转化为实际生产力。企业技术人员也可到高校、科研院所进修学习，提升理论水平。

四、推动产学研合作成果转化与应用

（一）建立成果转化服务机构

成立专门的能源产业产学研合作成果转化服务机构，为合作成果的转化提供全方位服务。机构配备专业的技术经纪人，负责对科研成果进行市场调研、评估其商业价值，并协助高校、科研院所与企业签订成果转化合同。

（二）完善成果转化激励机制

完善成果转化激励机制，对在能源产业产学研合作成果转化中做出突出贡献的团队和个人给予奖励。将成果转化收益按一定比例分配给科研人员、高校和企业，激发各方推动成果转化的积极性。例如，规定成果转化收益的一部分归科研团队、高校及企业管理人员，促进科研成果尽快应用，使资源型经济掌握一批国际先进的勘探、开发、生产技术和管理经验，提高资源型经济对先进技术的转化吸收能力，确保合作红利的实现，提升创新突破实力，助力资源型经济实现全面转型。

第九章

资源型经济转型中促进能源治理合作的政策建议

第一节　通过能源治理合作提高合作红利

一、完善能源治理合作政策体系

能源治理合作作为在能源相关领域引入制度要素，进而实现对能源资源和能源产业组织的有效治理的经济活动，具有极其重要的意义。本书分析明确指出，能源治理合作所引入的制度要素，必须与能源、资本、技术等要素紧密结合，协同发挥作用。通过前文研究不难发现，资源型经济的能源治理合作目前仍处于逐步发展的阶段。在合作规模上，资源型经济的能源治理合作相较于能源投资合作与能源技术合作，涉及的项目数量较少，参与的企业与机构范围较窄；合作频次方面，开展合作的周期较长，活跃度不高；合作内容也相对单一，深度和广度都有待拓展。这一现状完全契合本书所提出的在能源合作各类型间存在循序渐进、不断完善的演进规律这一结论。由此可见，资源型经济的能源治理合作存在着极大的提升潜力，有意识地强化此类能源合作迫在眉睫。

从能源治理合作的必要性角度深入剖析，在其他几类能源合作过程中，常常会面临合作权责界定模糊不清、合作信息传导不畅、合作过程监督缺失以及合作剩余分配不合理等诸多问题。这些问题的存在，往往导致需要耗费大量的交易成本去进行协调。在某些极端情况下，甚至会致使合作关系破裂，给各方带来巨大的损失。因此，随着资源型经济中其他能源合作的快速发展与逐渐成熟，与之相匹配的能源治理合作的出现刻不容缓。只有这样，才能确保其他类型能源合作得以顺利推进，尤其是避免在合作红利或合作剩余之外产生高额交易成本，造成不必要的资源浪费，从而切实保障来之不易的能源合作成果，有力推动资源型经济的转型进程。

（一）制定能源治理合作专项政策

政府应出台专门针对能源治理合作的政策文件，明确合作的目标、原则与重点领域。例如，规定能源治理合作要以提升能源利用效率、优化能源产业结构为核心目标，坚持公平公正、互利共赢的原则，重点聚焦于能源资源开发、能源产业组织管理等领域。在政策中设立专项扶持资金，用于支持能源治理合作项目。对在合作中积极引入先进制度要素，且取得显著成效的项目，给予资金奖励，以此激励各方积极参与能源治理合作。

（二）完善政策协同机制

构建能源治理合作政策与其他能源合作政策的协同机制。加强政策制定部门之间的沟通与协调，确保不同类型能源合作政策在目标、措施等方面相互衔接。例如，在能源投资合作政策中，明确规定投资项目必须符合能源治理合作所制定的环保、安全等制度要求；在能源技术合作政策里，鼓励将先进技术与能源治理制度相结合进行推广应用。通过政策协同，形成合力，促进能源治理合作与其他能源合作共同发展，提高整体合作红利。

二、搭建能源治理合作交流平台

（一）举办能源治理合作国际论坛

定期举办能源治理合作国际论坛，邀请国内外能源企业、科研机构、政府部门等代表参会。在论坛上，设置主题演讲环节，邀请行业专家分享能源治理的先进经验与前沿理念；安排项目推介会，展示资源型地区在能源治理合作方面的优质项目，吸引国内外合作伙伴；组织分组讨论，针对合作权责界定、信息传导等关键问题展开深入探讨，促进各方交流与合作。

（二）建设能源治理合作信息平台

利用互联网技术打造能源治理合作信息平台，整合能源治理相关政策法规、项目信息、合作案例等内容。企业和机构可在平台上发布合作需求，展示自身优势，寻找合适的合作伙伴。平台设置在线交流功能，方便各方及时沟通，提高合作效率。同时，引入专业的咨询团队，为用户提供能源治理合作相关的咨询服务，解答疑问，推动能源治理合作的开展。

三、建立能源治理合作监督与评估机制

（一）设立合作监督机构

成立由政府部门、行业协会、第三方专业机构组成的能源治理合作监督机构。该机构负责对能源治理合作项目的全过程进行监督，包括合作协议的签订、执行，合作过程中的信息披露、资金使用等环节。例如，监督机构定期检查合作项目的资金流向，确保资金按照协议约定用于能源治理相关工作，防止资金挪用。对发现的问题及时提出整改意见，督促合作方进行整改，保障合作项目的顺利实施。

（二）构建合作评估指标体系

构建科学合理的能源治理合作评估指标体系，从合作效果、经济效益、社会效益等多个维度对合作项目进行评估。合作效果方面，评估合作是否有效解决了合作权责界定、信息传导等问题；经济效益方面，考察合作项目对能源产业成本降低、效率提升的贡献；社会效益方面，关注合作对环境改善、就业增加等方面的影响。根据评估结果，对合作项目进行评级，对评级优秀的项目给予表彰与奖励，如授予"能源治理合作示范项目"称号，并给予一定的政策优惠，激励各方提高合作质量，实现合作红利最大化。

四、强化能源治理合作人才培养

（一）开设能源治理相关专业课程

高校应开设能源治理相关专业课程，培养专业人才。在课程设置上，涵盖能源政策法规、能源产业管理、能源资源开发治理等内容。邀请行业专家参与授课，将实际案例融入教学，提高学生的实践能力。例如，在能源资源开发治理课程中，以某煤矿的资源开发治理项目为例，讲解如何制定科学合理的开发方案，以及在开发过程中如何进行有效的环境治理和安全管理，使学生深入了解能源治理的实际操作。

（二）开展在职人员培训项目

针对能源企业、政府部门等在职人员，开展能源治理培训项目。培训内容包括最新的能源治理政策解读、先进的治理模式与方法应用等。培训方式

采用线上、线下相结合，邀请国内外知名专家进行授课。例如，通过线上直播的方式，邀请国外专家分享先进的能源产业组织管理经验，同时组织线下研讨活动，让学员结合自身工作实际，探讨如何将所学知识应用到工作中，提升在职人员的能源治理能力，为能源治理合作提供人才支持，促进合作红利的提高。

第二节　加强能源合作中的基金使用监管

一、建立健全能源基金监管制度

从本质上讲，资源型经济的发展往往与政府的作用紧密相连，这主要源于资源类要素的特性以及产业发展的历史因素。在资源定价权和产业收益分配等关键领域，通常由资源型产业、前后向关联企业以及政府决策层共同构建相关管理或决策机制，以实现利益分配，且政府在其中常常发挥主导作用。回顾以往的资源利益分配体制，地方资源开采所产生的利益，大多归中央政府和开采企业所有，地方政府和民众所获利益相对较少。大部分资源开发权和经营权掌握在中央手中，致使部分资源型城市难以从本地资源开采中获取足够经济利益，而资源的持续开采又不断破坏地方生态环境，吸引资源型城市的生产要素过度向资源型产业聚集，进而导致资源型经济出现内耗，甚至走向衰退，长此以往，将严重打击资源型经济内部及相关合作主体的积极性。

针对这些问题，中央已给予资源型地区在设立能源产业发展基金和可持续发展基金方面的政策支持，部分资源型地区也通过内外部合作方式逐步建立起能源产业基金。例如，2007 年获批设立的山西省能源产业基金，省内企业出资约占 30%，省外资金约占 70%，基金主要投向煤炭工业规模化生产及资源整合项目、煤化工产业和煤层气产业开发项目。[①] 2018 年，该省又设立绿色能源发展基金，专门用于绿色发电项目[②]，在基金的评审、核查等环节广泛引入省外资源，达成合作。然而，在这类基金的使用和运行过程中，暴露出使用和分配不合理、行政权力过度干预等问题，未能有效实现激发企业积

---

① 周扬. 山西能源产业基金上路［N］. 中国矿业报，2008-07-15（A01）.

② 张毅. 山西省构建绿色多元能源供给体系取得阶段性成效［EB/OL］. 中华人民共和国中央人民政府. 2018-09-17.

极性、优化产业内利益分配的目标。

鉴于此，在能源基金的设立和使用过程中，中央政府一方面要全面统筹央企、资源型地区政府和能源合作主体三方的利益，通过采用适宜的能源合作模式，构建三方利益分配和共享机制；另一方面，必须强化对能源基金使用和收益分配的监管，使各方能够从资源生产活动中获取合理利益，必要时向资源所在地的政府和企业倾斜，确保形成实现产业优化升级和资源型经济转型所需的资本积累。

（一）制定详细监管法规

中央政府应组织专业团队，制定全面且细致的能源基金监管法规。明确规定能源基金的设立条件、资金来源规范、使用范围限制以及收益分配原则等。例如，法规中明确规定能源基金只能用于能源产业的技术研发、节能减排项目、产业升级改造等与能源发展紧密相关的领域，严禁将基金挪作他用。对违反法规的行为，制定严格的惩处措施，如对违规挪用基金的单位或个人，除追回挪用资金外，处以挪用金额50%的罚款，并追究相关责任人的法律责任，从法律层面为能源基金的规范使用提供保障。

（二）完善基金管理流程规范

建立一套标准化的能源基金管理流程规范，涵盖基金的申请、审批、拨付、使用跟踪以及绩效评估等各个环节。在申请环节，要求申请单位详细说明基金使用计划、预期目标以及项目可行性报告等。在审批环节，成立由能源专家、财务专家、法律专家组成的评审小组，对申请项目进行严格评审，确保项目符合能源产业发展方向且具有良好的经济效益和社会效益。在拨付环节，根据项目进度分阶段拨付资金，避免一次性大额拨付带来的资金风险。在使用跟踪环节，利用信息化手段，实时监控基金使用情况，确保资金流向与申报用途一致。在绩效评估环节，在项目结束后，对基金使用效果进行全面评估，评估结果作为后续基金申请的重要参考依据。

二、强化能源基金资金流向监控

（一）构建信息化监控平台

利用大数据、区块链等先进信息技术，搭建能源基金信息化监控平台。该平台与基金管理机构、资金使用单位的财务系统实现实时对接，能够实时采集基金的收支数据。通过对数据的分析，及时发现资金流向异常情况。例如，当平台监测到某项目在短时间内出现大额资金支出，且与项目进度不匹配时，平台自动发出预警信息。同时，平台对资金流向进行全程记录，利用区块链技术确保数据不可篡改，保证资金流向的透明度和可追溯性。

（二）定期开展资金审计

定期组织专业审计机构对能源基金的资金流向进行全面审计。审计内容包括资金是否按照规定用途使用、是否存在浪费现象、资金使用效率是否达标等。审计机构在审计过程中，详细审查资金使用单位的财务账目、合同文件、项目实施记录等资料。例如，在对某能源技术研发项目的资金审计中，审计人员仔细核对每一笔研发费用支出，确保费用合理合规。审计结束后，审计机构出具详细的审计报告，对发现的问题提出整改建议，并向社会公开审计结果，接受公众监督。

三、明确能源基金监督主体职责

（一）设立专门监督机构

中央政府设立独立的能源基金监督机构，该机构直接对中央政府负责，不受其他部门干扰。监督机构配备专业的监督人员，包括能源行业监管专家、财务监管人员、法律专业人士等。其主要职责是对能源基金的设立、使用、收益分配等全过程进行监督。例如，监督机构定期对能源基金的投资项目进行实地考察，了解项目进展情况，检查基金使用是否符合规定。同时，对能源基金管理机构的工作进行监督，确保其履行职责到位。

（二）强化多方协同监督

建立中央政府、地方政府、能源合作主体以及社会公众多方协同的监督机制。中央政府负责宏观层面的政策制定和总体监督；地方政府负责对本地区能源基金使用情况进行日常监督，及时发现并上报问题；能源合作主体作为基金的使用者，有义务对基金使用过程中的不合理现象进行反馈；社会公众通过举报、参与听证会等方式，对能源基金使用进行监督。例如，设立专门的举报热线，鼓励社会公众对能源基金使用中的违规行为进行举报，对查证属实的举报者给予奖励，形成全社会共同参与监督的良好氛围。

四、加强能源基金收益分配监管

（一）制定收益分配细则

中央政府制定能源基金收益分配细则，明确规定收益分配的比例、方式以及分配对象。例如，规定能源基金在扣除运营成本和风险准备金后，收益的60%按照各方出资比例进行分配，剩余40%用于能源产业发展再投资、资源所在地生态补偿以及支持地方能源企业创新发展等。在分配方式上，明确采用现金分配或股权分配等具体形式，并规定分配时间节点，确保收益分配的公平、公正、公开。

（二）监督收益分配执行

监督机构对能源基金收益分配执行情况进行严格监督。在收益分配前，审核分配方案是否符合规定；在分配过程中，监督资金拨付是否及时、准确；分配后，对分配结果进行公示，接受各方监督。

第三节　发展绿色金融合作以推进能源金融体系建设

一、构建完善的能源金融市场

金融作为经济发展的核心动力，如同血液般不可或缺，与能源产业具有极高的融合度，二者相互交织、相互影响。能源金融领域不仅为能源投资合作奠定了资金基础，还为部分能源技术合作搭建了沟通的桥梁。其体系的构建本身就是一项需要多方协同参与的能源治理合作，涉及能源合作的各类形式。能源金融体系运转速度快，且具有独特的杠杆工具属性，这决定了它对能源合作的发展方向有着深远影响。

能源产业在整体经济格局中占据重要地位，其产业结构决定了该产业往往能够创造丰厚利润。而金融企业的发展方向与市场变化趋势紧密相连。在资源型经济的发展进程中，金融体系受能源产业牵引，与之高度关联，并从中获取了可观的利润。然而，当资源型经济遭遇转型"瓶颈"时，能源金融体系必须及时做出调整，成为推动资源型经济转型的关键力量。它应将与经济体系的广泛联系，切实体现在引导资源型地区参与适宜的能源合作上，助力其在转型过程中充分发挥作用。

能源金融体系的建设与完善涵盖多个关键方面：建立健全的能源金融市场，具备强大的能源金融创新能力，构建完善的能源货币体系，实现高效顺畅的能源产业资本运作。其中，建立完善的能源金融市场以及构建完善的能源货币体系，是中央政府需要着力完善的重要任务。而资源型经济及其能源合作对象，则可在能源金融创新以及能源产业资本运作方面积极作为，充分发挥主观能动性。在能源合作过程中，不断创新金融工具，促进能源产业资本的良性循环。例如，前文提及的设立并合理运用能源产业基金，山西省与江苏省在能源投资合作中，以产权整合为基础联合创立合作企业，开展股权合作的全新尝试等。

与此同时，要积极扩大绿色金融在资源型经济能源金融体系中的规模。发挥绿色金融在可持续发展战略框架下的制度优势，综合考量经济、社会、环境等多方面因素，将政府、金融机构以及能源合作双方纳入同一合作协议中，通过能源金融体系内部的转型，带动资源型经济实现绿色转型。

第一，丰富能源金融市场交易品种。中央政府应引导金融机构加大创新力度，丰富能源金融市场的交易品种。鼓励开发能源期货、期权等衍生产品，为能源企业提供风险管理工具。例如，推出煤炭期货合约，让煤炭生产企业和需求企业能够通过期货市场锁定价格风险，稳定生产经营。同时，发展能源项目收益权质押融资产品，对于风力发电、太阳能发电等新能源项目，允许企业以项目未来的收益权作为质押，向金融机构申请贷款，拓宽能源企业的融资渠道。

第二，建立能源金融交易平台。搭建全国性的能源金融交易平台，整合能源产业相关的资金、项目、技术等资源，提高市场交易效率。平台提供能源项目招投标、能源技术交易、能源企业股权交易等多种服务。例如，能源企业可以在平台上发布技术研发需求，吸引国内外科研机构参与投标；能源企业之间也可以通过平台进行股权交易，实现资源整合与优化配置。平台引入第三方评估机构，对交易项目进行评估和定价，保障交易的公平公正。

二、推动能源金融创新发展

（一）设立能源金融创新专项基金

政府与金融机构共同出资设立能源金融创新专项基金。该基金用于支持能源金融领域的创新项目，如新型能源金融产品研发、能源金融服务模式创新等。对具有创新性和市场潜力的项目给予资金支持，例如，对于研发出能够有效降低新能源项目融资成本的金融产品的团队，给予专项基金支持，推动能源金融创新成果的转化与应用。

（二）鼓励金融机构开展能源金融创新业务

出台政策鼓励金融机构开展能源金融创新业务，对积极参与能源金融创新的金融机构给予税收优惠、财政补贴等支持。例如，对开展能源项目绿色信贷业务的银行，减免其相关业务的营业税；对创新能源金融产品并推广应用的金融机构，给予一次性财政奖励。引导金融机构针对能源产业的特点，开发专属的金融产品和服务，如能源供应链金融，为能源产业链上的企业提供应收账款融资、存货质押融资等服务，促进能源产业供应链的稳定与发展。

三、完善能源货币体系

（一）推动能源货币结算多元化

中央政府积极推动能源货币结算多元化，减少对单一货币的依赖。鼓励在能源贸易中使用人民币、欧元等多种货币进行结算，降低汇率风险。加强与其他国家和地区的货币合作，签订货币互换协议，促进能源贸易的顺畅进行。例如，与"一带一路"沿线国家开展货币互换，在能源贸易中推广本币结算，提高人民币在国际能源市场的影响力。

（二）建立能源价格与货币联动机制

研究建立能源价格与货币供应量、利率等货币因素的联动机制，稳定能源价格。当能源价格出现大幅波动时，通过货币政策的调整进行干预。例如，当能源价格持续上涨时，央行可适当收紧货币供应量，提高利率，抑制能源需求，稳定价格；当能源价格下跌时，采取宽松的货币政策，刺激能源投资与消费。通过这种联动机制，保障能源市场的稳定运行，为能源金融体系的健康发展创造良好条件。

四、优化能源产业资本运作

（一）加强能源企业与金融机构合作

促进能源企业与金融机构建立长期稳定的合作关系，实现资源共享、优势互补。鼓励金融机构参与能源企业的项目投资、资产重组等活动。例如，金融机构可以通过股权投资的方式，参与大型能源项目的建设，为项目提供资金支持，同时分享项目的收益。能源企业则可以借助金融机构的专业服务，优化财务管理、提升资本运作能力。双方合作开展能源项目的可行性研究、风险评估等工作，提高项目投资的成功率。

（二）规范能源产业资本运作流程

制定规范的能源产业资本运作流程，明确项目投资、融资、并购等环节的操作规范和监管要求。加强对能源企业资本运作的监管，防止恶意并购、资金挪用等违规行为的发生。例如，在能源企业并购过程中，要求企业按照规定进行信息披露，接受监管部门的审查，确保并购行为符合市场规则和产业发展方向。通过规范资本运作流程，保障能源产业资本的安全与高效运作，推动能源产业的健康发展。

五、拓展绿色金融在能源领域的应用

（一）制定绿色金融支持能源产业政策

政府制定专门的绿色金融支持能源产业政策，明确绿色金融的支持方向和重点领域。对符合绿色标准的能源项目，如清洁能源发电、能源高效利用等项目，给予绿色信贷、绿色债券等金融支持。例如，对建设太阳能发电站的企业，金融机构优先提供低利率的绿色信贷，贷款额度可根据项目规模适当放宽；支持符合条件的能源企业发行绿色债券，拓宽融资渠道。通过政策引导，促进能源产业向绿色低碳方向转型。

（二）建立绿色金融风险分担机制

建立绿色金融风险分担机制，由政府、金融机构、担保机构共同承担绿色能源项目的风险。政府设立绿色金融风险补偿基金，对金融机构因开展绿色能源项目贷款而产生的部分损失进行补偿。担保机构为绿色能源项目提供担保服务，降低金融机构的信贷风险。例如，当绿色能源项目出现违约时，风险补偿基金按照一定比例对金融机构的损失进行补偿，担保机构也承担相应的担保责任。通过风险分担机制，提高金融机构参与绿色能源项目的积极性，推动绿色金融在能源领域的广泛应用。

第四节　积极融入碳交易体系

一、加强碳交易知识普及与培训

在能源金融体系中，碳市场的建立和碳金融的发展占据着极为重要的地位，它们不仅是能源金融体系的关键构成部分，更是资源型地区在新领域广泛开展合作的重要桥梁。碳交易作为一种旨在促进全球温室气体减排、减少全球二氧化碳排放的市场机制，具有重大意义。从全球视角来看，随着环境问题日益严峻，应对气候变化成为全球共识，碳交易被视为未来全球广泛采用的交易方式。资源型地区若期望在更为广阔的市场中谋求发展，熟练掌握并灵活运用这一未来市场的交易工具是必然要求。

2017 年 12 月，我国启动了全国统一的碳交易市场，并在 2020 年后全面实施，这是我国为实现 2030 年碳排放量达到峰值以及在 2060 年之前实现碳中和目标所采取的重要举措。资源型地区由于其产业特性，在能源生产与消耗方面占据较大比重，是实现上述目标的重要责任主体，因此，积极参与国内碳市场体系建设，并在区域内部大力推广碳交易制度，对资源型地区而言，不仅是责任，更是推动自身成功转型的重要契机。

碳交易以碳资产为核心基础。当碳交易市场建立并逐步完善后，微观企业将迎来新的变化。一方面，企业获得了新的参与市场交易的工具，能够在碳市场中通过合理的交易策略实现碳资产的优化配置；另一方面，企业的资产衡量标准也将发生转变，这将促使企业从根本上主动调整自身的生产方式和要素组合方式，进而产生转变产业结构和经济增长方式的积极性与内生动力。可以说，碳市场体系和碳交易制度本身就是极为有效的促进资源型经济转型的能源治理合作方式，其合作范围覆盖全国乃至全球。

（一）开展碳交易知识普及活动

资源型地区政府应组织一系列碳交易知识普及活动。例如，举办碳交易知识巡回讲座，邀请碳交易领域的专家学者、行业资深人士深入各市县，为当地企业、政府部门工作人员以及普通民众讲解碳交易的基本概念、运行机制、发展趋势等知识。制作碳交易科普宣传片，通过当地电视台、政府官方网站、社交媒体平台等渠道广泛播放，提高公众对碳交易的认知度。开展碳交易知识竞赛，鼓励企业和个人积极参与，对表现优秀者给予奖励，如颁发荣誉证书以及提供一定的资金奖励，激发社会各界学习碳交易知识的热情。

（二）组织碳交易专项培训

针对资源型地区的能源企业、金融机构等重点对象，开展碳交易专项培训。培训内容涵盖碳市场规则解读、碳资产管理、碳交易风险管理等方面。邀请国内外碳交易市场的实际从业者，如碳交易平台的交易员、碳资产管理公司的专家等进行授课。培训方式采用线上线下相结合，线上提供录播课程，方便学员随时学习；线下组织集中培训和案例研讨，让学员能够深入理解碳交易知识，并通过实际案例分析掌握操作技巧。例如，在案例研讨中，以某能源企业在碳交易市场中的成功交易案例为蓝本，分析其交易策略的制定与实施过程，让学员学习如何根据自身企业情况制定合理的碳交易策略。

二、制定碳市场参与策略

（一）设立碳市场研究小组

资源型地区政府联合当地高校、科研机构以及大型能源企业，成立碳市场研究小组。研究小组负责跟踪国内外碳市场的最新动态，分析碳市场政策变化对本地区的影响。例如，及时研究国家碳交易市场政策调整后，对本地区煤炭、石油等传统能源企业以及新能源企业的不同影响。同时，研究小组要结合本地区资源禀赋、产业结构特点，为地区内企业制定个性化的碳市场参与策略提供建议。例如，针对煤炭企业，研究如何通过技术改造降低碳排放，从而在碳市场中占据优势；针对新能源企业，研究如何利用自身低碳排放的优势，在碳市场中获取额外收益。

（二）推动企业碳盘查与减排规划

资源型地区政府要求资源型地区内的重点能源企业开展碳盘查工作，全面核算企业的碳排放情况。企业可聘请专业的第三方碳核查机构，对企业的生产流程、能源消耗等进行详细核查，准确掌握企业的碳排放数据。根据碳盘查结果，企业制定科学合理的减排规划。例如，某钢铁企业通过碳盘查发现，其在高炉炼铁环节的碳排放较高，于是制定了引进先进的高炉余热回收技术、优化生产工艺流程等减排措施，并设定了阶段性的减排目标。政府对积极开展碳盘查并制定有效减排规划的企业给予政策支持，如在项目审批、税收优惠等方面予以倾斜。

三、建立碳资产运营管理机制

(一)培育碳资产管理专业机构

资源型地区政府出台优惠政策,吸引国内外专业的碳资产管理机构入驻,同时鼓励本地企业转型发展碳资产管理业务。对新设立的碳资产管理机构,给予一定期限的税收减免,如前三年免征企业所得税,后续三年减半征收企业所得税。支持碳资产管理机构开展碳资产开发、碳交易代理、碳金融服务等业务。例如,碳资产管理机构可以帮助企业开发碳减排项目,将项目产生的减排量进行核证后在碳市场上出售;为企业提供碳交易代理服务,根据企业的碳资产状况和市场行情,制定合理的交易方案;开展碳金融创新业务,如推出碳资产质押贷款,碳期货、碳期权等金融产品,为企业提供多元化的碳资产管理服务。

(二)搭建碳资产运营服务平台

资源型地区政府利用互联网技术搭建碳资产运营服务平台,整合地区内企业的碳资产信息、碳交易市场行情、碳减排技术等资源。企业可以在平台上发布自身的碳资产状况、减排需求等信息,寻找合适的合作伙伴。平台提供碳交易信息服务,实时更新碳市场的价格走势、成交量等数据,帮助企业把握市场动态。同时,平台引入第三方评估机构,对企业的碳资产进行评估,为企业的碳资产交易、质押融资等活动提供价值参考。

四、加强碳交易国际合作与交流

(一)参与国际碳交易合作项目

资源型地区政府积极组织本地企业参与国际碳交易合作项目。例如,在碳捕获与封存(Carbon Copture and storage,CCS)技术领域具有先进经验的国家和地区开展合作,共同实施 CCS 项目。在项目实施过程中,本地企业可以学习国际先进的碳减排技术和管理经验,提升自身的碳管理水平。同时,通过参与国际合作项目,企业能够将自身的碳减排成果推向国际市场,获取国际碳交易收益。政府为参与国际碳交易合作项目的企业提供政策支持和资金扶持,如给予项目贷款贴息、专项补贴等,降低企业参与国际合作的成本。

（二）举办碳交易国际论坛

资源型地区定期举办碳交易国际论坛，邀请国内外碳交易领域的政府官员、专家学者、企业代表等参会。在论坛上，设置主题演讲环节，分享国际碳交易市场的最新发展趋势、政策动态等信息；安排项目对接会，为本地企业与国际企业搭建合作平台，促进国际碳资产交易、碳技术合作等。

第五节　完善生态保护机制以提高合作意愿

一、精细设计生态补偿税费体系

资源型经济在长期的发展历程中，生态环境遭受严重破坏的情况屡见不鲜。传统的资源型经济发展模式，大多秉持着先全力发展经济，而后才着手治理生态环境的理念。这种模式带来了一系列严重后果，资源型经济不得不承担巨额的环境成本，诸如矿山生态修复费用、水污染治理开支、大气污染防控投入等。沉重的环境成本不仅对当地经济的可持续发展构成巨大压力，还使得国内外合作对象对资源型地区望而却步，严重降低了合作意愿。以某煤炭资源型城市为例，长期大规模的煤炭开采导致土地塌陷、植被破坏、水体污染，为修复生态环境，每年需投入数亿元资金，这使得众多潜在合作方因担忧环境风险和高昂成本而放弃合作。

为有效扭转这一不利局面，资源型地区亟须构建完善且精细的生态保护和补偿机制。地方政府应在这一过程中发挥主导作用，针对矿产资源开采这一环境破坏的主要源头，精准施策。

（一）差异化税费标准制定

在制定生态补偿税费标准时，全面考量多方面因素。开采规模大且采用粗放式开采方式的矿产企业往往对生态环境造成极大破坏，应大幅提高其生态补偿税费征收标准。例如，若某露天煤矿采用传统的大规模剥离式开采，对周边土壤、植被和水资源造成严重破坏，其每吨煤炭的生态补偿税费可提高至原有标准的3~5倍。相反，对于那些积极采用先进环保开采技术，如井下无人开采技术、煤炭洗选和清洁利用技术，对环境破坏程度较小的企业，适当降低征收标准，给予企业正向激励。可将其生态补偿税费降低至原有标准的 50%～70%，鼓励更多企业主动升级开采技术，减少对环境的负面影响。

（二）动态调整税费标准

生态补偿税费标准并非一成不变，应建立动态调整机制。根据资源型地区生态环境质量的变化情况、环保技术的发展以及经济社会发展需求等因素，定期对税费标准进行评估和调整。例如，若某地区通过一段时间的生态修复，生态环境质量有所提升，可适当降低部分环保达标企业的税费标准；若出现新的环保技术，能够显著降低开采过程中的环境破坏程度，也可相应调整采用该技术企业的税费标准。同时，密切关注国家宏观经济政策和环保政策的调整，及时对地方生态补偿税费标准进行适应性优化。

（三）完善税费征收流程

利用先进的信息化技术，打造智能化的矿产资源生态补偿税费征收管理系统。企业可通过该系统便捷地完成税费申报，系统自动审核申报数据的准确性和完整性，大大提高审核效率。在缴纳环节，提供多种线上支付渠道，如网上银行支付、第三方支付平台支付等，方便企业操作。同时，系统对税费征收全过程进行记录和跟踪，实现数据的可追溯性。税务部门可通过系统实时监控税费征收情况，及时发现和处理异常情况，减少人为干预，确保税费征收的公正、公平与高效，从制度层面切实筑牢生态环境保护的坚实防线。

二、强化跨区域生态补偿协同合作

在中央税收体系为主导，地方环保税费体系为辅助的总体框架下，资源型地区要积极主动地拓展合作视野，加强与其他地区的协同合作，共同致力于构建科学合理的省（区）间能源合作中生态环境破坏的补偿机制。这一机制的构建意义重大，既要实现能源合作收益在地区间的公平分配，又要充分考虑代际公平，为子孙后代留下良好的生态环境。

（一）综合评估确定补偿标准

在制定补偿标准时，深入评估不同地区在能源合作中的多种因素。对于资源输出地，如煤炭、石油等能源资源丰富的地区，在能源合作过程中，其生态环境往往承受着巨大压力，包括资源开采导致的土地破坏、水资源污染、大气污染等。因此，应根据资源输出量、当地生态环境受损程度以及资源输出地为保障能源供应所做出的牺牲等因素，确定合理的生态补偿金额。

（二）搭建生态补偿协商平台

建立常态化的省（区）间生态补偿协商平台，定期组织能源合作相关省份的政府部门官员、能源企业代表、生态环境领域专家学者以及社会公众代表等参与协商会议。在协商会议上，各方充分交流能源合作过程中生态环境破坏的现状、补偿机制实施过程中遇到的问题以及各自的诉求和建议。根据实际情况和各方意见，对补偿机制进行及时调整和完善。例如，针对某一能源合作项目中生态补偿资金使用效率不高的问题，通过协商平台，各方共同探讨解决方案，最终确定优化资金使用流程、加强资金监管等措施，确保补偿机制的科学性和合理性，促进能源合作的可持续发展。

（三）建立补偿资金使用监督机制

为确保生态补偿资金的合理使用，建立专门的补偿资金使用监督机制。由能源合作双方共同组建监督小组，成员包括双方政府的财政、审计、环保等部门工作人员，以及第三方专业监督机构代表。监督小组对生态补偿资金的拨付、使用情况进行全程跟踪监督。要求资金使用方定期提交详细的资金使用报告，报告内容涵盖资金用途、项目进展情况、实施效果等方面。监督小组根据报告内容进行实地核查，确保资金用于预定的生态修复、环境治理和替代产业发展等项目，提高资金使用效益，保障资源输出地的生态环境得到有效保护和修复。

三、健全合作认可的监管执行机制

在生态保护和补偿机制的具体执行过程中，构建一套合作双方高度认可的监管机制是确保补偿机制科学有效运行、保障能源合作持续稳定开展的关键。

（一）明确监管主体与职责分工

由能源合作双方共同组建专门的监管委员会，成员构成多元化。其中，双方政府的环保部门负责监督生态修复项目是否符合环保标准和要求；能源部门则关注能源开发与利用过程中的生态保护措施落实情况；第三方专业监督机构凭借其专业的技术和丰富的经验，对生态补偿资金的使用合理性、项目实施的合规性等进行独立监督。监管委员会明确各成员的职责分工，制定详细的工作规则和流程，确保监管工作有序开展。

（二）制定严格的监管流程与标准

制定全面细致的监管流程和严格明确的监管标准。在生态补偿资金监管方面，对资金的拨付流程进行规范，要求按照项目进度分阶段拨付资金，避免一次性大额拨付带来的资金风险。同时，定期审查资金使用情况，要求资金使用方每季度提交资金使用报告，报告需详细说明资金的具体用途、支出金额以及对应的项目实施情况。在生态修复项目监管方面，制定详细的项目验收标准，如对于植被种植项目，明确规定植被的种类、种植密度、成活率等指标要求；对于水污染治理项目，设定水质达标标准和治理效果评估方法。监管委员会根据这些标准和流程，定期对生态修复项目进行检查和评估，确保项目达到预期的生态修复效果。

（三）建立信息公开与反馈机制

监管委员会建立健全信息公开与反馈机制。定期将监管情况向能源合作双方以及社会公众公开，公开内容包括生态补偿资金的使用情况、生态修复项目的进展和效果、监管过程中发现的问题及处理结果等。通过政府官方网站、新闻媒体等渠道发布监管信息，接受社会监督。同时，设立专门的反馈渠道，如举报电话、电子邮箱等，鼓励合作双方以及社会公众对监管过程中发现的问题及时反馈。监管委员会对反馈信息进行及时处理和回应，根据反馈意见调整监管措施，不断完善监管机制，保障监管机制的有效运行，促进生态保护和补偿机制的顺利实施，提升资源型地区的生态环境质量，增强国内外合作对象的合作意愿。

第十章

小 结

本章在理论研究和实证检验的基础上，着重以资源型经济的典型代表——山西省为例，就能源合作对资源型经济转型的影响进行了实证分析。

第一，借鉴学者对中国能源合作发展历程的划分方法，本章结合山西省能源合作的发展实际，将其划分为起步（1978—1991年）、全面发展准备（1992—2000）、全面发展（2001—2012）和成熟引领（2013至今）四个阶段。第二，本章运用描述性统计分析法，从各类能源合作的开展及其对资源型经济转型的作用两个方面，分别梳理了四个阶段中山西省能源合作对资源型经济转型的具体作用。第三，本章对山西省能源合作的发展及其对自身转型作用的发挥进行了阶段性比较，得出：山西省的能源合作由量变到质变，从单向到双向，在不断演进中逐步实现合作领域的清洁化；其对资源型经济转型的促进作用，也随能源合作体系的不断完善、各类型能源合作内在质量的改善及相互间的联合开展，由能源产业内部到工业体系再到整个经济与社会体系，沿着产业结构—发展能力—区域分工—环境资源的效果路径循序渐进地显现出来；能源合作是资源型经济实现转型的"捷径"之一。第四，本章总结了山西省能源合作对资源型经济转型存在的问题，发现开放程度不高、对高质量要素吸收不够，对转型引领作用不足、各类合作结合乏力与创新能力欠缺制约了山西省能源合作对资源型经济转型的作用效果。第五，针对前文总结出的问题，本章提出了促进资源型经济转型中能源合作作用发挥的政策方向，为进一步提出具体的政策建议奠定了基础。

在前文理论研究和案例分析的基础上，本书分别对资源型地区参与各类型能源合作提出了政策建议。

首先，在能源贸易合作中，资源型地区加强高附加值能源商品的贸易合作，拓展能源服务贸易的开展，以此促进能源合作向吸收技术、制度的方向发展，同时，利用好能源贸易中的收入效应，积极促进其资本化转变，以促进其对资源型经济转型的正向影响。

其次，在能源投资合作中，鉴于目前资源型地区的开放程度比较低，本章建议资源型地区大力吸引外资，提高资本利用率；规避投机行为，以保证资本作用的稳定和持续。在此基础上，加强新兴产业的能源投资合作和能源产业劳动力素质的投资合作，以促进能源和资本要素与技术要素的结合。

再次，在能源技术合作中，资源型地区政府需要重点推进国内能源产业技术创新合作，以多种方式进行技术创新的攻关合作。同时，在跨地区合作基础上，加强资源型经济内部各部门的技术合作，形成能源技术产—学—研有机融合，加快技术研发成果的转化利用。

最后，资源型经济治理合作水平还有待进一步提高，通过加强能源治理合作力度，促进其他类型能源合作对资源型经济转型作用的发挥。其中，特别是在完善能源基金的利用与监管机制和生态保护机制，融入能源金融体系和全国碳交易体系等方面需要积极开展与国内先进地区和国际先进经验的交流合作，吸收高质量要素，尽快提升自身发展水平，以促进资源型经济的成功转型。

第六篇 06

结　论

本书小结

当前，合作已经成为全球各国和地区在处理经济与社会发展问题中最常见的解决方案。能源合作也成为解决国际能源问题和中国实现对内对外循环发展的重要途径。由于中国资源型经济的特点，其转型问题本身与能源问题紧密相关。作为自身转型的重要手段，资源型经济已经开展了卓有成效的能源合作，国家政策也给予了积极支持。因此，研究能源合作对资源型经济转型发挥作用的内在机理对高效利用能源要素开展广泛合作以促进资源型经济转型意义重大。

本书将能源合作与资源型经济转型这两个热点问题结合，将能源合作这一较为宏大视域的问题置于地区发展这一中观维度，并根据地区经济实践，将能源合作具体化为能源贸易合作、能源投资合作、能源技术合作和能源治理合作，共同进行研究，这在以往的研究中并不多见。本书通过理论分析、机理分析、实证分析和检验，得出的主要结论如下：

第一，本书综合运用马克思主义政治经济学、分工理论、合作理论、比较优势理论、中国特色社会主义经济理论和系统论，针对资源型经济转型的目标和约束，分别分析了资源型地区参与能源合作的必要性和能源合作促进资源型经济转型的可行性，得出结论：综合考虑资源型地区需要立足禀赋参与水平分工，通过开放合作吸收多元要素并充分适应市场机制，以内生化其外生比较优势等原因，资源型地区具有充分的参与能源合作的必要性；同时，由于能源合作可以为资源型经济耗散结构引入能够产生"负熵流"的不同要素，以促进其回归稳态，因此能源合作可以作为促进资源型经济转型的有效途径。

第二，不同类型能源合作所蕴含的要素组合是其对资源型经济转型产生作用的基本单元。本书在运用空间经济学和技术创新理论分析要素流动、要素组合与经济发展的关系的基础上，借鉴空间经济学要素间水平和垂直联系的理论观点，系统阐释了能源合作中要素组合内部的水平和垂直层面作用，得出结论：要素组合内部会产生水平和垂直两个层面的作用，其中水平层面作用是要素组合内部的实质性变化，表现形式依要素组合各异，主要对资源型经济的产业结构和生产效率产生影响；垂直层面作用是要素组合在构成形态上发生的变化，主要表现为极化效应和均衡效应，影响着能源要素的主导地位，为不同能源合作要素组合的出现提供了条件。进而，本书在综合区域合作理论、公共选择理论和新制度经济学理论观点和资源型地区实践，对能源合作进行类型划分基础上，运用系统论超循环理论，得出结论：不同类型能源合作间存在能源贸易合作—能源投资合作—能源技术合作—能源治理合作的继起关系和演进规律。

第三，在综合借鉴国际经济学、政治经济学、空间经济学、发展经济学和系统论观点基础上，本书运用归纳演绎法、比较静态分析法和数理分析法，就能源合作对资源型经济转型的作用进行了一般机理分析，并将其运用至四类能源合作，分别就其对资源型经济转型的水平和垂直层面作用机理进行了系统阐释，得出结论：在水平层面，能源贸易合作对资源型经济产生收入效应，初期促进其转型，而发展到一定程度则会产生相反的作用；能源投资合作通过结构效应和内涵效应促进资源型经济转型；能源技术合作和能源治理合作通过结构效应和溢出效应对资源型经济转型产生推动作用。在垂直层面，能源贸易合作通常会对能源要素产生极化效应，而能源投资合作、能源技术合作和能源治理合作可以发挥极化效应或均衡效应，由此影响资源型经济能源要素的主导地位，从而影响其转型效果。

第四，在运用熵权法对山西、陕西、新疆、内蒙古、黑龙江、甘肃、宁夏、青海、贵州、云南十个资源型省（区）资源型经济转型效果进行评价的基础上，本书对2005—2019年十省（区）四类能源合作对资源型经济转型作用进行了中介效应检验。结果显示，在水平层面，能源贸易合作通过收入效应对资源型经济转型存在促进作用，能源投资合作通过结构效应和内涵效应促进资源型经济转型，能源技术合作和能源治理合作通过结构效应和溢出效应正向推动资源型经济转型；在垂直层面，除能源贸易合作外，其他三类能源合作在资源型经济转型过程中均存在均衡效应，有利于资源型经济的健康发展。

本书采用案例分析法和描述性统计分析法，对典型资源型省份——山西省的能源合作及其对转型影响进行阶段性梳理，比较总结了山西省能源合作及其对资源型经济转型作用的特点，得出结论：山西省的能源合作由量变到质变，从单向到双向，在不断演进中逐步实现合作领域的清洁化；其对资源型经济转型的促进作用，也随能源合作体系的不断完善、各类型能源合作内在质量的改善及相互间的联合开展，由能源产业内部到工业体系再到整个经济与社会体系，沿着产业发展—资源利用—地区协调—生态环境的效果路径循序渐进地显现出来；能源合作是资源型经济实现转型的"捷径"之一等结论。同时，开放程度不高、对高质量要素吸收不够，对转型引领作用不足、各类合作结合乏力与创新能力欠缺制约了山西省能源合作对资源型经济转型的作用效果。

第五，结合理论分析、实证检验和案例分析中发现的问题，本书认为资源型经济现有的开放程度还不足以充分发挥能源合作对资源型经济转型的促进作用，因此应该积极扩大开放，开展多类型的能源合作，政府必须有意识地根据自身转型阶段引导资源型经济吸收高质量要素，否则会阻碍资源型经济转型的顺利推进。在能源贸易合作中，应增加高附加值能源商品和能源服务贸易的合作，倒逼能源合作沿着演进方向发展，吸收更多的高质量要素。同时，引导能源贸易收入的合理利用，促进其资本化。在能源投资合作中，加大吸引外资力度，但要规避短期投机合作，引导资本投向新兴产业和提升能源产业劳动力素质的领域，促进资本要素与技术要素结合。在能源技术合作中，加强对国外先进技术的吸收和国内能源领域的创新合作，促进资源型地区通过内部合作形成产—学—研一体化，加快技术研发与转化。全面提升能源治理合作水平，完善能源基金利用与监管和生态保护机制，加快融入能源金融和碳交易体系广泛合作。

参考文献

一、中文文献

（一）专著

［1］刘易斯．经济增长理论［M］.周师铭，沈丙杰，沈伯根，译．北京：商务印书馆，1983.

［2］艾根，舒斯特尔．超循环论［M］.曾国屏，沈小峰，译．上海：上海译文出版社，1990.

［3］巴朗斯基．经济地理学本书集［M］.邓静中，等译．北京：科学出版社，1958.

［4］奥林．地区间贸易和国际贸易［M］.王继祖，等译．北京：首都经济贸易大学出版社，2001.

［5］拉西特，斯塔尔．世界政治［M］.王玉珍，等译．北京：华夏出版社，2001

［6］陈泽明．区域合作通论：理论、战略、行为［M］.上海：复旦大学出版社，2005.

［7］李嘉图．政治经济学及赋税原理［M］.郭大力，王亚南，译．北京：商务印书馆，1976.

［8］杜能．孤立国同农业和国民经济的关系［M］.吴衡康，译．北京：商务印书馆，1986.

［9］樊勇明，钱亚平，饶芸燕．区域国际公共产品与东亚合作［M］.上海：上海人民出版社，2014.

［10］冯子标，焦斌龙．分工、比较优势与文化产业发展［M］.北京：商务印书馆，2005.

［11］李斯特．政治经济学的国民体系［M］.陈万煦，译．北京：商务印书馆，1961.

［12］葛艾继，郭鹏，许红．国际油气合作理论与实务［M］.北京：石油工业出版社，2004.

［13］郭泽光．山西资源型经济转型国家综合配套改革试验区发展报告：历史选择与改革探索（2012）［M］.北京：中国时政经济出版社，2012.

［14］国家发展和改革委员会国际合作中心对外开放课题组．中国对外开放 40 年［M］．北京：人民出版社，2018.

［15］李成军．中国煤矿城市经济转型研究［M］．北京：中国市场出版社，2005.

［16］李旺明，苗长青．当代山西经济史纲［M］．太原：山西经济出版社，2007.

［17］林毅夫．发展战略与经济发展［M］．北京：北京大学出版社，2004.

［18］林毅夫．中国的奇迹：发展战略与经济改革［M］．上海：上海三联书店，上海人民出版社，2002.

［19］罗勇．区域经济可持续发展［M］．北京：化学工业出版社，2005.

［20］中共中央马克思恩格斯斯大林著作编译局．马克思恩格斯选集：第 1 卷［M］．北京：人民出版社，1995.

［21］中共中央马克思恩格斯斯大林著作编译局．资本论：第 1 卷［M］．北京：人民出版社，2004.

［22］中共中央马克思恩格斯斯大林著作编译局．资本论：第 1 卷［M］．北京：人民出版社，2004.

［23］中共中央马克思恩格斯斯大林著作编译局．马克思恩格斯全集：第 24 卷［M］．北京：人民出版社，2006.

［24］中共中央马克思恩格斯斯大林著作编译局．马克思恩格斯选集：第 1 卷［M］．北京：人民出版社，2013.

［25］波特．国家竞争优势［M］．李明轩，邱如美，译．北京：华夏出版社，2002.

［26］布哈林．过渡时期经济学［M］．郑异凡，余大章，译．重庆：重庆出版社，2015.

［27］任保平，钞小静，师博，等．经济增长理论史［M］．北京：科学出版社，2014.

［28］萨乌什金．经济地理学：历史、理论、方法和实践［M］．毛汉英，等译．北京：商务印书馆，1987.

［29］施蒂格勒．产业组织和政府管制［M］．潘振民，译．上海：上海人民出版社，上海三联书店，1996.

［30］韦伯．工业区位论［M］．李刚剑，陈志人，张英保，译．北京：商务印书馆，1997.

［31］吴敬琏．比较：第 17 辑　大转型［M］．北京：中信出版社，2005.

［32］萧浩辉．决策科学辞典［M］．北京：人民出版社，1995.

［33］斯密．国民财务的性质和原因的研究：上卷［M］．郭大力，王亚南，译．北京：商务印书馆，2014．

［34］于刃刚，戴宏伟．生产要素论［M］．北京：中国物价出版社，1999．

［35］余源培．马克思主义哲学经典文本导读：上卷［M］．北京：高等教育出版社，2005．

［36］熊彼特．经济发展理论［M］．何畏，易家详，等译．北京：商务印书馆，2020．

［37］张复明．资源型经济：理论解释、内在机制与应用研究［M］．北京：中国社会科学出版社，2007．

［38］中央宣传部．习近平新时代中国特色社会主义思想学习纲要［M］．北京：学习出版社，人民出版社，2019．

［39］朱延珺．外国直接投资的贸易效应研究［M］．北京：人民出版社，2006．

［40］邹恒甫．国际贸易理论［M］．武汉：武汉大学出版社，2001．

（二）期刊

［1］齐晓悦．"一带一路"下我国能源产业发展现状分析［J］．中国商论，2018（14）．

［2］孙久文．论新时代区域协调发展战略的发展与创新［J］．国家行政学院学报，2018（4）．

［3］杨小凯，张永生．新贸易理论、比较利益理论及其经验研究的新成果：文献综述［J］．经济学（季刊），2001（1）．

［4］王光龙．论经济要素流动：结构、原则、效应与演进［J］．江海学刊，2011（4）．

［5］白俊红，王钺，蒋伏心，等．研发要素流动、空间知识溢出与经济增长［J］．经济研究，2017，52（7）．

［6］黄先海，金泽成，余林徽．要素流动与全要素生产率增长：来自国有部门改革的经验证据［J］．经济研究，2017，52（12）．

［7］陈钧浩．要素跨国流动与比较优势变形：实证与理论拓展［J］．宁波大学学报（人文科学版），2014，27（3）．

［8］岳佐华，李录堂．生产要素演进规律及其对我国农村经济发展的启示［J］．中国农史，2007（3）．

［9］赵春明．生产要素内涵式演进与国际经济竞争新优势的培育［J］．新视野，2014（1）．

［10］刘耀彬，刘莹，胡观敏．资源环境约束下的城市化水平的一般均衡

分析模型与实证检验 [J]. 财贸研究, 2011, 22 (5).

[11] 苏华, 王磊. "丝绸之路经济带" 建设背景下的我国与中亚能源合作新模式探析 [J]. 经济纵横, 2015 (8).

[12] 薛俊波, 王铮, 朱建武, 等. 中国经济增长的 "尾效" 分析 [J]. 财经研究, 2004 (9).

[13] 崔云. 中国经济增长中土地资源的 "尾效" 分析 [J]. 经济理论与经济管理, 2007 (11).

[14] 刘耀彬, 杨新梅. 基于内生经济增长理论的城市化进程中资源环境 "尾效" 分析 [J]. 中国人口·资源与环境, 2011, 21 (2).

[15] 谢书玲, 王铮, 薛俊波. 中国经济发展中水土资源的 "增长尾效" 分析 [J]. 管理世界, 2005 (7).

[16] 李刚. 资源环境约束对我国经济 "增长阻滞" 效应分析: 兼论设立 "双型社会" 综改区的意义 [J]. 中国经济问题, 2008 (4).

[17] 葛扬, 何婷婷. 长三角经济发展中土地资源的增长阻力分析 [J]. 学海, 2010 (4).

[18] 曹冲, 陈俭, 夏咏. 中国主要农产品贸易中隐含的虚拟耕地资源 "尾效" 研究 [J]. 中国人口·资源与环境, 2019, 29 (2).

[19] 许冬兰, 李琰. 能源约束对经济增长和城市化影响的实证研究: 以山东省为例 [J]. 北京理工大学学报 (社会科学版), 2012, 14 (4).

[20] 王伟同, 褚志明. 辽宁省城市化进程的能源约束 "尾效" 研究 [J]. 东北财经大学学报, 2012 (2).

[21] 张士杰. 区域经济增长的能源尾效分析: 以皖江城市带为例 [J]. 华东经济管理, 2013, 27 (7).

[22] 高赢, 冯宗宪. 城镇化进程中能源环境约束 "尾效" 研究 [J]. 西安交通大学学报 (社会科学版), 2018, 38 (3).

[23] 师博, 姚峰. 中国经济增长的能源尾效测算与分析: 基于拥挤效应的实证研究 [J]. 南京财经大学学报, 2018 (3).

[24] 谢品杰, 穆卓文, 王绵斌. 中国省际能源尾效: 测度、时空格局及影响因素 [J]. 北京理工大学学报 (社会科学版), 2019, 21 (6).

[25] 刘耀彬, 肖小东. 煤炭城市 "资源尾效" 与 "资源诅咒" 的转换机制研究: 基于 PSTR 模型的实证检验 [J]. 中国地质大学学报 (社会科学版), 2019, 19 (2).

[26] 金京, 戴翔, 张二震. 全球要素分工背景下的中国产业转型升级 [J]. 中国工业经济, 2013 (11).

[27] 陈利莹. "一带一路" 战略实施对我国经济发展的影响 [J]. 经营

管理者, 2016 (27).

[28] 石薛桥, 段宇洁, 郭瑞洁. "一带一路"倡议对中国产业结构优化升级影响的实证研究 [J]. 商业经济研究, 2019 (3).

[29] 许勤华, 王红军. 亚太经合组织多边能源合作与中国 [J]. 现代国际关系, 2009 (12).

[30] 陈飞翔, 居励, 林善波. 开放模式转型与产业结构升级 [J]. 经济学家, 2011 (4).

[31] 朴光姬, 郭霞, 李芳. 政治互疑条件下的东北亚区域能源合作路径：兼论"一带一路"倡议与东北亚区域能源合作 [J]. 当代亚太, 2018 (2).

[32] 蓝庆新, 田海峰. 我国贸易结构变化与经济增长转型的实证分析及现状研究 [J]. 株洲工学院学报, 2002 (2).

[33] 范爱军, 李菲菲. 产品内贸易和一般贸易的差异性研究：基于对我国产业结构升级影响的视角 [J]. 国际经贸探索, 2011, 27 (4).

[34] 黄丽. 中国能矿国际合作模式的两种类型及战略选择 [J]. 南通大学学报（社会科学版）, 2019, 35 (3).

[35] 赵云鹏, 叶娇. 对外直接投资对中国产业结构影响研究 [J]. 数量经济技术经济研究, 2018, 35 (3).

[36] 栾申洲. 对外贸易、外商直接投资与产业结构优化 [J]. 工业技术经济, 2018, 37 (1).

[37] 贾妮莎, 雷宏振. 中国 OFDI 与"一带一路"沿线国家产业升级：影响机制与实证检验 [J]. 经济科学, 2019 (1).

[38] 张秀杰. 蒙古国经济发展放缓与中蒙经贸合作新思路 [J]. 内蒙古社会科学（汉文版）, 2015, 36 (2).

[39] 焦斌龙. 有效发挥投资的关键作用 [J]. 前进, 2016 (9).

[40] 周亚娟. "一带一路"沿线国家科技文化合作发展研究 [J]. 科技管理研究, 2019, 39 (3).

[41] 梁立明, 朱凌, 侯长红. 我国跨省区科学合作中的马太效应与地域倾向 [J]. 自然辩证法通讯, 2002 (2).

[42] 卢子宸, 高汉. "一带一路"科技创新合作促进城市产业升级：基于 PSM-DID 方法的实证研究 [J]. 科技管理研究, 2020, 40 (5).

[43] 徐建华. 欧盟能源一体化战略探析 [J]. 特区经济, 2008 (7).

[44] 孙睿. "一带一路"背景下中国产业升级策略研究 [J]. 山西农经, 2019 (6).

[45] 韩增林, 王唯一, 赵维良. 制度质量、经济发展与贸易结构优化：

基于门槛模型的实证分析［J］．资源开发与市场，2021，37（5）．

［46］王秀娟．"一带一路"对我国中西部出口贸易影响初探［J］．中国集体经济，2019（20）．

［47］徐向梅．东北亚能源安全形势与多边能源合作［J］．国际石油经济，2004（10）．

［48］管清友，何帆．中国的能源安全与国际能源合作［J］．世界经济与政治，2007（11）．

［49］许勤华．改革开放40年能源国际合作踏上新征程［J］．中国电力企业管理，2018（25）．

［50］朱显平，李天籽．东北亚区域能源合作研究［J］．吉林大学社会科学学报，2006（2）．

［51］邓小乐，孙慧．中国区域碳排放、经济增长与福利关系比较研究［J］．生态经济，2016，32（7）．

［52］邓小乐，孙慧．中国区域碳生产率与能源消耗、经济增长关系比较研究［J］．工业技术经济，2016，35（9）．

［53］庾虎．全球竞争中的马克思合作思想及意义［J］．黑龙江教育学院学报，2011，30（12）．

［54］张复明．资源型经济转型：难点、目标和动力［J］．科技导报，2000（11）．

［55］袁纯清．率先走出资源型地区转型跨越发展新路 为加快实现全面建设小康社会目标努力奋斗：在中国共产党山西省第十次代表大会上的报告［J］．前进，2011（11）．

［56］刘萍，陈闻君．上合组织框架下中国与中亚国家新能源合作实证研究［J］．河南科技学院学报，2018，38（7）．

［57］李臻．分工、经济增长与能源可替代性：基于山东省数据的分析［J］．商业研究，2015（7）．

［58］杨小凯，张永生．新贸易理论及内生与外生比较利益理论的新发展：回应［J］．经济学（季刊），2002（4）．

［59］苗东升．复杂性研究的成就与困惑［J］．系统科学学报，2009，17（1）．

［60］龙智焘．耗散结构理论在经济学中的应用［J］．黑龙江对外经贸，2009（4）．

［61］王玉辰，王琦．基于系统理论对国际区域能源合作的分析［J］．管理观察，2013（22）．

［62］邹全胜．要素结构扭曲对开放收益影响的理论分析［J］．经济研究

导刊，2018（31）.

[63] 梁琦. 空间经济学：过去、现在与未来：兼评《空间经济学：城市、区域与国际贸易》[J]. 经济学（季刊），2005（3）.

[64] 邵帅，范美婷，杨莉莉. 资源产业依赖如何影响经济发展效率？——有条件资源诅咒假说的检验及解释 [J]. 管理世界，2013（2）.

[65] 张攀，吴建南. 政府干预、资源诅咒与区域创新：基于中国大陆省级面板数据的实证研究 [J]. 科研管理，2017，38（1）.

[66] 吕江. "一带一路"能源合作伙伴关系：缘起、建构与挑战 [J]. 东北亚论坛，2020，29（4）.

[67] 郑照宁，刘德顺. 考虑资本—能源—劳动投入的中国超越对数生产函数 [J]. 系统工程理论与实践，2004（5）.

[68] 郑照宁，刘德顺. 中国能源资本替代的不确定性 [J]. 运筹与管理，2004，13（2）.

[69] 杨中东. 对我国制造业的能源替代关系研究 [J]. 当代经济科学，2007（3）.

[70] 鲁成军，周端明. 中国工业部门的能源替代研究：基于对 Allen 替代弹性模型的修正 [J]. 数量经济技术经济研究，2008（5）.

[71] 邵光黎，鲁成军. 中国制造业的能源外部替代研究：基于分行业面板数据的分析 [J]. 河北经贸大学学报，2008（4）.

[72] 陶小马，邢建武，黄鑫，等. 中国工业部门的能源价格扭曲与要素替代研究 [J]. 数量经济技术经济研究，2009，26（11）.

[73] 张慧真. 中国制造业生产要素的替代研究 [J]. 商业时代，2010（13）.

[74] 史红亮，陈凯，闫波. 我国钢铁行业能源—资本—劳动的替代弹性分析：基于超越对数生产函数 [J]. 工业技术经济，2010（11）.

[75] 国涓，郭崇慧，凌煜. 中国工业部门能源反弹效应研究 [J]. 数量经济技术经济研究，2010，27（11）.

[76] 吴力波. 中国工业生产的劳动、资本和能源的替代分析 [J]. 电力与能源，2011，32（3）.

[77] 杨福霞，杨冕，聂华林. 能源与非能源生产要素替代弹性研究：基于超越对数生产函数的实证分析 [J]. 资源科学，2011，33（3）.

[78] 许勤华. 欧盟能源一体化进程及前景 [J]. 现代国际关系，2012（5）.

[79] 刘建国，朱跃中，张思遥. 西南省份参与"一带一路"能源合作的思考 [J]. 中国能源，2017，39（1）.

[80] 张纪凤, 黄萍. 中国制造业能源与非能源要素替代关系的实证研究 [J]. 西安电子科技大学学报 (社会科学版), 2011, 21 (4).

[81] 韩中合, 刘明浩, 吴智泉. 基于要素替代弹性的节能潜力测算研究 [J]. 中国人口·资源与环境, 2013, 23 (9).

[82] 郑猛, 杨先明, 李波. 有偏技术进步、要素替代与中国制造业成本: 基于 30 个行业面板数据的研究 [J]. 当代财经, 2015 (2).

[83] 王班班, 齐绍洲. 有偏技术进步、要素替代与中国工业能源强度 [J]. 经济研究, 2014, 49 (2).

[84] 王腊芳, 刘丽洁, 肖明智. 中国制造业能源替代的区域差异 [J]. 经济地理, 2015, 35 (2).

[85] 查冬兰, 周德群. 能源与非能源投入生产要素替代关系的研究述评 [J]. 管理评论, 2013, 25 (3).

[86] 尹勇晚, 龚驰, 李天国. 中韩新能源产业合作的经济效应实证研究 [J]. 经济理论与经济管理, 2011 (4).

[87] 张幼文. 生产要素的国际流动与全球化经济的运行机制 [J]. 国际经济评论, 2013 (5).

[88] 刘明辉. "丝绸之路经济带"背景下中哈能源合作效应实证研究 [J]. 新疆农垦经济, 2015 (1).

[89] 赵康杰, 景普秋. 人力资本与资源型经济关系: 理论阐释与个案分析 [J]. 劳动经济评论, 2009, 2 (0).

[90] 关于构建更加完善的要素市场化配置体制机制的意见 [J]. 中华人民共和国国务院公报, 2020 (11).

[91] 李雪苑. 技术创新推动工业结构升级作用机理分析 [J]. 经济研究参考, 2014 (41).

[92] 姜安印, 王晶. 制度环境、产业升级与破解资源诅咒: 基于拓展 GIFF 框架的案例设计 [J]. 开发研究, 2020 (2).

[93] 张恒龙, 秦鹏亮. 中俄能源合作博弈及其地缘政治经济影响 [J]. 上海大学学报, 2015, 32 (1).

[94] 陈刚, 刘珊珊. 产业转移理论研究: 现状与展望 [J]. 当代财经, 2006 (10).

[95] 邵军, 徐康宁. 制度质量、外资进入与增长效应: 一个跨国的经验研究 [J]. 世界经济, 2008 (7).

[96] 江瑞平, 竺彩华. 快速变化的东亚经济格局 [J]. 东南亚纵横, 2012 (10).

[97] 苏跃辉, 王丽媛, 李海月. 供给侧制度改革推动经济增长的作用机

制与效应研究 [J]. 河北企业, 2020 (5).

　[98] 余东华, 张昆. 要素市场分割、产业结构趋同与制造业高级化 [J]. 经济与管理研究, 2020, 41 (1).

　[99] 包健. 一带一路背景下中土能源产业合作的经济效应实证研究 [J]. 当代经济, 2018 (4).

　[100] 刘怡, 周凌云, 耿纯. 京津冀产业协同发展评估：基于区位熵灰色关联度的分析 [J]. 中央财经大学学报, 2017 (12).

　[101] 杨凤, 秦丽, 陈思. 系统论视阈下生产性服务业集聚水平区位熵测度：以辽宁省为例 [J]. 系统科学学报, 2021, 29 (3).

　[102] 曾贤刚, 段存儒. 煤炭资源枯竭型城市绿色转型绩效评价与区域差异研究 [J]. 中国人口·资源与环境, 2018, 28 (7).

　[103] 闫函, 贾宁, 董新春. 山西省绿色转型发展现状评价及路径研究 [J]. 环境保护与循环经济, 2020, 40 (1).

　[104] 吴青龙, 朱美峰, 郭丕斌. 基于脱钩理论的资源型经济转型绩效评价研究 [J]. 经济问题, 2019 (6).

　[105] 李玲娥, 王亚丽, 王园园, 等. 资源型经济现代化经济体系的评价指标体系构建与分析：以山西省国家资源型经济转型综改区为例 [J]. 经济理论与经济管理, 2020 (7).

　[106] 王志华, 董存田. 中国制造业结构与劳动力素质结构吻合度分析：兼论"民工荒"、"技工荒"与大学生就业难问题 [J]. 人口与经济, 2012 (5).

　[107] 阳立高, 谢锐, 贺正楚, 等. 劳动力成本上升对制造业结构升级的影响研究：基于中国制造业细分行业数据的实证分析 [J]. 中国软科学, 2014 (12).

　[108] 冯海波, 葛小南. R&D 投入与经济增长质量：基于绿色全要素生产率的省际面板数据分析 [J]. 软科学, 2020, 34 (4).

　[109] 马广程, 许坚. 消费升级、空间溢出与产业全要素生产率 [J]. 技术经济, 2020, 39 (12).

　[110] 郭新茹, 陈天宇. 文化产业集聚、空间溢出与经济高质量发展 [J]. 现代经济探讨, 2021 (2).

　[111] 王明益. 山东省能源要素产出弹性、替代弹性的实证研究：基于超越对数生产函数的岭回归估计 [J]. 技术经济, 2012, 31 (4).

　[112] 单东方. 资源型地区创新能力评价指标体系构建 [J]. 统计与决策, 2020, 36 (2).

　[113] 朱跃中, 刘建国, 蒋钦云. 能源国际合作40年：从"参与融入"

到开创"全方位合作新局面"[J]. 新能源经贸观察，2018（10）.

[114] 杨德樵. 山西经济贸易在腾飞：记山西对外经济技术合作洽谈会[J]. 国际贸易，1985（10）.

[115] 王卫香. 山西对外经济贸易历史发展的思考[J]. 经济问题，2000（9）.

[116] 冯林平. 二十世纪下半叶山西经济建设的历史考察[J]. 经济问题，2004（3）.

[117] 白慧仁. 对我省能源产业依存度的探析[J]. 技术经济与管理研究，2004（6）.

[118] 陈晓磊. 空气产品公司与山西国际能源集团有限公司合作[J]. 现代化工，2010，30（11）.

[119] 武幸凤，赵国浩. 山西煤炭行业发展循环经济的问题研究[J]. 中国市场，2012（10）.

[120] 崔守军. 中国能源国际合作模式的选择[J]. 现代国际关系，2010（11）.

[121] 卢硕，张文忠，余建辉，等. 资源型城市演化阶段识别及其发展特征[J]. 地理学报，2020，75（10）.

[122] 周喜君. 山西六大传统产业碳生产率变化分析：基于1995—2012年数据的比较[J]. 忻州师范学院学报，2015，31（5）.

[123] 郭娇，冀泓彤. 基于开放视角的山西省资源型经济转型发展探析[J]. 北方经济，2019（10）.

[124] 李平. 从国外模式看我国资源型城市产业转型问题[J]. 山东科技大学学报（社会科学版），2007（2）.

[125] 孙晓华，郑辉. 资源型地区经济转型模式：国际比较及借鉴[J]. 经济学家，2019（11）.

[126] 杨怀佳，张波. 开放条件下资源型地区经济转型能力影响因素研究[J]. 经济问题，2019（10）.

[127] 张复明. 破解制度瓶颈　找准发展路径　加快推进资源型经济转型发展[J]. 前进，2011（11）.

[128] 中共山西省委党校（山西行政学院）理论研究中心课题组，杨建慧. "一带一路"建设是推动山西资源型经济转型的重要抓手[J]. 前进，2019（7）.

[129] 仁锦鸾，郭雯，陈锐. 资源型城市创新战略研究：以唐山市为例[J]. 中国软科学，2006（12）.

[130] 张宏，任海军. 论城市土地经营与资源型城市产业结构的调整

[J]. 西北师大学报（社会科学版），2007（1）.

[131] 王洪章. 加快向资本集约化经营转型 [J]. 中国金融，2012 （14）.

[132] 姚睿，胡兆量. 北美澳洲工矿城镇发展研究 [J]. 城市发展研究，1997（1）.

[133] 陈晓，车治辂. "一带一路" 倡议下中国与沿线国家新能源合作的基础、模式与机制 [J]. 新疆大学学报（哲学·人文社会科学版），2018，46（5）.

[134] 王玉珍. 政府干预与资源型经济演进分析：基于山西省的实证研究 [J]. 当代经济研究，2013（4）.

[135] 杨建慧. 关于山西资源型经济转型路径的思考 [J]. 前进，2017 （2）.

[136] 刘宇，周雅琴. 文化产业促进资源型城市矿业遗产转型利用的模式研究 [J]. 河南社会科学，2018，26（6）.

[137] 胡碧玉，刘诗白，宋小军. 西部资源型城市产业结构调整与潜导产业的培育 [J]. 四川师范大学学报（社会科学版），2005，32（5）.

[138] 罗霞，余雨航，余晓钟. "一带一路" 国际能源项目 PPP 合作模式探究 [J]. 石油科技论坛，2019，38（2）.

[139] 周德群，汤建影. 能源工业可持续发展的概念、指标体系与测度 [J]. 煤炭学报，2001（5）.

[140] 景普秋，孙毅，张丽华. 资源型经济的区域效应与转型政策研究：以山西为例 [J]. 兰州商学院学报，2011，27（6）.

[141] 李劲民，冯林平. 改革开放 40 年山西经济发展 [J]. 前进，2018 （6）.

[142] 程嘉怡. 资源枯竭型城市转型政策的实证研究：基于面板数据的分析 [J]. 东北财经大学学报，2009（3）.

[143] 陈云萍. 基于层次分析法的公共政策效果评估：以阜新市经济转型试点政策为例 [J]. 云南财经大学学报，2009，25（1）.

[144] 孔微巍，王铁坤. 资源型城市经济转型中公共政策评价问题及对策 [J]. 商业经济，2012（1）.

[145] 谭玲玲，肖双. 基于全要素生产率视角资源型城市低碳转型效果评价模型 [J]. 中国矿业，2018，27（2）.

[146] 余晓钟，焦健，高庆欣. "一带一路" 倡议下国际能源合作模式创新研究 [J]. 科学管理研究，2018，36（4）.

[147] 傅佳莎，浦正宁，蔡轩. 资源型城市转型政策实施效果评价：基

于 PSM-DID 方法 [J]. 环境经济研究, 2019, 4 (1).

[148] 李琰, 李红霞. 陕北煤炭资源型城市产业转型的评价: 榆林经济转型评价分析 [J]. 特区经济, 2009 (1).

[149] 车晓翠, 张平宇. 资源型城市经济转型绩效及其评价指标体系 [J]. 学术交流, 2011 (1).

[150] 高峰. 资源型城市经济转型绩效评价分析 [J]. 商业研究, 2003 (4).

[151] 陈妍, 梅林. 东北地区资源型城市转型过程中社会—经济—环境协调演化特征 [J]. 地理研究, 2018, 37 (2).

[152] 杜春丽, 洪诗佳. 资源枯竭型城市转型政策的绩效评价 [J]. 统计与决策, 2018, 34 (18).

[153] 王如琦, 高红贵. 煤炭资源枯竭型城市转型效果研究 [J]. 湖北师范大学学报 (哲学社会科学版), 2019, 39 (1).

[154] 吴传钧. 国土开发整治区划和生产布局 [J]. 经济地理, 1984 (4).

[155] 刘再兴. 区域联合的理论基础 [J]. 经济理论与经济管理, 1987 (1).

[156] 陈栋生. 工业布局理论与方法的探讨 [J]. 经济问题探索, 1980 (5).

[157] 王至元, 曾新群. 论中国工业布局的区位开发战略: 兼评梯度理论 [J]. 经济研究, 1988 (1).

[158] 郑英隆. 我国经济区域协调发展理论研讨述要 [J]. 经济学动态, 1992 (5).

[159] 覃成林. 区域协调发展机制体系研究 [J]. 经济学家, 2011 (4).

(三) 论文

[1] MUNKHBAT G. 中蒙矿产资源合作开发研究 [D]. 哈尔滨: 哈尔滨工程大学, 2012.

[2] 安华. 山西转型经济史研究 [D]. 太原: 山西大学, 2012.

[3] 安可玛. 蒙古国矿产资源开发利用与中蒙矿产资源合作研究 [D]. 长春: 吉林大学, 2013.

[4] 曾万平. 我国资源型城市转型政策研究 [D]. 北京: 财政部财政科学研究所, 2013.

[5] 陈荣. 互补型能源合作模式研究 [D]. 南京: 南京大学, 2014.

[6] 崔健. 中蒙能源合作开发研究 [D]. 长春: 吉林大学, 2010.

[7] 崔敏. 西部地区资源型经济绿色发展水平测评及转型路径研究 [D].

西安：西北大学，2019.

[8] 崔巧. 试论中国与印尼的能源合作 [D]. 上海：上海师范大学，2015.

[9] 宫倩. 国际区域合作动力机制研究 [D]. 长春：东北师范大学，2016.

[10] 顾欣. 中俄能源合作对两国经济增长影响的实证研究 [D]. 武汉：湖北大学，2014.

[11] 光文亮. 山西资源型经济转型发展的路径研究 [D]. 沈阳：辽宁大学，2015.

[12] 郭倩倩. 国际能源合作风险防范对策研究 [D]. 长春：长春工业大学，2011.

[13] 郭晓立. 国际能源合作的稳定性研究 [D]. 长春：吉林大学，2012.

[14] 红兰. 中蒙在煤炭贸易领域合作问题研究 [D]. 呼和浩特：内蒙古大学，2014.

[15] 贾云翔. 山西资源型经济转型效果评价研究 [D]. 太原：中北大学，2014.

[16] 李俊朋. 吉林省对外开放对经济增长影响的实证研究 [D]. 长春：吉林大学，2019.

[17] 霍忻. 中国对外直接投资逆向技术溢出的产业结构升级效应研究 [D]. 北京：首都经济贸易大学，2016.

[18] 李青. 资源型地区经济转型中科技创新驱动效应研究 [D]. 太原：山西大学，2019.

[19] 李雪松. 国际能源资源互利合作机制研究 [D]. 长春：长春工业大学，2010.

[20] 刘剑平. 我国资源型城市转型与可持续发展研究 [D]. 武汉：中南大学，2007.

[21] 刘月. 中国工业行业能源替代弹性研究 [D]. 大连：东北财经大学，2017.

[22] 柳云翠. 我国资源型城市投融资体系完善与创新研究 [D]. 大庆：大庆石油学院，2005.

[23] 吕海萍. 创新要素空间流动及其对区域创新绩效的影响研究 [D]. 杭州：浙江工业大学，2019.

[24] 马贵凤. "一带一路"主要能源合作国家能源投资环境评价 [D]. 青岛：青岛科技大学，2019.

［25］孟婵．中国与东盟能源合作研究［D］．南宁：广西大学，2019．

［26］庞博．矿产资源开发对中国矿产资源型地区经济发展的影响及其机制研究［D］．西安：西北大学，2013．

［27］邱松．东北地区资源枯竭型城市经济转型效果研究［D］．长春：吉林大学，2011．

［28］任力军．山西产业投资结构变迁：1950—2010［D］．太原：山西大学，2015．

［29］苏树联．技术交易的经济增长效应研究［D］．福州：福州大学，2016．

［30］谈婕．政府和社会资本合作（PPP）作为地方政府融资工具的有效性研究［D］．杭州：浙江大学，2020．

［31］汪孙达．"一带一路"下OFDI的产业升级效应研究［D］．杭州：浙江大学，2017．

［32］王红梅．对外贸易在我国经济增长中作用变迁的影响因素研究［D］．北京：对外经济贸易大学，2019．

［33］王文道．云南资源型经济转型问题研究［D］．昆明：云南财经大学，2010．

［34］王晓琦．资源型地区经济转型中的政府职能研究［D］．太原：山西大学，2020．

［35］温柔．国际政治视角下的东北亚能源合作：模式与机制的构建［D］．沈阳：辽宁大学，2007．

［36］吴春莺．我国资源型城市产业转型研究［D］．哈尔滨：哈尔滨工程大学，2006．

［37］武敏敏．山西经济发展模式转型研究［D］．南京：南京师范大学，2011．

［38］邢利民．资源型地区经济转型的内生增长研究［D］．太原：山西财经大学，2012．

［39］杨建仁．区域科技竞争力理论及其在中部六省会城市的实证研究［D］．南昌：南昌大学，2011．

［40］于万栋．金融危机对国际能源合作的影响及博弈论分析［D］．北京：华北电力大学，2011．

［41］云光中．资源型城市产业发展新模式研究［D］．武汉：武汉理工大学，2012．

［42］张复明．资源型经济：理论解释、内在机制与应用研究［D］．太原：山西大学，2007．

[43] 张辽. 要素流动、产业转移与区域经济发展 [D]. 武汉：华中科技大学，2013.

[44] 周潇. 碳税对我国能源密集型产业国际竞争力的影响研究 [D]. 青岛：中国海洋大学，2014.

[45] 邹全胜. 要素演进与开放收益 [D]. 上海：上海社会科学院，2007.

（四）报纸及网络文献

[1] 林武. 政府工作报告：2020 年 1 月 13 日在山西省第十三届人民代表大会第三次会议上 [N]. 山西日报，2020-01-21 (1).

[2] 林武. 政府工作报告：2021 年 1 月 20 日在山西省第十三届人民代表大会第四次会议上 [N]. 山西日报，2021-01-25 (1).

[3] 任力军，杨军. 资源型地区资本国际化的途径 [N]. 光明日报，2012-07-15 (7).

[4] 闫杰. 开放山西，加速崛起 [N]. 山西日报，2020-10-02 (1).

[5] 于春晖. 中等收入者的优势和作用 [N]. 人民日报，2011-12-22 (7).

[6] 翟步庭. 晋津携手，迈向合作共赢的阳光大道 [N]. 山西经济日报，2020-05-22 (5).

[7] 张毅. 山西能源革命向纵深推进 [N]. 山西日报，2020-10-20 (1).

[8] 林毅夫，王勇，鞠建东. 关于新结构经济学禀赋内涵的探讨 [EB/OL]. 北京大学新结构经济学研究院官方网站，2019-11-01.

[9] 省发展改革委，省转型综改办. 全省转型综改试验区建设三年总结 [EB/OL]. 山西省人民政府门户网站，2016-03-18.

[10] 山西省统计局，国家统计局山西调查总队. 山西省 2019 年国民经济和社会发展统计公报 [EB/OL]. 山西省人民政府门户网站，2020-03-06.

[11] 王伟凯. 新常态新机遇：资源型城市产业转型路径 [EB/OL]. 环球网，2015-07-20.

二、英文文献

（一）专著

[1] AUTY R. Sustaining Development in Mineral Economies：The Resource Curse Thesis [M]. Routledge：London，1993.

[2] BERNDT E R. Energy Price Increases and the Productivity Slowdown in United States Manufacturing [M]. Boston：The Federal Reserve Bank of Boston，

1980.

[3] FUJITA M, KRUGMAN P, VENABLES A J. The Spatial Economy: Cities, Regions and International Trade [M]. Cambridge: MIT Press, 1999.

[4] GHOSH A, RUSHTON G. Spatial Analysis and Location - Allocation Models [M]. New York: Van Nostrand Reinhold, 1987.

[5] GROSSMAN G M, HELPMAN E. Innovation and Growth in the Global Economy [M]. Cambridge: MIT Press, 1991.

[6] HABAKKUK H J. American and British Technology in the Nineteenth Century [M]. Cambridge: Cambridge University Press, 1962.

[7] INNIS A H. Essay in Canadian Economic History [M]. Toronto: University of Toronto Press, 1956.

[8] INNIS A H. The Fur Trade in Canada: An Introduction to Canadian Economic History [M]. Toronto: University of Toronto Press, 1999.

[9] KRUEGER A O. Export-oriented Development Strategies: The Success of Five Newly Industrializing Countries [M]. Boulder, Colorado: Westview Press, 1986.

[10] HELPMAN E, KRUGMAN P R. Market Structure and Foreign Trade [M]. Cambridge: MIT Press, 1985.

[11] LEAMER E E. Sources of International Comparative Advantage [M]. Cambridge, MA, London: The MIT Press, 1984.

[12] LUCAS R A, TEPPERMAN L. Minetown, Milltown, Railtown: Life in Canadian Communities of Single Industry [M]. Toronto: University of Toronto Press, 1971.

[13] MCMAHON G, REMY F. Large Mines and the Community: Socioeconomic and Environmental Effects in Latin America, Canada, and Spain [M]. Washington DC: IDRC and World Bank, 2001.

[14] ROSS D, USHER P. From the Roots up: Economic Development as if Community Mattered [M]. Toronto: James Lorimer & Company, 1986.

[15] NEWTON P, ROBINSON I. Settlement Options: Avoiding Local Government with fly-in fly-out [M]. Canberra: AGPS Press, 1987.

[16] ROMER D. Advanced Macroeconomics [M]. Second edition. New York: The Mc Graw-Hill Companies, Inc., 2001.

[17] SPENGLER J J. Natural Resources and Growth [M]. Washington, D. C.: Resources for the Future, 1960.

[18] VINER J. International Trade and Economic Development [M].

Glencoe, IL: Free Press, 1952.

（二）期刊

［1］VENABLES A J. Regional Integration Agreements: A Force for Convergence or Divergence ［J］. Social Science Electronic Publishing, 1999 (113).

［2］ROMER P M. Increasing Returns and Long-Run Growth ［J］. Journal of Political Economy, 1986, 94 (5).

［3］ALCHIAN A A, DEMSETZ H. Production, Information Costs, and Economic Organization ［J］. IEEE Engineering Management Review, 1972, 62 (2).

［4］YOUNG A A. Increasing Returns and Economic Progress ［J］. The Economic Journal, 1928, 38 (52).

［5］ALTMAN M. Staple theory and export - led growth: Constructing differential growth ［J］. Australian Economic History Review, 2003, 43 (3).

［6］BARNS T J, BRITTON J N H, COFFER W J, et al. Canadian Economic Geography at the Millennium ［J］. The Canadian Geographer, 2000, 44 (1).

［7］BARON R M, KENNY D A. The Moderator-Mediator Variable Distinction in Social Psychological Research: Conceptual, Strategic, and Statistical Considerations ［J］. Journal of Personality and Social Psychology, 1986, 51 (6).

［8］BARRO R, SALA-I-MARTIN X. Convergence across States and Region ［J］. Brookings Papers on Economic Activity, 1991, 22 (1).

［9］BATHELT H, LI P F. Global Cluster Networks-Foreign Direct Investment Flows from Canada to China ［J］. Jourral of Economic Geography, 2014, 14 (1).

［10］BERTHELEMY J, DEMURGER S. Foreign Direct Investmentand Economic Growth: Theoretical Issues and Empirical Application to China ［J］. Review of Development Economics, 2000, 4 (2).

［11］BETTS C, GIRI R, VERMA R. Trade, Reform and Structural Transformation in South Korea ［J］. IMF Economics Review, 2017, 65 (4).

［12］BRAAKMANN N, VOGEL A. How does Economic Inter - gration Influence Employment and Wages in Border Regions? The Case of the EU Enlargement 2004 and Germany's Eastern Border ［J］. Review of World Economics, 2011, 147 (2).

［13］BRADBURY J H, ST-MARTIN I. Winding Down in a Quebee Mining Town: A Case Study of Schefferville ［J］. The Canadian Geographer, 1983, 27 (2).

［14］BRADBURY J H. The Impact of Industrial Cycles in the Mining Sector:

The Case of the Quebec-Labrador Region in Canada [J]. International Journal of Urban and Regional Research, 1984, 8 (3).

[15] CAPPELEN A, MJØSET L. Can Norway be a Role Model for Natural Resource abundant Countries [J]. UNU World Institute for Development Economics Research Paper, 2009 (23) .

[16] CHANG D. Northeast Asian Energy Cooperation and the Russian Far East [J]. Korea Focus, 2004, 12 (3).

[17] CHENG W, SACHS J, YANG X K. A General Equilibrium Reappraisal of the Stolper-Samuelson Theorem [J]. Journal of Economics, 2000, 72 (1).

[18] COCKX L, FRANCKEN N. Natural resources: a curse on education spending? [J]. Energy policy, 2016 (92).

[19] DAHLMAN C. Turkey's Accession to the European Union: The Geopolitics of Enlargement [J]. Eurasian Geography and Economics, 2004, 45 (8).

[20] ROORIK D. The Economics of Export-Performance Requirements [J]. The Quarterly Journal of Economics, 1987, 102 (3).

[21] DJANKOV S, GLAESER E, LAPORTA R, et al. The New Comparative Economics [J]. Journal of Comparative Economics, 2003, 31 (4).

[22] DYRSTAD J M. Resource Curse Avoidance: Governmental Intervention and Wage Formation in the Norwegian Petroleum Setor [J]. Oxford Economic Papers, 2016, 69 (3).

[23] ECKHARD H, VOGEL L. Distribution and growth reconsidered: Empirical results for six OECD countries [J]. Cambridge Journal of Economics, 2008, 32 (3).

[24] FLEMING L, KING C, JUDA A. Small Worlds and Regional Innovation [J]. Organization Science, 2007, 18 (6).

[25] FUJITA M, KRUGMAN P. The New Economic Geography: Past, Present and the Future [J]. Papers in Regional Science, 2004, 83 (1).

[26] GAO X, GUAN J C, ROUSSEAU R. Mapping collaborative knowledge production in China using patent co-inventorships [J]. Scientometrics, 2011, 88 (2).

[27] GAVIN B, LEE S. Regional energy cooperation in North East Asia: Lessons from the European Experience [J]. Asia Europe Journal, 2007, 5 (3).

[28] KIM D G, HA J - K, HWANG C, et al. Is one - stage Posterior Corpectomy More Favorable Compared to Decompression with Fusion to Control

Thoracic Cord Compression by Metastasis? [J]. Clinical spine surgery, 2017, 30 (8).

[29] GILDING M. The Tyranny of Distance: Biotechnology Networks and Clusters in the Antipodes [J]. Research Policy, 2008, 37 (6).

[30] GOPINATH M, UPADHYAY M P. Human Capital, Technology, and Specialization: A Comparison of Developed and Developing Countries [J]. Journal of Economics, 2002, 75 (2).

[31] GROSSMAN G, HELPMAN E. Comparative Advantage and Long-Run Growth [J]. American Economic Review, 1990, 80 (4).

[32] HANSON G H. Market Potential, Increasing Returns and Geographic Concentration [J]. Journal of International Economics, 2004, 67 (1).

[33] HAUSMANN R, HWANG J, RODRIK D. What You Export Matters [J]. Journal of Economic Growth, 2007, 12 (1).

[34] HELPMAN E. Foreign Trade and Investment: Firm - level Perspectives [J]. Economica, 2014, 81 (321).

[35] HENREKSON M. Growth Effects of European Integration [J]. European Economic Review, 1997, 41 (8).

[36] HUDA M S, MCDONALD M. Regional cooperation on energy in South Asia: Unraveling the political challenges in implementing transnational pipelines and electricity grids [J]. Energy Policy, 2016 (98).

[37] IVANOV S H, WEBSTER C. Globalisation as a Driver of Destination Competitiveness [J]. Annals of Tourism Research, 2013, 43 (1).

[38] JING Z R, WANG J M. Sustainable development evaluation of the society-economy-environment in resource-based city of China: A complex network approach [J]. Journal of Cleaner Production, 2020 (263).

[39] KAWAI M. East Asian Economic Regionalism: Progress and Challenges [J]. Journal of Asian Economics, 2005, 16 (1).

[40] KOOLAEE E, TISHEHYAR M. An Outlook on Energy Cooperation Approaches in the Shanghai Cooperation Organization (SCO) Region [J]. Geopolitics Quarterly, 2013, 25 (1).

[41] KRUGMAN P. Increasing Returns and Economic Geography [J]. Journal of Political Economy, 1991, 99 (3).

[42] KRUGMAN P. The Narrow Moving Band, the Dutch Disease, and the Competitive Consequences of Mrs Thatcher: Notes on Trade in the Presence of Dynamic Scale Economies [J]. Journal of Development Economics, 1987, 27 (1-

2).

[43] LEE S, BOZEMAN B. The Impact of Research Collaboration on Scientific Productivity [J]. Social Studies of Science, 2005, 35 (5).

[44] LEVCHENKO A A. Institutional Quality and International Trade [J]. Review of Economic Studies, 2007, 74 (3).

[45] LEVINE R, RENELT D. A Sensitivity Analysis of Cross-Country Growth Regressions [J]. American Economic Review, 1992, 82 (4).

[46] LIM H, PARK Y. Identification of Technological Knowledge Intermediaries [J]. Scientometrics, 2010, 84 (3).

[47] LIU X, WANG C. Does Foreign Direct Investment Facilitate Technological Progress Evidence from Chinese Industries [J]. Research Policy, 2003, 32 (6).

[48] LOCKIE S, FRANETTOVICH M, PETKOVA-TIMMER V, et al. Coal Mining and the Resource Community Cycle: A Longitudinal Assessment of the Social Impacts of the Coppabella Coal Mine [J]. Environmental Impact Assessment Review, 2009, 29 (5).

[49] MA H, OXLEY L, GIBSON J, et al. China's Energy Economy: Technical Change, Factor Demand and Inter-factor Inter-fuel Substitution [J]. Energy Economics, 2008, 30 (5).

[50] MARIANI M. What determines technological hits [J]. Research Policy, 2004, 33 (10).

[51] MARKEY S, HALSETH G, MANSON D. The Struggle to Compete: From Comparative to Competitive Advantage in Northern British Columbia [J]. International Planning Studies, 2006, 11 (1).

[52] MATSUYAMA K. Structural Change in an Interdependent World: A Global View of Manufacturing Decline [J]. Journal of the European Economic Association, 2009, 7 (2/3).

[53] MURPHY A. The May 2004 Enlargement of the European Union: View from Two Years Out [J]. Eurasian Geography and Economics, 2006, 47 (6).

[54] NONI I D, ORSI L, BELUSSI F. The role of collaborative networks in supporting the innovation performances of lagging-behind European regions [J]. Research Policy, 2018, 47 (1).

[55] PAPYRAKISAND E, GERLAGH R. Natural Resources, Innovation, and Growth [J]. FEEM Working Paper, 2004, 129 (4).

[56] PONOMARENKO T, NEVSKAYA M, MARININA O. An Assessment of the Applicability of Sustainability Measurement Tools to Resource-Based Economies

of the Commonwealth of Independent States [J]. Sustainability, 2020, 12 (14).

[57] PREBISH R. The Economics Development of Latin America and its Principle Problems [J]. Economic Bullet for Latin America, 1962, 7 (1).

[58] RAN J, VOON J P, LI G Z. How does FDI affect China? Evidence from Industries and Provinces [J]. Journal of Comparative Economics, 2007, 35 (4).

[59] REDDING S. Specialization Dynamics [J]. Journal of International Economics, 2002, 58 (2).

[60] ROSTOW W W. The Stages of Economic Growth [J]. The Economic History Review, 1959, 12 (1).

[61] RUSZEL M. Types of Barriers to the Integration of the EU Gas Market [J]. European Integration Studies, 2015 (9).

[62] RYBCZYNSKI T N. Factor Endowments and Relative Commodity prices [J]. Economica, 1955 (22).

[63] SAMUELSON P. Price of Goods and Factor in General Equilibrium [J]. Review of Economic Studies, 1953, 21 (1).

[64] SANEEV B G. Russian – Northeast – Asian energy cooperation [J]. Economics and Sociology, 2004, 1 (1) .

[65] SHEN W, POWER M. Africa and the Export of China's Clean Energy Revolution [J]. Third World Quarterly, 2016, 38 (3).

[66] SLOCOMBE D S. Resources, People and Places: Resource and Environmental Geography in Canada 1996—2000 [J]. The Canadian Geographer, 2000, 44 (1).

[67] SMITH A. Imagining Geographies of The "New Europe": Geo-economic Power and The New European Architecture of Integration [J]. Political Geography, 2002, 21 (5).

[68] SUN Y. The Structure and Dynamics of Intra – and Inter – regional Research Collaborative Networks: The case of China (1985—2008) [J]. Technological Forecasting & Social Change, 2016 (108).

[69] KNAUER T, NIKIFOROW N, WAGENER S. Determinants of information system quality and data quality in management accounting [J]. Journal of Management Control, 2020, 31 (3).

[70] TOK E. The Incentives and Efforts for Innovation and Entrepreneurship in a Resource – Based Economy: A Survey on Perspective of Qatari Residents [J]. Sustainability, 2020, 12 (2).

[71] VAN DER HOEK M P. Does the Dutch Model Really Exist [J].

International Advances in Economic Research, 2000, 6 (5909).

[72] VEENSTRA A V. Establishing energy cooperation in Northeast Asia: Implications from experiences of the European Union [J]. IEEJ, 2008 (4).

[73] WHITLEY R. The Institutional Structuring of Innovation Strategies: Business Systems, Firm Types and Patterns of Technical Change in Different Market Economies [J]. Organization Studies, 2000, 21 (5).

[74] YANG X K, BORLAND J. A Microeconomic Mechanism for Economic Growth [J]. Journal of Political Economy, 1991, 99 (3).

[75] YANG X K, BORLAND J. Specialization and a New Approach to Economic Organization and Growth [J]. The American Economic Review, 1992, 82 (2).

[76] UY T, YI K-M, ZHANG J. Structural Change in an Open Economy [J]. Journal of Monetary Economics, 2013, 60 (6).

[77] NIKONORON S, YOON Y. The Energy Partnership between Russia and the Countries of Northeast Asia [J]. European Researcher, 2016, 103 (2).

[78] ZHAO S L, CACCIOLATTI L, LEE S H, et al. Regional collaborations and indigenous innovation capabilities in China: a multivariate method for the analysis of regional innovation systems [J]. Technological Forecasting and Social Change, 2015, 94 (May).

[79] ZHAO X G, FENG T T, LIU L, et al. International Cooperation Mechanism on Renewable Energy Development in China-A Critical Analysis [J]. Renewable Energy, 2011, 36 (12) .

后 记

本书从要素组合角度深入分析了四类能源合作对资源型经济转型的作用机理，探寻了不同要素组合内部促进资源型经济转型的水平层面作用和垂直层面作用的媒介与效果，总结了不同要素组合间的演进规律，梳理了中国和资源型经济的典型代表——山西省能源合作的发展历程及其对自身转型的影响，并在搜集数据的基础上进行了实证检验，基本证实了本书的分析结论。但是，由于本人研究水平有限和数据可得性方面的困难，本书仍存在一些局限，这也为今后进一步研究提供了进步空间。

第一，在四类能源合作中，本书重点分析了能源投资合作、能源技术合作和能源治理合作，但对能源贸易合作的分析相对简略。本书隐含了将能源商品贸易合作作为能源贸易合作研究的假设，而对能源服务贸易的合作没有过多涉猎，一方面是由于目前资源型地区开展的能源服务贸易合作规模较小，另一方面能源服务贸易合作与能源产能合作存在紧密联系，而能源产能合作大多在国际间开展超出了资源型经济中观范畴，因此本书没有过多展开。而能源产能合作与供给侧改革和能源转型均高度相关，可将其作为未来进一步研究的方向之一。

第二，借鉴诸多理论研究，制度要素与技术要素的作用机理较为相似，加之篇幅所限，因此，本书在对能源治理合作对于资源型经济转型作用进行机理分析时做了适当简化，且未进一步区分制度要素的具体性质，而在新制度经济学看来，正式制度和非正式制度的特征和作用也存在一定差别。今后，笔者将对二者作用的差异展开进一步的研究。

第三，为了充分验证资源型经济能源合作对其转型的作用，本书分别采用和构建了大量的实证变量和模型。由于部分样本数据的可得性限制，本书仅采用了2005—2019年的样本数据，难以实现对资源型经济能源合作阶段性变化的实证检验和趋势分析。其中，由于目前没有专门的能源合作活动数据统计指标和归口部门，该部分数据获取异常困难，因此本书采取了实地走访、调研有关部门、官方网站手工摘录和利用数据爬取工具等方法，并进行了反复的数据清洗，以保证实证检验的可靠性。为了本研究的持续、深入开展，下一步笔者还将进一步钻研统计方法，以便深化和完善对相关问题的研究。